C++로
나만의 운영체제 만들기
비주얼 스튜디오를 활용한 커널 개발

C++로
나만의 운영체제 만들기
비주얼 스튜디오를 활용한 커널 개발

박주항 지음

i!i
에이콘

| 지은이 소개 |

박주항(juhang3@daum.net)

클라이언트 프로그래머로 게임 회사에 입사해 회사 사정 때문
에 서버 관련 업무를 맡게 되면서 여러 게임의 온라인 플랫폼
을 구축하고 제작해온 개발자다. 프로그래밍 언어로 C++를 주
언어로 사용했지만, 모바일 플랫폼 관련 회사에서 일하면서 자
바 언어를 다루게 됐고, C++ 언어와는 다른 자바만의 매력에
빠져 자바를 보조 언어로 사용하고 있다. 프로그래밍 자체를
좋아해 운영체제 개발에서부터 파이썬, 루아 같은 스크립트 언
어 활용까지 프로그래밍의 모든 영역에 관심을 두고 있다. 유용한 오픈소스를 자신
의 프로젝트에 활용하는 것을 좋아해 시간이 날 때마다 여러 오픈소스 공유 사이트
에서 소스코드를 내려 받아 분석하는 것을 취미로 삼고 있다. 또한 어드벤처 게임을
광적으로 좋아해서 〈로라 보우 2 – 태양신의 단도〉, 〈스페이스 퀘스트 4〉 등 시에라
사 게임의 한글 패치를 제작하기도 했다. 현재는 취미로 운영체제를 개발하고 있으
며 PC로 개발된 게임소스를 안드로이드로 포팅하는 작업에 푹 빠져있다.

저서로는 한빛미디어에서 출판한 『C++로 온라인 게임 서버 구축하기: CGSF를 활
용한 게임 서버 제작』(2014), 『C++로 온라인 게임 서버 구축하기: CGSF 파헤쳐 보
기』(2014), 『C++ 개발자를 위한 WIN32 오픈소스 라이브러리 100』(2015), 『SDL과
C++를 이용한 크로스 플랫폼 프로그래밍』(2015)이 있고 번역서로는 『데이터베이스
첫걸음』(한빛미디어, 2016)이 있다.

| 지은이의 말 |

이 책을 집필하기 전에도 몇 권의 책을 집필했지만 이번만큼 힘든 적은 없었다. 어떻게 하면 독자들에게 내용을 잘 전달할 수 있을지 고민하면서 집필했으나 내용이 마음에 들지 않아 수없이 좌절했고, 프로그램에 버그가 발생하면 원인을 찾을 수 없어 며칠 낮밤을 식음을 전폐하며 문제 해결에 몰두했었다. 어떤 때는 무엇을 하고 있는지 의구심이 들 정도로 자신이 나아가는 방향에 회의감을 느꼈으나 어느 순간 해결하지 못했던 문제들이 하나씩 풀리고 작업이 댐 무너지듯 순조롭게 나아가기 시작하자 자신감이 생겼으며 의도한 목표에 도달할 수 있다는 확신을 가졌다. 최종 탈고를 하면서 여전히 뭔가 부족하다는 생각은 가지고 있으나 추후 독자들에게 피드백을 받고 개선해나가면 더 완벽한 운영체제 서적으로 발돋움할 것이라 믿어 의심치 않는다.

진정한 친구는 필요할 때만 자신을 찾는 이가 아닌 힘들 때 같이 있어준 사람이라는 것을 불혹의 나이가 돼 깨닫고 있다. 프로젝트가 막히고 좌절하고 있을 때 옆에서 여러모로 도움을 주신 김갑종 대표님께 감사의 말씀을 드린다. 그리고 기술서적, 특히 운영체제라는 주제는 상황이 좋지않은 출판시장에서 종이책으로 나오기가 힘든데 출판을 허락해 주신 에이콘출판사에 감사의 말씀을 드린다. 그리고 이 책을 집필하기 위해 수많은 커피숍을 전전했는데, 음료 한 잔 시켜놓고 4~5시간을 죽치고 앉아 있었음에도 너그러이 봐주신 사장님들께도 사과와 감사의 마음을 전하고 싶다.

| 감수자 소개 |

민경해

어린 시절 워크래프트 맵 에디터로 제작한 다양한 게임 모드를 즐기면서 게임 제작에 관심을 가지게 됐고 이런 멋진 모드들을 구현해준 도구의 가능성에 크게 매료됐다. 대학은 경영학부를 졸업했으나 게임에 대한 미련을 버리지 못해 게임 개발자의 길을 선택했다.

벤처 모바일 게임회사에서 실시간 스포츠 대전 농구 게임 제작에 참여했으며 (주)레드덕에서 FPS 게임 A.V.A.의 라이브 서비스를 담당했다. 언리얼 엔진이나 유니티와 같은 도구들을 익히며, 가능성에만 머물렀던 꿈들을 구현할 수 있는 장인을 목표로 하고 있다.

박소남

학생 시절 방학을 이용해 소프트웨어 개발 회사에서 셰이더 툴을 제작하며 그래픽 동작 원리 등을 배웠다. 이후 게임 개발 회사인 조이시티에서 개발을 경험했으며 게임 로직과 AI 개발을 진행했다.

이때 ETRI와 인공지능을 공동 연구개발해 스포츠 게임에 처음 기술을 접목시켰고, FPS류의 지형 및 캐릭터 알고리즘 개발 등에 참여했다. 게임 개발과 서비스를 경험하며 다양한 알고리즘을 효율적으로 적용하기 위한 고민에 관심을 갖고 새로운 기술을 배우고 게임 메커니즘을 익혔다. 이를 바탕으로 NHN에서 바둑 등 웹보드 및 스포츠 게임에서 플레이 룰과 시뮬레이터를 개발했으며, 현재는 게임 제작 부서에서 개발 담당자로 근무하고 있다.

옥찬호

- 넥슨 코리아 게임 프로그래머
- 마이크로소프트 MVP
- C++ Korea 그룹 관리자
- IT 전문서 다수 번역

최흥배

현재 컴투스에서 게임 서버 개발 관련 R&D 및 기술 전달을 하고 있다.

2003년부터 PC 온라인 게임을 시작으로 모바일 온라인 게임까지 다양한 장르의 서버를 개발했고, 2016~2017년 NHN Next에서 겸임 교수로 학생들에게 'C++ Advance', '게임 서버'를 가르쳤다. 7번의 KGC 발표와 한국 MS에서 개최한 다양한 세미나에서 강의를 했으며, C++과 네트워크 프로그래밍에 관련된 다수의 책 (e-book)을 집필했다.

최홍배

많은 OS 관련 서적들이 있지만 이 책은 프로그래머에게 익숙한 C++로 OS 이론을 실습을 통해 이해할 수 있다는 것이 강점이다.

C++로 OS를 만들 수 있다는 점도 흥미롭지만, OS를 만들어 가는 과정에서 메모리 페이징 구현이나 C 런타임 라이브러리를 붙이는 부분은 독자의 시야를 한 단계 넓혀준다. 책을 읽고 나면 처음 프로그램을 접하고 'Hello World'를 띄웠을 때의 감동과는 또 다른 감동을 느낄 수 있을 것이다. 이 책을 OS 구현에 관심이 있는 사람들뿐 아니라 주니어에서 시니어로 넘어가는 모든 프로그래머에게 추천하고 싶다. 독자의 커널에 대한 지식과 개념을 한 단계 업그레이드해 줄 것이다.

옥찬호

대학교 3학년 때 OS 수업을 듣고 나서 한 번 만들어보면 좋겠다는 생각에 무작정 시작했던 OS 제작 프로젝트가 있었다. 그때는 C와 어셈블리로 만들었는데 개념만 있고 실제 코드로는 어떻게 만들어야 할지 막막하기만 했다. 이리저리 책을 참고하며 1년이 좀 지났을까, 오랜 시간이 걸렸지만 완성된 OS가 실행됐을 때의 그 짜릿함은 잊지 못한다. 덕분에 책으로만 봤던 OS에 대한 개념을 실제로 구현하며 이해할 수 있게 됐다.

프로그래머의 로망이 있다면 그 중 하나가 OS 만들기가 아닐까 싶다. 현재도 많은 학생들이 OS를 만들어 보고 싶다는 꿈을 꾸고 있다. 하지만 OS 만들기는 DBMS, 게임 엔진, 프로그래밍 언어와 더불어 가장 진행하기 힘든 프로젝트 중 하나일 것이다.

비록 C와 어셈블리로 배웠지만 현재는 C++를 가장 많이 사용하는 프로그래머로서 C++로 다시 OS를 만들어보면 어떨까 하고 있는 생각이 있었다. 그때 이 책의 원고 검수를 부탁받았고 기쁜 마음으로 수락했다.

책 내용을 살펴보니 대학생 때 만들었던 운영체제 생각이 많이 났다. C++ 코드로 돼 있으니 구현하기 훨씬 수월했고 비주얼 스튜디오로 빌드할 수 있으니 혹시나 빌드가 되지 않을까 하는 걱정도 없었다. 책에는 필요한 내용들을 적절하게 설명하고 있었다. 혹시 책을 읽으면서 세부 내용이 궁금하다면 운영체제 책과 같이 보면 좋겠다는 생각이 들었다.

회사에서 근무하기 시작한 이후 운영체제 공부를 다시 해야 할까 생각했지만 큰 오산이었다. 버그를 잡거나 최적화할 때 운영체제 지식을 아는지 모르는지에 따라 다룰 수 있는 범위에 차이가 난다. 운영체제를 가장 잘 이해하는 방법은 운영체제를 직접 만들어보며 책에서 배웠던 내용을 눈으로 확인해보는 것이라 생각한다. 이 책은 여러분이 꿈꾸기만 했던 OS 개발을 현실로 만들어 줄 것이다. 꿈을 꾸기만 했다면 이번이 기회다. 꿈을 현실로 만들어 보자!

| 차례 |

들어가며

운영체제란 단어는 누구나 알 것이다. 윈도우 7이나 윈도우 10, 우분투, MAC-OS 등이 운영체제에 해당한다. 이런 운영체제의 목적은 컴퓨터의 리소스를 최대한 효율적으로 활용해서 유저에게 최상의 서비스를 제공하는 것이다. 유저는 마우스나 키보드 또는 터치 입력을 통해 운영체제에 데이터를 보내고 운영체제는 그 결과를 유저에게 알려준다. 우리가 일상적으로 사용하는 인터넷 익스플로러나 스마트폰에서 사용하는 앱들은 모두 운영체제가 지원해 주는 기능을 활용해서 동작하고 있다.

이렇게 IT 시대에서 가장 핵심적인 역할을 담당하고 있는 것이 운영체제이긴 하지만 개발 환경은 그 중요도만큼 크게 조성돼 있지 않다. 개발 환경이 조성돼 있지 않다 보니 운영체제를 제작하려는 개발자는 자연스럽게 줄어들고 막상 제작해 보려는 개발자도 어디서부터 시작해야 할지 몰라 중도 포기하는 경우가 많았다.

그래서 이 책은 운영체제 제작을 하고 싶은데 어려움을 겪는 프로그래머를 위해 기획됐다. 실제 운영체제 제작과 무관한 부분을 최대한 배제하고 운영체제 제작 본연의 목적에 집중해서 개발할 수 있도록 내용을 구성했다.

운영체제 제작이 어려운 이유

필자는 자력으로 운영체제 제작이 어려운 이유를 다음과 같이 정리했다.

- 윈도우 운영체제에서 개발할 수 있는 환경이 잘 조성돼 있지 않다.
  아무리 뭐라해도 현존하는 OS 중에서 사용하기 가장 편하고 풍부한 서드파티 소프트웨어를 보유하고 있는 운영체제는 마이크로소프트 사가 만든 윈도우 운영체제 시리즈다. 이렇게 보편화된 운영체제임에도 불구하고 해당 플랫폼에서 운영체제 제작을 하기 위한 자료는 보편화돼 있지 않다. 리눅스 계열의 OS에서는 운영체제 제작이 활발하다 보니 자료도 풍부해서 이를 참고로 하면 쉽게 개발할 수 있었지만 윈도우 운영체제에서는 그렇지 않아서 가상 에뮬레이터를 사용해서 리눅스 환경을 시뮬레이트한 후 운영체제를 개발해야 한다.

- 가독성이 떨어지는 C 언어를 메인으로 운영체제를 개발한다.
  C 언어는 매우 훌륭한 언어고 현 시점에서도 가장 널리 쓰이는 프로그래밍 언어 중의 하나지만 코드 관리 측면에서는 다소 능력이 떨어지는 언어다. 객체지향 언어가 아니기 때문이다. 물론 한 언어에 익숙해지면 이런 부분은 문제가 되지 않을 수도 있지만 다른 프로그래머들과 교류를 하는 측면이나 뭔가를 새롭게 배우려는 사람이 코드를 접한다면 적어도 C 언어보다는 객체지향 언어인 C++가 이해하기도 쉽고 구조파악도 잘 되는 것은 명약관화한 사실이다.

- 운영체제 제작을 위해 하드웨어에 종속된 내용을 숙지해야 한다.
  운영체제는 하드웨어 자원을 관리하기 때문에 당연히 하드웨어 관련 지식도 필수적이다. 하지만 개발자 입장에서는 하드웨어를 다루기 위한 인터페이스만 제공받을 수 있다면 그것으로 충분하다. 예를 들어 하드 디스크를 제어하기 위해 조회, 읽기 쓰기 관련 인터페이스만 제공해 준다면 아무런 어려움 없이 해당 매체를 제어할 수 있다. 하지만 현실은 그렇지 않아서 개발자는 하드 디스크 동작에 관련된 제반사항을 이해해야 한다. 프로그래밍과는 상관없는 부분이었기에 개발 의욕을 떨어뜨리는 계기가 된다.

- 로우레벨 언어를 사용해야 한다.
  CPU에게 명령을 내리기 위해 어셈블리어 언어를 알아야 한다. 어셈블리어는 생산성이 떨어지기 때문에 어셈블리어로 코드를 작성하는 것은 지루하고 고루한 작업이다.

- 16비트 리얼모드를 거쳐야 한다.
  지금은 명령어 처리 단위가 64비트로 보편화됐지만 과거의 유산 때문에 운영체제 부팅은 16비트부터 시작한다. 16비트에서 32비트나 64비트로 전환하는 부분의 개발은 운영체제 핵심 커널 개발의 본질이 아니다.

- 개발 환경 구축의 어려움
  대부분 OS를 리눅스 환경에서 개발하는데 개발 환경의 구축이 매우 복잡하다. 오브젝트 링킹단계의 동작을 수정하기 위해 링커 스크립트를 수정한다든지 또는 툴 체인을 구축하는 데에도 엄청난 시간이 소비된다. 실제 필자의 경우 운영체제 제작 작업을 중단하고 2년 후에 다시 재개한 적이 있었는데 그 당시 개발 환경을 다시 설정하면서 엄청난 스트레스를 받았다.

이 책은 위에서 언급한 운영체제 제작의 어려움을 해소하기 위해 집필했다. 즉 간편하게 운영체제를 개발하고 싶고 시간이 지난 뒤에도 리뷰할 때 내용을 쉽게 이해할 수 있도록 하자라는 취지에서 집필을 결심한 것이다. 또한 커널을 순수한 프로그래밍 관점에서 개발하자란 생각도 이 책을 집필한 동기 중 하나였다. 이에 대한 해답은 윈도우 운영체제에서 C++로 개발하는 것이라고 생각한다.

쉽게 운영체제를 제작하자

그렇다면 운영체제를 일반 프로그래밍하듯 편하게 제작하려면 어떤 요소가 충족되야 하는지 살펴보자.

C++

C++는 C 언어를 계승한 언어라고 일반적으로 인식하고 있지만 두 언어는 완전히 다르다고 생각하는 것이 옳다. 세부적으로 들어가면 문법 등에서 크나큰 차이를 보이기 때문이다. 문법의 차이는 C로 작성된 코드를 C++ 컴파일러로 컴파일해보면 빌드가 잘 되지 않는 것에서 확인할 수 있다.

다음 그림은 2018년 5월 기준의 프로그래밍 언어 인기 순위다.

May 2018	May 2017	Change	Programming Language	Ratings	Change
1	1		Java	16.380%	+1.74%
2	2		C	14.000%	+7.00%
3	3		C++	7.668%	+2.92%
4	4		Python	5.192%	+1.64%
5	5		C#	4.402%	+0.95%
6	6		Visual Basic .NET	4.124%	+0.73%
7	9	⌃	PHP	3.321%	+0.63%
8	7	⌄	JavaScript	2.923%	-0.15%
9	-	⌃⌃	SQL	1.987%	+1.99%
10	11	⌃	Ruby	1.182%	-1.25%
11	14	⌃	R	1.180%	-1.01%
12	18	⌃⌃	Delphi/Object Pascal	1.012%	-1.03%
13	8	⌄⌄	Assembly language	0.998%	-1.86%
14	16	⌃	Go	0.970%	-1.11%
15	15		Objective-C	0.939%	-1.16%
16	17	⌃	MATLAB	0.929%	-1.13%
17	12	⌄⌄	Visual Basic	0.915%	-1.43%
18	10	⌄⌄	Perl	0.909%	-1.69%
19	13	⌄⌄	Swift	0.907%	-1.37%
20	31	⌃⌃	Scala	0.900%	+0.18%

2018년 5월 기준 프로그래밍 언어 순위(출처: https://www.tiobe.com/tiobe-index)

비록 하드웨어의 고속화에 따라 로우레벨 언어의 장점이 떨어지고 있다고는 하나 아직까지는 속도를 요구하는 분야가 많다. 예를 들면 온라인 게임 서버나 최근 유행 중인 비트코인 코어는 모두 C++로 제작됐다. 또한 표준 개선안이 계속 나오고 있는 만큼 당분간 C++는 사멸될 언어는 절대 아니다.

> **Tip**
>
> 비트코인 코어나 온라인 게임 서버는 자바나 파이썬 등 다양한 언어로 구현되고 있다. 특히 온라인 게임 서버의 경우는 가비지 컬렉션이 크게 문제가 되지 않을 만큼 하드웨어의 성능이 증가했기에 자바로도 상당수 제작되고 있다.

또한 어설프기는 하지만 C++는 객체지향 언어다. 디자인 패턴을 활용해서 구조적인 아키텍처를 설계할 수 있으므로 코드의 가독성을 높일 수 있다. 이는 다른 프로그래머와 의사교류가 쉬워짐을 의미한다.

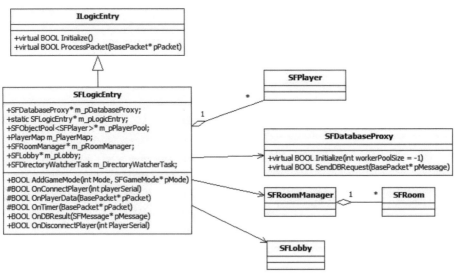

샘플 UML

위의 그림 샘플 UML은 CGSF라는 오픈소스 온라인 게임 서버에서 구현된 클래스간의 관계를 UML로 표현한 것이다. 이렇게 객체 간의 관계를 설계하면 코드의 구현은 매우 쉬워진다. 또한 C++는 컴파일 시 자바나 C#처럼 바이트 언어를 생성하지 않고 기계어를 생성한다. 최적화된 코드를 구현하면 C 언어로 작성한 것과 비슷한 수준의 기계어를 생성해 낼 수 있다.

결국 C++는 로우레벨, 하이레벨 언어의 장점을 모두 가지고 있어 OS 개발에 알맞은 언어 중 하나라고 할 수 있다. 필자의 개인적인 견해이긴 하지만 C++는 로우레벨을 쉽게 제어할 수 있는 언어인 동시에 추상화 개념이 잘 적용된 언어라 판단할 수 있다. 비록 C++가 C#이나 자바에 비해 생산성이 떨어지긴 하지만 지금도 기능이 계속 추가되고 있으며 강화되고 있다. 또한 고속의 성능을 요구하는 게임 서버 등에서 C++는 아직까지도 그 명맥을 유지하고 있는 만큼 당분간 이 언어가 시대의 저편으로 사라질 가능성은 없다.

 Tip

유니티 같은 게임을 만드는 툴은 개발 스크립트 언어로 C#을 채용하고 있다. C#으로 개발하면 속도가 느리다고 생각할지 모르겠지만 하드웨어의 발전에 따라 최적화만 잘됐다면 속도는 전혀 문제가 되지 않는다. 또한 유니티는 C# 코드를 가상머신을 통해 해석하지 않고 바로 기계어를 생성하는 기능도 추가됐다. 과거에는 불가능하다고 생각된 기능 구현이 기술과 하드웨어의 발전에 따라 그 경계를 허물었고 점차 코드 수행 속도나 저장 공간의 크기 등은 문제가 되지 않고 있다.

불행하게도 C++ 언어로 제작된 운영체제는 많지 않다. 그 이유는 여러 가지가 존재한다. 첫째로 C++ 언어는 매우 복잡하기 때문에 운영체제 제작을 하기 위해서는 추가 작업이 필요하다. 둘째로는 속도 문제를 들 수 있다. 아무래도 C 언어나 어셈블리 언어보다는 속도가 떨어지다 보니 운영체제 제작에는 C++를 잘 활용하지 않는 것 같다. 하지만 컴퓨터 성능이 매우 높아진 현 시점에서 이 부분은 크게 문제가 되지 않는다. 필자는 C++가 가독성이 높을 뿐만 이나라 기존 코드의 재활용이 용이하다는 측면에서 운영체제 제작에 매우 적합하다고 판단한다.

윈도우 개발 환경

윈도우 환경에서 비주얼 스튜디오를 사용해서 커널을 개발할 수 있다면 이보다 최상의 개발 환경 조건은 없을 것이라 판단된다. 프로그래머로서 필수적으로 사용해 왔던 개발툴이 비주얼 스튜디오였던 것만큼 친숙한 IDE를 활용해서 운영체제를 개발한다면 능률도 오를 것이고 이질감도 없을 것이다. 적어도 리눅스 운영체제에서 활용하는 VI 편집기나 make 시스템, cygwin을 활용한 개발보다는 훨씬 낫다고 본다.

이 책에서 설명하는 SkyOS 소스의 빌드를 위해 필요한 툴은 비주얼 스튜디오 2017 단 하나다. OS를 제작하다가 중도 포기한 개발자가 있다면 개발 환경 구축 단계에서 수많은 실패를 경험했기 때문이라고 판단하는데 커널 빌드를 위해 비주얼 스튜디오 하나로 충분하다는 것을 안다면 매우 환영할 것이라 생각한다.

Tip

소스코드는 비주얼 스튜디오 2017을 기준으로 작성됐지만 상위버전의 비주얼 스튜디오로 마이그레이션해서 빌드해도 크게 문제는 없다. 하지만 컴파일러가 변경되면 문제없이 빌드되던 소스가 빌드되지 않는 경우도 아주 드물지만 존재하기 때문에 주의해야 한다.

기존 라이브러리 활용

밑바닥부터 모든 것을 개발하는 것이 미덕이라고 생각되는 때가 있긴 했지만 지금은 프로그래밍의 패러다임이 변하고 있는 듯하다. 뭔가를 개발하고자 하면 기존의 누군가가 이미 개발을 해놨기 때문에 똑같은 모듈을 개발한다는 것은 시간 낭비일 것이다. 그보다는 기존의 검증된 라이브러리나 모듈을 활용해서 참신한 제품을 빠르게 생산해 내는 것이 새로운 추세로 자리 잡았다. 즉 제품의 개발이 기술적인 측면보다는 아이디어가 중요한 패러다임으로 전환되고 있다. 비록 운영체제 제작은 밑바닥부터 개발해야 하지만 이미 구현돼 있는 모듈이 있어 활용할 수 있다면 그것을 최대한 활용하는 것이 옳다. 본문에서는 기존 라이브러리를 재활용하는 과정을 보임으로써 생산성을 높일 수 있다는 것을 보여줄 것이다. 똑같은 맥락으로 자신만의 운영체제를 개발하려는 개발자에게 이 책이 도움이 된다면 이 또한 기존 라이브러리를 재활용한다는 범주에 속할 것이다.

GRUB의 활용

운영체제 소스를 조금이라도 살펴본 프로그래머라면 OS 개발의 시작이 16비트 리얼모드 부팅 과정을 구현하는 것부터라는 것을 알고 있을 것이다. 이 책은 GRUB을 활용함으로써 이런 과거의 유산을 처리하는 부분을 제거했다. GRUB에 대해서는 본문에서 자세히 설명할 것이다.

정리

손쉽게 운영체제를 개발하기 위해서는 개발 환경에서 편안함을 느낄 수 있어야 한다.

윈도우 개발 환경에서 비주얼 스튜디오 IDE를 활용해 운영체제를 개발할 수 있다는 것은 충분히 매력적이다. 또한 C++ 언어를 사용해서 객체지향 개발을 하고 GRUB을 활용해서 16비트 관련 코드 개발을 뛰어 넘을 수 있다면 우리는 커널 개발이라는 운영체제 개발 본편에 바로 진입할 수 있다. 이 책에서 설명하는 SkyOS는 위의 조건을 충족하기 위해 개발 중인 OS로 현재도 개발진행 중이다. 이 OS가 계속 발전될 수 있을지의 여부는 여러분의 관심에 달려 있다.

이 책의 대상 독자

이 책은 프로그래머로서 프로그래밍의 꽃이자 로우레벨 개발의 근간을 이루는 운영
체제를 개발하고 싶은 사람을 대상으로 한다. 또한 현대 운영체제의 내부 구조를 더
자세히 이해하고 싶어하거나, 운영체제를 제작해 보고 싶은데 초기 진입에 실패한
프로그래머를 대상으로 한다. 따라서 다음과 같은 사항에 해당이 된다면 대상 독자
라고 할 수 있겠다.

- 자신만의 운영체제를 개발해 보고 싶은 일반 개발자
- 운영체제론을 배우고 있는 학생
- 현대 운영체제의 기본 콘셉트를 이해하고 싶은 프로그래머
- 이론보다는 구체적으로 실행되는 결과물을 원하는 개발자
- 산이 있으면 정상에 오르고 싶은 자
- 바닥부터 개발을 원하는 프로그래머
- 상업적으로 운영체제를 개발하려는 프로그래머

또한 SkyOS는 앞에서 언급했듯이 C++로 제작됐기 때문에 C++ 관련 필요한 기능을
직접 구현했다. 예를 들면 new나 delete 연산자 등이 그것이다. C++라는 언어 자체
에 관심이 있는 개발자라면 이 책은 그 지적욕구를 만족시켜 줄 수 있을 것이다.

그럼 운영체제 제작이라는 큰 강물의 흐름에 뛰어들어 보자.

이 책의 구성

이 책의 구성은 크게 보면 다음 그림과 같다.

전체 개요

1. 커널 실행

Hello World 문자열을 찍기 위해 필요한 기본 지식을 습득한다. 여기에는 비주얼 스튜디오를 통한 커널 빌드 방법, 운영체제를 개발하기 위한 기본 지식 등을 포함한다.

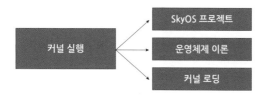

커널 실행

- SkyOS 프로젝트

  이 책에서 설명하는 SkyOS에 대해 개략적으로 설명한다. SkyOS를 개발하기 위해 필요한 환경 설정에 대해 설명하고 관련 툴을 소개한다. 또한 실제 SkyOS 프로젝트를 빌드하고 그 결과를 눈으로 확인해서 이론과 실전을 동시에 진행할 수 있는 기반을 마련한다.

- 운영체제 이론

  이 책을 이해하기 위해 필요한 최소한의 시스템 프로그래밍 관련 이론을 설명한다. 시니어 프로그래머는 이 부분을 건너뛰어도 문제되지 않겠지만 운영체제 이론이나 자료구조에 익숙치 않은 프로그래머를 위해 SkyOS의 개발에 필요한 최소한의 개념을 소개한다.

- 커널 로딩
부트로더인 GRUB에 대해 설명한다. GRUB이 부팅과정에서 어떤 역할을 하는지 설명하고 비주얼 스튜디오로 컴파일된 커널을 메모리에 적절하게 로드하는 방법을 기술한다.

커널 실행을 마치고 나면 우리는 'Hello World!!' 문자열을 화면에 출력할 수 있게된다.

2. 하드웨어 초기화
GRUB을 통해 커널이 메모리에 로드된 후 진행되는 하드웨어 초기화 과정을 설명한다. GDT, IDT, PIC, PIT와 인터럽트 핸들러를 설명함으로써 하드웨어 자원을 활용할 수 있는 기반을 마련한다.

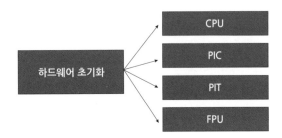

하드웨어 초기화

3. 메모리 관리
: SkyOS의 메모리 관리 시스템을 구현한다. 가상 메모리 개념을 이해하고 가상 메모리 시스템을 실제로 구축해 SkyOS 메모리 시스템을 완성하는 것을 목표로 한다.

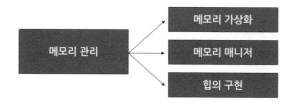

메모리 관리

- 메모리 가상화

  메모리 가상화를 위해 필요한 가상주소공간 페이징의 개념에 대해 설명한다.

- 메모리 매니저

  가상 메모리 시스템을 구축하기 위해 필요한 물리 메모리 매니저와 가상 메모리 매니저를 구축한다.

- 힙의 구현

  앞에서 구현된 가상 메모리 시스템을 토대로 new 연산자와 delete 연산자를 구현하는 데 필요한 힙 자료구조를 설명한다.

메모리 관리를 통해 메모리 시스템을 구축하면 C++ 프로그래밍이 가능해지고 new 연산자를 통해 객체를 생성할 수 있게 된다.

4. C++ 개발 환경

C++ 응용 애플리케이션 프로그램을 개발하듯이 커널을 개발하기 위해 필요한 요소를 살펴본다.

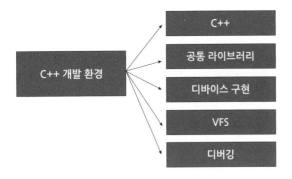

C++ 개발 환경

- C++

  C++11에서 추가된 새로운 기능과 우리가 필수적으로 구현해야 하는 C++ 예외 처리 등을 알아본다.

- 공통 라이브러리

  C 런타임 라이브러리와 유사한 라이브러리를 제작함으로써 일반적인 프로그래밍이 가능한 환경을 구축한다. 특히 STL을 활용할 수 있는 환경을 마련해서 STL의 강력한 기능인 자료구조와 알고리즘을 활용할 수 있는 기틀을 마련한다.

- 디바이스 구현

  초기화된 하드웨어 환경 및 C++ 프로그래밍을 활용해서 디바이스 드라이버를 개발한다.

- VFS^{Virtual File System}

  디바이스 장치 중 저장 장치에 관해 내용을 전개한다. 저장 장치에는 IDE 하드 디스크, 플로피 디스크, 램 디스크, 메모리 리소스 디스크 등 다양한 타입이 존재하지만 이런 저장 장치에 접근하는 인터페이스는 모두 동일할 것이다. 제11장, 'VFS'에서는 이런 저장 장치를 효율적으로 관리할 수 있는 방법을 보여준다. 또한 이를 통해 디자인 패턴에 능숙해질 수 있도록 한다.

- 디버깅

  위에 언급된 디바이스 장치까지 원활하게 다룰 수 있게 되면 이제부터는 순수한 프로그래밍 영역에 진입할 수 있다. 순수 프로그래밍 영역으로 진입하면 필수적으로 갖춰야 할 능력들이 있는데 그 중 하나가 프로그램에서 버그가 발생했을 때 원인을 빨리 파악하는 능력이다. 제12장, '디버깅'에서는 이러한 버그를 재빨리 파악할 수 있는 기법에 대해 설명함으로써 기본적인 디버깅 소양을 갖출 수 있도록 한다.

5. 커널 시스템

앞에서 구축한 C++ 개발 환경을 통해 본격적으로 커널 시스템을 개발한다.

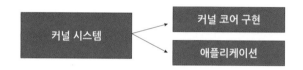

커널 시스템

- 커널 코어 구현

  제13장, '커널 코어 구현'에서는 커널 시스템을 유지하기 위해 필수적인 프로세스인 프로세스 매니저에 대해 설명한다. 또한 이 커널 시스템을 토대로 콘솔시스템을 구축하며 콘솔시스템 구축에 필요한 프로세스들에 관해 설명한다. 그리고 여러 프로세스가 공존하는 상황에서 적절히 시스템 자원을 배분하기 위한 멀티태스킹 기법을 다룬다.
- 애플리케이션

  유저 애플리케이션을 제작하기 위해 요구되는 시스템 API의 제작 방법을 다루며 이렇게 제작된 API를 활용해서 샘플 애플리케이션을 제작해 본다.

6. GUI

제15장, '그래픽 시스템'에서는 윈도우 운영체제와 유사하게 GUI 환경을 제공해 줄 수 있는 시스템에 대해 설명할 것이다. 총 세 개의 그래픽 시스템을 제공한다.

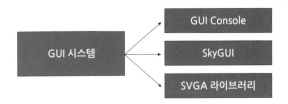

GUI 시스템

7. Advanced

SkyOS를 보다 정교하게 발전시켜 상업적인 운영체제로 개발하기 위해 고려할 부분에 대해 설명한다.

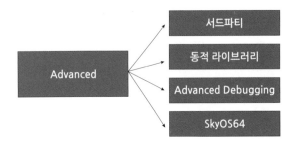

Advanced

- 서드파티
  오픈소스를 SkyOS에 포팅하는 과정을 설명한다.
- 동적 라이브러리
  DLL 모듈을 SkyOS에 로딩하는 방법을 설명한다.
- Advanced Debugging
  운영자체 자체를 디버깅하기 위한 방법을 설명하며 WIN32 / SkyOS에서 동시에 사용할 수 있는 모듈을 제작해서 선행적 디버깅이 가능한 환경을 구축한다.

- SkyOS64

  32비트 OS인 SkyOS를 64비트로 전환하기 위해 필요한 내용을 설명한다.

제20장, 'Final'에서는 최신 SkyOS의 개발 진행 상황을 설명하고 기능을 살펴본 뒤 책을 마무리한다.

예제 프로젝트

예제 프로젝트는 https://github.com/pdpdds/SkyOS에서 확인할 수 있으며, 에이콘출판사 도서정보 페이지인 http://www.acornpub.co.kr/book/cplus-os-development에서도 동일한 프로젝트 파일을 다운로드할 수 있다.

정오표

정오표는 에이콘출판사의 도서정보 페이지 http://www.acornpub.co.kr/book/cplus-os-development에서 확인할 수 있다.

질문

이 책과 관련해 질문이 있다면 https://cafe.naver.com/codemasterproject나 에이콘출판사 편집 팀(editor@acornpub.co.kr)으로 문의해주길 바란다.

1

SkyOS 프로젝트

SkyOS는 이 책에서 설명할 OS이며, SkyOS 프로젝트는 다음 주소에서 확인할 수 있다.

https://github.com/pdpdds/SkyOS

SkyOS는 비주얼 스튜디오 2017로 빌드 가능하며 C++로 제작됐다. x86 아키텍처를 기반으로 구현했으며 32비트 기반 싱글코어에서 동작한다.

 Tip

비주얼 스튜디오 2019에서도 정상 빌드된다.

제1장에서는 운영체제를 개발하기 위해 필요한 개발 도구를 살펴본다. 그리고 SkyOS를 대략적으로 살펴본 후 정상적으로 소스코드가 빌드되는지 확인하고 가상 에뮬레이터에서 SkyOS 커널을 실행해 본다.

예비지식

이 책의 내용을 진행하기 위해서는 많은 사전 지식이 필요하다. 적어도 대학교 과정에서 운영체제 과목을 수강한 사람을 대상으로 하며 다음과 같은 분야에 대해 어느 정도 알고 있다고 가정한다.

- C/C++ 언어
- 자료구조
- 운영체제 이론
- 비주얼 스튜디오

또한 반드시 알고 있을 필요는 없지만 다음과 같은 내용에 대해 이미 알고 있다면 책의 내용을 수월히 진행할 수 있다.

- 디자인 패턴 / UML
- 시스템 프로그래밍
- 어셈블리 언어
- STL

여러 가지 부분에서 많은 사전 지식을 필요로 하지만 C++의 기초를 익힌 프로그래머라면 이 책을 진행하는 데 크게 무리가 없다. 최대한 쉽게 설명하려고 노력했으며 중간중간에 숙련자에게는 복습의 기회를 제공하고 초보자에게는 학습의 기회를 부여하기 위해서 기본적인 이론에 대한 설명을 곁들였다. 기술 서적을 읽을 때 자신이 전부 아는 것이라면 굳이 그 책을 읽을 필요가 없을 것이다. 다소 어렵게 느껴진다 하더라도 무작정 내용을 따라가다 보면 큰 결실을 얻을 수 있을 것이다.

SkyOS 콘셉트

SkyOS는 필자가 개인적으로 제작하고 있는 오픈소스 운영체제다. 깃허브에서 소스 코드를 다운받을 수 있으며 누구든지 자유롭게 소스를 다운받아 변형 및 배포할 수 있다. SkyOS는 커다란 규모의 운영체제 제작 프로젝트는 아니지만 오랜 기간 동안 개발되고 수정된 OS다.

> **Tip**
>
> SkyOS는 필자가 최초 개발 시 정했던 운영체제 이름이 아니다. 한때 OrangeOS라는 이름을 사용했던 적도 있으며 여러 번 콘셉트를 뒤엎고 처음부터 다시 제작한 적도 있었다. 비주얼 스튜디오로 커널을 제작할 수 있다는 것을 확인하고 그 개발 언어로 C++가 문제가 없음을 확인한 후 본격적으로 개발을 진행해 왔었다.

앞에서 쉽게 운영체제를 개발하기 위해 필요한 요소를 설명했는데 SkyOS는 그 요소를 가능한한 수용하려고 노력했다. SkyOS의 콘셉트는 다음과 같다.

- 윈도우 운영체제가 동작하는 원리와 유사하게 구현한다.

  시스템 프로그래밍이나 일반 애플리케이션, 게임 개발업계에 종사한 프로그래머라면 윈도우 운영체제가 어떠한 방식으로 돌아가고 있는지는 실제 커널 개발을 하지 않았다 하더라도 잘 이해하고 있을 것이다. 이 책에서는 운영체제 개발에 필요한 이론을 설명하면서 윈도우 운영체제 관련 이론을 소개하고 있다. 또한 윈도우 운영체제라면 이렇게 구현됐을 것이라고 가정한 부분을 SkyOS 커널에 반영했다.

- 객체지향 언어인 C++로 구현한다.

  객체지향 언어인 C++을 사용해서 일반 애플리케이션을 제작하듯이 운영체제를 완성해 나가는 것이 이 책의 주된 목표 중 하나다.

- STL의 활용

  C++ 언어를 사용하면서 STL을 사용할 수 없다면 어불성설이다. 초기 STL

구문이라 하더라도 STL을 사용할 수 있어야 한다.

- 디버깅 활용 기법
  프로그램 개발 못지 않게 중요한 주제는 디버깅이다. 윈도우 플랫폼에서 비주얼 스튜디오로 개발하면 다양한 디버깅 기법의 가능성이 열린다. SkyOS 개발을 위해 이런 다양한 디버깅 기법을 활용할 수 있는지 확인한다.

- new, delete 연산자를 구현한다.
  C++의 경우 메모리를 할당하기 위해 new, delete 연산자를 구현해줘야 하는데 이 과정에서 힙이라는 자료구조가 필요하며 가상주소 개념이 필요하다. 이 메모리 할당 부분을 현대 운영체제와 유사하게 구현한다.

- 애플리케이션 간의 독립적인 주소공간을 제공한다.
  프로세스는 32비트 애플리케이션의 경우 4GB의 독립적인 주소공간을 가지며 이 공간은 다른 주소와 공유되지 않는다. 그런데 OS 샘플을 살펴보면 주소공간을 공유하는 경우가 많다. 그 이유는 페이징이 제대로 구현되지 않았기 때문이다. 이 책에서는 애플리케이션 독립적인 주소공간을 제공하기 위해 페이징의 구현에 심혈을 기울였다.

- 커널 레이어와 기타 레이어를 분리한다.
  커널은 커널대로 개발을 하고 기타 레이어의 개발에는 영향을 최소화해서 각 레이어간 별도 개발이 가능하도록 구조화한다.

- USB에 부팅 가능한 콘솔 운영체제를 개발한다.
  플로피 디스크나 하드 디스크에 SkyOS를 설치하는 것은 실용적이지 못하므로 USB에 SkyOS를 설치해서 실기에 부팅할 수 있게 제작한다.

- 16비트 리얼모드와 관계된 내용은 최대한 지양한다.
  코드는 16비트와 관계된 내용을 최대한 피하고 처음부터 32비트 보호 모드 상태에서 개발을 진행한다.

- 어셈블리 코드의 사용을 최소화한다.

또한 SkyOS는 그래픽 모드는 다루지 않고 오로지 콘솔모드만 다루려고 했으나 향

후 이 책을 읽은 개발자가 SkyOS를 토대로 새로운 운영체제를 개발할 수 있다고 판단해 그래픽 유저 인터페이스, 즉 GUI 모드로 전환하고 각종 GUI 컴포넌트를 출력할 수 있는 예제를 SkyOS에 추가했다. 해당 예제를 통해서 GUI 운영체제 및 애플리케이션을 개발할 수 있다.

32비트로 OS를 개발하지만 그 구조는 근본적으로 64비트와 크게 다르지 않다. 책의 후반부에는 SkyOS를 64비트로 전환하는 방법을 살펴본다.

준비물

운영체제 제작을 효율적으로 진행하기 위해 가상 에뮬레이터를 사용할 것이다. 가상 에뮬레이터를 활용해서 운영체제를 최종적으로 완성한 후에는 이 운영체제를 USB에 설치한 후 실기에서도 부팅가능하도록 작업할 것이다. 이제 운영체제 제작을 위해 필요한 도구를 살펴보자.

비주얼 스튜디오 2017

비주얼 스튜디오 2017은 여러 가지 버전이 존재하는데 여기서는 무료 버전인 비주얼 스튜디오 2017 커뮤니티 버전을 다운로드해서 설치한다. 이 책을 읽는 개발자라면 비주얼 스튜디오 2017을 스스로 설치하는 것이 가능하고 간단한 콘솔용 C++ 프로그램을 제작 및 빌드하는 것이 가능하다고 판단한다. 그래서 비주얼 스튜디오 2017을 설치하는 방법에 대해서는 생략한다. 다만 윈도우 환경에 따라 윈도우 SDK 설정을 다르게 할 상황이 있는데 이 경우는 수동으로 설정을 변경할 필요가 있다.

[표 1-1] 윈도우 운영체제별 버전

운영체제	버전
윈도우 7	Windows SDK 8.1
윈도우 10	Windows SDK 10

필자는 윈도우 7 및 윈도우 10 환경에서 개발을 진행하고 있는데 깃허브에 업로드된 소스는 윈도우 10 기준이다. 만약 윈도우 7 환경에서 빌드가 되지 않으면 SDK 버전을 Windows SDK 8.1로 변경하고 컴파일한다. Windows SDK 8.1이 존재하지 않으면 SDK를 다운받아 설치한다.

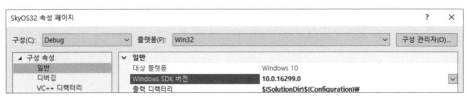

[그림 1-1] SDK 버전(윈도우 10 기준)

WinImage

가상 디스크 이미지를 생성하고 편집가능한 도구다. 우리가 만드는 운영체제는 가상 디스크에 설치해서 QEMU라는 에뮬레이터를 통해 실행할 것이다. WinImage는 플로피 디스크뿐만 아니라 시디롬, 하드 디스크 이미지도 다룰 수 있으며 파일 카피가 쉽기 때문에 운영체제 제작에 있어 필수적인 도구 중 하나다. WinImage는 다음 링크에서 다운받을 수 있다.

http://www.winimage.com/

 Tip

WinImage는 무료이기는 하지만 30일 평가판이다. ImDisk라는 유틸리티도 추천한다.

QEMU

QEMU은 가상 머신 환경을 제공하는 프로그램이다. 가상 디스크 이미지를 인식하고 우리가 만든 운영체제를 동작시킬 수 있는 제반 여건을 제공한다.

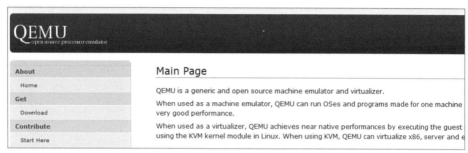

[그림 1-2] QEMU 홈페이지

http://wiki.qemu.org/

위의 홈페이지에서는 QEMU 소스코드만을 제공하므로 윈도우용으로 컴파일된 버전을 다음 링크에서 다운받자.

http://www.omledom.com/

필자가 사용한 버전은 64비트의 경우 2.11.1, 32비트의 경우 2.5.1.1 버전을 사용했다. 구글 드라이브에서도 다운로드할 수 있다.

 Tip

깃허브에 구글 드라이브 링크를 걸어두었다.

SkyOS 소스코드

소스코드는 깃허브에서 압축해서 받을 수 있지만 계속 업데이트될 것이므로 동기화를 위해 TortoiseSVN을 통해서 소스코드를 다운받자. TortoiseSVN은 다음 링크에서 다운받을 수 있다.

https://tortoisesvn.net/downloads.html

자신의 컴퓨터 환경에 따라 32비트 또는 64비트 버전을 다운받아 설치한다. 설치한 후 SkyOS의 SVN 주소를 얻은 뒤 로컬에 SkyOS 폴더를 만들고 해당 폴더로 소스코드를 다운받자.

[그림 1-3] SkyOS SVN 주소의 획득

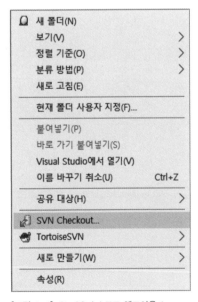

[그림 1-4] SkyOS 소스코드 체크아웃 1

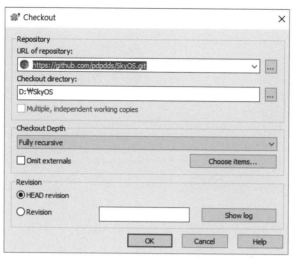

[그림 1-5] SkyOS 소스코드 체크아웃 2

툴을 설치하고 소스코드를 다운받았으면 지금부터는 SkyOS를 빌드할 수 있다.

프로젝트 빌드

'Hello World' 문자열을 출력하는 첫 번째 프로젝트를 통해서 SkyOS의 빌드 프로 세스를 파악해 보자.

프로젝트 구성

다운받은 SkyOS 소스 폴더에 들어가면 [그림 1-6]과 같은 폴더 구성을 확인할 수 있다.

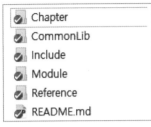

[그림 1-6] SkyOS 폴더 레이아웃

각각의 폴더 역할은 다음과 같다.

- **Chapter**: 이 책의 각 파트와 관계된 튜토리얼 프로젝트 모음
- **CommonLib**: 애플리케이션과 커널이 동시에 사용하는 공통 라이브러리
- **Module**: SkyOS 커널을 운용하는 데 도움이 되는 모듈
- **Reference**: 개념 및 이해를 돕기 위해 추가한 레퍼런스 코드

프로젝트 빌드

그럼 소스코드를 빌드해 보자. 비주얼 스튜디오 2017은 설치했다고 가정한다. Chapter 폴더에 들어가서 01_HelloWorld.sln 솔루션 파일을 실행하자. 프로젝트 빌드는 디버그 모드로 빌드한다. 릴리즈 모드로 빌드하면 소스코드를 최적화하기 때문에 우리가 의도한 코드와 실제 동작하는 코드의 내용이 다를 수 있으므로 사용하지 않는다. 또한 x86 모드로 빌드한다. 특별한 외부 라이브러리 없이 빌드가 되므로 컴파일 에러가 없어야 한다. 이렇게 빌드를 하면 SKYOS32.EXE 파일이 Debug 폴더에 생성된다. 이 파일이 SkyOS의 커널 이미지다.

 Tip

코드 관련 질문사항은 https://cafe.naver.com/codemasterproject에 글을 남기면 된다.

커널의 실행

운영체제를 개발하고 그 결과를 눈으로 확인하는 과정은 다음과 같다.

- 커널을 빌드해서 SKYOS32.EXE 파일을 생성한다.
- SKYOS32.EXE 파일을 가상 이미지에 복사한다.
- QEMU를 통해 커널의 동작을 확인한다.

가상 이미지를 만드는 방법은 본문에서 자세히 설명할 것이다. 지금은 샘플 가상 이미지를 다운받아 에뮬레이션이 정상적으로 실행되는지 확인한다. 샘플 가상 이미지는 구글 드라이브에서 다운받을 수 있는데 IMAGE/01_HELLO 폴더에서 SkyOS.IMA 파일과 SkyOS.BAT 파일을 다운받는다. 이 파일을 열기 위해서는 WinImage가 필요하다.

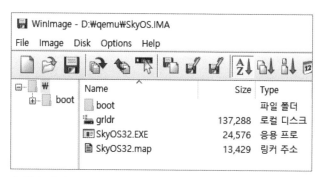

[그림 1-7] SkyOS.IMA

더블 클릭을 하면 [그림 1-7]과 같이 SkyOS.IMA 내부의 파일들이 나타날 것이다. SKYOS32.EXE 파일을 가상 이미지로 복사하기 위해서는 파일을 해당 폴더로 끌어 놓거나 인젝션 버튼을 통해서 파일을 선택하면 된다.

이제 QEMU가 설치된 폴더로 이동한다. 해당 폴더에는 여러 가지 실행 파일이 존재하지만 우리가 대상으로 하는 컴퓨터 아키텍처는 x86이므로 필요한 실행 파일은 다음과 같다.

```
qemu-system-x86_64.exe
```

이 실행 파일에 명령인자를 주기 위해서 간단한 배치 파일을 만들면 되는데 여기서는 조금 전 다운로드한 SkyOS.BAT 배치 파일을 사용할 것이다. QEMU 폴더에 SkyOS.IMA와 같이 복사한 후 SkyOS 배치 파일을 실행한다. 화면에서 'Hello World'가 출력되면 커널이 성공적으로 실행된 것이다.

만약 이 과정이 제대로 진행되지 않는다면 다음으로 넘어가지 말고 반드시 실행된 것을 확인한 후에 다음 내용으로 넘어가도록 한다. 앞으로 커널을 제작하는 과정에서 실행 결과를 확인하기 위해 위의 과정은 수없이 반복하게 될 것이다.

 Tip

필자가 SkyOS를 개발하면서 가장 많은 시간을 보냈던 부분이 커널을 빌드해서 가상 디스크에 복사한 뒤 QEMU 에뮬레이터로 실행 결과를 확인하는 과정이었다.

정리

제1장에서는 SkyOS 프로젝트의 레이아웃을 확인하고 소스코드를 빌드했으며 그 결과물을 에뮬레이터에서 실행해 봤다. SkyOS의 최종 결과물은 콘솔시스템과 그래픽시스템이며 생성된 커널은 USB에서도 부팅가능하다.

SkyOS는 꽤 실험적인 OS다. 윈도우 운영체제에서 비주얼 스튜디오 2017을 통해서 커널을 개발하는 내용은 많지 않으며 C++로 구현된 예제는 거의 없다. 또한 GRUB을 적용해서 32비트 모드로 동작하는 OS 예제는 없다고 봐도 무방하다. 그만큼 백지 상태에서 개발했기 때문에 앞으로 개선해야 할 부분이 많은 운영체제다. 깃허브나 카페에 개선사항을 건의하거나 버그를 제보해준다면 필자에게 크나큰 도움이 될 것이다.

2

운영체제 이론

이 책을 읽는 분은 기본적인 운영체제 이론은 숙지하고 있다고 판단한다. 하지만 무에서 도전하는 진취적인 프로그래머도 있을 것으로 판단해 최소한의 이론은 리뷰하는 것이 좋다고 생각했다. 제2장에서는 다음과 같은 개념의 습득을 목표로 한다.

- 프로세스
- 스레드
- 스택
- 호출 규약

시니어 프로그래머라면 제2장은 넘어가기 바란다.

프로세스

프로세스는 컴퓨터에서 실행되는 프로그램을 의미한다. 일반적으로 프로그램은 하드 디스크에 저장돼 있는데 프로그램을 실행하면 운영체제 로더에 의해 메모리로 적재된다. 엄밀하게 이야기하면 메모리에 적재돼 실행되는 프로그램을 프로세스라고 지칭한다.

멀티태스킹 운영체제에서는 하나의 프로세스가 독점적으로 시스템 자원을 사용하는 것을 막기 위해 프로세스에 자원 사용 시간을 적절히 배분한다. 프로세스가 메모리에 로드됐을 때의 대략적인 레이아웃은 [그림 2-1]과 같다.

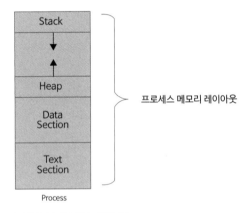

[그림 2-1] 프로세스 레이아웃

- 프로세스 컨텍스트

  프로세스 컨텍스트Process Context는 프로세스 문맥이라고도 하며 운영체제가 관리하는 프로세스 정보라고 생각하면 된다. 이러한 정보는 [표 2-1]과 같다.

[표 2-1] 프로세스 컨텍스트 종류

컨텍스트	내용
CPU 상태	CPU 레지스터, 현재 프로세스가 수행되고 있는 위치 등 ex) IP(Instruction Pointer)
PCB(Process Control Block)	커널이 관리하는 프로세스 정보 구조체
가상주소공간 데이터	코드, 데이터, 스택, 힙

위와 같은 내용이 프로세스 컨텍스트를 의미한다. 멀티태스킹 운영체제에서 실행되는 프로세스는 위와 같은 정보를 토대로 커널이 프로세스를 실행하고 있다는 것을 의미하며 컨텍스트 스위칭Context Switching은 지금 실행하고 있는 프로세스의 실행을 멈추고 다른 프로세스의 컨텍스트를 가져와 실행함을 의미한다.

Tip

컨텍스트 스위칭은 엄밀하게 말해서 스레드단에서 발생한다. 프로세스는 스레드를 담는 그릇에 불과하며 스레드가 실제 실행 단위에 해당한다. 스레드는 등가의 의미로 태스크로 불리기도 한다.

- PCB

PCBProcess Control Block(프로세스 제어 블록)는 운영체제 커널의 자료구조로써 프로세스를 표현하기 위해 사용된다. 커널은 이 자료구조를 사용해서 프로세스를 관리한다. PCB는 프로세스가 생성될 때 같이 생성되며 프로세스 고유의 정보를 포함한다. WIN32 프로세스에서의 PCB 구조는 [그림 2-2]와 같다.

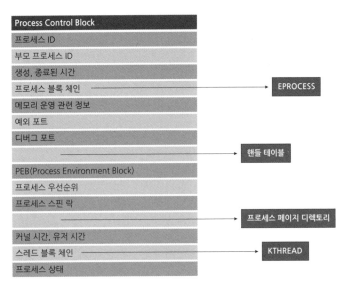

Process Control Block
프로세스 ID
부모 프로세스 ID
생성, 종료된 시간
프로세스 블록 체인 → EPROCESS
메모리 운영 관련 정보
예외 포트
디버그 포트
→ 핸들 테이블
PEB(Process Environment Block)
프로세스 우선순위
프로세스 스핀 락
→ 프로세스 페이지 디렉토리
커널 시간, 유저 시간
스레드 블록 체인 → KTHREAD
프로세스 상태

[그림 2-2] 윈도우 운영체제의 PCB

PCB는 체인으로 다른 PCB에 연결돼 있다. PCB에 포함된 정보는 다음과 같다.

- OS가 관리상 사용하는 정보: 프로세스 상태, 프로세스 ID, 스케줄링 정보, 우선순위
- CPU 수행 관련 하드웨어 값: 프로그램 카운터, 레지스터
- 메모리 정보: 코드, 데이터, 스택의 위치 정보
- 파일 정보: 열어둔 파일 정보(핸들)

- 프로세스 상태
  컨텍스트 스위칭에 의해서 프로세스는 실행 상태에 놓일 수도 있고 정지 상태에 놓일 수도 있다. 세부 상태는 [그림 2-3]과 같다.

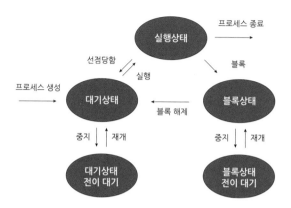

[그림 2-3] 프로세스 상태 다이어그램

[표 2-2] 프로세스 상태

프로세스 상태	내용
실행	프로세스가 CPU를 점유하고 있는 상태
대기	프로세스가 CPU를 점유하기 위해 기다리고 있는 상태(메모리에는 이미 올라와 있을 뿐만 아니라 CPU 동작을 위한 모든 조건을 만족한 상태)
블록(wait, sleep)	당장은 작업이 수행될 수 없는 상태 sleep 함수를 사용하거나 동기화를 위해 대기해야 할 경우 프로세스는 블록된다.
정지 상태	스케줄러나 인터럽트 때문에 비활성화된 상태 외부에서 다시 재개시켜야 활성화 상태로 변경된다.

- 컨텍스트 스위칭

  CPU가 한 프로세스에서 다른 프로세스의 PCB 정보로 스위칭되는 과정을 의미한다.

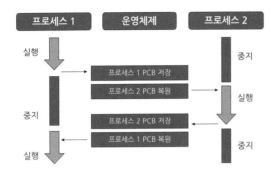

[그림 2-4] 프로세스 컨텍스트 스위칭 과정

[그림 2-4]에서는 두 프로세스가 실행과 중지를 반복하며 컨텍스트 스위칭을 하는 과정을 보여준다. 프로세스 1이 실행 중에 있다가 컨텍스트 스위칭이 발생할 경우 운영체제는 프로세스 1의 PCB를 저장한 뒤 프로세스 2의 PCB를 복원시킨다. 그 후 프로세스의 실행을 개시한다. 이 과정을 반복하면서 두 프로세스는 실행과 중지를 반복한다. 컨텍스트 스위칭은 시스템 콜이나 외부 인터럽트에 의해 발생한다.

스레드

프로세스가 프로그램의 주체라면 스레드는 프로세스의 실제 실행 단위다. 프로세스는 여러 개의 스레드를 담고 있으며 커널은 프로세스가 담고 있는 스레드를 관리해서 프로세스의 동작을 조정한다.

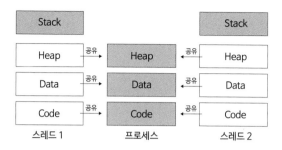

[그림 2-5] 가상주소 공간을 공유하는 스레드

[그림 2-5]와 같이 스레드는 프로세스의 자원을 공유한다. 코드 영역을 동시에 접근하는 것은 문제가 되지 않지만 쓰기 가능한 데이터 영역에 동시에 접근할 경우 데이터 무결성에 문제가 생길 수 있다. 스택은 스레드 고유의 자원이며 일반적인 경우에는 다른 스레드로부터 간섭을 전혀받지 않기 때문에 동기화 걱정 없이 마음대로 사용할 수 있다.

- 스레드 경합

  자료구조나 데이터에 복수의 스레드가 접근하면 문제가 발생할 수 있다. 이런 상태를 경쟁 상태 또는 경합 상태Race Condition라 부른다. 다음 코드는 경합이 발생할 수 있는 샘플 코드다.

[코드 2-1] 경합 상태 예제 코드

```
int counter = 0;
// 스레드의 메인 엔트리 함수
void compute()
{
        counter++;
        printf("Counter value: %d\n", counter);
}


int main()
{
        pthread_t thread1, thread2;
```

```
// 스레드를 두 개 생성한다.
        pthread_create(&thread1, NULL, compute, NULL);
        pthread_create(&thread2, NULL, compute, NULL);

// 스레드가 종료할 때까지 대기한다.
        pthread_join( thread1, NULL);
        pthread_join( thread2, NULL);
        return 0;
}
```

위의 프로그램의 실행 결과를 정확히 예측하는 것은 불가능하다. 왜냐하면 counter++; 라인이 단위 연산이 아니기 때문이다. 따라서 위 프로그램의 실행 결과는 다음과 같을 수 있다.

```
Count value : 1
Count value : 1
```

또는

```
Count value 1
Count value 2
```

이런 문제를 해결하기 위해 동기화를 적용해야 한다. 동기화를 적용하기 위해서는 동기화 객체를 사용하면 된다. 동기화 객체의 종류는 다음과 같다.

- 크리티컬 섹션
- 뮤텍스
- 세마포어
- 스핀 락

동기화에 대해서는 부록의 '동기화'를 참고하기 바란다.

- TCB

  프로세스에 PCB가 존재하듯이 스레드 정보를 관리하기 위해 TCB^{Thead Control} Block(스레드 제어 블록)가 존재한다. TCB는 커널에서 스레드를 관리하기 위해 필요로 하는 정보를 담고 있는 구조체다.

  [그림 2-2]에서 KTHREAD가 TCB를 나타내는데 [그림 2-6]에서 PCB와 TCB의 관계를 살펴보자.

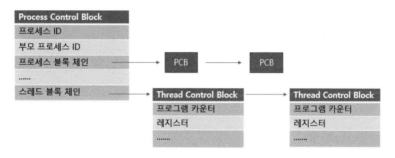

[그림 2-6] PCB와 TCB 관계

TCB는 다음 정보를 유지한다.

- **스레드 식별자**: 고유 아이디는 스레드마다 새롭게 할당된다.
- **스택 포인터**: 스레드의 스택을 가리킨다.
- **프로그램 카운터**: 스레드가 현재 실행 중인 명령어의 주소
- **스레드 상태**: 실행, 준비, 대기, 시작, 완료
- 레지스터값들
- 스레드를 담고 있는 프로세스의 PCB의 포인터

스택

스택Stack은 FILO 자료구조First In Last Out로, 마지막에 입력된 자료가 먼저 나오는 형태다. 이와 반대되는 FIFOFirst In First Out 자료구조에는 큐Queue가 있으며 먼저 입력된 자료가 먼저 출력되는 구조를 지닌다.

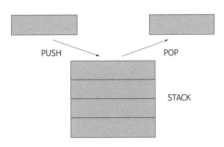

[그림 2-7] 스택의 구조

- 콜스택

    특정 함수가 호출될 때에는 지역변수나 함수 파라미터가 특정공간에 저장되는데 이 공간을 콜스택Call Stack이라고 부른다. x86 아키텍처에서는 스택에 변수나 파라미터가 저장될 때 주소 공간이 줄어드는 방향으로 데이터가 저장된다. 다음과 같은 함수가 존재한다고 가정하자.

[코드 2-2] 샘플 함수

```
void CreateGenesisBlock(DWORD genesisTime, DWORD nounce)
{
        Timestamp timestamp;
        ......
}
```

위와 같은 함수를 호출할 때 콜스택의 상황은 [그림 2-8]과 같다.

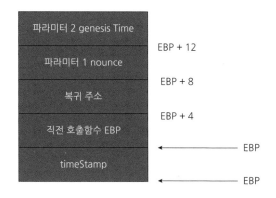

[그림 2-8] 콜스택 상황

CreateGenesisBlock 함수의 수행이 끝나면 이 함수를 호출한 실행 코드의 위치로 돌아갈 필요가 있다. 이때 필요한 값은 해당 함수의 복귀 주소와 EBP 값이다. 이런 값들은 함수호출 시마다 자동으로 생성되는데 이러한 값들의 모음을 스택 프레임 Stack Frame이라 부른다.

- **ESP 레지스터**: 스택의 밑바닥을 가리키는 포인터다. 최초 함수가 호출될 때 EBP Extended Base Pointer와 ESP Extended Stack Pointer의 값은 같으며 로컬변수가 선언되면 ESP는 낮은 값으로 증가한다(x86 아키텍처의 경우). ESP는 다음 데이터를 Push할 위치가 아니라 Pop을 할 때 뽑아낼 데이터의 위치를 가리킨다.
- **EBP 레지스터**: 스택 프레임의 시작 주소를 가리킨다. 새로운 함수가 호출되면 파라미터와 복귀 주소 값이 스택에 채워지는데 EBP 레지스터값은 바로 그 다음 주소를 가리킨다. 즉 호출된 함수가 로컬 변수를 선언하기 직전의 시작점이 되며 EBP 값은 함수 실행 동안 변하지 않으므로(다른 함수를 호출하지 않는 한) 파라미터나 로컬변수를 참조할 수 있는 기준점이 된다. EBP 레지스터는 현재 실행 중인 함수가 종료돼 리턴되면 이 함수를 호출한 함수의 EBP 값으로 변경된다(스택프레임에 저장된 EBP 값).

호출 규약

호출자[caller]가 스택을 정리할 것인지 아니면 피호출자(calle)가 스택을 정리할 것인지에 따라 호출 규약이 정해진다. 즉 스택을 정리하는 방법과 파라미터를 입력하는 방식을 통틀어 호출 규약[Calling Convention]이라 부른다. 호출 규약의 종류는 [표 2-3]과 같다.

[표 2-3] 호출 규약

호출 규약	인자 전달 순서	스택 정리 책임	네임 맹글링	기타
_cdecl	오른쪽 → 왼쪽	호출자	_FOO	_stdcall에 비해 프로그램이 커짐
_stdcall	오른쪽 → 왼쪽	피호출자	_FOO12	모든 시스템에서 사용
_fastcall	오른쪽 → 왼쪽	피호출자	@FOO@12	매개변수를 최대한 레지스터에 저장
_thiscall	오른쪽 → 왼쪽	상황에 따라 변경		this 매개변수가 ECX 레지스터에 전달
_pascall	왼쪽 → 오른쪽	호출자		
naked	오른쪽 → 왼쪽	호출자		사용자 지정 프롤로그와 에필로그를 필요로 할 때 사용

일반적인 함수 선언 시 호출 규약은 cdecl이나 stdcall을 따른다. thiscall은 클래스 객체의 메소드를 호출할 때 객체 자신을 가리키는 포인터를 파라미터로 전달하기 위해 쓰인다. 함수 호출 규약 방식을 변경하기 위해서는 컴파일 옵션을 변경하면 된다.

- **컴파일 옵션**: /Gz(stdcall), /Gr(fastcall), /Gd(cdecl)

stdcall은 호출되는 함수가 스택을 정리하기 때문에 얼마나 많은 인자가 들어오는지를 알 수 없다. 반면 cdecl은 호출자가 스택을 정리하기 때문에 가변 매개 변수를 취급할 수 있다. 하지만 호출자가 스택을 정리하므로 함수 호출 시마다 스택을 정리하는 코드가 삽입되므로 코드가 길어진다.

pascall은 이제 거의 쓰이지 않으며 인자를 스택에 넣을 때 왼쪽에서 오른쪽 순으로 인자를 집어 넣는다. 모든 호출 규약이 가장 중요하다고 할 수 있지만 반드시 기억해야 할 호출 규약 키워드는 naked다. 이 키워드를 활용해서 함수를 호출할 경우에는 스택 프레임을 형성하지 않으므로 함수 종료 시 우리가 스택을 정리하는 작업을 수행해야 한다. 운영체제 제작을 위해서는 이러한 형태의 함수 호출이 반드시 필요한 만큼 익숙해질 필요가 있다.

Tip   naked

함수 호출 시 스택 프레임을 형성하지 않기 때문에 '벌거벗은'이란 뜻을 가진 단어를 사용한 것 같다.

Tip

64비트에서는 더 이상 32비트의 호출 규약 방식을 따르지 않는다. 함수 파라미터의 경우 변수가 몇 개 되지 않으면 스택에 값을 저장하지 않고 레지스터에 값을 유지시킨다. 또한 인라인 어셈블리 언어를 직접 사용할 수 없기 때문에 naked 구문을 사용할 수 없다.

네임 맹글링

네임 맹글링$^{name\ mangling}$은 소스코드가 컴파일되고 오브젝트 파일을 생성한 후 링킹 과정에서 함수나 전역 변수의 이름이 일정한 규칙을 가진채 변경되는 과정을 의미한다. 네임 데커레이션$^{Name\ Decoration}$이라 부르기도 한다. 이런 작업이 일어나는 이유는 링커가 다른 범위에 있는 같은 이름의 함수와 변수들을 구별하기 위해서다.

네임 맹글링 시 고려되는 사항은 다음과 같다.

- 함수 이름
- 파라미터 타입
- 호출 규약

C++ 컴파일러는 제조사마다 네임 맹글링 방식이 다를 수 있으며 C 언어로 작성된

dll 파일 등을 C++로 작성된 프로그램에 링크할 때 링크되지 않는 문제가 발생할 수 있다. 이 경우 extern "C" 키워드를 활용하면 네임 맹글링 문제를 해결해서 링커가 함수를 찾지 못하는 문제를 해결할 수 있다.

정리

운영체제 제작을 위해 필요한 예비지식은 매우 방대하다. 하지만 모든 내용을 다 언급할 수는 없으므로 SkyOS 개발 시 숙지하고 있어야 하는 이론을 중심으로 내용을 설명했다. 커널에서 관리하는 프로세스나 스레드는 운영체제에서 수행되는 객체이기 때문에 반드시 알아야 하는 개념이고 이런 프로세스나 스레드가 코드를 수행하기 위해 호출하는 함수의 동작 원리를 파악하기 위해서는 스택, 호출 규약, 네임 맹글링의 개념을 반드시 이해해야 한다.

이 외에도 알아야 할 개념이 많지만 이 책은 이론을 설명하는 책이 아니므로 더 자세히 시스템 프로그래밍에 대해 이해하고자 한다면 다음 책을 추천한다.

    ◦ 『Windows 구조와 원리』(한빛미디어, 2006)

3

커널 로딩

순수 프로그래머 입장에서 운영체제를 개발할 때 어려운 부분은 "Hello World"를 찍기 전에 너무 많은 작업을 본인이 다 해야 한다는 데 있었다. 하위 호환을 위해 16 비트 리얼모드 작업부터 시작하다 보니 32비트 커널 작업을 위해 수많은 사전 작업을 수행해야 한다.

> **✎ 용어정리 리얼모드**
>
> 리얼 주소 모드 또는 호환 모드라고도 한다. 80286 이후의 x86 호환 CPU의 운영 방식 이다. 리얼모드는 20비트 세그먼트 방식을 사용해서 최대 1MB의 메모리 주소에 접근할 수 있다. 80286 계열 이후의 모든 CPU는 전원이 켜질 때 리얼모드에서 시작한다.

리얼모드가 16비트상에서 시작하고 메모리에 접근할 수 있는 범위가 1MB에 불과

하므로 CPU가 32비트나 64비트 어셈블리를 해석할 수 있도록 하거나, 1MB 이상의
메모리 범위에 접근하기 위해서는 하드웨어에 종속적인 초기화 작업을 수행해야 했
다. 이런 초기화 작업을 구현하는 것만으로도 작업이 만만치 않았기 때문에 "Hello
World"라는 문자열을 화면에 출력하는 것은 결코 쉬운 일이 아니었다.

다른 이야기지만 잠시 안드로이드 개발 환경을 살펴보자. 안드로이드 앱은 자바나
코틀린 언어로 개발 가능한데 이 언어들은 컴파일 시 바이트 코드로 변환된다. 이 바
이트 코드를 해석하는 것은 자바 가상 머신이 담당하고(달빅) 운영체제 코어와 연계
해서 코드를 수행한다.

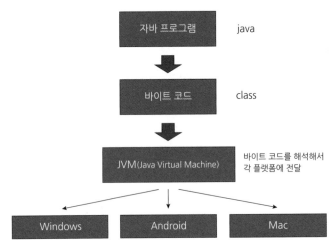

[그림 3-1] 자바 가상 머신 구조

앱 개발자 입장에서는 운영체제 코어가 어떻게 구현됐고 가상 머신이 어떻게 동작하
는지를 굳이 알 필요가 없다. 즉 앱 개발자가 작성한 소스코드는 어떤 플랫폼에서든
재활용이 가능한 것이다.

운영체제를 직접 개발하는 프로그래머라면 하드웨어를 정확하게 제어하기 위해 세
부 동작과 관련된 코드를 직접 작성해야 직성이 풀릴지도 모르겠다. 그러나 커널도
안드로이드의 앱 입장과 같다면 하드웨어에 종속된 내용은 관여하지 않는 것이 좋다.

그렇게 함으로써 개발자는 커널 개발 그 자체에 집중할 수 있기 때문이다.

그런데 수많은 운영체제 제작 코드들을 살펴보면 "Hello World"를 찍기 위해 자신만의 코드를 사용했으며 이 코드들은 해당 커널만을 부팅하는 데 주력했으므로 재활용이 힘들었다. 분명 모든 OS가 32비트나 64비트로 진입하는 과정은 똑같을텐데 그 과정을 각자가 개발하는 것은 굉장히 비효율적임이 틀림없다. 이런 상황에서 일련의 커널 로딩 과정을 간편하게 도와주는 GRUB이라는 모듈이 등장했다.

제3장에서는 커널을 메모리에 로드해서 실행할 수 있도록 도와주는 GRUB에 대해 알아본다. 이 과정을 통해서 커널의 엔트리가 호출되는 일련의 과정을 이해하고 "Hello World" 문자열을 출력해서 운영체제를 손쉽게 개발할 수 있는 발판을 마련한다. 프로젝트는 제1장, 'SkyOS 프로젝트'에서 미리 빌드해 보았던 01_HelloWorld.sln 솔루션을 실행해서 참고한다.

GRUB

GRUB은 GNU 프로젝트의 부트로더이다. 대부분의 운영체제 커널을 불러올 수 있으며 우리가 제작한 커널도 호출할 수 있다. GRUB은 Grand Unified Bootloader의 앞글자를 따서 이름지었으며 물리학에서 사용되는 대통일장 이론에 힌트를 얻어 작명을 그렇게 했다고 한다. 물리학에서의 대통일장 이론은 자연에 존재하는 강력, 약한 핵력, 전자기력, 중력은 원래 하나의 뿌리에서 나왔다는 가정을 전제로 해서 이 네 가지 힘을 통합하려는 이론이다. 마찬가지로 GRUB도 우리가 운영체제를 부팅할 때 장치, 예를 들면 하드 디스크, 플로피 디스크, USB 등에 구애되지 않고 부팅이 가능하도록 도와준다. 사실 GRUB은 운영체제 멀티부팅을 위해 널리 사용되고 있다. 윈도우 7이나 XP, MS-DOS를 선택적으로 설치하거나 부팅하기 위해 자작 USB를 제작하는 이도 있다.

```
                    GNU GRUB  version 1.99-21ubuntu3.9

 ┌──────────────────────────────────────────────────────────────────────────┐
 │debian 7.4 amd64                                                            │
 │huayra live 1.1                                                             │
 │huayra VR 1.0                                                               │
 │debian 6.0.7                                                                │
 │Debian Live 7.0.0 amd64 xfce                                                │
 │Ubuntu 12.10                                                                │
 │Ubuntu 13.04                                                                │
 │Ubuntu 13.10                                                                │
 │Ubuntu 14.04 Live amd64                                                     │
 │TAILS 0.18                                                                  │
 │wifiway                                                                     │
 │wifislax                                                                    │
 │SuperGrub2Disk                                                           ↓  │
 └──────────────────────────────────────────────────────────────────────────┘

      Use the ↑ and ↓ keys to select which entry is highlighted.
      Press enter to boot the selected OS, 'e' to edit the commands
      before booting or 'c' for a command-line.
```

[그림 3-2] GRUB을 활용한 멀티 OS USB

GRUB은 이렇게 상용으로 사용되는 운영체제를 로드할 수 있을 뿐 아니라 개인이
자체 제작한 운영체제 커널도 규격에 맞추면 로드할 수 있는 능력을 갖추고 있다.
GRUB의 대표적인 기능을 살펴보자.

1. 파일시스템 직접 접근 기능
2. 다양한 실행 파일 형식 지원
3. 비 멀티부팅 운영체제 지원
4. 메뉴 인터페이스(부팅 화면)
    A. 그래픽 메뉴 및 배경 그림도 사용할 수 있음
    B. 콘솔 인터페이스도 지원
5. 다양한 파일시스템 지원

GRUB은 우리가 제작한 커널 파일이 유효한 커널인지 확인한 후 커널을 메모리로
적재한다. 또한 하드웨어 제반사항을 초기화한 후 커널 엔트리를 호출해서 제어권을
커널 코드로 이양한다. 이 과정에서 GRUB은 커널에 하드웨어 초기화 정보를 넘겨
준다.

대략적으로 GRUB이 어떤 역할을 하는지 감을 잡았을 것이라고 생각한다. [그림 3-1]의 자바 가상 머신 구조와 유사하게 커널과 GRUB의 관계를 묘사해 보면 [그림 3-3]과 같다.

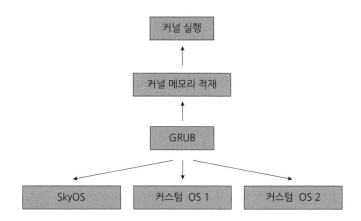

[그림 3-3] 커널과 GRUB의 관계

당연한 이야기지만 GRUB을 통해서 커널을 메모리에 적재시켜서 실행시키고 싶다면 GRUB이 요구하는 규격을 준수해야 한다.

부팅

그럼 GRUB을 통한 전체 부팅 과정을 개괄적으로 살펴보자.

1. 바이오스가 부팅 장치를 찾고 MBR^Master Boot Record을 읽어온다.
2. MBR에 GRUB 스테이지 1이 있으며 GRUB 스테이지 1은 스테이지 1.5나 2를 불러온다.
3. 스테이지 1.5는 MBR 다음 30킬로바이트 영역에 저장되며 스테이지 2를 불러온다.
4. GRUB 스테이지 2는 부트 메뉴나 명령 프롬프트를 보여준다.

5. 기본으로 설정된 커널이나 사용자가 선택한 커널을 메모리에 적재시켜서 커널 엔트리를 실행한다.

(참조 : https://ko.wikipedia.org/wiki/GRUB)

MBR

MBR^{Master Boot Record}은 저장매체의 첫 번째 섹터를 의미하며 운영체제 부팅 시 POST^{Power on Self-Test} 과정을 마친 후 이 첫 번째 섹터를 바이오스가 메모리로 읽어들인다. 그 후 읽어들인 부트 코드로 제어권이 이양돼 코드가 실행된다.

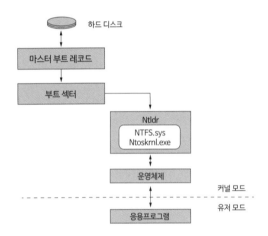

[그림 3-4] Windows NT 계열의 부트 과정

하드 디스크는 논리적으로 여러 개의 하드 디스크로 나눌 수 있다(파티션). 최초 컴퓨터가 부팅된 후 MBR에서 부팅 가능한 논리 하드 디스크를 조회하고 부팅가능한 논리 하드 디스크가 있다면 해당 논리디스크의 부트섹터를 찾아서 메모리로 읽어들이고 그 부트섹터의 코드를 실행한다. 운영체제가 윈도우라면 부트섹터는 Ntldr이라는 커널로더를 메모리에 적재시키며 제어권을 Ntldr에 이양한다. Ntldr은 커널의 코어와 파일시스템 관련 시스템 파일을 로드해서 운영체제를 가동시키며 커널 코어와 파일시스템은 시스템 자원을 활용하기 위해 여러 커널 모듈을 동적 또는 정적으로 로드시켜 운영체제를 실행하면서 유저 애플리케이션의 요청에 대응한다.

GRUB의 측면에서 이야기하자면 GRUB은 부팅 후 Ntldr의 역할까지 수행한다. 운영체제가 설치된 환경이 하드 디스크든, 시디롬이든 상관없다. 한편 우리가 제작하는 커널은 GRUB 덕분에 [그림 3-4]를 보면 Ntoskrnl.exe(NT OS Kernel) 프로세스에만 집중하면 된다. 즉 커널을 메모리에 적재하는 과정을 구현하지 않아도 된다는 의미다. GRUB이 커널을 로드하는 과정을 [그림 3-5]에서 살펴보자.

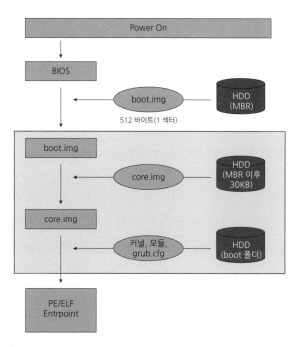

[그림 3-5] GRUB 부트 시퀀스

바이오스는 부트섹터에 기록된 boot.img 512바이트를 메모리에 적재한 뒤 제어권을 넘긴다(Stage 1). boot.img 파일은 Stage2에 해당하는 core.img를 메모리에 적재시켜 해당 코드를 실행하는데 여기서는 menu.lst 파일이나 grub.cfg 설정 파일을 참고해서 커널 리스트를 가져온다. 그리고 커널을 선택해서 실행하면 GRUB은 커널을 메모리에 적재시킨 뒤 커널의 엔트리 포인트에 제어권을 넘기고 자신의 임무를 종료한다.

Tip

> GRUB은 1.0대 버전과 2.0 버전으로 구분된다. 1.0대 버전에서는 menu.lst 파일을 사용
> 하며 2.0대 버전에서는 grub.cfg 파일을 사용한다. 이 책에서는 두 가지 버전의 GRUB
> 을 모두 사용하고 있다.

설치

이제 GRUB을 디스크에 설치해 보자. 이 책에서는 윈도우 운영체제 환경에서 다음
과 같은 미디어에 GRUB을 설치하는 과정을 보여 줄 것이다.

- 가상 플로피 디스크
- USB

GRUB은 GNU 프로젝트에서 시작됐기 때문에 관련 내용 대부분이 리눅스 OS에 기
반을 두고 설명한다. 그래서 윈도우상에서 GRUB을 설치하기에는 조금 까다로운 면
이 존재한다. 윈도우 운영체제에서 USB 등에 GRUB을 설치하기 위해 GRUB4DOS
라는 유틸리티가 있지만 FAT12, FAT16, FAT32로 포맷된 미디어에 GRUB을 설치
할 경우 다소 번거로운 면이 존재한다.

먼저 가상 플로피 디스크를 제작해 보자. GRUB 기반 부팅디스크를 제작하기 위
해 필요한 준비물은 다음과 같다(가상 디스크에 복사할 파일은 구글 드라이브의 Image/
Floppy 폴더에서 확인할 수 있다).

- WinImage
- Bootice

먼저 WinImage를 실행하고 메뉴에서 File → New 항목을 선택한다.

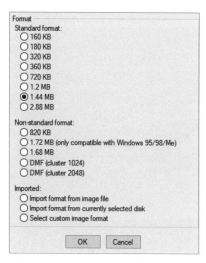

[그림 3-6] 가상 이미지 포맷 선택

OK 버튼을 클릭한 후 특정 폴더에 저장을 하자. 단 주의할 사항이 있는데 저장 시 확장자를 IMA 포맷으로 변경한 후 저장하자. 이제 이렇게 생성한 가상 디스크 부트섹터에 GRUB의 부트섹터 코드를 복사해야 한다. 부트섹터 작업을 하기 위해 BootIce를 활용한다.

Bootice는 부트섹터를 관리하는 도구다. 부트섹터 관련 작업은 일반적으로 쉽지 않으므로 이 프로그램을 이용하면 부트섹터에 데이터를 편하게 복사할 수 있다. 즉 GRUB의 부트섹터 데이터를 특정매체의 부트섹터에 복사하기 위해 Bootice를 사용한다.

Bootice는 구글 드라이브의 Tool 폴더에서 다운받거나 다음 링크에서 다운받을 수 있다.

https://bootice.en.softonic.com/download

프로그램을 실행한 후 Disk Image 탭을 선택한 후 WinImage를 통해 생성한 IMA 이미지를 선택하자. 그러면 Process PBR 항목이 활성화된다.

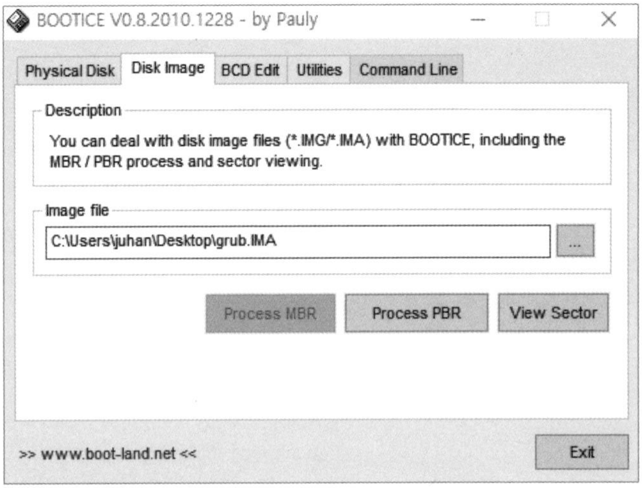

[그림 3-7] IMA 파일의 선택

Process PBR 버튼을 클릭하면 [그림 3-8]과 같은 화면이 뜰 것이다.

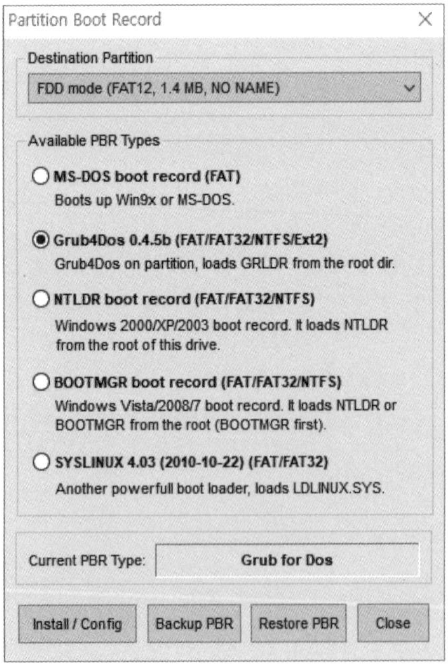

[그림 3-8] 부트 레코드 설정

[그림 3-8]에서 Grub4Dos 0.4.5b를 선택한 후 Install / Config 버튼을 클릭하면 GRUB의 부트섹터 코드가 플로피 디스크의 부트섹터에 카피된다.

이 부트섹터 코드는 grndr이라는 파일을 찾는다. 구글 드라이브에서 다운받은 파일들을 가상 플로피 디스크에 복사하자. 여기서 다시 WinImage를 사용한다. 마우스를 드래그해서 파일을 카피할 수 있는데 가끔 WinImage가 오동작하는 경우가 있으므로 그런 경우에는 프로그램을 재실행하든지 메뉴의 Image → Inject를 선택해서 grndr 파일을 복사한다.

여기까지 잘 수행했으면 커널을 로드할 수 있는 환경이 구성된 것이다. 지금 작성한 IMA 파일은 제1장, 'SkyOS 프로젝트'에서 실습으로 활용한 IMA 파일과 동일하다. 마지막으로 빌드한 SKYOS32.EXE 커널을 가상 디스크에 복사하자. 가상 디스크의 최종 구성은 [그림 3-9]와 같다.

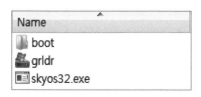

[그림 3-9] 가상 플로피 디스크 최종 구성

grldr, 그랜드 로더는 boot 폴더에 있는 menu.lst를 읽어들여 부팅가능한 커널들을 리스팅해 준다.

boot 폴더에 있는 menu.lst 파일을 열어보자.

```
timeout 20

title Sky OS
kernel /SKYOS32.EXE
```

메뉴의 타임아웃 시간이 20초이고 SkyOS라는 운영체제와 해당 운영체제의 파일 위치를 지정하고 있다. 위와 같은 형식으로 커널들을 여러 개 나열해 주면 부팅 시 멀티 부팅이 가능하다. 플로피 디스크는 공간이 부족해서 여러 개의 운영체제를 담을 수는 없지만 CD나 USB에 GRUB을 설치하면 여러 운영체제의 멀티 부팅이 가능해진다.

실행

부팅 가능한 디스크를 제작했으니 QEMU 에뮬레이터에서 이 부팅디스크가 제대로 동작하는지 확인해 보자. 실기를 사용해서 커널의 동작 여부를 직접 확인할 수도 있겠지만 대다수의 컴퓨터에는 이제 플로피 디스크가 존재하지 않는데다 개발에 용이하지도 않으니 QEMU를 활용하는 것이 번거롭지도 않고 개발 측면에서도 매우 효율적일 것이다. QEMU의 설치에 관해서는 앞에서 언급했다.

설치 폴더에 가보면 qemu-system-x86_64.exe 파일이 존재할 것이다. 해당 파일에 커맨드를 보내기 위해 배치 파일을 하나 만든다. 배치 파일의 내용은 다음과 같다.

[**코드 3-1**] qemu-skyos.bat

```
REM Start qemu on windows.
@ECHO OFF
SET SDL_VIDEODRIVER=windib
SET SDL_AUDIODRIVER=dsound
SET QEMU_AUDIO_DRV=dsound
SET QEMU_AUDIO_LOG_TO_MONITOR=0
qemu-system-x86_64.exe -L . -m 128 -fda grub.ima -soundhw sb16,es1370 -localtime
-M pc
```

여러 가지 내용이 있지만 주목해야 할 부분은 제일 마지막 줄의 내용이다. 여러 가지 옵션이 qemu에 전달되는데 각 옵션의 의미는 다음과 같다.

- m: 메모리, 128MB 설정
- fda: 플로피 디스크 이미지 지정
- soundhw: 사운드 하드웨어, 사운드블래스터16, 또는 es1370 에뮬레이션
- localtime: 로컬타임을 사용
- M: 플랫폼 지정, 여기서는 pc

위와 같이 배치 파일을 만들고 가상 디스크 파일과 함께 QEMU 폴더에 복사한 후 배치 파일을 실행하자. 이전처럼 "Hello World" 문자열이 콘솔에 출력됐다면 제대로 SkyOS 커널을 로드한 것이다. 이로써 "Hello World"를 찍기 위해 필요한 번잡한 과정을 단번에 건너뛸 수 있게 됐다.

USB 실기에 GRUB을 설치하는 방법은 부록에 별도로 설명했으니 살펴보기 바란다.

GRUB이 전달하는 파라미터

지금까지 GRUB이 커널을 로드하는 과정을 설명했고 GRUB을 가상이미지에 설치해서 커널을 실제로 실행해 봤다. 이번 절에서는 코드를 통해서 GRUB이 커널에 어떤 파라미터를 전달하는지 확인해 본다.

일반적으로 PC는 이전 컴퓨터와의 호환성을 위해 16비트 모드로 부팅이 된다는 것은 앞에서 여러 번 언급했다. 즉 16비트 명령어를 해석한다는 뜻이다. 16비트 명령어를 통해서 우리는 바이오스에게 여러 가지 명령을 내릴 수 있다. 현재 시스템의 PCI 장치수라든지 메모리 크기, 그리고 화면 해상도에 대한 질의 등 여러 가지 명령을 수행할 수 있다. GRUB은 초기에 이런 바이오스콜을 통해 여러 정보를 획득한 후 시스템을 보호 모드로 전환한다. 보호 모드로 전환되면 32비트 주소 어드레싱이 가능해져서 4GB 메모리 영역에 접근 가능하게 된다. 보호 모드에 대해서는 이후에 자세히 설명하겠다.

바이오스 서비스를 이용하면 USB 드라이버 없이도 USB를 읽어들이는 것이 가능하다. 메인보드에서 기능을 지원하기 때문이다. 하지만 커널이 부팅된 이후에 커널에서 USB 를 읽어들이려면 해당 USB를 읽는 드라이버를 구현해야 한다. 바이오스콜은 리얼모드 에서만 가능하기 때문이다. 보호 모드에서도 바이오스콜을 할 수 있는 방법이 존재하긴 하지만 번거로운 편이며 다양한 파일시스템으로 포맷된 USB의 파일을 읽는 기능을 구 현하는 것은 쉽지 않다. 바이오스콜을 이용한다 하더라도 결국 특정 섹터의 데이터만 읽 을 수 있기 때문에 특정 파일을 USB로부터 읽어들이려면 파일시스템을 인식할 수 있도 록 구현해야 한다.

GRUB은 보호 모드로 전환한 후 커널을 호출하는데 커널 입장에서는 하드웨어 관련 정보를 얻기가 어려우므로 GRUB이 커널에 넘겨주는 구조체 정보를 활용해서 메모리 사이즈라든지 어떤 디바이스에서 부팅이 됐는지에 대한 정보를 알아내야 한다. GRUB은 MultiBootInfo라는 구조체를 통해서 이러한 정보를 전달한다. 구조체 형태는 다음과 같다.

[코드 3-2] MultiBootInfo 구조체

```
struct multiboot_info
{
        uint32_t flags;
        // 플래그. 플래그 값을 확인해서 VESA 모드가 가능한지의 여부를 파악할 수 있다.
        // 바이오스로부터 얻은 이용 가능한 메모리 영역 정보
        uint32_t mem_lower;
        uint32_t mem_upper;

        uint32_t boot_device; // 부팅 디바이스의 번호
        char *cmdline; // 커널에 넘기는 커맨드라인

        // 부팅 모듈 리스트
        uint32_t mods_count;
        Module *Modules;
```

```
        // 리눅스 파일과 관계된 정보
        union
        {
                AOUTSymbolTable AOUTTable;
                ELFHeaderTable ELFTable;
        } SymbolTables;

        // 메모리 매핑 정보를 알려준다. 이 정보를 통해 메모리 특정 블록을 사용할 수 있는지 파악 가
           능하다.
        uint32_t mmap_length;
        uint32_t mmap_addr;

        // 해당 PC에 존재하는 드라이브에 대한 정보
        uint32_t drives_length;
        drive_info * drives_addr;

        // ROM configuration table
        ROMConfigurationTable *ConfigTable;

        // 부트로더 이름
        char* boot_loader_name;

        // APM table
        APMTable *APMTable;

        // 비디오
        VbeInfoBlock *vbe_control_info;
        VbeModeInfo *vbe_mode_info;
        uint16_t vbe_mode;
        uint16_t vbe_interface_seg;
        uint16_t vbe_interface_off;
        uint16_t vbe_interface_len;
};
typedef struct multiboot_info multiboot_info_t;
```

구조체 및 변수 의미에 대해서는 주석으로 설명을 해놓았다. SkyOS는 GRUB이 넘겨준 위의 구조체를 통해 시스템 환경을 초기화한다.

이제 GRUB을 통해 커널 엔트리를 호출할 수 있게 됐는데 GRUB을 통하지 않고 커널을 로드하려 했다면 부팅코드를 제작하기 위해 어셈블리 코드를 작성할 뿐 아니라 디스크로부터 커널을 읽어들이기 위한 루틴을 구현해야 하는 등 커널을 제작하기도 전에 여러 사전 작업을 했어야 했다. 거듭 강조하지만 어떤 문제를 해결함에 있어서 핵심이 아니라면 최대한 신경 안쓰는 쪽으로 작업을 진행하는 것이 좋다.

커널 엔트리 찾기

GRUB이 커널을 호출할 준비가 됐지만 커널 엔트리 포인트, 즉 커널 함수 시작 지점을 호출하기 위해 커널은 특정 명세를 준수해야 한다. GRUB은 커널이 특정 명세를 준수하고 있는지의 여부를 다음과 같은 메커니즘으로 파악한다.

- 커널 파일에서 최초 80KB 부분을 검색해서 특정 시그너처를 찾아낸다.

그렇기 때문에 특정 시그너처를 파일의 80KB 이내에 배치하는 작업이 필요하며 이 시그너처를 멀티부트 헤더 구조체라 부른다.

[코드 3-3] GRUB이 요구하는 시그너처(멀티부트 헤더 구조체)

```
_declspec(naked) void multiboot_entry(void)
{
__asm
{          // dd는 define double word를 뜻하는 매크로다. 4바이트 데이터 공간을 확보한다.
        align 4 // 4바이트 정렬
        multiboot_header:
        // 멀티부트 헤더 사이즈 : 0X20
        dd(MULTIBOOT_HEADER_MAGIC); magic number
        dd(MULTIBOOT_HEADER_FLAGS); flags
        dd(CHECKSUM); checksum
```

```
        dd(HEADER_ADRESS); // 헤더 주소 KERNEL_LOAD_ADDRESS+ALIGN(0x100400)
        dd(KERNEL_LOAD_ADDRESS); // 커널이 로드된 주소
        dd(00); // 사용되지 않음
        dd(00); // 사용되지 않음
        dd(HEADER_ADRESS + 0x20);
        // 커널 시작 주소: 멀티부트 헤더 주소 + 0x20, 커널 엔트리

kernel_entry:
        ......
}
```

multiboot_entry 함수는 GRUB이 찾는 시그너처, 즉 구조체다. 함수가 묘하긴 한데 만약 정상 루틴으로 실행하면 절대 실행되지 않을 함수다. 왜냐하면 함수 첫 부분은 실행코드가 아니라 데이터이기 때문이다. GRUB은 MULTIBOOT_HEADER 구조체 내에 정의된 MULTIBOOT_HEADER_MAGIC 시그너처를 찾고 이 값이 자신이 정의한 값과 같은지 확인한다. 시그너처 값은 다음과 같다.

```
#define MULTIBOOT_HEADER_MAGIC        0x1BADB002
```

GRUB은 시그너처를 찾은 후 커널임을 확정짓고 멀티부트 헤더값 중 엔트리 주소값을 담은 멤버값을 읽어와 해당 주소로 점프한다. 위의 코드에서 알 수 있듯이 그 부분은 kernel_entry:라는 레이블이 존재하는 부분이다. 이 부분에서부터 실제 커널코드가 실행된다. 이 어셈블리 코드에서는 커널 스택을 초기화하고 멀티부트 정보를 담은 구조체의 주소와 매직넘버를 스택에 담은 후 실제 커널 엔트리인 kmain을 호출한다.

Tip

multiboot_entry 함수는 어떻게 보면 구조체라 할 수 있다. 함수 앞에 naked라는 호출 규약을 사용했기 때문에 스택 프레임을 형성하지 않으며 어떤 코드도 이 함수를 직접적으로 호출하지 않는다.

[코드 3-4] MULTIBOOT_HEADER 구조체

```
struct MULTIBOOT_HEADER {
        uint32_t magic;
        uint32_t flags;
        uint32_t checksum;
        uint32_t header_addr;
        uint32_t load_addr;
        uint32_t load_end_addr;
        uint32_t bss_end_addr;
        uint32_t entry_addr;
};
```

kernel_entry 레이블로의 점프는 멀티부트 헤더 구조체의 entry_addr 값을 통해서 가능한데 entry_addr는 HEADER_ADDRESS + 0x20 값을 가진다(MULTIBOOT_HEADER 구조체 시작으로부터 0x20 바이트 떨어진 곳에 kernel_entry: 레이블이 있다).

HEADER_ADDRESS는 KERNEL_LOAD_ADDRESS+ALIGN으로 구성된다.

- **KERNEL_LOAD_ADDRESS**: 0x100000 영역이며 우리 커널이 로드되는 지점이다.
- **ALIGN**: 0x400

ALIGN이 0이 될 수 없는 이유는 PE 포맷을 보면 알겠지만 PE를 기술하기 위한 헤더들이 선두에 있기 때문이다. 그렇다 하더라도 1024바이트 위치는 파일의 처음 80K 안에 포함되기 때문에 GRUB은 PE 파일을 스캔할 때 multiboot_entry 함수를 찾을 수 있다.

여기서 중요하게 처리해야 할 부분이 있는데 그것은 multiboot_entry 함수가 0x100400에 항상 배치되도록 보장하는 것이다. 일단 표면상으로는 multiboot_entry 함수는 PE 파일 어디에 위치해도 문제가 되지 않겠지만 80KB 이내에 멀티부트 헤더 구조체가 존재해야 한다는 제약 때문에 이 함수가 파일 초반부에 나올 수 있도록 설정을 해줘야 한다. 비주얼 스튜디오의 옵션을 사용하면 함수단에서 함수의 등장 순번을 조정할 수 있다. HelloWorld 프로젝트는 이미 이를 위한 환경 설정이 돼 있으며 order.txt 파일을 통해서 함수 순번을 조정할 수 있다. 실제 프로젝트 내부에 order.txt 파일이 존재하며 열어보면 다음과 같은 내용이 기록돼 있을 것이다.

```
?multiboot_entry@@YAXXZ
```

---

multiboot_entry 함수 이름을 해당 파일에 넣어두면 비주얼 스튜디오 컴파일러는 해당 함수를 파일 선두에 배치시킨다. 이 파일에 함수들을 등록하면 함수들을 순차적으로 나열되게 할 수 있다. 함수 이름이 이상한 이유는 C++ 규약에 따른 네이밍 맹글링 때문이다. 함수 이름이 컴파일 및 링킹 과정에서 위와 같이 변하는 것은 맵 파일을 생성하면 확인할 수 있다. **링킹 → 디버깅** 항목에서 [그림 3-10]과 같이 설정하면 맵 파일을 생성할 수 있다.

디버그 정보 생성	No
프로그램 데이터베이스 파일 생성	$(OutDir)$(TargetName).pdb
전체 프로그램 데이터베이스 파일 생성	
전용 기호 제거	
맵 파일 생성	예(/MAP)
맵 파일 이름	$(OutDir)$(TargetName).map
맵 내보내기	아니요
디버깅 가능한 어셈블리	

[그림 3-10] 맵 파일의 생성

맵은 SKYOS32.MAP으로 생성된다. 이 파일을 열어서 MULTIBOOT_ENTRY로 검색해 보자.

[코드 3-5] 맵상에서 multiboot_entry 함수 확인

```
Address          Publics by Value                    Rva+Base       Lib:Object
0000:00000000      ___guard_fids_table                 00000000      <absolute>
 0000:00000000     ___guard_fids_count                 00000000      <absolute>
 0000:00000000     ___dynamic_value_reloc_table 00000000            <absolute>
 0001:00000000     ?multiboot_entry@@YAXXZ            00100400 f    main.obj
 0001:00000040     ?Clear@SkyConsole@@YAXXZ           00100440 f    Console.obj
 0001:000000a0     ?GetChar@SkyConsole@@YA?AW4KEYCODE@@XZ 001004a0 f    Console.obj
 0001:000000d0     ?GetCommand@SkyConsole@@YAXPADH@Z 001004d0 f      Console.obj
 0001:000001d0     ?GetCursorPos@SkyConsole@@YAXAAI0@Z 001005d0 f     Console.obj
 0001:000001f0     ?Initialize@SkyConsole@@YAXXZ 001005f0 f      Console.obj
 0001:000002a0     ?MoveCursor@SkyConsole@@YAXII@Z 001006a0 f      Console.obj
 0001:00000360     ?Print@SkyConsole@@YAXPBDZZ 00100760 f      Console.obj
```

Rva+Base 항목은 상대주소 + 베이스 주소를 의미한다. 음영이 있는 multiboot_entry 주소를 보면 00100400 즉 커널이 로드된 주소(0x100000) + 옵셋(0x400)으로 제대로 설정된 것을 알 수 있다. 이제 multiboot_entry 함수를 찾은 GRUB은 헤더크기만큼 건너뛰고 kernel_entry 레이블에서부터 코드를 실행시킨다. 어셈블리 코드를 살펴보자.

[코드 3-6] 커널 엔트리 어셈블리 코드

```
kernel_entry :
        mov     esp, KERNEL_STACK; // 스택 설정

        push    0; // 플래그 레지스터 초기화
        popf

        // GRUB에 의해 담겨 있는 정보값을 스택에 푸쉬한다.
        push    ebx; // 멀티부트 정보 구조체 포인터
        push    eax; // 매직 넘버
```

```
// 위의 두 파라미터와 함께 kmain 함수를 호출한다.
call    kmain; // C++ 메인 함수 호출

// 루프를 돈다. kmain이 리턴되지 않으면 다음 코드는 수행되지 않는다.
halt:
jmp halt;
```

첫 번째 줄에서 스택 포인터 값은 임시값으로 0x0004000을 설정한다. 1MB 위치에 커널을 로드했으니 일단은 스택 영역과 커널 영역이 충돌하지 않는다.

두 번째 줄과 세 번째 줄에서는 EFLAGS 레지스터를 초기화한다. EFLAGS 레지스터는 어떤 연산이 끝난 이후 처리에 대한 결과가 유효했는지 등의 정보를 담는다. EFLAGS 레지스터의 각 비트마다 의미가 있다.

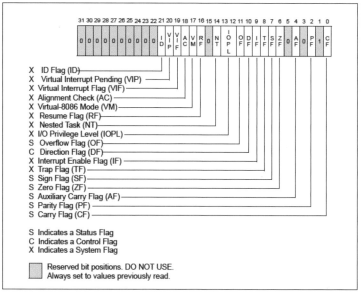

EFLAGS Register

[그림 3-11] EFLAGS 레지스터의 구조(출처: http://www.c-jump.com/CIS77/ASM/Instructions/I77_0050_eflags.htm)

[그림 3-11]에서 알 수 있듯이 하드웨어와 관련된 내용을 파고들다 보면 할 것이 많아질 뿐만 아니라 본질적인 부분, 즉 코딩에 신경을 쓰기가 어렵다. 그렇다고 아예 모르고 넘어가는 것도 찜찜할 것이다. 하나만 예를 들어보겠다. 0번째 비트인 캐리 플래그는 올림수가 발생할 때 1로 세팅된다. 0x01 + 0x01을 하면 이진연산에 의해 캐리가 발생하는 것을 알 것이다. 캐리 비트처럼 각 플래그 비트는 모두 의미가 있다.

네 번째와 다섯 번째 라인은 스택에 파라미터를 넣고 있다. kmain 함수에 두 개의 파라미터를 전달하고 있는데 각각 매직넘버와 멀트부트 정보 구조체에 대한 포인터다.

이제 마지막 줄에서는 kmain 함수가 두 변수를 매개변수로 받아 실행된다. kmain 함수는 다음과 같다.

[코드 3-7] kmain.cpp

```
void kmain(unsigned long magic, unsigned long addr)
{
        InitializeConstructors(); // 글로벌 객체 초기화

        SkyConsole::Initialize(); // 화면에 문자열을 찍기 위해 초기화한다.

        SkyConsole::Print("Hello World!!\n");

        for (;;); // 메인함수의 진행을 막음, 루프
}
```

SkyConsole은 콘솔에 로그를 남길 수 있는 개체로 콘솔 화면에 문자열 출력을 가능하게 해주는 콘솔 로거다. 대부분의 컴퓨터는 80*25의 콘솔화면으로 부팅을 시작하는데 이 콘솔화면에 문자열을 출력하기 위한 주소는 고정돼 있다. 이제 이 콘솔에 문자열을 출력할 수 있는 콘솔 로거를 살펴보자. 콘솔 로거는 SkyConsole.h, SkyConsole.cpp 파일에서 확인할 수 있다.

Tip

최신 컴퓨터에서는 부팅 시 콘솔화면을 지원하지 않는 경우가 많으며 바로 그래픽 모드로 진입하는 경우가 종종 있다.

[코드 3-8] 콘솔 클래스 인터페이스

```
namespace SkyConsole
{
        void Initialize();
        void Clear();
        void WriteChar(char c, ConsoleColor textColour, ConsoleColor
        backColour);
        void WriteString(const char* szString, ConsoleColor textColour = White,
        ConsoleColor backColour = Black);
        void Write(const char *szString);
        void WriteChar(char c);

        void Print(const char* str, ...);

        void MoveCursor(unsigned int  X, unsigned int  Y);
        void GetCursorPos(uint& x, uint& y);
        void SetCursorType(unsigned char  Bottom, unsigned char Top);
        void scrollup();

        void SetColor(ConsoleColor Text, ConsoleColor Back, bool blink);
        unsigned char GetBackColor();
        unsigned char GetTextColor();
        void SetBackColor(ConsoleColor col);
        void SetTextColor(ConsoleColor col);
}
```

콘솔 로거는 현시점에서는 싱글턴 객체로 만들 수 없기 때문에 싱글턴 객체 느낌이 나도록 네임스페이스를 사용했다. 물론 멤버 함수를 static 함수로 바꾼 클래스 버전을 사용할 수도 있지만 개인적으로는 네임스페이스를 사용한 코드가 더 깔끔해 보인다. 콘솔 로거처럼 namespace를 사용해서 싱글턴 객체 느낌이 나게 구현한 코드로 물리 메모리 매니저와 가상 메모리 매니저가 있다. 이들은 가상 메모리 할당이 구현되기 전에 사용된다.

메소드의 이름을 통해서 각각의 메소드가 어떤 역할을 하는지 알 수 있을 것이다. 텍스트의 컬러값을 설정하거나 문자/문자열을 출력한다. Initialize 메소드를 살펴보자.

[코드 3-9] SkyConsole::Initialize 함수

```
void Initialize()
    {
            char c = (*(unsigned short*)0x410 & 0x30);
            // 비디오 카드가 VGA인지 흑백인지 확인
            if (c == 0x30) // VGA이면 0x00이나 0x20이고 흑백이면 0x30
            {
                    m_pVideoMemory = (unsigned short*)0xb0000;
                    m_VideoCardType = VGA_MONO_CRT_ADDRESS;  // 흑백
            }
            else
            {
                    m_pVideoMemory = (unsigned short*)0xb8000;
                    m_VideoCardType = VGA_COLOR_CRT_ADDRESS; // 컬러
            }
            // 화면 사이즈 80 * 25
            m_ScreenHeight = 25;
            m_ScreenWidth = 80;
            // 커서 위치 초기화, 문자색은 흰색으로 배경은 검은색으로 설정
            m_xPos = 0;
            m_yPos = 0;

            m_Text = White;
            m_backGroundColor = Black;
```

```
        m_Color = (ConsoleColor)((m_backGroundColor << 4) | m_Text);

        Clear();
    }
```

그래픽 카드가 흑백일 경우 비디오 메모리의 주소는 0xb0000이며 컬러일 경우는 비디오 메모리의 주소가 0xb8000이다. 기본 화면의 너비는 80칸이며 폭은 25칸이다. 이외에 커서의 포지션이나 텍스트의 색상, 배경색의 색상을 초기화한다.

다음으로 문자열을 찍어내는 Print 함수를 살펴보자.

[코드 3-10] SkyConsole::Print 함수

```
void Print(const char* str, ...)
{
        va_list         args;
        va_start(args, str);
        // 루프를 돌면서 포맷을 확인한다.
        for (size_t i = 0; i < strlen(str); i++)
        {
            switch (str[i])
            {
// 파라미터일 경우
                case '%':
                switch (str[i + 1]) {
                        // 문자
                        case 'c': {
                                char c = va_arg(args, char);
                                WriteChar(c, m_Text, m_backGroundColor);
                                i++;
                                break;
                        }
```

```cpp
            // 문자열
            case 's': {
                    int c = (int&)va_arg(args, char);
                    char str[256];
                    strcpy(str, (const char*)c);
                    Write(str);
                    i++;
                    break;
            }
            // 정수
            case 'd':
            case 'i': {
                    int c = va_arg(args, int);
                    char str[32] = { 0 };
                    itoa_s(c, 10, str);
                    Write(str);
                    i++;
                            break;
            }
            // 16진수
            case 'x': {
                    unsigned int c = va_arg(args, unsigned int);
                    char str[32] = { 0 };
                    itoa_s(c, 16, str);
                    Write(str);
                    i++;
                    break;
            }
            default:
                    va_end(args);
                    return;
            }
            break;
// 파라미터에 해당하지 않는 경우 특별한 처리 없이 문자를 화면에 찍는다.
            default:
                    WriteChar(str[i], m_Text, m_backGroundColor);
                    break;
```

```
            }
        }
        va_end(args);
}
```

우리가 C 언어나 C++ 언어를 사용할 때 가변인자를 통한 문자열 출력을 많이 했을 것이다. 앞의 Print 함수도 이러한 가변인자를 처리할 수 있다.

```
printf("Hello %s! Version is %d\n", "SkyOS", 1);
```

가변인자 두 개를 제공해서 문자열을 완성한다. 이 가변인자는 세 개가 될 수도 있고 네 개가 될 수도 있다. 이러한 가변인자를 구현하는 Print 함수 내부는 조금 복잡하다. %로 시작하는 인자의 종류는 다음과 같다.

- s: 문자열을 출력한다.
- c: 문자 하나를 처리한다. 가변인자는 char형이어야 한다.
- d, i: 정수형을 처리한다. 가변인자는 int형이어야 한다.
- X: 정수형을 처리한다. 가변인자는 int형이어야 한다. 16진수 형태로 화면에 출력한다.
- x: 부호 없는 정수형을 처리한다. 가변인자는 unsigned int형이어야 한다. 16진수 형태로 화면에 출력한다.

함수 내부를 보면 친숙한 C 런타임 함수가 있음을 알 수 있다.

- va_start: 가변인자 처리의 시작을 알린다.
- va_arg: 가변인자를 처리한다.
- va_end: 가변인자 처리를 완료한다.
- itoa_s: 정숫값을 아스키값으로 변환한다.

화면에 문자열을 출력하기 위한 함수의 내부 구현은 전부 우리의 몫이다. 다행히 인터넷상에는 C 런타임 라이브러리 함수에 대한 구현부가 공개돼 있기 때문에 우리는 필요한 함수가 있다면 검색을 해서 가져오면 될 것이다. 이렇게 모아놓은 함수들은 CommonLib 프로젝트에 라이브러리화했으니 참고하자.

실제로 문자를 출력하는 함수는 Write와 WriteChar다. Write 함수는 내부적으로 WriteChar 함수를 사용하고 있으니 WriteChar 함수의 내부를 살펴보자.

[코드 3-11] WriteChar 함수

```
void WriteChar(char c, ConsoleColor textColor, ConsoleColor backColor)
{
        int t;
        switch (c)
        {
        case '\n':                             // 새 라인으로 이동
                m_xPos = 0;
                m_yPos++;
                break;

        case 8:         // 백스페이스
                t = m_xPos + m_yPos * m_ScreenWidth;
                if (t > 0) t--;
                // 커서가 화면 왼쪽에 도달하지 않았을 경우에만 커서값을 감소시킨다.
                if (m_xPos > 0)
                {
                        m_xPos--;
                }
                else if (m_yPos > 0)
                {
                        m_yPos--;
                        m_xPos = m_ScreenWidth - 1;
                }
                // 커서 위치에 있었던 문자를 지운다.
                *(m_pVideoMemory + t) = ' ' | ((unsigned char)m_Color << 8);
```

```
                break;

        default:// 아스키 문자가 아니면 모두 무시한다.
                if (c < ' ')
                    break;
                // 문자가 출력될 버퍼 위치를 계산한 뒤 버퍼에 문자를 쓰고 커서의 x 좌표를 증가
                시킨다.
                ushort* VideoMemory = m_pVideoMemory + m_ScreenWidth * m_yPos +
                m_xPos;
                uchar attribute = (uchar)((backColour << 4) | (textColour &
                0xF));

                *VideoMemory = (c | (ushort)(attribute << 8));
                m_xPos++;
                break;
        }
// 커서의 x 좌표가 화면 너비 이상의 커서 y 좌푯값을 증가시킨다.
        if (m_xPos>= m_ScreenWidth)
                m_yPos++;
// 커서 y 좌표가 화면 다음에 도달하면 화면을 스크롤시킨다.
        if (m_yPos == m_ScreenHeight)
        {
                scrollup();              // 화면 스크롤
                m_yPos--;                // 커서 y 좌표를 되돌림
        }
        // 계산된 커서 좌표를 이용해서 커서를 적절한 위치로 옮긴다.
        MoveCursor(m_xPos + 1, m_yPos);
}
```

비디오 메모리 영역에 값을 직접 써넣는 것에 주목하자. m_pVideoMemory 포인터
는 비디오 버퍼를 가리키는 포인터로 이 주소에 접근해서 값을 써넣으면 화면에 그
값을 출력할 수 있다. 그외 함수로는 다음과 같은 것이 있다.

  ○ scrollup 함수: 화면이 스크롤될 때 처리
  ○ MoveCursor 함수: 커서의 위치를 갱신한다.

콘솔 로거는 코드가 직관적이라 이해하는 데 크게 어려움이 없을 것이다.

제약사항

GRUB을 활용하면 편하게 운영체제를 개발할 수 있는 것은 사실이다. 앞에서 GRUB의 동작이나 엔트리 포인트를 찾는 방법에 대해 기술했지만 이런 내용들을 몰라도 커널 엔트리부터 작업을 해도 문제가 되지 않는다. 그런데 GRUB을 사용해서 운영체제를 개발할 경우 약간의 제약조건이 발생한다. GRUB을 사용할 경우 어떠한 제약조건이 발생하는지 확인해 보자.

- 글로벌 객체 및 정적 객체를 사용할 수 없다.

이 부분은 굉장히 치명적이다. C++로 프로그래밍 시 글로벌 객체를 사용할 수 없다는 것은 말이 되지 않기 때문이다. 필자는 고민을 한 후 글로벌 객체를 모두 싱글턴 형식으로 사용하도록 변경해서 이 문제를 피했다. 그럼 왜 글로벌 객체를 사용할 수 없는 것일까?

앞에서 이미 답은 나와 있었다. GRUB은 커널의 특정 시그너처를 찾아야 하는데 프로그램 초반 80K 부분을 검색해서 찾는다. 이 80K 범위 안에 우리의 커널 엔트리가 포함되기 위해서는 커널 엔트리가 항상 선두에 나오는 걸 보장해야 한다. 리눅스 포맷에서는 이게 가능한데 윈도우 PE 포맷은 이걸 보장할 수 없어서 함수 단위에서 우선 순위를 조절해서 커널 엔트리가 모든 함수보다 앞단에 등장하게끔 했다. 하지만 글로벌 객체의 경우 항상 함수보다 선두에 등장하기 때문에 우리가 글로벌 객체를 선언하면 선언할수록(글로벌 변수는 해당되지 않는다. 글로벌 변수는 데이터 섹션에 생성되는데 데이터섹션은 PE 파일 뒷편에 배치된다) 커널 엔트리는 프로그램 앞부분 80K 범위 내에서 벗어날 공산이 커진다. 그렇기 때문에 GRUB을 통한 커널 부팅을 시도할 경우 글로벌 객체를 선언해서는 안 된다.

샘플 코드를 통해 글로벌 객체와 함수 사이의 관계를 확인해 보자.

```
ZetPlane gZetPlane;
_declspec(naked) void multiboot_entry(void)
......
```

이렇게 구성된 코드를 빌드해서 생성된 맵 파일을 열어보면 다음과 같다.

```
Address            Publics by Value          Rva+Base        Lib:Object
 0000:00000000         ___guard_longjmp_count     00000000        <absolute>

 ......

 0001:00000020         ?multiboot_entry@@YAXXZ    00100420 f      kmain.obj
```

기존 주소가 00100400이었던 multiboot_entry 함수의 주소가 00100420으로 변경됐음을 알 수 있다. 또한 00100400 주소에는 ZetPlane 객체가 할당돼 있음을 알 수 있다.

```
Static symbols
 0001:00000000         ??__EgZetPlane@@YAXXZ      00100400 f      kmain.obj
```

따라서 우리가 글로벌 객체나 정적 객체를 선언하면 커널 엔트리 함수의 주소를 고정할 수 없다. 이 문제를 해결하려면 우리는 GRUB을 사용하지 않고 직접 커널 로더를 구현해야 한다. 이 문제는 윈도우 PE 포맷으로 커널을 제작할 때만 발생하는 문제로 ELF 포맷으로 제작할 때는 문제가 되지 않는다.

 Tip

이 부분에 대한 해결책은 찾았으며 제19장, 'SkyOS64'에서 그 방법을 소개한다. 또한 제20장, 'Final'에서 생성한 커널은 이 문제를 완전히 해결한 버전이다. 제20장은 책의 집필이 완료된 후 출간 직전에 추가된 것으로 최신 SkyOS의 구현사항에 대해 설명한다.

글로벌 객체의 초기화

GRUB을 활용하면 글로벌 객체를 사용하지 않을 것이므로 문제가 되지 않지만 직접 커널 로더를 구현해서 글로벌 객체를 사용한다면 글로벌 객체 초기화 루틴을 구현해야 한다. 프로그램의 시작 엔트리 코드가 실행되기 전에 모든 글로벌 객체나 정적 오브젝트들은 초기화돼야 하기 때문이다. 우리가 일반적인 애플리케이션을 제작할 때에는 이런 오브젝트나 객체를 초기화하는 코드가 실행된 후 시작 엔트리 코드가 실행되지만 우리는 모든 코드를 직접 다뤄야 하기 때문에 이런 초기화 코드도 우리가 구현해야 한다. C++로 구현된 객체는 생성자 및 소멸자가 있으며 초기화를 위해 생성자를 반드시 실행할 필요가 있다.

[코드 3-12] 글로벌 및 정적 오브젝트 초기화 코드

```
void _cdecl InitializeConstructors()
{
    _atexit_init();
    _initterm(__xc_a, __xc_z);
}
```

[코드 3-13] 객체의 생성자 코드 실행

```
void __cdecl _initterm ( _PVFV * pfbegin,    _PVFV * pfend )
{
    // 초기화 테이블이 마지막에 도달하지 않았다면 루프를 돈다.
    while ( pfbegin < pfend )
    {
        // 객체의 초기화 코드를 수행한다.
        if ( *pfbegin != 0 )
            (**pfbegin) ();

        // 다음 초기화 테이블에서 다음 초기화 객체를 찾는다.
        ++pfbegin;
```

```
        }
}
```

위 코드가 실제 글로벌 오브젝트를 초기화하는 부분이다. 직접 커널 로더를 구현할 때에는 이런 부분까지 코드를 구현해줘야 한다. GRUB을 이용할 경우에는 글로벌 객체를 사용하지 않을 것이므로 위의 코드는 의미가 없다. __xc_a, __xc_z 포인터에는 초기화돼야 하는 글로벌 객체에 대한 리스트가 들어가는데 이 리스트는 링킹타임에 링커가 초기화돼야 할 객체들을 추가한 것이다.

커널을 종료할 때에는 동적 오브젝트의 소멸자를 호출해야 한다.

[코드 3-14] 객체 소멸자 코드 호출

```
void _cdecl Exit ( ) {
        while (cur_atexitlist_entries--)
{
                // execute function
                (*(--pf_atexitlist)) ( );
        }
}
```

커널이 종료될 때 해당 함수가 실행되면 C 런타임 라이브러리 관련 객체를 해제하거나 글로벌 객체의 소멸자를 실행시켜서 메모리를 정리한다.

차후 글로벌 객체를 사용할 수 있게 되면 위의 코드의 수행은 반드시 필요하다는 것을 기억하자.

환경 설정

GRUB을 통해 커널을 로딩하고 직접 GRUB을 디스크에 설치해서 커널을 실행했다.
여기서 더 나아가 우리가 알아야 할 부분은 비주얼 스튜디오 프로젝트 환경 설정이
다. 일반적인 애플리케이션을 제작하는 것이 아닌 만큼 프로젝트 옵션도 특수하게
수정해야 한다.

- 비주얼 스튜디오는 윈도우 운영체제 애플리케이션 제작에 특화된 컴파일러다.
- 운영체제에 종속된 C++ 구문은 사용할 수 없다.

다음 항목은 우리가 늘 사용했던 C++ 항목이지만 커널 프로젝트에서는 활용할 수
없는 구문이다.

- try/catch/throw, dynamic_cast, RTTI
- Most of STL
- Nested functions
- new, delete 연산자

STL 함수를 사용할 수 없는 것은 당연하다. RTTI[Runtime Type Information]도 컴파일러가 지
원해 주지 않으면 활용할 수 없다. try/catch 등 예외처리에 관련된 부분도 운영체
제에 종속되는 내용이므로 사용할 수 없는 부분이다. 한 가지 다행스러운 점은 STL
관련 부분인데 책이 완성돼 가는 시점에서 관련 자료구조나 알고리즘을 사용할 수
있도록 작업했다. STL의 활용에 대해서는 책 중반부에 설명한다.

Tip

SkyOS는 책 집필이 완료된 시점에서도 계속 업데이트되는 중이다. 현재는 RTTI를 제외
한 대부분의 문제를 해결했다.

RTTI 기능 제거

컴파일 타임을 통해 생성된 코드에 대해서는 그 코드의 동작이 미리 결정되므로 크게 신경을 쓸 필요가 없다. 하지만 런타임 시에 동적으로 수행되는 코드는 그 결과가 코드를 수행하기 전까지는 결정되지 않아 그 코드를 실행해 봐야 그 실행 결과를 알수가 있다. 런타임상에서 그 실행 결과를 알기 위해서 보통의 컴파일러들은 보조적인 데이터를 생성해 주는데 RTTI 등이 대표적인 예라 할 수 있다. 우리는 이런 기능들을 사용할 수 없으므로 기능을 꺼야 한다(운영체제에 특화된 코드이기 때문이다).

동물 클래스가 있고 이 클래스를 상속받은 클래스인 고양이 클래스가 있다. 런타임 시 동물 클래스를 상속받은 고양이 객체를 생성했는데 노출된 인터페이스는 동물 클래스로 가정하자. 이 동물 객체가 고양이 객체인지 호랑이 객체인지 위해서는 RTTI가 필요하다.

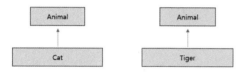

```
Animal* pAnimal = new Cat();
PushAnimal(pAnimal);
.........
Animal* pAnimal = PopAnimal(); // 이 동물은 고양이일까 호랑이일까
```

[그림 3-12] RTTI가 필요한 이유

typeid와 dynamic_cast 명령어가 RTTI를 위해 사용된다. 우리가 제작한 커널은 이런 RTTI를 제공하지 않으므로 이 기능은 사용하지 말아야 한다. Visual Studio에서는 [그림 3-13]과 같이 해당 기능을 비활성화시킨다.

프로젝트에서 **속성** → C/C++ → **언어** 항목에서 런타임 형식 정보 사용을 수정한다.

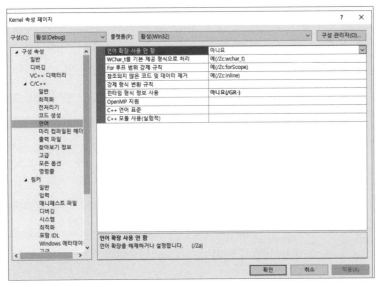

[그림 3-13] RTTI의 비활성화

/GR- 옵션이 RTTI를 비활성화시킨다는 것을 의미한다. RTTI를 활성화시키기 위해서는 /GR 옵션을 사용한다.

 Tip

리플렉션 기능이 있는 언어는 런타임 시에 해당 객체의 타입을 얻어낼 수 있다. 대표적인 언어로 C#을 들 수 있다.

예외 기능 사용하지 않기

try/catch를 사용한 예외처리 기능은 운영체제 차원에서 제공하는 기능이며 컴파일러와 밀접한 관련이 있다. 우리가 제작하는 커널은 WIN32와 같은 운영체제와 컴파일러에서 제공해주는 예외처리 기능을 사용할 수 없으므로 사용해서는 안 된다.

Tip

컴파일러 차원에서는 지원을 받지 못하지만 소프트웨어적으로 try / catch를 비슷하게
흉내냄으로써 해당 구문을 사용할 수는 있다.

기타 옵션

커널을 제작하는 데 문제가 없도록 비주얼 스튜디오가 생성하는 코드를 커스터마이
징해야 한다. 그러기 위한 옵션을 살펴보자. **속성 → C/C++ 항목**에서 최적화를 선택
하자.

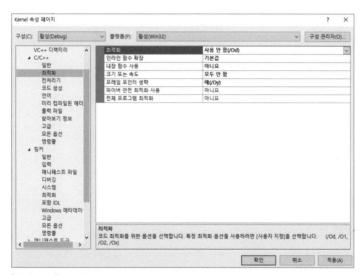

[그림 3-14] 최적화 항목

최적화 필드는 **사용 안 함(/Od)**으로 설정한다. 프레임 포인터 생략 필드는 **예(/Oy)**로
둔다. 그리고 [그림 3-15]와 같이 코드 생성 항목을 수정한다.

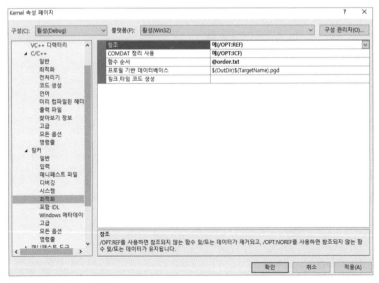

문자열 풀링 사용	
최소 다시 빌드 가능	아니요(/Gm-)
C++ 예외 처리 가능	
작은 형식 검사	아니요
기본 런타임 검사	기본값
런타임 라이브러리	다중 스레드 DLL(/MD)
구조체 멤버 맞춤	**1바이트(/Zp1)**
보안 검사	**보안 검사 사용 안 함(/GS-)**
행 가드 제어	
함수 수준 링크 사용	**예(/Gy)**
병렬 코드 생성 사용	
고급 명령 집합 사용	설정 안 함
부동 소수점 모델	Precise(/fp:precise)
부동 소수점 예외 사용	
핫 패치 가능 이미지 만들기	

[그림 3-15] 코드 생성

구조체 멤버 맞춤은 **1바이트**로 설정한다(/Zp1). 보안검사 필드는 보안 검사 **사용 안함** (/GS-)으로 설정한다. 버퍼 언더런이나 버퍼 오버런을 캐치하기 위해 비주얼 스튜디오는 스택 가드 등 방어책을 준비해 뒀지만 우리는 이 기능을 사용할 수 없다.

가장 중요한 필드는 함수 수준 링크 사용 필드로 이 필드를 **예(/Gy)**로 설정한다. 이 필드를 설정해야 함수의 순서를 조정할 수 있다.

[그림 3-16] 링커 → 최적화

그림 [3-16]처럼 **링커 → 최적화** 항목에서는 참조 필드를 **예(/OPT:REF)**로 설정한다. 이 옵션을 사용하면 프로그램 내에서 참조되지 않는 함수들은 링킹타임에서 걸러진 다. COMDAT 정리사용 필드도 **예(/OPT:ICF)**로 설정한다. 이 필드를 설정해야 함수 의 순서 배치가 가능해진다. 함수 순서 필드에 함수 순서를 지정한 텍스트를 연결하 면 함수의 순서를 재배치할 수 있다. 함수의 순서가 중요한 이유에 대해서는 앞에서 언급한 바 있으며 order.txt에 함수를 넣으면 순서를 조정할 수 있다.

그외 여기서 언급하지 않은 항목에 대해서는 프로젝트의 속성을 살펴보면서 기존 프 로젝트와 어떤 옵션이 다른지 확인하기 바란다.

정리

지금까지 GRUB이 무엇이고 운영체제 제작에 있어 어떤 역할을 하는지 살펴봤다. 또한 커널 엔트리가 로드되기까지 어떤 과정을 거치는지 확인했으며 에뮬레이터를 통해 커널이 "Hello World!!" 문자열을 출력하는 것을 확인했다.

GRUB에 관련된 내용은 리서치하면 좋은 내용이 많으니 GRUB 자체에 관심이 있다 면 검색해 보기 바란다. GRUB을 활용하면 어셈블리 언어로 개발할 부분을 대폭 줄 일 수 있고 하드웨어에 대해서도 많은 걸 알 필요 없이 우리가 제작한 커널 엔트리에 바로 접근할 수 있는 큰 장점이 있다.

다만 GRUB이 운영체제 제작을 쉽게 할 수 있도록 도와주는 것은 사실이지만 그에 따라 우리가 GRUB에 맞춰야 하는 부분이 있다. 예를 들면 GRUB이 커널을 인식할 수 있도록 커널 파일이 그 포맷을 충족해야 한다. 또한 GRUB은 리눅스 기반을 지원 하기 위한 프로젝트였기 때문에 윈도우용 파일 포맷인 PE를 로드할 경우에는 제약 이 많다.

GRUB이 PE 포맷의 커널 엔트리를 호출하는 과정을 다시 요약해 보자.

- GRUB은 우리가 만든 커널이 적절한 운영체제인지를 파일의 80K 이내에 서 검색한다.
- GRUB은 MULTIBOOT_HEADER 구조체를 찾아서 체크섬값이나 플래그 값을 확인해 유효한 구조체임을 검증한다.
- MULTIBOOT_HEADER가 유효한 구조체임을 검증하면 해당 구조체의 위치에서 + 0x20바이트만큼을 점프해서 해당 위치의 코드를 실행시킨다 (kernel_entry 레이블).
- 어셈블리 코드에서는 스택을 초기화하고 부팅 시의 정보가 담긴 구조체와 GRUB으로 부팅됐음을 검증하는 플래그값을 매개변수로 취하는 kmain 함수를 실행한다.
- C++ 코드 실행준비 완료

커널을 작성할 준비가 됐으니 지금부터는 하드웨어 자원을 활용하기 위한 초기화 작업이 필요하다. 이 하드웨어 자원에는 CPU, 하드 디스크, 키보드 등 여러 가지가 있을 것이다. 이런 하드웨어 자원을 사용하기 위해서는 해당 장치에 접근하기 위한 CPU 초기화 작업이 필요하며 GDT, IDT 등에 대해 알아야 한다. 제4장에서는 하드 웨어를 초기화시키기 위해 필요한 내용들에 대해서 알아볼 것이다.

제3장은 중요한 내용이 많았지만 제3장의 내용을 몰라도 커널을 개발하는 데는 전 혀 문제가 없다. 'GRUB이 커널을 메모리에 적재한 후 C++ 커널 메인 엔트리를 호출한다'라 는 내용만 기억해도 그냥 넘어가도 상관없다고 생각한다. 하지만 어떤 분야에 대해 깊이 알면 알수록 그 지식은 가치가 매우 높다. 예를 들어 데이터베이스 쿼리 성능이 극악인 상황에서, 한 쿼리당 속도가 1초라면 서비스를 제대로 제공하지 못할 것이 다. 이를 튜닝해서 0.01초 이하로 떨어뜨릴 수 있는 개발자가 있다면 그 개발자는 회 사에서 크게 우대받을 수 있을 것이다.

지금까지 설명한 GRUB은 1.X 버전 기준으로 설명했다. 2.X 버전과 1.X 버전은 큰 차이가 없으나 2.X 버전에서 멀티부트 헤더 구조체가 확장됐다. 또한 GRUB 1.X 버전은 (GRUB4DOS를 통해 생성한 GRUB) 그래픽 관련 정보를 제대로 넘겨주지 않는다. 다만 GRUB 1.X 버전이 WinImage와 QEMU을 사용할 때 편하므로 초기에는 1.X 버전으로 진행하고 책 후반부에는 GRUB 2.X 버전으로 완전히 전환할 것이다.

4

하드웨어 초기화

제3장, '커널 로딩'은 SkyOS에 종속되는 내용이 아니다. 새로운 OS를 제작한다면 앞의 내용을 토대로 윈도우 비주얼 스튜디오 환경에서 자신만의 커널을 개발할 수 있다. 이 책을 끝까지 읽은 후 SkyOS를 더 발전시키거나 자신만의 OS를 개발하는 것은 독자의 몫이다.

제4장에서는 본격적으로 커널 제작에 들어간다. 커널의 목표는 유저에게 서비스를 제공하는 것인데 현 단계에서는 유저에게 제공할 수 있는 서비스가 존재하지 않는다. 하드 디스크의 데이터를 읽거나 마우스 입력 등을 유저에게 제공하려면 해당 디바이스 장치를 인식할 수 있는 코드를 구현해야 하는데 이를 위해서는 우선 전체 하드웨어 시스템이 초기화될 필요가 있다. 그 대상은 다음과 같다.

- CPU^{Central Processing Unit}
- PIC^{Programmable Interrupt Controller}

- 타이머
- FPU
- 인터럽트 핸들러

제4장에서는 위에서 언급한 각 항목들을 살펴본다. 프로젝트는 02_CPU.sln 솔루션을 실행해서 참고한다.

 Tip

구글 드라이브의 IMAGE 폴더에는 각 장별 미리 만들어 둔 가상 이미지나 관련 파일이 존재한다. 가상 이미지를 만드는 데 어려움을 겪는다면 구글 드라이브의 내용을 참고하도록 하자.

CPU

하드웨어 초기화의 첫 번째 스텝은 CPU를 다룰 수 있도록 환경 설정을 하는 것이다. 단순하게 명령어를 CPU에 보내는 것만으로는 CPU를 적절하게 제어할 수 없다. CPU를 제어하기 위해서는 GDT와 IDT 설정이 필요한데 이들에 대해서 알아보기 전에 현재까지 진행된 메모리의 레이아웃 상황을 살펴본다.

메모리 레이아웃

GRUB은 SkyOS 커널을 1MB 바이트 영역에 로드한다. 또한 GRUB은 보호 모드도 활성화 시켰는데 보호 모드에서는 32비트 주소 접근이 가능하므로 4GB 메모리 영역에 접근이 가능하다. 현재까지 진행된 메모리 점유 상황을 살펴보자.

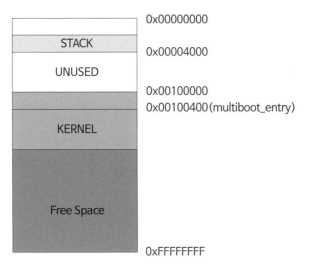

	0x00000000
STACK	0x00004000
UNUSED	
	0x00100000
	0x00100400 (multiboot_entry)
KERNEL	
Free Space	
	0xFFFFFFFF

[그림 4-1] GRUB을 통해 로딩된 커널의 메모리 레이아웃

1MB 바이트 영역은 이제는 사용되지 않는 영역이다. 하지만 우리가 16비트 모드로 돌아가야 필요가 있다면 V86 모드를 사용해야 하는데 이 경우 이 영역을 사용하게 될 것이다. 다만 GRUB이 이 1MB 영역을 어떻게 덮어씌웠는지는 알 수 없기 때문에 확인이 필요하다. 참고로 1MB 영역의 레이아웃은 [그림 4-2]와 같다.

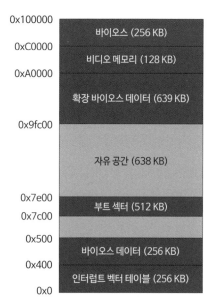

0x100000	
	바이오스 (256 KB)
0xC0000	
	비디오 메모리 (128 KB)
0xA0000	
	확장 바이오스 데이터 (639 KB)
0x9fc00	
	자유 공간 (638 KB)
0x7e00	
	부트 섹터 (512 KB)
0x7c00	
0x500	
	바이오스 데이터 (256 KB)
0x400	
	인터럽트 벡터 테이블 (256 KB)
0x0	

[그림 4-2] 1MB 이하 메모리 레이아웃

일반적으로 1MB 이하는 [그림 4-2]와 같은 형태를 띤다. 16비트 모드를 GRUB의 도움으로 건너뛰었기 때문에 굳이 알 필요는 없으나 0x7c00의 영역에 부트 섹터 코드가 로드되는 정도는 알아두자. 0x7c00 메모리 주소에 부트섹터가 로드된다는 내용은 30년 정도 컴퓨터가 발전해왔지만 변경되지 않는 사항이다.

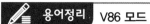 용어정리 V86 모드

- **V86 모드**: 가상 8086 모드라고도 불리우며 32비트 환경에서 16비트 환경을 에뮬레이션하기 위해 제공된다. 윈도우 98의 경우 16비트 모드인 도스 운영체제를 지원하기 위해 V86 모드를 지원했다.

- **부트 섹터**: 디스크의 첫 번째 섹터를 의미하며 일반적으로 512바이트의 크기를 지닌다. 부트섹터 마지막에 부트코드를 의미하는 FF값이 존재하는데 바이오스는 이 값을 확인하고 부팅코드라 판단, 512바이트 코드를 0x07c00 메모리 주소에 적재하고 제어권을 넘긴다.

처음부터 운영체제를 개발한다면 보호 모드로 진입하기 전에 활용할 수 있는 공간이 1MB밖에 되지 않고 기본적으로 [그림 4-2]와 같이 메모리 매핑이 돼 있는 상태이기에 커널의 크기는 제한적일 수밖에 없다. 0x7e00 - 0x9fc00 영역에 커널을 로드하는 수밖에 없는데 대부분의 운영체제 프로젝트를 살펴보면 이 크기를 넘지 않는다. 그런데 확인해 보면 SkyOS의 최종 크기는 400K 이상이라 공간이 부족할 수 있다. GRUB은 여러 가지 작업을 통해서 보호 모드 상태에서 커널을 로드해 주기 때문에 문제가 되지 않지만 밑바닥부터 운영체제를 개발할 때는 문제가 되므로 주의해야 한다. 이 문제를 해결하기 위해서는 다음과 같은 방법을 사용한다.

- 보호 모드로 진입한 1차 커널이 2차 커널을 1MB 이상의 영역에 로드한다.

이 방법은 어셈블리 코드단에서 처리가 가능하고 또는 C++ 커널단에서도 처리가 가능하다. 필자가 밑바닥부터 운영체제를 만들었을 때 커널의 크기가 0x7e00 - 0x9fc00 영역을 초과해서 크래시가 발생했던 적이 있었다. 커널의 사이즈가 일반적으로는 그렇게 크지 않지만 C++를 사용하고 외부 라이브러리를 많이 활용하다 보니 사이즈가 커져서 문제가 발생한 경우인데 GRUB을 활용하지 않고 운영체제 제작을 고려한다면 이 부분을 꼭 기억하기 바란다.

1MB 영역에는 커널이 로드된다. 스택은 0x4000에 설정됐는데 이 영역은 사용되지 않는 영역으로 임시 스택으로 사용한다([그림 4-2]에서 살펴보면 0x4000 영역은 사용되지 않는 공간임을 알 수 있다).

커널 영역 이후부터는 자유공간이다. 이후 메모리 관리자를 생성하면 메모리 관리자가 이 자유공간을 관리해서 메모리를 할당하거나 해제해준다.

대략적인 메모리 상태를 알았으니 이제 CPU가 제대로 동작할 수 있도록 GDT와 IDT를 구축해 보자.

GDT

GDT^{Global Descriptor Table}는 CPU의 보호 모드 기능을 사용하기 위해 운영체제 개발자가 작성해야 하는 테이블이다. 일단 운영체제가 보호 모드에 진입하면 물리 메모리 주소에 직접 접근해서 데이터를 읽거나 쓰는 행위가 불가능해진다. 또한 실행 코드도 메모리 주소를 직접 접근해서 가져오는 것이 아니라 GDT를 거쳐서 조건에 맞으면 가져와서 실행하고 그렇지 않으면 예외를 일으킨다(컴퓨터가 멈출 수도 있다).

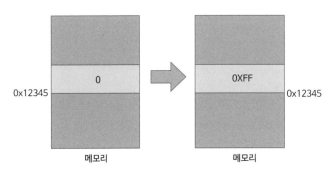

[그림 4-3] 리얼모드에서 메모리에 데이터 쓰기

[그림 4-3]은 리얼모드에서 0x12345 메모리 주소에 FF란 값을 직접 쓰는 것을 표현한 것이다. 프로그램이 직접 메모리에 접근하는 것이 가능하기 때문에 잘못된 데이터가 쓰여지는 것을 막을 방법이 없다. 한편 보호 모드에서는 GDT를 활용해서 프로그램이 메모리에 잘못된 값을 쓰는 것을 방지할 수 있다.

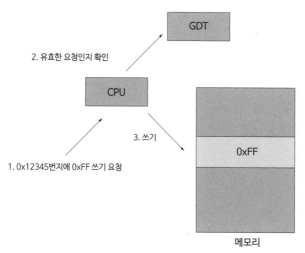

[그림 4-4] 보호 모드에서의 메모리 접근

[그림 4-4]에서 알 수 있듯이 보호 모드에서는 프로그램이 메모리의 특정 번지에 쓰기 요청을 할 때 일단 쓰기 요청이 유효한지 검증을 한다. 이때 GDT가 사용된다. 실제 우리는 GDT를 활용해서 다음과 같은 부분을 검증할 수 있다.

- 접근하려는 주소가 유효한 주소 범위 내에 있는지 확인
- 현재 실행되는 스레드의 특권 레벨이 GDT에 기술된 특권 레벨과 같거나 높은지 확인

이런 검사를 머신에서 지원해 주므로 우리가 개발한 운영체제는 안정적으로 동작할 수 있는 기반을 가질 수 있다. 이제 이 GDT에 대해 좀 더 자세히 알아보기로 한다.

GDT의 구조

[그림 4-5]는 글로벌 디스크립터 테이블의 요소인 디스크립터를 표현한 것이다.

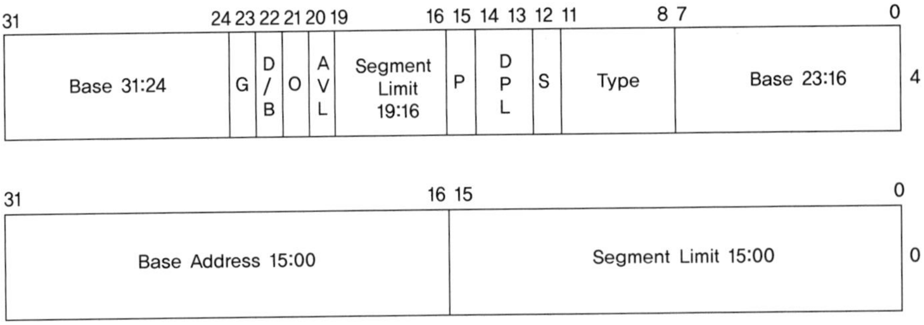

31	24 23	22	21	20	19	16	15	14 13	12	11	8	7	0
Base 31:24	G	D/B	O	AVL	Segment Limit 19:16		P	DPL	S	Type		Base 23:16	4

31	16	15	0
Base Address 15:00		Segment Limit 15:00	0

AVL – 시스템 소프트웨어를 위한 용도로 사용 가능 여부

BASE – 세그먼트 베이스 주소

D/B – 기본 연산 크기(0 = 16비트 세그먼트, 1 = 32비트 세그먼트)

DPL – 디스크립터 특권 레벨

G – 세그먼트 필드에 곱해질 가중치 필드(Granularity)

LIMIT – 세그먼트 크기

P – 세그먼트 존재 여부

S – 디스크립터 타입(0 = 시스템, 1 = 코드 또는 데이터)

TYPE – 세그먼트 타입

[그림 4-5] 디스크립터의 구조

GDT는 이런 디스크립터를 여러 개 담고 있으며 디스크립터는 8바이트 구조체로 구성된다. 디스크립터 필드 중 중요한 요소는 [표 4-1]과 같다.

[표 4-1] 디스크립터 필드

디스크립터 요소	설명
Base Address	세그먼트의 베이스 주소를 나타낸다. 4바이트로 구성된다.
Segment Limit	세그먼트의 크기를 나타낸다. 총 20비트다.
DPL	특권 레벨을 나타낸다. 해당 디스크립터를 이용하려는 스레드의 특권 레벨이 이 DPL의 값보다 낮다면 CPU는 예외를 일으킨다.

여기서 DPL과 세그먼트가 뭔지 살펴보자. 먼저 [그림 4-6]을 보자.

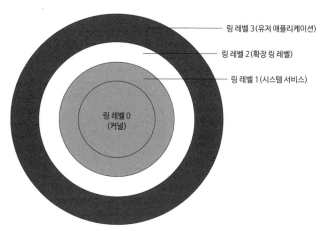

[그림 4-6] DPL(특권 레벨, 링 레벨)

특권 레벨은 다른 말로 링 레벨이라고도 부르는데 커널은 링 레벨이 0이다. 만약 링 레벨이 3인 유저 애플리케이션이 링 레벨 0인 커널 코드를 실행하려면 CPU는 예외를 일으킨다. 이때 이런 특권 레벨을 나타내는 것이 DPL 필드다. 즉 링 레벨 3의 코드는 링 레벨이 0인 커널의 영역에 접근할 수 없다. 커널 영역의 디스크립터는 권한이 0인 스레드만 접근 가능하도록 설정했기 때문이다.

세그먼트란 쉽게 말해서 하나의 블록이라고 생각하면 된다.

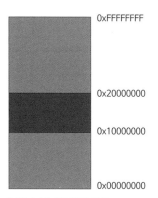

[그림 4-7] 세그먼트 예시

[그림 4-7]은 4GB 메모리 공간을 나타낸 것이다. 여기서 0x1000000~ 0x20000
000 영역이 하나의 세그먼트라고 할 수 있는데 이 세그먼트의 베이스 주소는
0x1000000이며 Segment Limit, 즉 크기는 0x10000000이다. GDT의 디스크립터
는 이런 블록을 기술하는데 위에서 언급한 블록을 커널이 사용하는 공간이라고 하고
해당 디스크립터에 대한 접근은 커널 스레드만 접근 가능하다고 가정하자. 이런 세
그먼트에 응용 애플리케이션이 접근하면 오류가 발생한다. 권한이 3인 유저모드에
서 권한이 0인 커널의 영역에 접근하면 일반 보호 오류를 일으키기 때문이다. 이런
개념으로 운영체제의 영역은 잘못된 접근으로부터 보호될 수 있다.

0xFFFFFFFF

유저 프로세스 공간

0x20000000

0x10000000

0x00000000

[그림 4-8] 유저 애플리케이션 공간

[그림 4-8]에서 유저 프로세스는 자신에게 할당된 세그먼트 내의 메모리에만 접근
해야 한다. 자신이 접근할 수 있는 세그먼트 외의 메모리에 접근하면 CPU는 바로 오
류를 감지한다.

하지만 아직까지는 운영체제가 여러 프로세스를 운영하기엔 미흡한 감이 있다. 왜냐
하면 [그림 4-8]에서 보듯이 4GB 메모리 공간을 일반 응용프로그램이나 운영체제
가 공유를 하고 있기 때문이다. 하나의 프로세스를 생성하면 그 프로세스는 독립된
4GB 가상주소를 가진다는 걸 알고 있을 것이다. 이를 구현하기 위해서는 세그멘테
이션만으로는 부족하며 페이징 기능을 도입해야 한다.

유저 프로세스   커널 프로세스

0xFFFFFFFF   0xFFFFFFFF

0x00000000   0x00000000

[그림 4-9] 서로 독립적인 주소공간을 사용하는 애플리케이션

프로세스 입장이라면 자신만의 주소공간을 가지고 다른 프로세스에 대해서는 몰라야 하지 않을까? 필자는 이 조건이 운영체제로써의 최소한의 조건이라고 생각한다. 미치오 가쿠의 저서 『평행 우주』에서는 우주는 단일 우주가 아니며 여러 개의 평행 우주가 존재할 수가 있다고 하는데 그렇다 하더라도 우리는 그 평행 우주를 감지할 수는 없다. 고등 생명체라면 평행 우주를 가로 지를 수 있는 방법이 있겠지만 적어도 우리는 불가능할 것이다. 프로세스도 마찬가지로 그 논리를 적용해서 프로세스 간에는 간섭이 없어야 한다.

한편 이런 구조라면 프로세스가 타 프로세스에 접근하는 것은 불가능한 것처럼 보이지만 윈도우 프로그래밍을 해본 개발자라면 프로세스간 통신, 네임드 파이프, 메모리 맵 등을 통해서 프로세스간 데이터를 전달할 수 있다는 것을 알고 있을 것이다. 또한 프로세스에 dll 인젝션을 통해 프로그램 흐름을 제어한다거나 API 후킹을 통해서 특정 코드가 실행 가능하게 할 수 있다.

그렇다 하더라도 일반적으로 프로세스는 다른 프로세스에 대해 독립적으로 실행돼야 한다. 그 독립성의 최소한의 조건은 메모리 공간의 독립성이라 할 수 있겠다.

GDT 설정 관련 구조체

GDT의 역할을 이해했으니 이제 코드상에서 CPU가 참조할 수 있도록 구현해 보자. 우선 GDT를 표현하는 구조체를 정의한다.

[코드 4-1] 디스크립터 구조체

```
typedef struct tag_gdtDescriptor
{
        USHORT                  segmentLimit;
        USHORT                  baseLow;
        BYTE                    baseMiddle;
        BYTE                    flags;
        BYTE                    grand;
        BYTE                    baseHigh;
}gdtDescriptor;
```

GDT 디스크립터의 구조체 크기는 8바이트다. baseLow, baseMiddle, baseHigh 필드를 통해서 베이스 주소를 얻어내며 세그먼트의 크기는 segment Limit 2바이트 필드와 grand 필드의 4비트를 통해서 얻어낼 수 있다. 여기서 예리한 분이라면 의아한 부분이 생길 수도 있을텐데 그것은 세그먼트의 크기다. 세그먼트의 크기는 20비트로 기술되는데 만약 베이스 주소가 0이라고 가정한다면 20비트로는 4GB의 메모리 주소를 커버할 수 없기 때문이다. 하지만 세그먼트 크기의 단위는 4K이다. 4K는 12비트를 나타내므로 20비트의 크기를 12비트 왼쪽으로 쉬프트하면 32비트의 세그먼트 크기를 나타낼 수 있고 이 크기는 4GB 바이트를 표현할 수 있다. G 플래그 설정과 관련이 있다.

이렇게 디스크립터의 나열, 즉 GDT를 만들었으면 GDT가 어디에 위치하는지 CPU에 알려줘야 한다. CPU는 GDTR 레지스터를 참조해서 GDT에 접근하므로 GDTR 레지스터에 적절한 값을 설정해야 한다. 어셈블리 명령어 중 lgdt 명령어가 GDTR 레지스터에 값을 설정한다. GDTR 레지스터를 표현하는 구조체는 다음과 같이 정의한다.

[코드 4-2] 6바이트 GDTR 구조체

```
typedef struct tag_gdtr {
        USHORT          m_limit; // GDT의 크기
        UINT            m_base; // GDT의 시작 주소
}gdtr;
```

GDT와 GDTR을 정의했으니 이 두 구조체를 활용해서 GDT를 설정하는 부분을 코드에서 확인해 보자.

GDT 설정

다음 코드는 GDT를 설정하고 GDTR 레지스터에 로드하는 초기화 함수다.

```
// GDT 초기화 및 GDTR 레지스터에 GDT 로드
int GDTInitialize ()
{
        // GDTR 레지스터에 로드될 _gdtr의 값 초기화
        // _gdtr의 주소는 실제 물리주소에 해당한다.
        // 디스크립터의 수를 나타내는 MAX_DESCRIPTORS의 값은 5다.
        // NULL 디스크립터, 커널 코드 디스크립터, 커널 데이터 디스크립터, 유저 코드 디스크립터
        // 유저 데이터 디스크립터 이렇게 총 5개다.
        // 디스크립터당 8바이트이므로 GDT의 크기는 40바이트다.
        _gdtr.m_limit = (sizeof (struct gdt_descriptor) * MAX_DESCRIPTORS)-1;
        _gdtr.m_base = (uint32_t)&_gdt[0];


        // NULL 디스크립터의 설정
        gdt_set_descriptor(0, 0, 0, 0, 0);

        // 커널 코드 디스크립터의 설정
        gdt_set_descriptor (1,0,0xffffffff,
        I86_GDT_DESC_READWRITE|I86_GDT_DESC_EXEC_CODE|I86_GDT_DESC_CODEDATA|
        I86_GDT_DESC_MEMORY,I86_GDT_GRAND_4K | I86_GDT_GRAND_32BIT |
        I86_GDT_GRAND_LIMITHI_MASK);
```

```
// 커널 데이터 디스크립터의 설정
gdt_set_descriptor (2,0,0xffffffff,
I86_GDT_DESC_READWRITE|I86_GDT_DESC_CODEDATA|I86_GDT_DESC_MEMORY,
I86_GDT_GRAND_4K | I86_GDT_GRAND_32BIT | I86_GDT_GRAND_LIMITHI_MASK);

// 유저모드 코드 디스크립터의 설정
gdt_set_descriptor (3,0,0xffffffff,
I86_GDT_DESC_READWRITE|I86_GDT_DESC_EXEC_CODE|I86_GDT_DESC_CODEDATA|
I86_GDT_DESC_MEMORY|I86_GDT_DESC_DPL,I86_GDT_GRAND_4K | I86_GDT_
GRAND_32BIT |
I86_GDT_GRAND_LIMITHI_MASK);

// 유저모드 데이터 디스크립터의 설정
gdt_set_descriptor (4,0,0xffffffff, I86_GDT_DESC_READWRITE|I86_GDT_
DESC_CODEDATA|I86_GDT_DESC_MEMORY|I86_GDT_DESC_DPL, I86_GDT_GRAND_4K |
I86_GDT_GRAND_32BIT | I86_GDT_GRAND_LIMITHI_MASK);

// GDTR 레지스터에 GDT 로드
gdt_install ();

return 0;
}
```

총 5개의 디스크립터를 설정했으며 [표 4-2]에 내용을 정리했다.

[표 4-2] GDT 디스크립터

디스크립터 유형	내용
NULL 디스크립터	디스크립터 테이블 내의 첫 번째 디스크립터는 항상 NULL로 설정한다.
커널 코드 디스크립터	커널 코드 실행 시 접근 권한을 기술한 디스크립터
커널 데이터 디스크립터	커널 데이터 영역에 데이터를 쓰거나 읽을 때 접근 권한을 기술한 디스크립터
유저 코드 디스크립터	유저 코드 실행 시 접근 권한을 기술한 디스크립터
유저 데이터 디스크립터	유저 데이터 영역에 접근할 시 접근 권한을 기술한 디스크립터

GDT를 선언한 후 이 GDT를 가리키는 GDTR 구조체를 선언한다. 그런 후 GDTR 레지스터가 이 구조체를 참조할 수 있도록 어셈블리 명령어 lgdt를 실행한다.

GDTR 레지스터에는 _gdtr 변수의 물리주소값이 들어간다. 페이징 기능이 활성화되면 가상주소가 활성화돼 물리주소와 가상주소가 달라질 수 있기 때문에 일반적으로 GDTR 레지스터값 설정은 페이징 활성화 전에 설정된다.

Tip

아이덴터티 매핑을 통해서 페이징 후에도 물리주소와 가상주소가 같다면 GDT 로드는 페이징 후에도 가능하다.

디스크립터를 선언할 때 다양한 플래그값이 설정된다. 디스크립터에 설정하는 플래그값의 의미는 [표 4-3]과 같다.

[표 4-3] 디스크립터 플래그(8-15비트)

디스크립터 플래그	의미
I86_GDT_DESC_ACCESS(00000001)	액세스 비트로 어떤 스레드가 이 세그먼트에 접근했을 때 1로 설정된다. 한 번 설정된 이후에는 클리어되지 않는다.
I86_GDT_DESC_READWRITE(00000010)	설정됐을 경우 디스크립터는 읽고 쓰기가 가능하다.
I86_GDT_DESC_EXPANSION(00000100)	확장 비트 설정
I86_GDT_DESC_EXEC_CODE(00001000)	기본은 데이터 세그먼트며 설정했을 경우 코드 세그먼트를 의미하게 된다.
I86_GDT_DESC_CODEDATA(00010000) S 필드	시스템에 의해 정의된 세그먼트일 경우 0, 코드 또는 데이터 세그먼트일 경우 1
I86_GDT_DESC_DPL(01100000) DPL 필드	2비트 플래그, DPL 특권 레벨을 나타낸다.
I86_GDT_DESC_MEMORY(10000000) P비트	해당 세그먼트는 물리 메모리에 올라와 있어 접근 가능함을 의미한다. 0일 경우 해당 세그먼트 디스크립터가 가리키는 메모리는 접근할 수 없다.

[표 4-4] 디스크립터 플래그(16~23비트)

디스크립터 플래그	의미
I86_GDT_GRAND_LIMITHI_MASK (00001111)	이 4비트값과 Segment Limit 값 16비트를 합쳐서 20비트를 나타낸다. G비트가 설정돼 있으면 20비트로 4GB 주소공간을 표현할 수 있다.
I86_GDT_GRAND_OS(00010000) L 필드	세그먼트가 64비트 네이티브 코드를 포함하고 있는지를 의미하며 이 비트가 설정되면 D/B 필드는 0으로 설정되야 한다.
I86_GDT_GRAND_32BIT(01000000) D/B 필드	32비트 모드일 때 지정된다.
I86_GDT_GRAND_4K(10000000) G비트	이 플래그가 1이면 세그먼트 단위는 4K가 된다.

갑자기 많은 플래그가 등장해서 복잡해 보일지 모르지만 디스크립터 설정은 거의 공통적이다.

디스크립터는 모두 코드나, 데이터 세그먼트이며(I86_GDT_DESC_CODEDATA) 메모리상에 세그먼트가 존재하며(I86_GDT_DESC_MEMORY), 세그먼트 크기는 20비트이지만 4GB 주소 접근이 가능하며(I86_GDT_GRAND_4K, G 플래그 활성화), 세그먼트는 32비트 코드를 담고 있다는 플래그(I86_GDT_GRAND_32BIT)는 공통 속성이다. 코드 세그먼트일 경우에만 코드 수행이 가능하도록 I86_GDT_DESC_EXEC_CODE 플래그를 설정했다.

디스크립터 값을 설정하는 부분을 알겠지만 **모든 디스크립터의 세그먼트 베이스 주소는 0, 세그먼트 크기는 4GB로 설정했다.**

GDT를 통한 주소 변환

그럼 앞에서 구현한 GDT를 통해서 프로세스가 물리주소에 어떻게 접근하는지 살펴보도록 하자. 우선 메모리에 설치된 GDT의 레이아웃을 살펴보자.

글로벌 디스크립터 테이블

NULL 디스크립터	8바이트
커널 코드 디스크립터	8바이트
커널 데이터 디스크립터	8바이트
유저 코드 디스크립터	8바이트
유저 데이터 디스크립터	8바이트

[그림 4-10] 메모리상의 GDT 레이아웃

GDT를 통해 주소를 변환하는 과정을 세그멘테이션이라 부른다. 세그멘테이션 과정에서는 논리주소가 선형주소로 변환되는데 SkyOS에서는(심지어 윈도우 운영체제도) 논리주소와 선형주소가 동일하다. 논리주소가 선형주소로 변형되는 과정을 살펴보자.

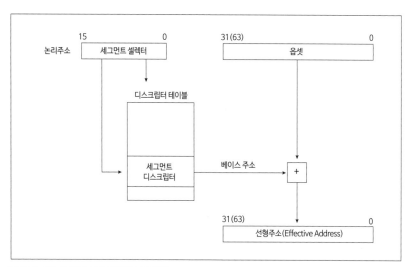

[그림 4-11] 논리주소를 선형주소로 변환

세그먼트 셀렉터를 통해서 GDT로부터 세그먼트 디스크립터를 얻어내고 여기서 얻은 베이스 주소와 가상주소(옵셋)를 더해서 선형주소를 얻어낸다. 이 세그먼트 셀렉터에는 CS 레지스터, DS 레지스터 등이 있다. 이름에서 알 수 있듯이 각각 코드 세그먼트 레지스터, 데이터 세그먼트 레지스터를 의미한다. 이러한 레지스터들은 리얼모드상에서는 물리메모리상의 주소와 관계가 있었는데 보호 모드에서는 세그먼트 셀렉터의 개념으로 바뀐다. 정리해 보면 다음과 같다.

- 커널 코드를 실행할 때 CS 레지스터는 0x08의 값을 지닌다. CPU는 CS값이 8임을 확인하고 GDT의 두 번째 디스크립터의 값을 통해서 베이스 주소를 얻는다.
- 베이스 주소와 옵셋을 더해서 선형주소를 만들어 낸다.

이렇게 생성된 선형주소는 논리주소값(옵셋)과 동일하다. 왜냐하면 우리는 디스크립터에 베이스 주소를 0으로 설정했기 때문이다. 따라서 SkyOS에서는 세그멘테이션에 의한 주소변환 기능은 크게 의미가 없다고 보면 된다(심지어 윈도우 운영체제도 마찬가지다).

세그먼트 레지스터에 대한 부연 설명

다음 테이블은 세그먼트 레지스터에 대해 설명한다.

[표 4-5] 세그먼트 레지스터 종류와 리얼모드에서의 의미

레지스터	설명
CS 레지스터	프로그램의 코드 시작 주소를 포함한다.
DS 레지스터	프로그램의 데이터 세그먼트 시작 주소를 포함한다.
SS 레지스터	프로그램의 스택 세그먼트의 시작 주소를 지정한다.
ES 레지스터	메모리 주소지정을 다루는 스트링 연산에서 사용된다.
FS 레지스터	80386 이후 추가된 여분의 레지스터
GS 레지스터	80386 이후 추가된 여분의 레지스터

리얼모드에서는 세그먼트 레지스터에 담긴 값은 기본 주소, 즉 주소값을 의미한다. 그리고 여기에 옵셋값을 더해서 실제 메모리 주소에 접근했다. 보호 모드에 진입하면 이 세그먼트 레지스터는 의미가 달라진다.

[표 4-6] 보호 모드에서의 세그먼트 레지스터

레지스터	설명
CS 레지스터	디스크립터의 인덱스값을 지정한다.
DS 레지스터	디스크립터의 인덱스값을 지정한다.
SS 레지스터	디스크립터의 인덱스값을 지정한다.
ES 레지스터	디스크립터의 인덱스값을 지정한다.
FS 레지스터	디스크립터의 인덱스값을 지정한다.
GS 레지스터	디스크립터의 인덱스값을 지정한다.

[표 4-6]에서 보는 바와 같이 세그먼트 레지스터에 담기는 값은 GDT 시작 주소로부터 옵셋이 된다. 그런데 글로벌 디스크립터의 크기는 8바이트라서 세그먼트 레지스터의 값은 0x08, 0x10, 0x18.... 이런 값이 되고 글로벌 디스크립터를 선택한다는 의미에서 셀렉터Selector라는 이름으로 명명됐다. 리얼모드에서는 주소지정 레지스터, 보호 모드에서는 셀렉터 정도로 부르면 되겠다.

GDT에는 세그먼트(특정 메모리 구역)에 대한 기술이 포함돼 있다. 베이스 주소, 세그먼트의 크기, 권한 등의 정보가 있는데

1. 시작 주소가 0x0000000이고 크기가 0xFFFFFFFF이면 이 글로벌 디스크립터를 사용하는 코드는 0번지부터 4GB의 주소에 어드레싱하는 것이 가능해진다.

물론 시작 주소를 0x1000000으로 하고 크기를 0x00001000으로 설정하면 접근 범위가 제한되나 보통은 (1)번처럼 디스크립터를 표현한다.

현재 이 단계에서도 프로세스가 접근하는 주소는 물리주소에 해당한다. 차후 페이징을 활성화하면 프로그램 입장에서는 (1)번처럼 보이더라도 프로세서는 페이징 기능을 이용, 페이지 디렉토리와 페이지 테이블을 사용해서 메모리에 접근하기 때문

에 프로세스는 자신이 접근하고 싶은 물리 메모리에 직접적으로 데이터를 쓰는 것이 불가능하다. 이런 페이징 기능을 이용하는 가장 근본적인 이유는 복수의 프로세스가 실행될 때 모든 프로세스에게 동일한 가상공간을 제공하기 위해서다(0번지에서 4GB 까지).

GDT에 대한 설명은 이걸로 끝인데 다음 내용만은 꼭 기억하자.

- GDT에서의 디스크립터는 세그먼트 디스크립터를 의미하고 세그먼트는 메모리의 특정 블록을 가리킨다. 세그먼트 디스크립터는 이 세그먼트의 특성에 대해 기술한다.
- 과거에는 주소를 직접 지정해 메모리에 접근했지만 현대 운영체제 아키텍처에는 세그먼트 디스크립터를 통해서 주소를 얻어낸다. 이 과정을 세그멘테이션이라 부른다.
- 윈도우 운영체제에서는 이 세그멘테이션 기법이 크게 의미가 없다. 왜냐하면 모든 세그먼트의 베이스 주소를 0으로 설정하고 세그먼트 크기를 4GB로 설정했기 때문이다. 그리고 이는 논리주소(또는 명령 포인터)가 곧 선형주소임을 의미한다.

용어정리 **선형주소**

세그멘테이션을 통해 얻어진 주소. 페이징이 적용될 때 이 선형주소를 사용한다.

IDT

IDT$^{Interput\ Descriptor\ Table}$는 소프트웨어 예외가 발생하거나 하드웨어 인터럽트가 발생할 때 이를 처리하기 위한 서비스 루틴을 기술한 디스크립터의 모음 테이블이다. 키보드 입력이나 프로그램에서 0으로 나누는 연산 등을 수행했을 때 CPU는 인터럽트 서비스 루틴을 실행하기 위해 이 IDT를 참조한다. 즉 개발자가 생성한 코드를 실행하기 위해 필요한 디스크립터 테이블이 GDT라고 한다면 하드웨어 관련 처리를 수행하기 위해 필요한 디스크립터 테이블은 IDT라고 보면 된다. IDT의 구조 및 해당 인터럽트 서비스 루틴을 찾아가는 과정은 [그림 4-12]에서 확인할 수 있다.

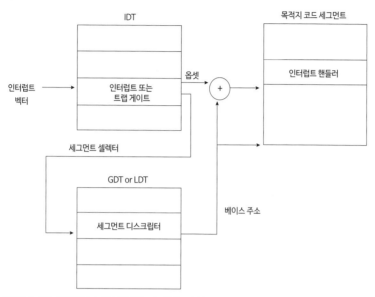

[그림 4-12] 인터럽트 서비스를 CPU가 다루는 과정

인터럽트가 발생했다고 가정하자. CPU는 IDT에서 인터럽트 디스크립터를 찾는다. 이 디스크립터에는 GDT의 디스크립터 인덱스, 즉 세그먼트 셀렉터 값과 세그먼트의 베이스 어드레스에서 해당 ISR(인터럽트 서비스 루틴)까지의 옵셋값이 들어있다. 이 옵셋값과 GDT의 디스크립터에서 얻은 세그먼트 베이스 주소를 더하면 ISR 주소를 구할 수 있다.

인터럽트 서비스

인터럽트 번호는 처음 0x1f까지는 예외 핸들러를 위해 할당돼 있다. 0x1f보다 큰 값에는 소프트웨어 인터럽트 서비스 루틴을 위한 번호로 할당할 수 있다. [표 4-7]은 발생할 수 있는 예외 상황에 대한 인터럽트 번호를 기술한 것이다.

[표 4-7] 인터럽트 목록(출처: https://ko.wikipedia.org/wiki/인터럽트_서술자_테이블)

인터럽트 번호	인터럽트 내용	비고
0x00	Division by Zero	0으로 나누기
0x01	Debugger	디버거
0x02	NMI	NMI
0x03	BreakPoint	브레이크 포인트
0x04	Overflow	오버플로우
0x05	Bounds	
0x06	Invalid Opcode	유효하지 않은 OPCODE
0x07	Coprocessor not avalilable	보조 프로세서 이용할 수 없음
0x08	Double Fault	더블 폴트
0x09	Coprocessor Segment Overrun	보조 프로세서 세그먼트 오버런
0x0A	Invalid Task State Segment	유효하지 않은 TSS
0x0B	Segment not present	세그먼트가 존재하지 않음
0x0C	Stack Fault	스택 폴트
0x0D	General Protection Falut	일반 보호 오류
0x0E	Page Fault	페이지 폴트
0x0F	Reserved	예약
0x10	Math Fault	
0x11	Alignment Check	정렬 체크
0x12	Machine Check	머신 체크
0x13	SIMD Floating-Point Exception	SIMD(Single Instruction Multiple Data) 실수 예외

우리가 프로그래밍을 하면서 많이 저지르는 실수 중 하나가 0으로 특정값을 나누거나 NULL 포인터에 뭔가를 쓰려고 하는 경우일 것이다. 이 경우에는 각각 0x00/0x0D 예외가 발생한다. 이런 예외가 발생했을 때 이를 처리할 수 있는 예외 핸들러를 반드시 구현해야 한다.

인터럽트는 하드웨어 인터럽트와 예외 인터럽트로 나뉘며 예외 인터럽트는 트랩trab, 폴트fault, abort 세 가지 유형으로 나뉜다.

- **폴트**: 이 예외 인터럽트가 발생하면 시스템이 망가지지 않았다고 판단, 예외 처리를 통해서 시스템을 복구할 1차 기회를 제공하며 예외 핸들러 수행이 끝나면 문제가 됐던 코드로 복귀해서 다시 해당 코드를 수행한다.

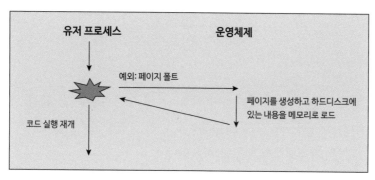

[그림 4-13] 폴트

- abort: 폴트와 같이 문제가 발생돼서 호출되지만 프로세스가 망가져서 시스템을 복구할 수 없음을 의미한다. 이런 경우 윈도우 운영체제에서는 프로세스를 더 이상 수행시키지 않고 종료시킨다.

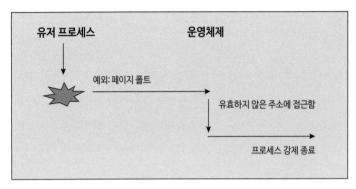

[그림 4-14] abort

- **트랩**: 소프트웨어 인터럽트라고도 하며 의도적으로 인터럽트를 발생시킨 경우에 해당한다. 이 경우 예외처리를 수행하고 나서 복귀할 경우 예외가 발생했던 명령어 다음 명령어부터 코드를 실행한다.

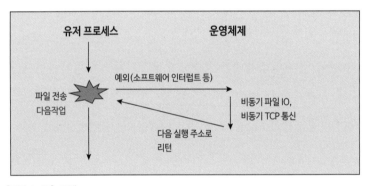

[그림 4-15] 트랩

IDT 설정 관련 구조체

IDT를 구성하는 인터럽트 디스크립터의 구조는 [그림 4-16]과 같다.

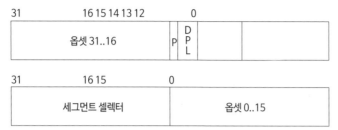

[그림 4-16] 인터럽트 디스크립터 구조

인터럽트 디스크립터는 크기가 8바이트다. 이 8바이트 중에서 2바이트 크기를 차지
하는 세그먼트 셀렉터를 통해서 GDT내 글로벌 디스크립터를 찾을 수 있고 이 글로
벌 디스크립터를 통해서 세그먼트의 베이스 주소를 얻어낼 수 있다. 여기에 옵셋값
을 더해서 ISR(인터럽트 서비스 루틴)의 주소를 얻을 수 있다. 이제 이 인터럽트 디스
크립터의 구조를 표현하는 구조체를 만들어 보자.

[코드 4-3] IDT 디스크립터 구조체

```
typedef struct tag_idt_descriptor
{
        USHORT offsetLow; // 인터럽트 핸들러 주소의 0-16비트
        USHORT selector; // GDT의 코드 셀렉터
        BYTE reserved; // 예약된 값 0이어야 한다.
        BYTE flags; // 8비트 비트 플래그
        USHORT offsetHigh; // 인터럽트 핸들러 주소의 16-32비트
}idt_descriptor;
```

offsetLow, offsetHigh 필드로 ISR의 4바이트 옵셋값을 얻어낼 수 있고 selector 필
드를 이용해서 GDT의 디스크립터를 찾아서 세그먼트의 베이스 주소를 얻어낼 수
있다. 이 작업을 진행하려면 우선 IDT(인터럽트 디스크립터 테이블)를 구축하고 난

뒤 이 IDT의 위치를 CPU에 알려주기 위해 IDTR 구조체를 만들어야 한다. CPU는 IDTR 레지스터를 통해서 IDT에 접근하며 IDTR 레지스터의 형식은 다음과 같다.

[코드 4-4] 6바이트의 IDTR 구조체

```
typedef struct tag_idtr
{
        USHORT          limit;
        UINT            base;
}idtr;
```

메모리에 위 형식의 구조체를 선언하고 값을 설정한 뒤 IDTR 레지스터에 이 값을 로드하면 이후부터는 인터럽트 발생 시 해당 인터럽트 관련 서비스 루틴을 호출할 수 있다.

이제 IDT 클래스의 메소드 및 변수를 살펴보도록 하자.

IDT 관련 메소드

IDT 관련 메소드도 GDT에서 구현했던 메소드와 유사하다.

[코드 4-5] IDT 설정 메소드

```
idt_descriptor* GetInterruptDescriptor(uint32_t i);
bool InstallInterruptHandler(uint32_t i, uint16_t flags, uint16_t sel, I86_IRQ_
HANDLER);
bool IDTInitialize(uint16_t codeSel);
static struct idt_descriptor    _idt [I86_MAX_INTERRUPTS];
static struct idtr                              _idtr;
void IDTInstall();
```

각 메소드의 역할은 [표 4-8]과 같다.

[표 4-8] IDT 메소드

IDT 클래스 메소드	설명
GetInterruptDescriptor	특정 디스크립터의 값을 얻어온다.
InstallInterruptHandler	인터럽트 서비스 루틴을 설치한다.
IDTInitialize	IDT를 초기화한다.
IDTInstall	CPU에 IDT의 위치를 알려준다.
_idt	IDT를 나타낸다. 총 256개의 인터럽트 디스크립터가 존재하며 처음 디스크립터는 항상 NULL로 설정한다.
_idtr	idtr 레지스터에 로드될 값. IDT의 메모리 주소 및 IDT의 크기를 담고 있다.

IDT를 초기화하는 코드를 살펴보자.

[코드 4-6] IDT 초기화 코드

```
// IDT를 초기화하고 디폴트 핸들러를 등록한다.
bool IDTInitialize(uint16_t codeSel) {

        // IDTR 레지스터에 로드될 구조체 초기화
        _idtr.limit = sizeof(idt_descriptor) * I86_MAX_INTERRUPTS - 1;
        _idtr.base = (uint32_t)&_idt[0];

        // NULL 디스크립터
        memset((void*)&_idt[0], 0, sizeof(idt_descriptor) * I86_MAX_INTERRUPTS
        - 1);

        // 디폴트 핸들러 등록
        for (int i = 0; i<I86_MAX_INTERRUPTS; i++)
                InstallInterrputHandler(i, I86_IDT_DESC_PRESENT | I86_IDT_DESC_
                BIT32, codeSel, (I86_IRQ_HANDLER)InterrputDefaultHandler);

        // IDTR 레지스터를 셋업한다.
        IDTInstall();

        return true;
```

}

현재 시점에서는 예외에 대한 고유 핸들러를 등록하지 않고 모든 예외에서 공통으로 사용되는 핸들러를 등록했다. InterruptDefaultHandler가 디폴트 핸들러인데 코드는 다음과 같다.

[**코드 4-7**] 디폴트 인터럽트 서비스 루틴

```
// 다룰 수 있는 핸들러가 존재하지 않을 때 호출되는 기본 핸들러
__declspec(naked) void InterruptDefaultHandler ( ) {
        // 레지스터를 저장하고 인터럽트를 끈다.
        _asm
        {
                PUSHAD
                PUSHFD
                CLI
        }
        SendEOI( );
        // 레지스터를 복원하고 원래 수행하던 곳으로 돌아간다.
        _asm
        {
                POPFD
                POPAD
                IRETD
        }
}
```

예외처리를 하는 도중에 예외가 발생할 수 있으므로 이를 차단하기 위해서 인터럽트가 발생하지 않도록 어셈블리 명령어 CLI를 호출한다. 위의 프로시저는 어떠한 액션도 취하지 않고 핸들러 수행을 끝내는 코드다. 어셈블리 명령어에 대해서는 추후 설명한다.

IDT는 시스템에서 예외가 발생했을 때 이를 처리할 수 있는 서비스 루틴을 제공해 주는 게이트 역할을 한다는 점에서 매우 중요한 구조체다. 특히 응용프로그램에서 에러가 발생하면 예외 핸들러를 통해서 어떤 주소에서 예외가 발생했는지 확인할 수 있고 프로세스 덤프를 생성하는 것도 가능하게 돼 프로그램의 버그를 쉽게 수정하는 것이 가능해진다. 비주얼 스튜디오에서 프로그램을 작성하고 디버거를 실행한 뒤 프로그램에서 버그가 발생하면 디버거에서 에러가 발생한 곳을 감지할 수 있는데 이런 처리가 가능한 이유는 이 IDT를 통해서 설정한 예외 핸들러의 구현 덕분이다.

정리

앞에서 GDT와 IDT에 대해 대략적으로 살펴봤다.

하드웨어의 보호 모드 기능을 사용하기 위해서는 글로벌 디스크립터 테이블과 인터럽트 디스크립터 테이블을 정의해야 한다. 하나의 글로벌 디스크립터는 스레드가 접근할 수 있는 주소 범위의 제한과 권한을 정의한다. 인터럽트 디스크립터는 예외가 발생할 때 이를 처리할 수 있는 예외핸들러의 위치에 관해 기술한다.

CPU는 이 GDT와 IDT의 위치를 알고 있어야 하며 이 두 테이블의 위치는 각각 GDTR, IDTR 두 레지스터를 통해 확인할 수 있다. 우리는 이 GDT와 IDT를 구축해서 CPU에 알릴 책임이 있다.

[표 4-9] GDT, IDT의 역할

테이블	역할
GDT	커널, 유저 애플리케이션에 권한을 부여해 서로간 침범 방지 프로세스의 잘못된 영역 침범 방지
IDT	하드웨어나 소프트웨어의 인터럽트(예외)를 처리하기 위해 필요

GDT와 IDT 설정을 끝냈기 때문에 기본적인 하드웨어의 초기화는 완료했다. 여기에서 더 해줘야 하는 작업으로는 세 가지가 존재한다.

[표 4-10] 하드웨어 초기화 후 추가 작업

항목	내용
PIC	CPU에 하드웨어 인터럽트 신호를 보낸다. PIC 활성화를 통해 키보드 이벤트나 마우스 이벤트 등을 CPU가 인지하는 것이 가능해진다.
PIT	특정 주기로 타이머 이벤트를 발생시킨다. PIT 활성화를 통해 멀티태스킹이 가능해진다.
인터럽트 핸들러	각각의 인터럽트 종류에 따른 핸들러를 구현해 줘야 한다.

이 세 가지 항목을 구현하면 기본적인 프로그래밍을 할 수 있는 여건이 마련된다. 그럼 계속해서 이 세 가지 항목에 대해 살펴보자.

PIC

CPU에 GDT와 IDT의 위치를 알려줌으로써 하드웨어와 상호작용을 할 수 있는 기반 여건을 마련했다. 이제는 하드웨어가 제공하는 신호를 CPU에서 어떻게 받아들이고 처리하는지를 살펴보자.

PIC[Programmable Interrupt Controller]는 쉽게 생각해서 키보드나 마우스 등의 이벤트 등을 CPU에 전달하는 제어기라고 보면 된다.

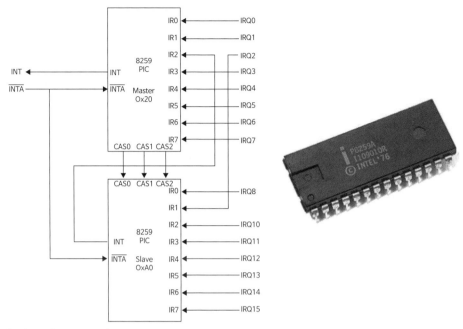

[그림 4-17] 8259 PIC 개요도

유저가 키보드를 누르면 PIC가 그 신호를 감지하고 인터럽트를 발생시켜 운영체제에 등록된 예외 핸들러를 실행시킨다. 이런 이벤트는 키보드, 마우스, 플로피, 하드 디스크 등 다양한 매체에 의해 발생할 수 있는데 이런 다양한 매체에 의해 인터럽트가 발생했다는 것을 OS가 감지할 수 있어야 한다. 즉 디바이스 식별이 가능해야 할 것이다. [그림 4-17]에서 알 수 있듯이 IRQ(인터럽트 리퀘스트) 신호를 통해 우리는 해당 인터럽트의 고유 번호를 알 수 있고 이 번호를 통해 해당 인터럽트의 출처가 어디인지를 알 수 있다(마우스에서 발생했는지, 아니면 키보드에서 발생했는지 등).

PIC는 두 개의 모듈, 마스터와 슬레이브로 구성되며 오른쪽 그림의 각각의 핀은 하드웨어와 연결된다.

PIC 구분	BIT	IRQ	설명
Master	0	IRQ0	
	1	IRQ1	타이머
	2	IRQ2	키보드
	3	IRQ3	슬레이브 PC
	4	IRQ4	COM2
	5	IRQ5	COM1
	6	IRQ6	프린터 포트 2
	7	IRQ7	플로피 디스크 컨트롤러
Slave	0	IRQ8	리얼타임 클럭
	1	IRQ9	X
	2	IRQ10	X
	3	IRQ11	X
	4	IRQ12	PS/2 마우스
	5	IRQ13	보조 프로세서
	6	IRQ14	하드 디스크 1
	7	IRQ15	하드 디스크 2

그러면 이 PIC의 IRQ 핀이 어떻게 작동하는지 살펴보자.

마스터

1. 마스터 PIC에서 인터럽트가 발생한다.
2. 마스터 PIC는 자신의 INT에 신호를 싣고 CPU의 INT에 전달한다.
3. CPU가 인터럽트를 받으면 EFLAG의 IE 비트를 1로 세팅하고 INTA를 통해 받았다는 신호를 PIC에 전달한다.
4. PIC는 자신의 INTA를 통해 이 신호를 받고 어떤 IRQ에 연결된 장치에서 인터럽트가 발생했는지 데이터 버스를 통해 CPU로 전달한다.
5. CPU는 현재 실행모드가 보호 모드라면 IDT 디스크립터를 찾아서 인터럽트

핸들러를 실행한다.

슬레이브

1. 슬레이브 PIC에서 인터럽트가 발생한다.
2. 슬레이브 PIC는 자신의 INT핀에 신호를 싣고 마스터 PIC IRQ 2번에 인터럽트 신호를 보낸다.
3. 마스터는 위에서 설명한 5가지의 절차를 진행한다. 단, 이 과정에서 CPU에 몇 번째 IRQ에서 인터럽트가 발생했는지 알려줄 때에는 8~15번이 된다.

그리고 IRQ 하드웨어 인터럽트가 발생할 때 적절히 작동하도록 하기 위해 PIC가 가진 각 IRQ를 초기화해줘야 한다. 이를 위해 마스터 PIC의 명령 레지스터로 명령을 전달해야 하는데 이때 ICW^Initialization Control Word가 사용된다. 이 ICW는 4가지의 초기화 명령어로 구성된다.

PIC에 대해서는 대략 이 정도로 설명하고 코드를 통해서 PIC를 초기화하는 부분을 살펴보자.

[코드 4-8] PIC의 초기화

```
void PICInitialize( uint8_t base0, uint8_t base1) {

        uint8_t          icw = 0;

        // PIC 초기화 ICW1 명령을 보낸다.
        icw = (icw & ~I86_PIC_ICW1_MASK_INIT) | I86_PIC_ICW1_INIT_YES;
        icw = (icw & ~I86_PIC_ICW1_MASK_IC4) | I86_PIC_ICW1_IC4_EXPECT;

        SendCommandToPIC(icw, 0);
        SendCommandToPIC(icw, 1);

        // PIC에 ICW2 명령을 보낸다. base0와 base1은 IRQ의 베이스 주소를 의미한다.
        SendDataToPIC(base0, 0);
        SendDataToPIC(base1, 1);
```

```
    // PIC에 ICW3 명령을 보낸다. 마스터와 슬레이브 PIC와의 관계를 정립한다.
    SendDataToPIC(0x04, 0);
    SendDataToPIC(0x02, 1);

    // ICW4 명령을 보낸다. i86 모드를 활성화한다.
    icw = (icw & ~I86_PIC_ICW4_MASK_UPM) | I86_PIC_ICW4_UPM_86MODE;

    SendDataToPIC(icw, 0);
    SendDataToPIC(icw, 1);
    // PIC 초기화 완료
}
```

PIC와 통신하는 데 쓰이는 메소드는 [표 4-12]와 같다.

[표 4-12] PIC 제어 메소드

메소드	내용
ReadDataFromPIC	PIC로부터 1바이트를 읽는다.
SendDataToPIC	PIC로 데이터를 보낸다
SendCommandToPIC	PIC로 명령어를 전송한다.

해당 메소드는 내부의 PIC에 데이터를 전송하기 위해 [표 4-13]과 같은 메소드를 사용한다.

[표 4-13] PIC로 데이터 쓰기 / 읽기

메소드	내용
OutPortByte	1바이트를 PIC에 쓴다.
OutPortWord	2바이트를 PIC에 쓴다.
OutPortDWord	4바이트를 PIC에 쓴다.
InPortDWord	4바이트를 PIC로부터 읽어들인다.
InPortByte	1바이트를 PIC로부터 읽어들인다.
InPortWord	2바이트를 PIC로부터 읽어들인다.

메소드 이름에 포트란 단어가 공통으로 들어가 있는데 이 포트는 네트워크상에서 사용하는 포트의 의미와 똑같다고 보면 된다. 모든 메소드는 해당 액션을 수행하기 위해서 포트를 지정해야 한다.

PIC 관련 작업은 이게 전부다. 이 작업을 통해서 우리는 이제 하드웨어 장치와 데이터를 주고 받을 수 있다.

PIT

PIT^{Progammable Interval Timer}는 일상적인 타이밍 제어 문제를 해결하기 위해 설계된 카운터/타이머 디바이스다.

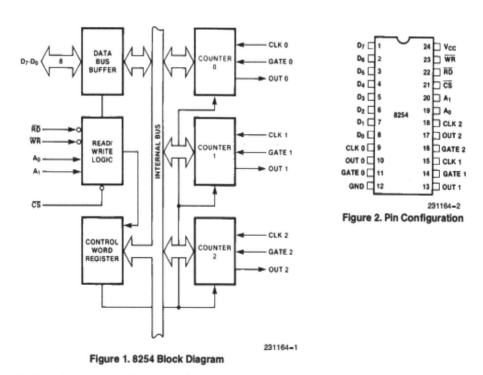

[그림 4-18] 인텔 8254 PIT(출처: https://pdos.csail.mit.edu/6.828/2012/readings/hardware/82C54.pdf)

x86 하드웨어 타이머는 [그림 4-18]과 같이 세 개의 카운터와 제어 레지스터를 가지고 있다.

[표 4-14] PIT에 존재하는 카운트 레지스터

포트	레지스터	접근
040h	Counter 0	읽기 / 쓰기
041h	Counter 1	읽기 / 쓰기
042h	Counter 2	읽기 / 쓰기
043h	Counter 3	쓰기

그럼 타이머를 초기화시키는 코드를 살펴보자. 먼저 타이머 이벤트가 발생했을 때 이를 다룰 수 있는 인터럽트 핸들러를 등록해야 한다.

[코드 4-9] 타이머 인터럽트 핸들러 등록

```
// PIT 초기화
void InitializePIT()
{
        setvect(32, InterruptPITHandler);
}
```

타이머도 인터럽트 형태로 CPU에 신호를 제공하므로 우리는 인터럽트 서비스 루틴을 구현해야 한다. 타이머의 인터럽트 번호는 32다. 인터럽트 서비스 프로시저는 InterruptPITHandler 함수에 구현돼 있다. 지금 당장은 이 함수가 어떠한 액션도 수행하지 않는다.

이제 핸들러를 등록했으면 타이머가 시작하게끔 명령을 내려야 한다. 다음 함수의 호출을 통해서 우리는 타이머를 동작시킬 수 있다.

```
// 타이머를 시작
void StartPITCounter(uint32_t freq, uint8_t counter, uint8_t mode) {

        if (freq == 0)
                return;

        uint16_t divisor = uint16_t(1193181 / (uint16_t)freq);

        // 커맨드 전송
        uint8_t ocw = 0;
        ocw = (ocw & ~I86_PIT_OCW_MASK_MODE) | mode;
        ocw = (ocw & ~I86_PIT_OCW_MASK_RL) | I86_PIT_OCW_RL_DATA;
        ocw = (ocw & ~I86_PIT_OCW_MASK_COUNTER) | counter;
        SendPITCommand(ocw);

        // 프리퀀시 비율 설정
        SendPITData(divisor & 0xff, 0);
        SendPITData((divisor >> 8) & 0xff, 0);

        // 타이머 틱 카운트 리셋
        _pitTicks = 0;
}
```

PIT는 1초마다 1193181번의 숫자를 카운팅하고 타이머 인터럽트를 발생시킨다. 이 인터럽트를 통해서 우리는 프로세스나 스레드의 스케줄링을 할 수 있으므로 PIT의 역할은 매우 중요하다.

위 함수는 다음과 같이 호출한다.

```
StartPITCounter(100, I86_PIT_OCW_COUNTER_0, I86_PIT_OCW_MODE_SQUAREWAVEGEN);
```

첫 번째 인자는 진동수, 두 번째 인자는 사용할 카운터 레지스터, 즉 0번 레지스터를 사용한다. 세 번째 인자는 제어 레지스터의 1-3비트에 설정하는 부분으로 타이머의 카운팅 방식을 설정하는 데 쓰인다. 제어 레지스터의 구성은 다음과 같다.

Select Register(2비트)	Read Write(2비트)	MODE(3비트)	BCD(1비트)

I86_PIT_OCW_MODE_SQUAREWAVEGEN의 값은 0x011이며 MODE 영역의 3비트에 설정된다.

진동수^{Frequency}라는 개념은 물리에서는 초당 파장이 몇 번 발생하는지를 나타내는 개념이다. 초당 진동수가 100이라는 것은 1초당 100번의 타이머 인터럽트가 발생한다는 의미인데 이 값을 변화시킴에 따라 초당 인터럽트의 수나 숫자의 증가를 조정할 수 있다.

만약 진동수를 1로 하면 인터럽트가 발생할 때 PIT의 내부 숫자 카운팅 값은 1193181이 될 것이다. 진동수가 100이 된다면 인터럽트가 발생했을 때의 PIT 내부 숫자 카운팅 값은 11931이 될 것이다. 이 값을 Divisor로 부른다.

✎ Tip

진동수가 1일 경우 1초에 한 번 인터럽트가 발생할 것이기 때문에 PIT 내부에서는 1193181번의 숫자를 카운팅했을 것이다. 진동수가 100이면 0.01초마다 인터럽트가 발생할텐데 이때의 PIT 내부 카운팅 값은 1193181 / 100임을 의미한다.

이제 1바이트 제어 레지스터에 우리가 사용할 카운터 레지스터(00), 읽기/쓰기, 모드 값 등을 설정해서 명령을 보내고, 0번째 카운팅 레지스터에 Divisor 데이터를 보냄으로써 PIT는 초기화된다. 그러면 PIT는 CPU에 우리가 설정한 진동수에 맞게 매번 인터럽트를 보낸다.

실습

PIC를 활성화시켰고 이를 통해 타이머 인터럽트를 받을 수 있게 됐으니 타이머가 제대로 동작하는지 실제 실행해서 확인해 보자.

Chapter/02_CPU.sln 프로젝트를 빌드해서 실행 결과를 확인하자. 1초 간격으로 타이머 메시지가 출력된다.

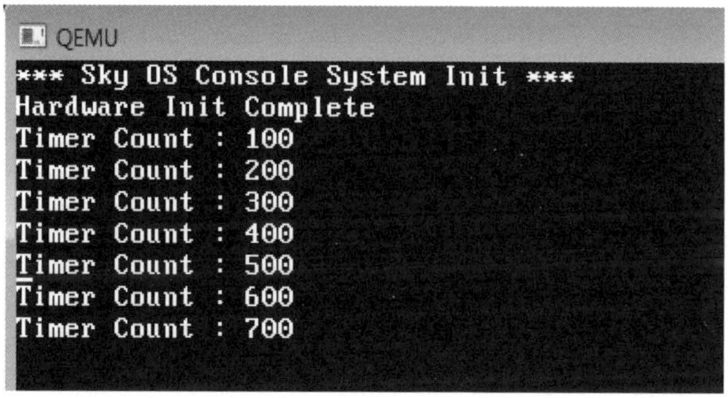

[그림 4-19] 02_CPU 프로젝트 실행 결과

[코드 4-11] kmain.cpp

```
void kmain(unsigned long magic, unsigned long addr)
{
        SkyConsole::Initialize();

        // 헥사를 표시할 때 %X는 integer, %x는 unsigned integer의 헥사값을 표시한다.

        SkyConsole::Print("*** Sky OS Console System Init ***\n");

        kEnterCriticalSection();

        HardwareInitiize();
        SkyConsole::Print("Hardware Init Complete\n");
        ……
        kLeaveCriticalSection();
// 타이머를 시작한다.
```

```
        StartPITCounter(100, I86_PIT_OCW_COUNTER_0,
                        I86_PIT_OCW_MODE_SQUAREWAVEGEN);
}
// 하드웨어 초기화
void HardwareInitiize()
{
        GDTInitialize();
        IDTInitialize(0x8);
        PICInitialize(0x20, 0x28);
        InitializePIT();
}
```

HardwareInitialize 함수를 호출해서 GDT, IDT, PIC, PIT를 초기화한다. 초기
화 과정 중에 인터럽트가 발생하지 않도록 동기화 메소드 kEnterCriticalSection,
kLeaveCriticalSection을 사용한다. StartPITCounter 메소드를 호출해서 타이머 이
벤트를 발생시켰으며 타이머 인터럽트 호출 시 InterruptPITHandler 프로시저가 호
출된다.

[코드 4-12] InterruptPITHandler 프로시저

```
// 타이머 인터럽트 핸들러
__declspec(naked) void InterruptPITHandler()
{
        ......
        if (_pitTicks - _lastTickCount >= 100)
        {
                _lastTickCount = _pitTicks;
                SkyConsole::Print("Timer Count : %d\n", _pitTicks);
        }

        _pitTicks++;
        ......
}
```

_pitTicks 변수는 타이머 인터럽트 핸들러가 호출될 때마다 카운트가 증가된다. _lastTickCount 변수와의 차가 100이면 타이머 문자열을 출력한다. StartPITCounter 메소드 호출 시 진동수 값을 100으로 설정했기 때문에 위의 프로시저에서 두 개의 변숫값의 차가 100일 때, 즉 1초마다 문자열이 정확히 출력된다.

FPU

FPU^{floating point unit}는 CPU의 일부로써 부동 소수점 연산을 효율적으로 처리하기 위한 하드웨어 논리회로 모듈이다. 이 장치를 활성화하지 않으면 double형이나 float 같은 자료형을 활용할 수 없다. FPU 초기화 전에 float형이나 double형의 변수를 선언하고 커널을 빌드하고 실행해 보자. 에러가 발생할 것이다.

FPU를 활성화하려면 어셈블리 코드의 도움이 필요하다. 비주얼 스튜디오에서는 인라인 어셈블리가 가능하므로 쉽게 해결할 수 있다.

[**코드 4-13**] FPU 장치 감지

```
bool InitFPU( )
{
        int result = 0;
        unsigned short temp;

        __asm
        {
                pushad; 모든 레지스터를 스택에 저장한다.
                mov eax, cr0; eax = CR0
                and al, ~6; EM과 MP 플래그를 클리어한다. ~0110 => 1001
                mov cr0, eax; eax에 저장된 값을 cr0 레지스터에 저장
                fninit; FPU 상태를 초기화한다.
                mov temp, 0x5A5A; FPU의 상태를 저장할 임시변숫값을 0이 아닌 값으로 설정
                fnstsw temp; FPU의 상태를 얻어온다.
                cmp temp, 0; 상태값이 0이면 FPU가 존재하지 않는다.
```

```
            jne noFPU; FPU가 존재하지 않으니 noFPU 레이블로 점프한다.

            fnstcw temp; FPU 제어값을 임시변수에 얻어오고

            mov ax, temp; 얻어온 값을 ax 레지스터에 저장한다.

            and ax, 0x103F; ax와 0x103F AND 연산을 수행한 뒤 ax에 저장

            cmp ax, 0x003F; ax에 저장된 값과 0x003F 비교

            jne noFPU; 값이 틀리다면 FPU가 존재하지 않으므로 noFPU 레이블로 점프한다.

            mov result, 1 // 이 구문이 실행되면 FPU가 존재

            noFPU:

            popad

    }

    return result == 1;
}
```

InitFPU 메소드는 FPU 장치가 존재하는지 여부를 판단한다. 이 메소드가 true를 리턴하면 FPU 장치를 활성화시키자.

[코드 4-14] FPU 활성화 코드

```
bool EnableFPU()
{
#ifdef _WIN32
        unsigned long regCR4 = __readcr4();
        __asm or regCR4, 0x200
        __writecr4(regCR4);
#else
        // mov eax, cr4;
        // or eax, 0x200
        // mov cr4, eax
#endif
}
```

_WIN32가 아닐 경우의 코드도 남겨뒀다. 보통의 어셈블리 컴파일러는 cr4 레지스터를 인식하지만 비주얼 스튜디오의 인라인 어셈블리 컴파일러는 cr4 레지스터 키워드를 지원하지 않는다. 다행히도 내장함수 중에 cr4 레지스터값을 읽고 쓰는 메소드를 제공해서 문제를 해결할 수 있었다.

이제 FPU가 활성화됐으니 부동 소수점 연산을 테스트해 보자. FPU 관련 주석을 풀고 빌드해서 결과를 확인해 보자.

[코드 4-15] TestFPU 메소드

```
void TestFPU()
{
        float sampleFloat = 0.3f;
        sampleFloat *= 5.482f;
        SkyConsole::Print("sample Float Value %f\n", sampleFloat);
}
```

sample Float Value : 1.644라는 결과가 출력될 것이다.

부동 소수점을 출력하는 루틴을 구현했기 때문에 %f 처리도 가능하도록 콘솔 로거의 Print 메소드에 실수처리 루틴을 추가했다.

[코드 4-16] 실수 출력이 가능한 SkyConsole::Print 함수

```
case 'f':
    double double_temp;
    double_temp = va_arg(args, double);
    char buffer[512];
    ftoa_fixed(buffer, double_temp);
    Write(buffer);
    i++;
    break;
```

실수를 문자열로 변환하기 위해 ftoa_fixed 함수를 사용하고 있으며 이 함수는 공통 라이브러리 프로젝트에 정의돼 있다.

인터럽트 핸들러

앞에서 IDT를 설명하면서 인터럽트 핸들러를 구현했었는데 모든 인터럽트에 대해 동일한 인터럽트 핸들러를 적용했었다. 이번에는 각각의 하드웨어나 소프트웨어 인터럽트를 처리하는 인터럽트 핸들러를 구현해 본다. 인터럽트의 종류에 대해서는 IDT를 설명하면서 언급한 바 있다. 핸들러를 구현한다고 했지만 상용 운영체제처럼 핸들러를 구현하지는 않고 어떤 에러가 발생했는지 간단히 로그를 찍을 수 있는 핸들러를 추가할 것이다. 프로젝트는 03_ExceptionHandler.sln을 실행해서 참고한다. 예외 핸들러 처리는 Exception. h / Exception.cpp 파일에서 확인할 수 있다.

인터럽트가 발생했다는 것은 원래 수행하던 흐름에서 예외가 발생해서 예외처리를 해야 한다는 것을 의미한다. 예외처리가 끝나면 예외의 종류에 따라 원래 코드 흐름으로 복귀할 수도 있고 또는 프로그램이 종료될 수도 있다. 인터럽트가 발생하면 레지스터 정보나 PC$^{Program Counter}$ 등을 커널 스택에 저장한 후 인터럽트 서비스를 호출한다. 인터럽트 서비스를 완료하면 커널 스택에 저장한 레지스터 정보들을 복원해서 원래 수행하고 있었던 작업을 재개한다(비정상적인 예외가 아니었다면).

이런 인터럽트 서비스 루틴을 등록하는 코드를 살펴보자. SetInterruptVector 함수에서 인터럽트 서비스 루틴을 등록한다.

[코드 4-17] SetInterruptVector 함수

```
void SetInterruptVector()
{
        setvect(0, (void(__cdecl &)(void))kHandleDivideByZero);
        setvect(3, (void(__cdecl &)(void))kHandleBreakPointTrap);
        setvect(4, (void(__cdecl &)(void))kHandleOverflowTrap);
```

```
        setvect(6, (void(__cdecl &)(void))kHandleInvalidOpcodeFault);
        setvect(13, (void(__cdecl &)(void))kHandleGeneralProtectionFault);
        setvect(14, (void(__cdecl &)(void))kHandlePageFault);
        ......
}
```

함수의 이름에서 핸들러의 역할을 쉽게 유추할 수 있을 것이다.

- ○ kHandleDivideByZero: 0으로 나눗셈을 할 때 발생
- ○ kHandleBreakPointTrap: 브레이크 포인트에 히트했을 때 발생하는 소프트
  웨어 인터럽트. 우리가 비주얼 스튜디오를 통해 브레이크 포인트를 걸고
  거기에 히트했을 때 프로그램 실행을 멈추고 디버깅이 가능한 이유는 이
  예외핸들러의 구현 덕택이다.
- ○ kHandleOverflowTrap: 산술연산 오버플로우
- ○ kHandleInvalidOpcodeFault: 유효하지 않은 OPCODE 실행. 리버싱을 하
  다 보면 명령어 포인터를 변경해서 가끔 코드가 아니라 데이터 부분을 실
  행할 필요가 있는데 이 데이터 부분의 내용이 정상적인 OPCODE가 아니
  라면 이 예외가 발생할 수 있다.
- ○ kHandleDoubleFaultAbort: 예외 처리 중에 다시 예외 발생
- ○ kHandleGeneralProtectionFault: 일반 보호 오류
- ○ kHandlePageFault: 페이지 폴트

이런 각각의 인터럽트에 대해 대응할 수 있도록 콘솔 화면에 문자열을 출력한다.

[코드 4-18] 0으로 나눗셈을 할 때 수행되는 코드

```
void HandleDivideByZero(registers_t regs)
{
        kExceptionMessageHeader();
        SkyConsole::Print("Divide by 0 at Address[0x%x:0x%x]\n", regs.cs, regs.
        eip);
        SkyConsole::Print("EFLAGS[0x%x]\n", regs.eflags);
```

```
        SkyConsole::Print("ss : 0x%x\n", regs.ss);
        for (;;);
}
```

코드에서 알 수 있듯이 0으로 나눗셈을 하는 비정상적인 코드가 실행되면 0으로 나눗셈이 됐다는 문자열과 레지스터의 상태를 출력한 뒤 프로그램의 수행을 멈춘다. 그럼 여기서 예외 인터럽트에 대해 더 자세히 살펴보도록 하자.

예외 인터럽트의 종류

Divide-by-zero Error

Divide by zero 에러는 DIV나 IDIV 명령어 같은 0으로 나눗셈 연산을 할 때 발생한다. 대부분의 OS 개발자는 예외 핸들러 코드가 제대로 동작하는지 테스트하기 위해 이 예외를 자주 사용한다. 이 예외는 결과값이 너무 커서 최종 레지스터에 제대로 결과값을 담을 수 없을 때 발생한다.

Bound Range Exceeded

이 예외는 BOUND 명령어가 수행될 때 발생할 수 있다. BOUND 명령은 배열의 하한과 상한 사이의 값을 배열 인덱스를 사용해서 비교한다. 인덱스가 경계값 범위를 넘어설 때 경계범위를 초과했다는 예외가 발생한다.

Invalid Opcode

유효하지 않은 OP 코드 예외는 프로세서가 유효하지 않거나 정의되지 않은 OP 코드를 실행하려 할 때 발생한다. 이 예외는 명령어가 15바이트를 초과할 때도 발생할 수 있다.

Device Not Available

디바이스를 이용할 수 없다는 예외는 FPU 명령어를 시도하지만 어떠한 FPU도 존재하지 않을 때 발생한다. 현대 프로세서는 내장 FPU를 가지고 있으므로 이런 프로세서에서는 발생하지 않을 수 있다.

하지만 CR0 레지스터는 FPU/MMX/SSE 같은 명령어를 비활성화시키는 플래그를 가지고 있기 때문에 이 플래그를 세팅해서 해당 명령어를 비활성화시킨 뒤 명령어를 실행하려면 예외가 발생할 수 있다.

이 예외는 멀티태스킹을 구현하는 데 유용하게 쓰일 수 있다. 유저 프로그램이 FPU나 XMM 레지스터를 사용할 때 운영체제가 이를 감지할 수 있고 이때 유저 프로그램들을 적절히 스케줄링할 수 있기 때문이다.

Invalid TSS

유효하지 않은 세그먼트 셀렉터가 태스크의 부분으로 참조되거나 TSS에서 SS 셀렉터를 사용할 때 유효하지 않은 스택 세그먼트 참조에 의해 발생한다.

Segment Not Present

세그먼트가 존재하지 않는다는 예외는 세그먼트나 게이트의 Present 비트 필드가 0으로 설정된 세그먼트나 게이트를 로드하려고 할 때 발생한다. 그러나 존재하지 않는 디스크립터를 참조하는 스택 세그먼트 셀렉터를 로딩할 때는 Stack-Segment Fault가 발생한다.

Stack-Segment Fault

스택 세그먼트 오류는 존재하지 않는 세그먼트 디스크립터를 참조하는 스택 세그먼트 셀렉터를 사용할 때 발생한다.

스택 주소가 올바르지 않은 상태에서 PUSH나 POP 명령어 또는 ESP나 베이스 레지스터인 EBP를 사용하는 명령어가 실행될 때 발생한다.

스택 제한 범위 체크에 실패할 때 발생한다.

General Protection Fault

일반 보호 오류는 다양한 이유로 발생한다. 대부분의 경우는

- 세그먼트 에러(특권, 타입, 제한, 읽기/쓰기 권한)
- DPL이 0이 아닌데 특권 명령어를 수행하려고 할 때
- 예약된 레지스터 필드에 1을 쓰려고 할 때
- NULL 디스크립터를 참조하거나 접근하려고 할 때
- 구현되지 않은 레지스터에 접근할 때(mov cr6, eax 같은 명령을 실행할 때)

Alignment Check

정렬 체크 예외는 정렬 체크는 활성화됐지만 정렬되지 않은 메모리 데이터 참조가 실행될 때 발생한다. 정렬 체크는 기본적으로 비활성화돼 있다.

SIMD Floating-Point Exception

SIMD 부동 소수점 예외는 마스크되지 않은 128비트 미디어 부동소수점 실행이 발생되거나 CR4.OSXMMEXCPT 비트가 1로 설정될 때 발생한다. OSXMMEXCPT 플래그가 설정돼 있지 않다면 SIMD 부동소수점 예외는 발생되지 않고 대신에 정의되지 않은 OP코드 실행을 발생시킬 것이다.

Debug

디버그 예외는 다음과 같은 조건에서 발생한다.

- 일반 감지 조건(오류)
- 데이터 읽기나 쓰기 중단점
- I/O 읽기 또는 중단점을 쓸경우
- 싱글 스텝
- 태스크 스위칭

Breakpoint

중단점 예외는 INT3 명령어를 실행할 때 발생한다. 일부 디버그 소프트웨어는 명령

어를 INT3 명령어로 대체한다. 중단점이 트랩되면 중단점은 INT3 명령어를 원래의 명령어로 대체한다. 그리고 명령어 카운터를 하나 줄인다(그래야 원래의 명령어를 실행할 수 있기 때문이다).

Overflow

명령어 오퍼랜드 크기에 의존하는 div/idiv 명령어 결과가 오퍼랜드 비트보다 클 경우 발생한다.

더블 폴트

더블 폴트[Double Fault]는 예외를 다룰 수 없거나 예외 핸들러가 수행되고 있는 동안 예외가 일어날 경우 발생한다.

정상적인 상황에서 동시에 예외가 발생하면 하나를 처리한 뒤 다른 예외를 처리하지만 어떤 경우에는 이것이 가능하지 않다.

예를 들어 페이지 폴트가 발생했는데 이를 처리하는 예외 핸들러 페이지가 물리 메모리에 존재하지 않는 경우 두 번의 페이지 폴트가 일어나기 때문에 결코 예외를 처리할 수 없다. 더블 폴트는 복구 불가능하므로 문제가 있는 프로세스는 종료돼야 한다.

트리플 폴트

트리플 폴트[Triple Fault]는 인터럽트 벡터 번호가 없기 때문에 사실 예외는 아니지만 더블 폴트 예외가 발생할 때 생성된다. 이는 프로세서를 리셋하는 결과를 초래한다.

Page Fault

페이지 폴트는 다음과 같은 경우 발생한다.

- 물리 메모리에 페이지 디렉토리나 페이지 테이블이 메모리에 존재하지 않을 때
- 보호 모드에서 체크하는 특권 레벨이 낮거나 읽기/쓰기 권한이 없을 때
- 페이지 디렉토리 엔트리나 페이지 테이블 엔트리의 예약비트가 1로 설정돼

있을 때

예외를 발생시킨 명령 포인터가 예외 핸들러로 전달된다.

실습

그럼 대표적인 예외들을 다뤄보고 인터럽트 핸들러가 제대로 호출되는지 실습을 통해 확인해 보자. 03_ExceptionHandler.sln 프로젝트를 빌드한 뒤 커널을 실행한다. 여기서는 세 가지 인터럽트 핸들러를 다뤄 볼 것이다.

- Divide By Zero
- Break Point
- Invalid Opcode

[코드 4-19] kmain.cpp

```
void kmain(unsigned long magic, unsigned long addr)
{
        ......
        TestInterrupt();
}
```

TestInterrupt 메소드는 다음과 같다.

[코드 4-20] TestInterrupt 함수

```
void TestInterrupt()
{
        TestDivideByZero();
        // TestBreakPoint();
        // TestInvalidOpcode();
}
```

각각의 항목을 테스트할 때는 해당 주석을 풀고 나머지 메소드들은 주석 처리한다.

- 0으로 나누기

0으로 나눗셈을 했을 때 예외핸들러가 제대로 호출되는지 확인해 보자.

[코드 4-21] 0으로 나누기 코드

```
int _divider = 0;
int _dividend = 100;
void TestDivideByZero()
{
        int result = _dividend / _divider;

// 예외처리를 통해 다음 코드가 실행된다고 해도
// result 결과는 정상적인 값이 아니다.
// 위의 한 줄은 어셈블리 명령어단에서 보면 여러 줄이며
// 중간 정도에서 오동작 부분을 수정했다 해서 정상적인 결과를 기대하는 것은 무리다.

        if(_divider != 0)
                result = _dividend / _divider;

        SkyConsole::Print("Result is %d, divider : %d\n", result, _divider);
}
```

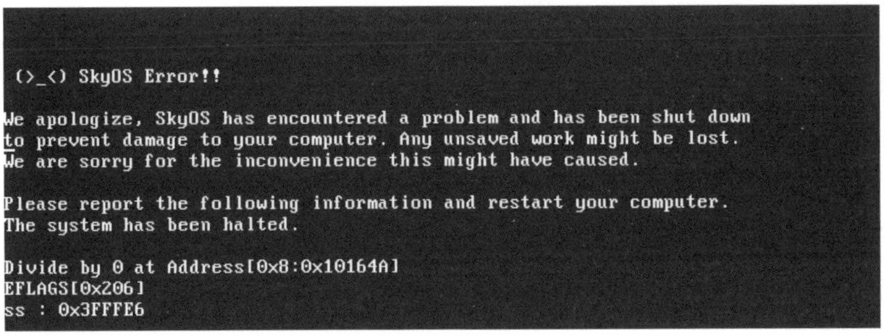

[그림 4-20] 0으로 나눈 결과 예외 핸들러 호출

로그를 통해 0으로 나눗셈을 해서 에러가 발생한 것을 알 수 있다. 주소값은 커널 코드 셀렉터 : EIP 형식이며 커널 코드 셀렉터는 0x08임을 우리는 알고 있다. 또한 커널이 0x100000번지 이후에 로드된 것을 알고 있기 때문에 문제가 된 코드의 주소도 제대로 가리키고 있다(0x10164A).

0으로 나누기는 예외 중 폴트에 해당한다. 그래서 에러가 발생했던 코드를 다시 수행하려 할 때 에러만 수정할 수 있다면 복구 가능하다. 위의 나눗셈 코드에서 _divider 값이 0이므로 이 값을 10으로 수정한다면 코드는 문제 없이 실행될 것이다.

 HandleDivideByZero 메소드를 찾아서 주석처리하고 다음 함수의 주석을 풀자.

[**코드 4-22**] 에러 복구 함수

```
extern int _divider;
void HandleDivideByZero(registers_t regs)
{
        _divider = 10;
}
```

위 함수로 수정한 후 커널을 실행하면 [그림 4-21]과 같은 결과가 출력된다.

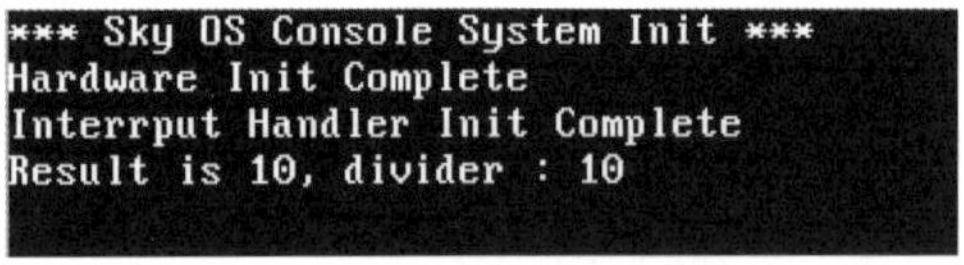

[**그림 4-21**] 0으로 나누기 예외처리 적용 결과

0으로 나눗셈을 하는 것은 폴트에 해당하므로 문제점을 수정하고 다시 코드수행을 할 수 있었지만 더블 폴트는 abort에 해당하므로 더 이상 코드 진행이 불가능하다.

divider 변수 앞에 extern이라는 키워드가 보인다. 이 키워드는 컴파일타임에서는 '이 변수가 어딘가에는 존재한다'라는 것을 의미하며 링킹 타임에 변수의 위치를 찾는다. 이 변수는 SkyTest.cpp 파일에 선언돼 있다.

- 브레이크 포인트

비주얼 스튜디오에서 WIN32 애플리케이션을 제작하고 난 뒤 프로그램이 버그가 있는지 없는지를 확인하기 위해 브레이크 포인트를 설정하는데 특정 코드에 브레이크 포인트를 걸고 싶은 경우 단축키 **F9**를 사용하면 된다. 이렇게 해당 코드에 브레이크를 걸면 그 코드 첫 바이트 코드가 0xcc 바이트로 변경된다. 그리고 프로그램이 실행돼 이 0xcc 바이트를 실행한다면 브레이크 포인트 인터럽트가 발생한다. 다음 코드를 보자.

[코드 4-23] 브레이크 포인트를 걸기 위한 설정

```
void funcBreakPoint(void)
{
        __asm {
                align 4
                __asm _emit 0xcc
                __asm _emit 0x00
                __asm _emit 0x00
                __asm _emit 0x00
        }
}
```

어셈블리의 _emit 명령어는 해당 위치에 바이트를 쓴다. 그래서 위의 함수는 4바이트로 구성된 함수인데 첫 바이트가 0xcc이므로 이 OPCODE를 실행하면 브레이크 포인트 인터럽트가 발생한다.

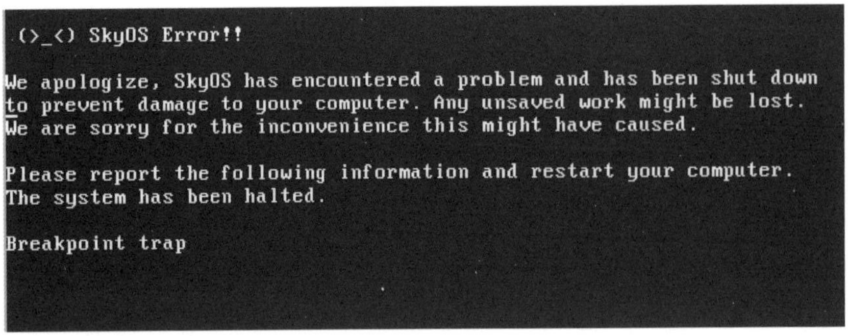

```
(>_<) SkyOS Error!!

We apologize, SkyOS has encountered a problem and has been shut down
to prevent damage to your computer. Any unsaved work might be lost.
We are sorry for the inconvenience this might have caused.

Please report the following information and restart your computer.
The system has been halted.

Breakpoint trap
```

[그림 4-22] 브레이크 포인트 예외 발생

- Invalid opcode

브레이크 포인트 예제처럼 하면 된다. 유효하지 않은 OPCODE를 사용하는 것만이
다르다.

[코드 4-24] 유효하지 않은 OPCODE를 가진 함수

```
void TestInvalidOpcode()
{
        __asm {
                align 4
                __asm _emit 0x00
                __asm _emit 0x00
                __asm _emit 0x00
                __asm _emit 0x00
        }
}
```

```
(>_<) SkyOS Error!!

We apologize, SkyOS has encountered a problem and has been shut down
to prevent damage to your computer. Any unsaved work might be lost.
We are sorry for the inconvenience this might have caused.

Please report the following information and restart your computer.
The system has been halted.

Invalid Opcode at Address[0x10:0x10576C]
EFLAGS[0x6]
ss : 0x0
```

[그림 4-23] 유효하지 않은 OPCODE 실행 결과

TestInvalidOpcode 함수는 첫 번째 명령어가 0x00000000이다. 0x00000000은
코드가 아니라 데이터로 해석되기 때문에 CPU는 유효하지 않은 명령어로 판단해 예
외를 일으킨다.

간단하게 몇 가지 예제를 통해서 인터럽트를 발생시키고 그 인터럽트를 다루는
핸들러를 구현해 봤다. 인터럽트 핸들러를 구현해야 되는 이유를 요약해 보면 다
음과 같다.

- 주기적인 타이머 이벤트를 통해서 스레드나 프로세스의 스케줄링을 가능하
  게 한다.
- 디바이스의 이벤트가 발생했을 때 이를 커널에게 전달한다.
- 예외가 발생했을 때 이를 처리할 수 있는 기회를 제공한다.

모든 항목이 중요하지만 세 번째 항목은 프로그램에서 문제가 발생했을 때 그 단서
를 찾을 수 있게 해준다는 점에서 꼭 기억하고 있어야 하는 부분이다. 제12장, '디버
깅'에서는 윈도우 운영체제와 비교하면서 버그가 발생한 위치를 찾아가는 방법을 소
개한다.

 Tip

예제에서 예외가 발생했던 곳의 주소는 소스 업데이트 등의 이유로 독자의 환경에서는
다른 값이 출력될 수 있다. 이 부분은 이후의 내용에 대해서도 마찬가지로 적용되므로
독자의 컴퓨터에서 출력되는 주소를 기준으로 내용을 진행하기 바란다.

정리

지금까지 학습한 내용을 정리해 보자.

- GDT: 세그멘테이션을 위해 CPU에 제공해야 하는 디스크립터 테이블
- IDT: 인터럽트를 다루기 위해 CPU에 제공해야 하는 디스크립터 테이블
- PIC: 외부 환경에서 일으킨 인터럽트를 CPU에 제공하기 위한 장치
- PIT: 타이밍을 제어하기 위한 디바이스
- FPU: 부동소수점 연산 장치

또한 인터럽트를 다루기 위해 예외 핸들러를 등록하는 방법을 살펴봤으며 화면에 문자열을 찍어주는 콘솔 로거 구현부도 살펴봤다.

이 책은 하드웨어 종속적인 내용에 집중하기보다는 프로그래머 관점에서 운영체제에 접근하려고 시도했기 때문에 하드웨어 관련 내용이 다소 부족할 수 있다. 부족하다고 생각되는 부분, 예를 들어 어셈블리 언어나 하드웨어 모듈 부분에서 이해가 잘되지 않는 부분이 있다면 관련 서적이나 인터넷을 참조하기 바란다.

이제 기본적인 하드웨어의 초기화를 완료했기 때문에 커널 제작에 돌입할 수 있다. 그런데 이런 커널 제작을 하려면 그에 걸맞는 도구가 필요하다. 문자열 작업을 하려고 하는데 관련 라이브러리가 현재 존재하는가? 키보드 입력을 받으려 하는데 처리 로직이 구현됐는가? 또한 지금 상태에서는 C++ 구문을 사용할 수 있으나 new 연산자를 사용할 수 없으며 디버깅을 위한 최소한의 도구도 없다. 콘솔 창에 로그를 남김으로써 프로그램의 동작을 파악해야 하나 아직 이마저도 제대로 구축이 안 된 상태다. 또한 C++의 꽃은 STL인데 이 STL의 자료구조나 알고리즘을 사용할 수 없다는 것은 안타까운 일이다.

또한 하드 디스크나 플로피 디스크 등의 매체에 접근하기 위해서 로직을 구현하고 인터페이스를 제공해야 할 것이다. 이러한 작업이 선행되지 않으면 커널 제작은 요원한 일이다. 그러니 본격적인 커널 제작에 들어가기 전까지는 운영체제 이론과 프

로그래밍을 위한 기본적인 환경을 제공하는 것에 집중하자.

- 메모리 매니저의 구현
- C++ 구문 활용
- 공통 라이브러리 제작
- 저장 장치로의 접근

위 네 가지 주제를 소화하고 나면 운영체제의 뼈대가 갖춰질 것이다. 제5장에서는 메모리를 관리하고 운영하는 방법을 다룬다. 어려운 주제를 소화해 왔으니 계속 진행하기보다는 하루 정도 쉬고 난 후 다음 내용을 진행하기를 권한다.

5

메모리 가상화

현대 운영체제 아키텍처의 가장 큰 핵심은 가상화일 것이다. 수많은 프로세스가 동시에 하드 디스크에 접근할 경우 운영체제는 이런 물리자원을 프로세스가 독점적으로 사용하는 것처럼 지원해야 한다. 또한 메모리 공간도 프로세스에게 독립적으로 제공해야 한다. 32비트 애플리케이션은 실행 시 4GB의 메모리 공간을 마치 독점적으로 사용하는 것처럼 보인다. 이 모든 것이 가능한 이유는 메모리를 가상화했기 때문이며 이를 위해 필요한 기술이 페이징이다.

가상화란 개념은 이제 낯설은 단어가 아니다. 최근에는 컴퓨터 성능이 좋아져서 OS 자체를 시뮬레이션하는 프로그램도 수없이 존재한다. 대표적인 OS 에뮬레이터는 다음과 같은 프로그램을 열거할 수 있다.

- VMWare, VirtualBox, VirtualPC, Xen

[그림 5-1] VirtualBox 실행 화면

[그림 5-1]은 VirtualBox의 실행 화면이다. **시작** 버튼을 클릭하면 OS를 에뮬레이션할 수 있다. Windows 95의 설정값을 보여주고 있는데 기본 메모리는 64MB며 비디오 메모리는 24MB다. 또한 저장 장치로 플로피 디스크와 시디롬, 하드 디스크를 에뮬레이션해 주고 있는 것을 알 수 있다. OS 개발을 위해 QEMU를 활용하고 있지만 VirtualBox를 사용해도 아무런 문제 없이 개발이 가능하다.

지금 이 문서를 작성하고 있는 환경은 Windows 10이다. 가상화 프로그램 덕분에 Windows 10과 Windows 95를 동시에 실행하고 있는데 각각의 OS 입장에서는 모든 자원을 마치 자신이 독점적으로 사용하고 있는 것처럼 실행되고 있다.

좀 더 낮은 차원으로 내려와서 프로세스의 경우도 메모리를 사용할 경우 메모리 전체를 독점적으로 사용해야 한다(메모리를 사용할 때 다른 프로세스의 영향을 고려해야 한다면 프로그래밍 복잡도가 증가할 것이다). 이를 구현하기 위해 반드시 이해해야 할 내용이 가상주소와 페이징이다. 컴퓨터공학을 전공했다면 운영체제 과목에서 가상주소와 페이징의 개념을 학습했겠지만 제대로 페이징 구현을 해본 적은 없을 것으로 판단한다. 필자가 이 책을 집필하게 된 최초의 목적은 '페이징을 제대로 구현하자'

였다. 그만큼 제5장은 이 책의 핵심적인 내용 중 하나니 느리더라도 반드시 내용을 이해하고 넘어가자.

가상주소공간

가상주소공간$^{Virtual Address Space}$은 프로세스가 참조할 수 있는 주소의 범위로 하나의 프로세스당 하나의 가상주소공간이 주어진다. 프로세스는 스레드를 담는 컨테이너 역할을 하므로 실제 코드 실행은 스레드에서 수행되는데 하나의 프로세스에는 복수의 스레드가 존재하며 이런 스레드들은 가상주소공간을 공유한다.

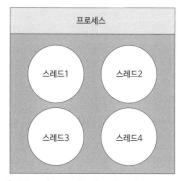

[그림 5-2] 프로세스와 스레드 관계

32비트 윈도우 운영체제에서 응용프로그램에는 4GB의 가상주소공간이 주어진다. 이 중에서 2GB까지는 응용프로그램이 사용할 수 있는 공간이며 나머지 2GB는 커널의 가상주소공간이다. 응용프로그램은 상위 2GB 주소로의 직접적인 접근은 불가능하며 시스템 API를 호출해서 간접적으로 커널 코드를 수행한다.

[그림 5-3] WIN32 응용프로그램의 메모리 공간

[그림 5-3]에서 알 수 있듯이 프로세스 A와 프로세스 B는 독립적인 4GB 주소공간을 가진다. 커널은 하나만 존재하므로 여러 프로세스에서 커널을 공유한다.

페이징

비록 보호 모드 전환에 의해 32비트 주소 접근이 가능하더라도 실제 물리 메모리가 4GB 이하라면 4GB 주소 전체에 접근하는 것은 불가능할 것이다. 우리는 QEMU 설정에서 메모리 크기를 128MB로 정했다. 언뜻 보기에는 프로세스에 4GB 주소공간을 할당하는 것이 불가능한 것처럼 보인다. 하지만 32비트 운영체제는 분명 프로세스에 4GB 주소공간을 할당해 주고 있다. 이걸 가능하게 하기 위해서는 페이징 기능을 사용해서 가상주소를 사용해야 한다. 페이징이란 메모리 공간을 페이지 단위로 나눠서 사용하는 방법을 의미한다. 예를 들어 한 프로세스가 4GB의 주소공간을 사용하고 페이지 크기가 4KB라면 페이지는 1024×1024개 존재한다. 이 1024×1024개의 페이지 정보를 관리할 수 있다면 4GB의 가상주소를 다룰 수 있다. 그럼 이 4GB의 주소공간을 다루기 위해 필요한 구조를 살펴보자.

주소 변환 과정

프로세스가 가상주소를 사용한다고 가정하고 가상주소에 접근하는 과정을 살펴보자. [그림 5-4]는 프로세스의 가상주소를 실제 물리주소와 매핑하는 과정을 보여준다.

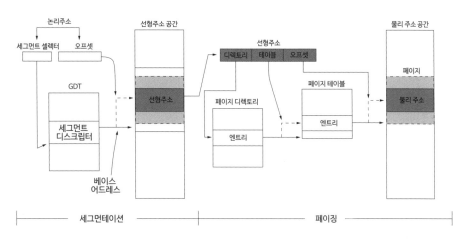

[그림 5-4] 가상주소가 실제 물리주소로 변환되는 과정

WIN32에서 프로세스를 실행하면 4GB의 주소공간을 가지게 된다. 그리고 이 프로세스는 자신의 코드와 데이터가 메모리에 적재될 때 물리 메모리의 어느 곳에 적재되는지에 대해서 알 필요가 없다. 메모리에 로드될 때 운영체제는 해당 프로세스를 위한 페이지 디렉토리Page Directory와 페이지 테이블Page Table을 만들어서 물리 메모리와 매핑한다. 이 과정에서 세그멘테이션Segmentation과 페이징 과정을 거친다. [그림 5-4]에서 세그멘테이션 과정은 GDT를 설명하면서 언급한 바 있다. 윈도우 운영체제에서는 세그멘테이션 기능이 유명무실하므로 논리주소(가상주소)가 옵셋과 같고 이 옵셋이 그대로 선형주소가 된다. 페이징을 위해서 이 선형주소의 값이 이용된다. 세그멘테이션과 페이징을 살펴보자.

세그멘테이션

세그멘테이션은 프로세스의 가상주소를 선형주소Linear Address로 변환하는 과정을 의미한다. 하지만 윈도우 운영체제에서는 이 세그멘테이션이 크게 의미가 없다. 왜냐하면 유저 프로세스에 대한 GDT의 디스크립터는 베이스 주소가 0이기 때문에 가상주소(논리 주소) 자체가 바로 선형주소가 되기 때문이다. 즉 프로세스의 가상주소 = 선형주소이므로 세그멘테이션에 대해서는 크게 신경 쓸 필요가 없다. 우리가 제작하는 운영체제도 GDT 디스크립터의 베이스 주소를 0으로 사용한다.

쉽게 설명해서 코드상에서 '0x12345678번지의 4바이트값을 읽어라'는 명령을 실행한다고 가정하자. 그럼 이 값이 가상주소이자 옵셋이 된다. 또한 선형주소이기도 하다.

페이징

세그멘테이션 과정을 거쳐 선형주소를 얻었기 때문에 이 값을 이용해서 실제 물리 메모리를 기술하는 페이지를 찾아가야 한다. 이를 위한 최초 진입점은 페이지 디렉토리를 검색하는 것이다. 페이지 디렉토리(또는 페이지 디렉토리 테이블, PDT)의 위치는 현재 실행 중인 프로세스에 따라 가변적으로 변하며 PDBR 레지스터가 해당 테이블에 대한 포인터를 유지한다. PDT는 PDE(페이지 디렉토리 엔트리, Page Directoy Entry)의 배열이며 PDE의 구조는 [그림 5-5]와 같다.

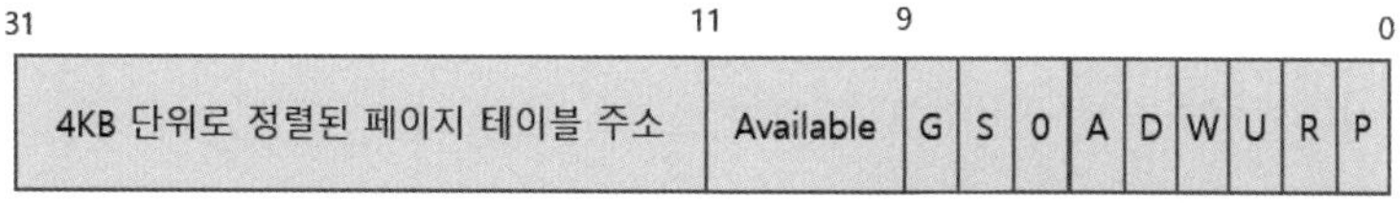

31	11 9	0
4KB 단위로 정렬된 페이지 테이블 주소	Available	G S 0 A D W U R P

필드	내용
G	무시됨
S	페이지 크기, 0일 경우 4KB
A	접근됨
D	캐시 비활성화
W	동시기록
U	유저 / 슈퍼바이저
R	읽기 / 쓰기
P	메모리에 존재 여부

[그림 5-5] 페이지 디렉토리 엔트리 구조

페이지 디렉토리 엔트리는 4바이트 크기를 가진다. 여러 가지 플래그와 페이지 테이블의 위치에 대한 정보를 가지고 있다. 그러면 이제 가상주소 0xC0000000(2GB)를 가지고 실제 물리주소를 찾아가는 과정을 살펴보자.

[그림 5-6] 선형주소를 물리주소로 변환하기

가상주소 0xC0000000은 논리 주소이자 옵셋이며 선형주소에 해당한다. 선형주소를 통해 다음과 같은 세 가지 값을 얻어낼 수 있다.

- 페이지 디렉토리 엔트리 인덱스
- 페이지 테이블 엔트리 인덱스
- 옵셋

[그림 5-6]에서 확인할 수 있듯이 선형주소는 [페이지 디렉토리 엔트리 인덱스 : 페이지 테이블 엔트리 인덱스 : 옵셋] 이렇게 세 가지 값으로 구성되며 이진수로 표현하면 1100000000 : 0000000000 : 000000000000 형태가 된다.

[표 5-1] 선형주소 0xC000000의 의미

요소	의미
PDE Index	페이지 디렉토리로부터 인덱스 768 PDE를 의미
PT Index	페이지 테이블에서 0번째 PTE를 의미
Offset	옵셋은 0이다.

페이지 디렉토리는 PDBR 레지스터가 가리키고 있으니 PDT를 찾아가는 것은 문제가 되지 않는다. PDT에는 4바이트 PDE가 1024개 존재하는데 0xC0000000의 경우에는 인덱스 768 PDE를 가리키고 있으므로 인덱스 768 PDE의 정보를 취한다. PDE에서는 페이지 테이블의 주소를 얻을 수 있으므로 페이지 테이블에 접근할 수 있다. 페이지 테이블 엔트리는 페이지 디렉토리 엔트리와 구조가 동일하며 4바이트 크기다.

| 31 | | | | | | 11 | | 9 | | | | | | | | | 0 |

| 페이지 기준 주소 | | Available | G | P A T | D | A | P C D | P W T | U / S | R / W | P |

필드	내용
G	글로벌 페이지
PAT	페이지 테이블 속성 인덱스
D	기록되었는가(Dirty)
A	접근여부
PCD	캐쉬 비활성화
PWD	동시 기록
U/S	유저 / 슈퍼바이저
R/W	읽기 / 쓰기
P	메모리에 존재 여부

[그림 5-7] 페이지 테이블 엔트리

[그림 5-7]에서 페이지 기준 주소값이 실제 물리주소를 나타낸다. 정확히 이 값에 4KB를 곱한 값이 우리가 원하는 물리주소다. 이 PTE는 페이지 테이블에서 PTE 인 덱스 위치에 해당하는 PTE를 얻어내면 된다. 여기다 선형주소에서 얻은 옵셋값을 더하면 최종 물리주소를 얻을 수 있다. 앞에서 구한 옵셋은 0이었다.

지금까지 설명한 페이징 과정을 다시 한 번 요약해 본다.

- 가상주소는 선형주소로 변환된다. 가상주소와 선형주소는 동일하므로 SkyOS에서 세그멘테이션은 의미가 없다.
- 선형주소는 PDE 인덱스, PTE 인덱스, 옵셋 세 가지 값으로 구성된다.
- PDBR(페이지 디렉토리 베이스 레지스터)를 통해 페이지 디렉토리에 접근할 수 있다. 이 값과 PDE 인덱스를 이용해서 페이지 디렉토리 엔트리를 얻어 낸다.
- 페이지 디렉토리 엔트리는 하나의 페이지 테이블을 가리킨다.
- 페이지 테이블과 PTE 인덱스를 사용해서 페이지 테이블 엔트리(PTE)를 얻어낸다. 페이지 테이블 엔트리는 페이지를 기술하고 있으며 페이지 기 준 주소 필드가 실제 물리주소를 가리킨다. 이 값에 4KB를 곱하고 선형주 소에서 얻은 옵셋값을 더하면 가상주소가 접근하는 실제 물리 메모리 주

소를 얻어낼 수 있다.

결국 페이징 기능을 활성화하면 프로세스는 특정 물리 메모리 주소에 접근하고 싶어도 접근할 수 없다. 프로세스마다 PDBR 레지스터값이 다를테고(물론 커널에서는 동일하게 사용할 수 있다) PDBR이 가리키는 페이지 시스템은 다른 프로세스와 메모리 충돌이 발생하지 않도록 적절히 물리 메모리를 매핑하고 있기 때문이다. 따라서 페이징을 활성화하면 **특정 프로세스의 메모리 침범으로 인해 다른 프로세스가 망가지는 것을 막을 수 있다.** 즉 원칙적으로 문제가 있는 프로세스는 자신외에는 다른 프로세스에 영향을 미칠 수 없다.

정리

제5장에서 기억해야 할 핵심 내용은 다음과 같다.

- 가상주소는 세그멘테이션과 페이징 과정을 거쳐 실제 물리주소로 변환된다.
- WIN32와 SkyOS에서 세그멘테이션은 의미가 없으며 가상주소가 곧 선형주소다.
- 선형주소는 PDE 인덱스, PTE 인덱스, 옵셋값으로 나뉜다.
- 선형주소값을 통해 페이지 디렉토리, 페이지 테이블을 거쳐 물리메모리에 접근한다.

페이지 디렉토리 하나는 4GB 가상주소 전체를 다룰 수 있기 때문에 프로세스 하나당 페이지 디렉토리 하나면 충분하다는 것도 기억하자.

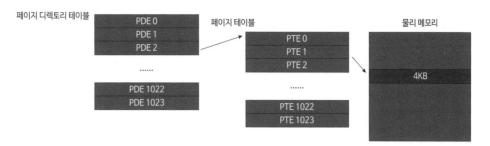

[그림 5-8] 페이지 디렉토리 하나의 주소 표현 범위

페이지 디렉토리 테이블에는 1024개의 PDE가 존재하고 하나의 PDE는 하나의 페이지 테이블을 가리키는데 페이지 테이블 하나는 1024개의 PTE를 가진다. PTE 하나는 물리 메모리 4KB를 표현하므로 페이지 디렉토리가 표현할 수 있는 메모리 범위는 1024×1024×4KB = 4GB가 될 수 있다. 그런데 이 4GB에 접근하기 위해 모든 페이지 테이블이 메모리에 생성된다면 굉장한 메모리 낭비가 된다. 페이지 테이블의 크기는 1024×4 = 4KB고 1024개를 생성하면 4MB를 필요로 한다. 또한 이 값은 프로세스 하나당 필요로 하는 값이며 프로세스 생성수가 많아지면 메모리 사용량은 더 증가할 것이다.

일반적으로는 프로세스가 4GB 전 공간에 접근한다 하더라도 실제 접근하는 주소는 한정돼 있기 때문에 모든 페이지 테이블을 생성하지 않고 몇 개만 생성한다. 그리고 특정 주소에 접근 시 페이지 테이블이 존재하지 않으면 그때 동적으로 페이지 테이블을 생성하는 형태를 취한다. 하나의 페이지 테이블이 4MB 영역을 다룰 수 있으므로 프로세스 초반 실행 시에는 페이지 테이블 2~3개면 충분하다.

페이징 과정은 운영체제 메모리 관리의 핵심이므로 [그림 5-4], [그림 5-6]을 참조해서 반드시 이해하고 넘어가기 바란다.

Tip

메모리에 사용힐 수 있는 공간이 없어 페이지(프레임)를 할당할 수 없는 경우 기존에 사용되고 있는 페이지를 하드 디스크에 옮겨서 저장하고 빈공간을 만든 뒤 요청한 프로세스에 할당하는 과정을 페이지 스왑$^{Page\ Swap}$이라고 한다.

6

메모리 매니저

메모리 가상화에 대한 개념을 이해했다면 이제는 메모리 시스템을 구축할 차례다. 메모리 매니저 구현을 통해 궁극적으로 달성하려는 목표는 두 가지다.

- 프로세스에게 독립적인 주소 공간을 보장한다.
- 가상주소와 물리주소 관계를 확립한다.

이 두 가지 목표를 달성하기 위해 물리 메모리 매니저와 가상 메모리 매니저의 개발이 필요하다. 두 메모리 매니저의 역할은 [표 6-1]과 같다.

[표 6-1] 메모리 매니저 종류

종류	역할
물리 메모리 매니저	사용 중인 물리 메모리를 관리한다.
가상 메모리 매니저	물리 메모리를 페이징 시스템에 매핑시킨다.

물리 메모리는 커널이 메모리 할당을 요청하면 가용 메모리가 존재하는지 확인하고 할당해 준다. 이 메모리는 바로 사용할 수 있지만 페이징이 활성화되면 페이징 시스템에 기록돼야 한다. 이 작업을 수행하는 것이 가상 메모리 매니저다. 두 메모리 매니저의 관계를 [그림 6-1]에서 살펴보자.

[그림 6-1] 물리 메모리, 가상 메모리 매니저 관계

물리 메모리 매니저는 실제 메모리 디바이스에서 사용할 수 있는 총 용량을 계산해서 사용 중인 부분과 사용하지 않은 영역을 관리한다. 가상 메모리 매니저는 물리 메모리 매니저에 메모리 할당을 요청한 다음 가상주소와 물리주소를 매핑시킨다. [그림 6-1]에서 알 수 있듯이 커널에 노출되는 메모리 관련 최종 인터페이스는 가상 메모리 매니저다. 메모리 할당 시스템을 이해하고 가상 메모리 매니저를 자유롭게 활용하는 것이 제6장의 주 목표다.

프로젝트는 04_MemoryManager 솔루션을 참조한다. 커널을 빌드하고 테스트하기 전에 가상파일에 커널 외에 skyos32.map 파일도 추가한다. 그리고 menu.lst 파일을 다음과 같이 수정한 후 커널을 실행하자.

```
title Sky OS
kernel /skyos32.exe
module /skyos32.map SKYOS32_MAP
```

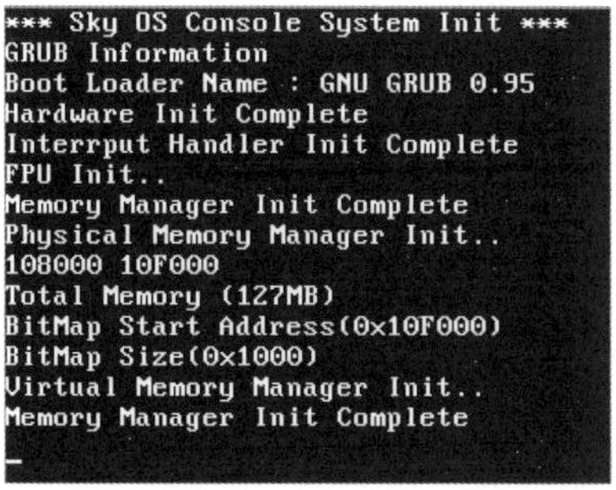

[그림 6-2] 04_MemoryManager 프로젝트 커널 실행 결과

Physical Memory Manager Init 로그 다음의 108000번지 10F000번지는 skyos32.map이 로드된 주소다. GRUB을 통해서 여러 모듈을 메모리에 올릴 수 있는데 'module 모듈이름 별칭'으로 ment.lst 파일에 추가하면 커널과 함께 메모리에 로드된다. 이 10F000번지를 커널 시스템의 마지막 주소로 생각하고 이 값 이후부터 커널에 필요한 자료구조 공간을 할당한다. 위 출력 결과에서 Bitmap Start Address 값이 0이 되면 절대 안 된다. 0이 나온다면 menu.lst 파일을 확인하고 skyos32.map 파일을 추가했는지 확인해 보자. 나아가서 임의의 파일을 여러 개 모듈로 등록해서 메모리에 제대로 로드되는지 시험해 보자.

> **✎ Tip**
>
> GRUB으로 PE 커널을 로드할 때는 커널 크기를 확인할 방법이 없어 보인다. 그러니 마지막에 로드된 모듈이 끝나는 주소를 커널이 끝나는 주소로 활용한다. 즉 커널의 크기는 **마지막에 로드된 모듈이 끝나는 주소 - 0x100000**이 된다. 물론 순수 커널 자체의 크기는 **최초로 로드되는 모듈이 시작되는 주소 - 0x100000**이 될 것이다. 어찌됐든 커널의 크기를 구하기 위해서 모듈이 최소 하나 이상은 로드돼야 한다는 것을 명심하자.

InitMemoryManager 메소드에서 물리 메모리 매니저와 가상 메모리 매니저를 초기화한다.

```
bool InitMemoryManager(multiboot_info* pBootInfo)
{
        // 물리/가상 메모리 매니저를 초기화한다.
        // 기본 설정 시스템 메모리는 128MB
        PhysicalMemoryManager::EnablePaging(false);
        // 물리 메모리 매니저 초기화
        PhysicalMemoryManager::Initialize(pBootInfo);
        // 가상 메모리 매니저 초기화
        VirtualMemoryManager::Initialize();
        return true;
}
```

GRUB이 페이징 기능을 활성화시키지는 않았지만 정확히 알 수 없으므로 페이징 기능을 끈 뒤 메모리 매니저 초기화 작업을 수행한다. 그럼 물리 매니저부터 살펴보자. 메모리 관련 코드는 커널소스 내 Memory 폴더에서 확인할 수 있다.

물리 메모리 매니저

메모리를 관리하기 위해서는 자유롭게 활용할 수 있는 메모리 영역을 찾아낸 다음 이 메모리를 관리할 방법을 알고 있어야 한다. 물리 메모리 매니저 코드의 초기화 코드는 PhysicalMemoryManager.h PhysicalMemoryManager.cpp 파일에서 확인할 수 있다. 싱글턴 느낌이 나도록 네임스페이스를 사용했다.

[코드 6-2] 물리 메모리 매니저 초기화 코드

```
void Initialize(multiboot_info* bootinfo)
{
        SkyConsole::Print("Physical Memory Manager Init..\n");
        // 전체 메모리 크기를 얻어낸다.
        g_totalMemorySize = GetTotalMemory(bootinfo);
```

```
m_usedBlocks = 0;
m_memorySize = g_totalMemorySize;
m_maxBlocks = m_memorySize / PMM_BLOCK_SIZE;

int pageCount = m_maxBlocks / PMM_BLOCKS_PER_BYTE / PAGE_SIZE;
if (pageCount == 0)
        pageCount = 1;
// 커널 구역이 끝나는 이후에 메모리 비트맵 구역을 설정한다.
m_pMemoryMap = (uint32_t*)GetKernelEnd(bootinfo);

SkyConsole::Print("Total Memory (%dMB)\n", g_totalMemorySize /
1048576);
SkyConsole::Print("BitMap Start Address(0x%x)\n", m_pMemoryMap);
SkyConsole::Print("BitMap Size(0x%x)\n", pageCount * PAGE_SIZE);


// 메모리맵의 바이트 크기
m_memoryMapSize = m_maxBlocks / PMM_BLOCKS_PER_BYTE;
m_usedBlocks = GetTotalBlockCount();

int tempMemoryMapSize = (GetMemoryMapSize() / 4096) * 4096;

if (GetMemoryMapSize() % 4096 > 0)
        tempMemoryMapSize += 4096;

m_memoryMapSize = tempMemoryMapSize;

// 모든 메모리 블록들이 사용 중에 있다고 설정한다.
unsigned char flag = 0xff;
memset((char*)m_pMemoryMap, flag, m_memoryMapSize);
// 이용 가능한 메모리 블록을 설정한다.
SetAvailableMemory((uint32_t)m_pMemoryMap, m_memorySize);
}
```

각각의 변수에 대해 살펴보자.

[표 6-2] 물리 메모리 매니저에서 사용되는 주요 변수

변수 및 정의	내용	비고
m_usedBlocks	사용된 블록의 수	400KB의 메모리가 사용 중에 있다면 사용된 블록의 수는 100개다.
m_maxBlocks	사용할 수 있는 최대 블록 수	128MB / 4KB
m_memorySize	자유 메모리 크기	128MB(기본 설정으로 정의)
m_pMemoryMap	특정 블록이 사용되고 있는지 여부를 알 수 있는 비트맵 배열	크기는 m_memoryMapSize다.
m_memoryMapSize	비트맵 배열 사이즈	이 크기가 4KB라면 128MB의 메모리를 관리할 수 있다.
PMM_BLOCK_SIZE	블록의 크기	4KB

비트맵 배열에서 비트값 하나는 하나의 블록을 나타낸다. 따라서 비트맵 배열이 1바이트라면 32K의 메모리를 관리할 수 있다.

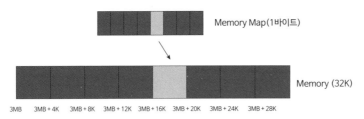

[그림 6-3] 메모리 관리를 위한 비트맵 배열

[그림 6-3]은 자유 메모리 공간이 32KB라고 가정했을 때의 메모리 맵과 메모리의 관계를 표현한 것이다. 메모리 비트맵은 1바이트로 32KB 공간을 다룰 수 있다. 메모리 한 블록을 4KB로 설정했으므로 물리 메모리를 통한 최소 메모리 할당 크기는 4KB다. 4KB 이상의 메모리 공간을 요구할 때에는 연속적으로 사용되고 있지 않은 부분을 검색해서 최초 시작 주소를 리턴한다.

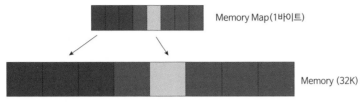

Memory Map(1바이트)

Memory (32K)

3MB　3MB + 4K　3MB + 8K　3MB + 12K　3MB + 16K　3MB + 20K　3MB + 24K　3MB + 28K

[그림 6-4] 11KB의 메모리를 할당할 경우

위와 같은 메모리 상태에서 16KB 메모리를 할당하고자 하면 실패한다. 블록이 연속으로 4개 존재하는 구역이 없기 때문이다. 여기서는 이해를 돕기 위해 메모리 맵이 바이트 배열인 걸로 가정했지만 실제 메모리 맵은 4바이트의 배열이다.

GetTotalMemory 함수를 통해서 메모리 전체 크기를 알아낼 수 있으며 GetKernelEnd 함수를 통해 커널 시스템의 마지막 주소를 얻어낼 수 있다. 비트맵 배열이 메모리 어디에 위치하는지 [그림 6-5]를 통해서 확인해 보자.

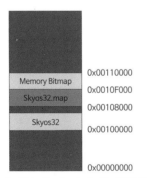

0x00110000

Memory Bitmap

0x0010F000

Skyos32.map

0x00108000

Skyos32

0x00100000

0x00000000

[그림 6-5] 메모리 비트맵 배열의 위치

커널의 모듈로 로드된 skyos32.map 파일 이후에 Memory Bitmap 배열이 로드됐다. 나중에는 커널에 로드되는 모듈이 여러 개가 될 것이므로 메모리 비트맵 주소는 고정되지 않는다. 이제 물리 매니저의 인터페이스를 살펴보자.

```
namespace PhysicalMemoryManager
{
        void    Initialize(multiboot_info* bootinfo);
        // 페이지, 블록, 프레임은 모두 같은 의미다.
        // 프레임들을 Set하거나 Unset한다.
        void SetBit(int bit);
        void UnsetBit(int bit);
        uint32_t GetMemoryMapSize(); // 메모리맵의 크기를 얻어낸다.
        uint32_t GetKernelEnd(); // 로드된 커널 시스템의 마지막 주소를 얻어낸다.

        void*   AllocBlock(); // 하나의 블록을 할당한다.
        void    FreeBlock(void*); // 하나의 블록을 해제한다.

        void*   AllocBlocks(size_t); // 연속된 블록을 할당한다.
        void    FreeBlocks(void*, size_t); // 사용된 연속된 메모리 블록을 회수한다.

        size_t GetMemorySize(); // 메모리 사이즈를 얻는다.

        unsigned int GetFreeFrame(); // 사용할 수 있는 프레임 번호를 얻는다.
        unsigned int GetFreeFrames(size_t size); // 연속된 프레임의 시작 프레임 번호를
                                                    얻는다.

        uint32_t GetUsedBlockCount(); // 사용된 블록수를 리턴한다.
        uint32_t GetFreeBlockCount(); // 사용되지 않은 블록수를 리턴한다.

        uint32_t GetFreeMemory();

        uint32_t GetTotalBlockCount() ; // 블록의 전체수를 리턴한다.
        uint32_t GetBlockSize(); // 블록의 사이즈를 리턴한다. 4KB
}
```

사용 가능한 블록 하나를 할당해주는 AllocBlock 메소드를 자세히 살펴보자.

```
void* AllocBlock()
{
        if (GetFreeBlockCount() <= 0) // 이용할 수 있는 블록이 없다면 할당 실패
                return NULL;

        int frame = GetFreeFrame(); // 사용되고 있지 않은 블록의 인덱스를 얻는다.
        if (frame == -1)   // 유효하지 않은 인덱스라면 NULL 리턴
                return NULL;

        SetBit(frame); // 메모리 비트맵에 해당 블록이 사용되고 있음을 세트한다.

        uint32_t addr = frame * PMM_BLOCK_SIZE; // 할당된 물리 메모리 주소를 리턴한다.
        m_usedBlocks++; // 사용된 블록수를 하나 증가시킨다.

        return (void*)addr;
}
```

GetFreeFrame 메소드를 통해 얻은 메모리 인덱스가 1301이라고 하자. 이는 인덱스 1301 메모리 블록이 사용되고 있지 않음을 의미한다. 메모리 비트맵은 4바이트당 32개의 블록을 표현할 수 있으므로 1301을 32로 나누면 몫은 40이고 나머지는 1이다.

즉 인덱스 1301 블록이 사용되고 있음을 나타내기 위해 메모리 비트맵 배열의 인덱스 40 요소에 접근한 뒤 4바이트, 즉 32비트 중에서 두 번째 비트를 1로 세트하면 인덱스 1301 블록이 사용 중임을 나타낼 수 있다.

```
// 예를 들어 8번째 메모리 블록이 사용 중임을 표시하려면 인덱스 0 요소에서 8번째 비트값을 1로 세팅
하면 된다.
        void SetBit(int bit)
        {
                m_pMemoryMap[bit / 32] |= (1 << (bit % 32));
        }
```

그런데 물리 메모리 매니저에서 등장하는 변수들은 실제 물리주소와 가상 메모리 주소가 동일함을 보장해야 한다. 이후 페이징 기능이 활성화되면 모든 주소 접근은 가상주소를 통해서 접근되기 때문이다. 예를 들어 m_pMemoryMap 비트맵 배열의 주소가 페이징 전에는 0x00200000이라고 가정하자. 페이징이 활성화되면 물리주소가 가상주소와 달라지기 때문에 0x200000 값에 접근하려고 해도 최종 목적지인 물리주소가 0x200000임을 보장할 수 없다. 따라서 페이징 전후에도 m_pMemoryMap 같은 커널 데이터값들은 가상주소와 물리주소가 동일함을 보장해줘야 한다.

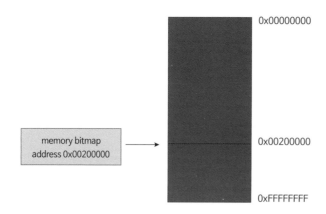

[그림 6-6] 페이징 기능 적용 전

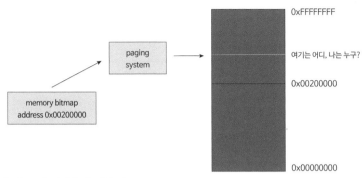

[그림 6-7] 페이징 기능 적용 후

[그림 6-7]은 앞에서 언급했던 내용으로 페이징 후에는 커널 데이터에 제대로 접근할 수 없는 문제를 나타내고 있다. 페이징 시스템을 거치면 기존 0x00200000을 가리키던 주소가 어디를 가리키는지 예측할 수 없기 때문에 페이징이 활성화되더라도 기존의 커널 주소는 같은 메모리 주소를 가리킬 수 있도록 페이징 시스템을 구축해야 한다. 이 부분은 가상 메모리 매니저에서 해결 가능하다.

가상 메모리 매니저

가상 메모리 매니저는 커널의 메모리 할당 요청을 처리하는 창구 역할을 담당하며 물리 메모리 매니저로부터 실제 메모리 공간을 확보해서 가상주소와 물리주소를 매핑하는 역할을 담당한다. 가상 메모리 매니저를 구축하고 나면 사용자 입장에서는 가상 메모리 매니저와 물리 매니저가 연동하는 부분은 신경 쓸 필요 없이 가상 메모리 매니저 인터페이스만 제대로 숙지하면 메모리 할당 체계를 무리 없이 사용할 수 있다. 가상 메모리 매니저의 핵심은 다음과 같다.

- **페이징에 관련된 구조체 관리**: 페이지 디렉토리 테이블, 페이지 테이블, PDE, PTE 등
- 할당된 물리주소를 가상주소와 매핑

- 페이지 테이블의 동적인 생성 및 삭제

페이징 구현

가상 메모리 매니저 관련 코드는 VirtualMemoryManager.h, VirtualMemory Manager.cpp 파일에서 확인할 수 있다.

[코드 6-6] VirtualMemoryManager 클래스 인터페이스

```
namespace VirtualMemoryManager
{
        // 가상 메모리를 초기화한다.
        bool Initialize();

        // 페이지(프레임)를 할당한다.
        bool AllocPage(PTE* e);
        // 페이지(프레임)를 회수한다.
        void FreePage(PTE* e);

        // 페이지 디렉토리를 생성하고. 커널과의 매핑 작업을 추가로 수행한다.
        PageDirectory* CreateCommonPageDirectory();
        void SetPageDirectory(PageDirectory* dir);
        // 페이지 디렉토리를 PDBR 레지스터에 설정한다.
        bool SetCurPageDirectory(PageDirectory* dir);
        bool SetKernelPageDirectory(PageDirectory* dir);
        // 현재 페이지 디렉토리를 가져온다.
        PageDirectory* GetCurPageDirectory();
        PageDirectory* GetKernelPageDirectory();

        // 페이지 테이블을 초기화한다.
        void ClearPageTable(PageTable* p);
        // 페이지 테이블 엔트리(PTE)를 가져온다.
        PTE* GetPTE(PageTable* p, uint32_t addr);
        // 주소로부터 PTE를 얻어온다.
        uint32_t GetPageTableEntryIndex(uint32_t addr);
        // 주소로부터 페이지 테이블을 얻어온다.
```

```
        uint32_t GetPageTableIndex(uint32_t addr);
        // 페이지 디렉토리를 초기화한다.
        void ClearPageDirectory(PageDirectory* dir);
        // 주소로부터 페이지 디렉토리 엔트리를 얻어온다.
        PDE* GetPDE(PageDirectory* p, uint32_t addr);
        // 페이지 테이블을 생성한다. 페이지 테이블의 크기는 4K다.
        bool CreatePageTable(PageDirectory* dir, uint32_t virt, uint32_t
        flags);
        // 가상주소를 물리주소에 매핑한다. 이 과정에서 페이지 테이블 엔트리에 정보가 기록된다.
        void MapPhysicalAddressToVirtualAddresss(PageDirectory* dir, uint32_t
        virt, uint32_t phys, uint32_t flags);
        // 가상주소로부터 실제 물리주소를 얻어낸다.
        void* GetPhysicalAddressFromVirtualAddress(PageDirectory* directory,
        uint32_t virtualAddress);
        // 페이지 디렉토리에 매핑된 페이지 테이블를 해제한다.
        void UnmapPageTable(PageDirectory* dir, uint32_t virt);
        void UnmapPhysicalAddress(PageDirectory* dir, uint32_t virt);
        void FreePageDirectory(PageDirectory* dir);

        // 페이지 디렉토리를 생성한다.
        PageDirectory* CreatePageDirectory();
}
```

각 메소드의 역할에 대해서는 주석으로 설명을 해놓았다. 모든 메소드가 중요하지만
핵심 메소드를 골라서 살펴보자.

[코드 6-7] Initialize 메소드

```
bool Initialize()
{
        SkyConsole::Print("Virtual Memory Manager Init..\n");
        // 페이지 디렉토리 풀을 생성한다. 디폴트로 10개를 선언했다.
        for (int i = 0; i < MAX_PAGE_DIRECTORY_COUNT; i++)
        {
                g_pageDirectoryPool[i] = (PageDirectory*)PhysicalMemoryManager:
```

```
        :AllocBlock( );
        g_pageDirectoryAvailable[i] = true;
}
// 페이지 디렉토리를 생성한다. 다음 메소드는 커널 영역 주소 매핑까지 작업한다.
PageDirectory* dir = CreateCommonPageDirectory( );

if (nullptr == dir)
        return false;

// 페이지 디렉토리를 PDBR 레지스터에 로드한다.
SetCurPageDirectory(dir);
SetKernelPageDirectory(dir);
SetPageDirectory(dir);
// 페이징 기능을 다시 활성화시킨다.
PhysicalMemoryManager::EnablePaging(true);
return true;
}
```

[코드 6-8] CreateCommonPageDirectory 메소드

```
PageDirectory* CreateCommonPageDirectory( )
{
        // 페이지 디렉토리 생성
        // 가상주소 공간 4GB를 표현하기 위해서 페이지 디렉토리는 하나면 충분하다.
        // 페이지 디렉토리는 1024개의 페이지 테이블을 가진다.
        // 1024 * 1024(페이지 테이블 엔트리의 개수) * 4KB(프레임의 크기) = 4GB

        int index = 0;
        // 페이지 디렉토리 풀에서 사용할 수 있는 페이지 디렉토리를 하나 얻어낸다.
        for (; index < MAX_PAGE_DIRECTORY_COUNT; index++)
        {
                if (g_pageDirectoryAvailable[index] == true)
                        break;
        }
```

```
if (index == MAX_PAGE_DIRECTORY_COUNT)
        return nullptr;

PageDirectory* dir = g_pageDirectoryPool[index];

// 얻어낸 페이지 디렉토리는 사용 중임을 표시하고 초기화한다.
g_pageDirectoryAvailable[index] = false;
memset(dir, 0, sizeof(PageDirectory));

uint32_t frame = 0x00000000; // 물리주소 시작 어드레스
uint32_t virt = 0x00000000;  // 가상주소 시작 어드레스

// 페이지 테이블을 생성. 페이지 테이블 하나는 4MB 주소 영역을 표현한다.
// 페이지 테이블을 두 개 생성하며 가상주소와 물리주소가 같은 아이덴터티 매핑을 수행한다.
for (int i = 0; i < 2; i++)
{
        PageTable* identityPageTable = (PageTable*)PhysicalMemoryManage
        r::AllocBlock();
        if (identityPageTable == NULL)
        {
                return nullptr;
        }
        memset(identityPageTable, 0, sizeof(PageTable));

        // 물리주소를 가상주소와 동일하게 매핑시킨다.
        for (int j = 0; j < PAGES_PER_TABLE; j++, frame += PAGE_SIZE,
        virt += PAGE_SIZE)
        {
                PTE page = 0;
                PageTableEntry::AddAttribute(&page, I86_PTE_PRESENT);
                PageTableEntry::SetFrame(&page, frame);
                identityPageTable->m_entries[PAGE_TABLE_INDEX(virt)] =
                page;
        }

        // 앞에서 생성한 아이덴티티 페이지 테이블을
        // 페이지 디렉토리 엔트리(PDE)에 세트한다.
```

```
            PDE* identityEntry = &dir->m_entries[PAGE_DIRECTORY_INDEX((virt
            - 0x00400000))];
            PageDirectoryEntry::AddAttribute(identityEntry, I86_PDE_PRESENT
            | I86_PDE_WRITABLE);
            PageDirectoryEntry::SetFrame(identityEntry, (uint32_t)
            identityPageTable);
        }
        return dir;
}
```

Initialize 메소드는 페이지 디렉토리를 생성하고 PDBR 레지스터에 페이지 디렉토리를 설정한 뒤 페이징을 활성화한다. 실제 페이지 디렉토리를 생성하는 부분은 CreateCommonPageDirectory 메소드로 두 개의 페이지 테이블을 가진 페이지 디렉토리의 주소를 리턴한다.

이 두 개의 페이지 테이블은 가상주소와 물리주소가 일치하는 아이덴티티 페이지 테이블이다. 페이징을 활성화한 후에도 커널 영역은 동일하게 접근할 수 있도록 8MB 영역은 아이덴터티 매핑을 해야 한다. 로드된 커널 모듈이 많아지면 커널 시스템 전체 크기가 8MB를 초과할 수 있으므로 이 경우에는 페이지 테이블을 3개 이상 생성해야 할 것이다.

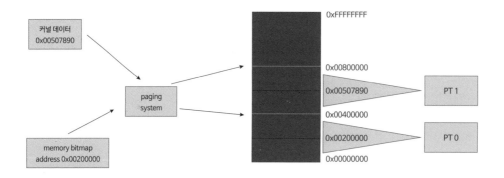

[그림 6-8] 아이덴터티 매핑

190

[그림 6-8]에서처럼 8MB 영역이 커널 영역일 경우 가상주소와 물리주소가 동일하게 매핑되게 페이지 테이블을 생성했다. 메모리 비트맵 배열주소 0x200000은 물리주소 0x200000에 대응하며 커널 데이터 주소 0x00507890은 물리주소 0x00507890에 대응한다. [코드 6-8]에서 물리주소와 가상주소를 동일하게 매핑시키는 부분을 살펴보자. 첫 번째 페이지 테이블을 가리키는 PDE는 PD[0], 두 번째 페이지 테이블을 가리키는 PDE는 PD[1]이다. 이 첫 번째 테이블의 1024개 PTE에 가상주소 0-4MB와 물리 메모리 0-4MB를 매핑시키고 두 번째 페이지 테이블의 1024개 PTE에 가상주소 4-8MB를 물리 메모리 4-8MB 영역에 매핑시킨다. 그리고 PTE의 속성에는 I86_PTE_PRESENT를 설정한다. PAGE_TABLE_INDEX 매크로로는 가상주소(선형주소)에서 페이지 테이블 엔트리의 인덱스를 얻어내는 매크로다. 페이지 테이블이 2개 생성됐으므로 페이지 디렉토리 테이블에도 PDE가 두 개 기록된다.

페이징 시스템이 완성되면 물리주소는 신경 쓸 필요가 없다는 것을 명심하자. 프로그램이 빌드될 때 형성되는 주소 체계는 모두 가상주소다. WIN32 프로그래밍 시에도 할당받은 메모리 주소 번지는 모두 가상주소다. 가상 메모리 매니저는 가상주소와 물리주소와의 연동을 은닉해 주는 역할을 한다.

이렇게 페이지 디렉토리를 구축한 뒤 PDBR 레지스터에 페이지 디렉토리의 주소를 설정하고 페이징을 활성화시키면 페이징, 가상주소 모드가 시작된다. 이는 지금부터는 물리 메모리에 직접 접근할 수 없다는 것을 의미한다(물론 세그멘테이션 과정에서도 GDT를 통한 권한 체크 등을 하기 때문에 직접적으로 물리 메모리에는 접근할 수 없었다).

코드에서 쓰인 상수나 매크로에 대해서 부연 설명을 좀 더 하겠다.

- **PAGES_PER_TABLE**: 페이지 테이블이 표현할 수 있는 페이지의 수, 1,024개
- **PAGE_SIZE**: 페이지(프레임)의 크기 4KB(4096바이트)
- **PAGE_TABLE_INDEX 매크로**: 가상주소에서 페이지 테이블 인덱스를 얻어낸다.

다음은 페이지 테이블의 특정 PTE에 페이지를 설정하는 예다.

```
identityPageTable->m_entries[PAGE_TABLE_INDEX(virt)] = page;
```

페이지 테이블 엔트리는 다음과 같이 표현된다.

[코드 6-9] 페이지 테이블 엔트리

```
namespace PageTableEntry
{
        typedef uint32_t PTE; // PTE의 크기는 4바이트다.

        enum PAGE_PTE_FLAGS
        {

                I86_PTE_PRESENT = 1,
                //00000000000000000000000000000001
                I86_PTE_WRITABLE = 2,
                //00000000000000000000000000000010
                I86_PTE_USER = 4,
                //00000000000000000000000000000100
                I86_PTE_WRITETHOUGH = 8,
                //00000000000000000000000000001000
                I86_PTE_NOT_CACHEABLE = 0x10,
                //00000000000000000000000000010000
                I86_PTE_ACCESSED = 0x20,
                //00000000000000000000000000100000
                I86_PTE_DIRTY = 0x40,
                //00000000000000000000000001000000
                I86_PTE_PAT = 0x80,
                //00000000000000000000000010000000
                I86_PTE_CPU_GLOBAL = 0x100,
                //00000000000000000000000100000000
                I86_PTE_LV4_GLOBAL = 0x200,
                //00000000000000000000001000000000
                I86_PTE_FRAME = 0x7FFFF000
                //11111111111111111111000000000000
        };
```

```
        void AddAttribute(PTE* entry, uint32_t attr); // 속성 추가
        void DelAttribute(PTE* entry, uint32_t attr); // 속성 삭제
        void SetFrame(PTE* entry, uint32_t addr); // 프레임 설정
        bool IsPresent(PTE entry); // 메모리에 존재하는가
        bool IsWritable(PTE entry); // 쓰기 가능한가
        uint32_t GetFrame(PTE entry); // 물리주소를 얻는다.

};
```

페이지 테이블 엔트리(PTE)는 단순한 4바이트 값이다. 각종 플래그를 설정할 수 있는데 AddAttribute 함수와 DelAttribute 함수를 통해서 플래그를 더하거나 제거할 수 있다.

예를 들어 해당 페이지가 쓰기 가능한지, 그리고 물리메모리가 할당됐는지에 대한 플래그를 설정하기 위해서는 I86_PTE_WRITABLE, I86_PTE_PRESENT 플래그를 설정하면 된다.

PTE에서 가장 중요한 영역은 페이지 기준 주소다([그림 5-7] 참조). 20비트로 구성된 이 값에 4KB를 곱하고 선형주소의 옵셋값을 더해서 우리가 원하는 정확한 물리주소를 얻어낼 수 있다.

가상주소와 물리주소 매핑

MapPhysicalAddressToVirtualAddress 메소드가 물리주소와 가상주소를 매핑시키는 역할을 한다.

[코드 6-10] 물리주소와 가상주소를 매핑하는 메소드

```
// PDE나 PTE의 플래그는 같은 값을 공유
// 가상주소를 물리주소에 매핑
void MapPhysicalAddressToVirtualAddresss(PageDirectory* dir, uint32_t virt,
uint32_t phys, uint32_t flags)
```

```
{
    kEnterCriticalSection();
    PhysicalMemoryManager::EnablePaging(false);
    PDE* pageDir = dir->m_entries;
    // 페이지 디렉토리의 PDE에 페이지 테이블 프레임값이 설정돼 있지 않다면
    // 새로운 페이지 테이블을 생성한다.
    if (pageDir[virt >> 22] == 0)
    {
        CreatePageTable(dir, virt, flags);
    }
    uint32_t mask = (uint32_t)(~0xfff);
    uint32_t* pageTable = (uint32_t*)(pageDir[virt >> 22] & mask);
    // 페이지 테이블에서 PTE를 구한 뒤 물리주소와 플래그를 설정한다.
    // 가상주소와 물리주소 매핑
    pageTable[virt << 10 >> 10 >> 12] = phys | flags;

    PhysicalMemoryManager::EnablePaging(true);
    kLeaveCriticalSection();
}
```

해당 메소드의 파라미터를 살펴보자.

- **PageDirectory**: 프로세스의 페이지 디렉토리. 하나의 프로세스는 하나의 페이지 디렉토리를 가지고 있다.
- **두 번째 인자**: 가상주소를 가리킨다.
- **세 번째 인자**: 물리주소를 가리킨다.
- **네 번째 인자**: 페이지 디렉토리 엔트리(PDE)나 페이지 테이블 엔트리(PTE)에 플래그를 설정한다. 기본적으로 I86_PTE_PRESENT | I86_PTE_WRITABLE 플래그값을 설정한다(페이지가 물리 메모리에 존재, 해당 메모리에 쓰기 가능).

코드 흐름은 다음과 같다. 우선 페이지 디렉토리에서 페이지 디렉토리 엔트리를 얻어낸다.

```
pageDir[virt >> 22]
```

그리고 이 값이 0이면 페이지 테이블이 없다고 판단하고 CreatePageTable 메소드를 호출해서 새로운 페이지 테이블을 생성한다. 페이지 테이블을 생성한 후 페이지 테이블 엔트리에 페이지와 속성을 기록한다.

```
((uint32_t*)(pageDir[virt >> 22] & ~0xfff))[virt << 10 >> 10 >> 12] = phys | flags;
```

다소 복잡하기는 하지만 virt 《 10 》 10 》 12 연산을 통해 페이지 테이블 인덱스를 얻을 수 있으며(매크로를 사용해도 된다)

```
((uint32_t*)(pageDir[virt >> 22] & ~0xfff))
```

이 부분은 결국 페이지 테이블을 가리키므로

```
((uint32_t*)(pageDir[virt >> 22] & ~0xfff))[virt << 10 >> 10 >> 12]
```

코드는 페이지 테이블 엔트리(PTE)를 가리킨다. 이 페이지 테이블 엔트리에 물리주소와 플래그값을 설정하면 가상주소와 물리주소와의 매핑이 완료된다. MapPhysical AddressToVirtualAddress 메소드를 사용하는 부분을 살펴보자.

[코드 6-11] MapPhysicalAddressToVirtualAddress 메소드 활용

```
using namespace PhysicalMemoryManager;
using namespace VirtualMemoryManager;

// 물리 메모리 할당
unsigned char* physicalMemory = AllocBlocks(pProcess->m_dwPageCount);
// 물리주소와 가상주소를 페이지수만큼 매핑한다.
```

```
for (DWORD i = 0; i < pProcess->m_dwPageCount; i++)
{
	MapPhysicalAddressToVirtualAddresss(pProcess->GetPageDirectory(),
	ntHeaders->OptionalHeader.ImageBase + i * PAGE_SIZE,
	(uint32_t)physicalMemory + i * PAGE_SIZE,
	I86_PTE_PRESENT | I86_PTE_WRITABLE);
}
```

위 코드는 응용 앱을 메모리에 로드하는 일부분을 발췌한 것이다. AllocBlocks 메소드를 호출해서 프로세스가 차지하는 페이지 수만큼 물리 메모리 공간을 할당한 뒤, 응용 앱의 기본 주소와 할당된 물리 메모리 주소를 매핑하는 과정을 보여준다.

정리

InitMemoryManager 함수에 주석 처리된 부분을 풀고 빌드해서 커널을 실행해 보자.

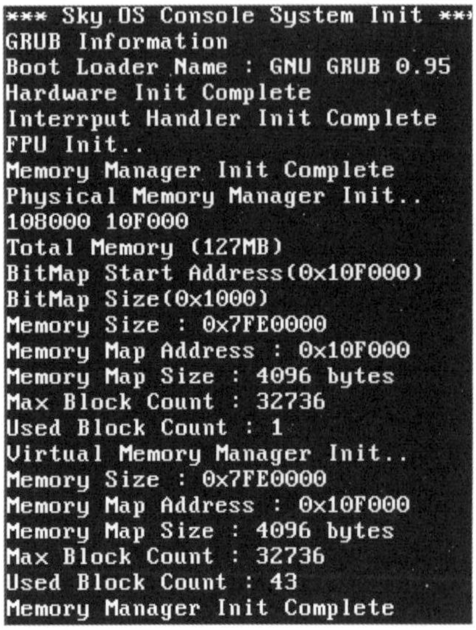

```
*** Sky OS Console System Init ***
GRUB Information
Boot Loader Name : GNU GRUB 0.95
Hardware Init Complete
Interrput Handler Init Complete
FPU Init..
Memory Manager Init Complete
Physical Memory Manager Init..
108000 10F000
Total Memory (127MB)
BitMap Start Address(0x10F000)
BitMap Size(0x1000)
Memory Size : 0x7FE0000
Memory Map Address : 0x10F000
Memory Map Size : 4096 bytes
Max Block Count : 32736
Used Block Count : 1
Virtual Memory Manager Init..
Memory Size : 0x7FE0000
Memory Map Address : 0x10F000
Memory Map Size : 4096 bytes
Max Block Count : 32736
Used Block Count : 43
Memory Manager Init Complete
```

[그림 6-9] 메모리 매니저 덤프 로그

Max Block Count가 32736인데 이 값은 128MB다. 처음 Used Block Count가 1인데 이 값은 커널 영역을 제외하고 사용 중인 메모리 블록을 나타낸다. 메모리 비트맵을 위해 4KB를 할당했기 때문에 하나가 사용됐다. 가상 메모리 매니저가 초기화된 이후 남긴 로그에서는 Used Block Count가 43이다. 현재까지 커널 영역을 제외하고 172KB의 메모리가 사용됐음을 알 수 있다.

이제 커널은 메모리 매니저를 통해 메모리를 할당 및 해제하는 것이 가능해졌다. 여기서 더 나아가 구현해야 하는 것이 커널 힙이다. 비록 메모리 매니저를 구현하기는 했지만 메모리 할당 단위가 4KB라는 것은 문제가 있다. 100바이트만 할당받고 싶은데 4096 바이트를 할당받는 것은 굉장히 비효율적이기 때문이다. 그래서 메모리를 동적으로 할당하기 위해 힙이 필요하다. 메모리를 동적으로 할당할 수 있다는 것은 new 연산자를 사용할 수 있다는 것을 의미하는데 new 연산자가 왜 중요한지는 C++ 프로그래밍을 해본 사람이면 당연히 알 거라 생각한다. 제7장에서는 커널 힙을 구현해서 SkyOS의 메모리 체계를 완성할 것이다.

마지막으로 제6장에서 중요했던 사항에 대해 리뷰해 본다.

- **페이지 디렉토리**: 페이지 디렉토리는 1024개의 PDE를 담을 수 있고 각각의 페이지 테이블은 1024개의 PTE를 담을 수 있다. 그리고 PTE는 물리 메모리 4KB를 표현하므로(페이지 또는 프레임) 페이지 디렉토리 하나는 $1024 \times 1024 \times 4KB = 4GB$, 즉 4GB의 주소 공간을 표현할 수 있다.

- **페이징 전략**: 페이지 테이블 하나의 크기는 4KB이며 페이지 디렉토리에 1024개의 페이지 테이블을 모두 매핑하면 4MB의 공간이 필요한데 이는 불필요한 메모리 낭비다. 초기에는 페이지 테이블을 몇 개만 생성해서 불필요한 메모리 낭비를 줄이고 메모리를 할당하거나 메모리에 접근할 때 페이지 테이블이 존재하지 않으면 새로운 페이지 테이블을 생성해서 PDE와 매핑시킨다. 하나의 페이지 테이블은 4MB의 물리주소공간을 표현한다.

- **페이징 시스템**: 물리메모리 매니저의 AllocBlock 메소드를 통해 물리 메모리를 할당받고 가상 메모리 매니저의 MapPhysicalAddressToVirtualAddress

메소드를 통해 가상주소와 물리주소를 매핑시켜서 완성한다.

- **메모리 비트맵 배열**: 커널 영역 다음에 생성되는 자료구조로 메모리 블록의 사용 여부를 나타낸다. 128MB의 메모리를 표현하기 위해 4KB가 필요하며 512MB의 경우에는 12KB, 즉 세 개의 블록이 필요하다.
- 커널 영역의 주소는 페이징 전후에도 동일한 주소에 접근할 수 있도록 가상 주소와 물리주소간 아이덴터티 매핑을 한다.

7

힙의 구현

동적인 메모리 할당은 메모리 자원을 효율적으로 사용하기 위해 반드시 필요한 기능이다. WIN32에서 애플리케이션을 개발했을 때는 힙이라는 공간을 할당받아 동적으로 메모리를 사용하고 반환할 수가 있었다. 힙은 필요에 의해 동적으로 메모리를 할당하고자 할 때 사용되는 메모리 영역으로 동적 데이터 영역이라고 부르며 메모리 주소값에 의해서 참조되고 사용되는 영역이다. 이 영역에서 공간을 할당하고 해제하는 인터페이스는 [표 7-1]과 같다.

[표 7-1] 메모리 할당 API

유형	함수
C	malloc, free, calloc, realloc
C++	new, delete

WIN32 애플리케이션이 메모리에 로드됐을 때의 초기 상황을 살펴보자.

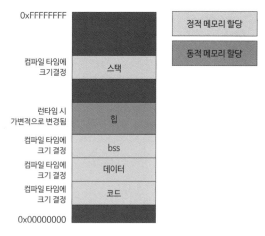

[그림 7-1] 메모리 레이아웃

스택은 컴파일 타임에 따라 크기가 결정되고 힙 영역은 디폴트로 1MB를 할당받지만 공간이 부족할 경우, 또는 운영체제에 요청을 하면 그 크기를 늘릴 수 있다. 그래서 힙 영역은 런타임환경에 따라 가변적으로 변할 수 있다. 스택과 힙공간은 변수나 구조체 등을 저장할 수 있는 공간을 제공하지만 여러 가지 면에서 그 특성이 다르다.

[표 7-2] 스택 VS 힙

스택	힙
빠른 접근 가능	스택에 비해 접근이 느리다.
스택 포인터만 변경하면 되므로 명시적인 메모리 해제 구문은 필요 없다.	명시적인 메모리 해제 구문 필요
OS에 의해 효율적으로 관리되기 때문에 단편화 현상 같은 문제는 발생하지 않는다.	공간의 효율적인 사용을 보장할 수 없으며 메모리 할당과 해제를 반복함에 따라 메모리 단편화 현상이 발생할 수 있다.
스택에 생성된 로컬변수는 호출함수에서만 접근 가능하다.	힙을 통해 생성한 변수는 전역적으로 접근 가능하다.
스택의 크기는 일반적으로 제한이 있다(OS 의존).	힙의 크기에 제한은 없다.
할당된 크기는 재조정될 수 없다.	realloc 함수를 통해 할당된 크기를 변경할 수 있다.

힙의 메모리 할당 속도가 느린 이유는 메모리를 할당하는 알고리즘 과정이 복잡하기 때문이다. 또한 메모리를 재사용하기 위해 해당 메모리를 회수해야 하는데 스택은 스택 포인터 주소만 변경하면 되지만 힙은 힙 자료구조에 회수될 메모리를 적절하게 넣어야 한다. 이런 일련의 과정은 메모리 할당 및 해제 속도를 느리게 한다. 또한 스택의 경우 스레드는 자신만의 스택을 가지고 있기 때문에 동기화 문제에서 자유롭지만 힙은 여러 스레드가 공유하므로 동기화가 필요하다. 동기화 처리는 속도 저하의 주원인이기 때문에 메모리 할당 연산은 속도 저하의 주범이기도 하다. 스레드는 이런 스레드 경합에 따른 힙의 메모리 할당 속도 저하를 피하기 위해 TLS^{Thread Local Storage}를 사용하기도 한다.

[표 7-3] WIN32에서 사용되는 TLS 관련 API

TLS API	내용
TlsAlloc	TLS 영역에 메모리를 할당한다.
TlsSetValue	값을 TLS 영역에 저장한다.
TlsFree	TLS 영역에 할당된 메모리를 회수한다.

> **✎ 용어정리 TLS**
>
> 스레드 자체만의 로컬 저장소다. 프로세스 내의 스레드들은 프로세스의 자원(주소공간, 전역변수, 정적변수, 힙)을 공유하는데 이런 공유자원에 접근할 때 경합^{Race Condition}을 일으킨다. 스레드의 TLS 영역에 정의된 데이터는 다른 스레드와 공유되지 않으므로 이런 문제를 피할 수 있다.

스택과 힙의 관계를 [그림 7-2]를 통해 살펴보자.

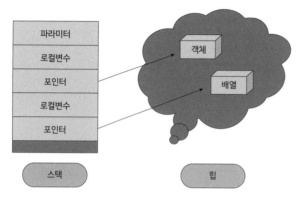

[**그림 7-2**] 스택과 힙의 관계

힙은 주소값으로 접근할 수 있고 이 주소값을 담을 수 있는 변숫값은 스택에 할당된다. 일반적으로 힙은 스택 변수를 참조해서 접근한다.

애플리케이션이 사용하는 힙 구조와 커널이 사용하는 힙 구조는 차이가 없다. SKYOS에서는 응용 애플리케이션이 실행될 때 커널 힙 공간의 일부를 응용 애플리케이션에 제공한다. 힙의 역할을 파악했으므로 지금부터 커널 힙을 구현해 보자. 프로젝트는 05_Heap.sln 솔루션 파일을 실행해서 참고한다. 힙 관련 코드는 커널 소스의 Heap 폴더에서 확인 가능하다.

커널 힙 알고리즘

커널 힙은 JamesM의 커널 개발 튜토리얼에서 소개한 힙 알고리즘을 활용했다.

알고리즘은 블록block과 홀hole이라는 두 가지 콘셉트를 사용한다. 블록은 현재 사용 중에 있는 유저 데이터를 포함하는 영역을 기술한다. 홀도 블록과 같은 구조를 지니지만 홀은 사용하지 않은 영역을 표현한다. 이 관점에서 보면 최초 힙이 생성될 때 어떠한 유저 데이터도 힙에 할당되지 않았으므로 힙은 커다란 하나의 홀이라고 말할 수 있다. 여기서는 블록과 홀의 의미를 거의 같은 의미로 사용한다.

 Tip

블록을 일반적인 명칭으로 사용하고 사용되지 않는 블록을 특별히 강조할 경우 홀이라는
용어를 사용하겠다.

블록에 접근하기 위해서는 블록으로의 포인터를 담은 디스크립터 테이블이 필요한
데, 이 디스크립터 테이블을 힙 인덱스 테이블 또는 인덱스 테이블이라고 부르자. 인
덱스 테이블은 블록을 가리키는 포인터의 배열이다.

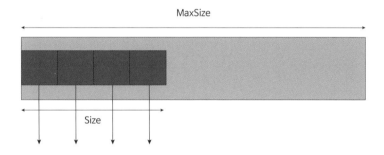

[그림 7-3] 인덱스 테이블의 구조

인덱스 테이블은 ordered_array_t 구조체로 구현된다. 인덱스 테이블의 크기는
0x20000이다. 이론적으로 32768개의 블록을 생성할 수 있다. 각각의 인덱스는 블
록을 가리키는 포인터에 불과하다.

블록은 자신을 기술하는 헤더와 푸터 데이터를 포함한다. 헤더는 블록에 대한 정보
를 포함하고 푸터는 단지 헤더를 가리키는 포인터 데이터만을 가지고 있다.

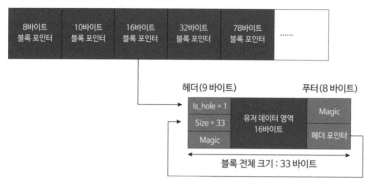

[그림 7-4] 힙 인덱스 테이블과 블록(홀)의 관계

[그림 7-4]는 블록과 힙 인덱스 테이블과의 관계를 표현한 것이다.

힙에 16바이트 크기의 메모리 할당을 요청하면 힙 인덱스 테이블에 크기가 16바이트인 블록을 가리키는 인덱스 포인터가 만들어지고 이 인덱스 포인터는 16바이트를 사용할 수 있는 블록을 가리키게 된다. 두 번째 박스에서 좌측 부분은 헤더, 우측 부분은 푸터다.

[표 7-4] 블록 헤더 구조체

요소	내용
is_hole	할당된 메모리 공간인가, 이 값이 1이면 홀이다.
size	헤더 구조체 크기, 푸터 구조체 크기, 유저 데이터 영역을 합한 크기
magic	체크섬값이다. 이 값이 수정됐다면 메모리 침범, 즉 heap curruption이 일어났다는 것을 의미한다.

[표 7-5] 블록 푸터 구조체

요소	내용
magic	체크섬값이다. 블록 헤더의 magic과 동일한 역할을 한다. 버퍼 오버런이 발생했는지를 알 수 있다. 일종의 디버그용 필드다.
header	블록의 헤더를 가리키는 포인터다.

[그림 7-4]에서는 is_hole 값이 1이다. 즉 사용되지 않은 블록을 의미하고 중간의 유저 데이터 영역은 앞에서 요청한 16바이트 크기를 가진다. 헤더와 푸터의 구조체 코드는 다음과 같다.

[코드 7-1] 헤더/푸터 구조체

```
typedef struct
{
    u32int magic;      // 매직 넘버, 힙 손상이 발생했는지를 확인할 수 있는 체크섬값이다.
    u8int is_hole;     // 1이면 홀이고 0이면 블록이다.
    u32int size;       // 헤더와 푸터를 포함한 블록의 크기
} header_t;

typedef struct
{
    u32int magic;      // 4바이트 매직넘버
    header_t *header;  // 블록 헤더를 가리키는 포인터
} footer_t;
```

헤더 구조체의 크기는 9바이트, 푸터 구조체의 크기는 8바이트다. 따라서 우리가 힙에 16바이트 공간을 할당받고자 한다면 9 + 16 + 8, 총 33바이트가 필요하다.

할당과 해제 로직

힙에 메모리를 할당하거나 해제할 때 어떠한 순서로 알고리즘이 진행되는지 확인해보자.

할당

기본적으로는 메모리 할당Allocation 시 에러를 체크하고 메모리 단편화를 최소화하는 방향으로 새로운 홀을 생성한다.

- 요청된 메모리 크기를 수용할 수 있는 가장 작은 홀을 찾기 위해 인덱스 테이블을 검색한다. 인덱스 테이블은 정렬돼 있기 때문에 요구된 크기에 맞는 홀을 찾을 때까지 인덱스 테이블을 선형 검색한다.
- 만약 할당하려는 메모리 크기가 매우 커서 이를 만족시킬 수 있는 홀이 없다면 힙의 크기를 늘린다.
- 홀을 생성한 뒤 헤더와 푸터에 정확한 값을 기입하고 인덱스 테이블에 이 블록을 가리키는 인덱스 포인터를 더한다.

힙에 18바이트 메모리 할당 요청을 했다고 가정해 보자. 계산을 간단히 하기 위해 헤더와 푸터의 크기는 고려하지 않는다.

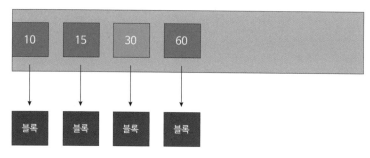

[그림 7-5] 18바이트 메모리 할당 요청을 한 경우

인덱스 테이블에서 순차적으로 인덱스를 검색한다. 처음 블록은 크기가 10바이트라 18바이트를 담을 수 없고 두 번째 블록도 마찬가지다. 세 번째 인덱스가 가리키는 블록은 30바이트이므로 요청을 수용할 수 있으므로 이 홀이 유저에게 할당된다. 정확하게는 [그림 7-6]의 메모리 주소가 유저에게 반환된다.

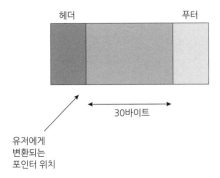

30바이트

유저에게
변환되는
포인터 위치

[그림 7-6] 유저에게 반환되는 주소값

할당된 메모리의 주소는 블록의 시작 주소 + 헤더의 크기다. 이 주소를 통해서 유저는 메모리 사용이 가능해진다. 할당된 블록을 가리키는 인덱스는 이제 인덱스 테이블에서 제거된다.

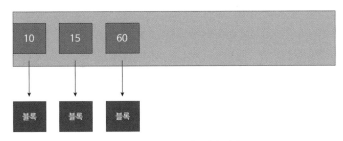

[그림 7-7] 블록 할당 요청 성공 시 인덱스 테이블에서 제거

또 다른 예를 살펴보자.

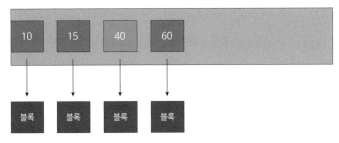

[그림 7-8] 블록 할당 예제

[그림 7-8]의 경우에는 앞의 예제처럼 세 번째 블록이 유저에게 할당되지만 세 번째 블록의 공간이 40바이트라는 데 주목하자. 18바이트를 두 번이나 담을 수 있기 때문에 해당 메모리를 그냥 할당해 주면 메모리 낭비다. 그래서 이 블록의 경우는 두 개로 쪼개진다.

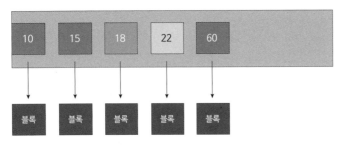

[그림 7-9] 분할된 블록

세 번째 블록은 유저에게 할당된 메모리 영역, 네 번째 블록은 홀이다. 세 번째 블록이 유저에게 반환되고 나면 해당 인덱스는 인덱스 테이블에서 제거된다.

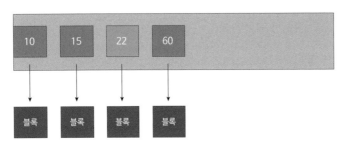

[그림 7-10] 블록 반환 결과

이 논리를 따르면 동일한 크기의 블록을 가리키는 인덱스가 복수로 인덱스 테이블에 존재할 수 없을 것이다.

해제

메모리 해제^{Deallocation}의 경우는 단순하게 인덱스 테이블에 회수된 블록을 추가하면
된다고 생각할 수 있다. 8바이트 블록을 회수한다고 가정해 보자. 여기서도 푸터와
헤더에 대해서는 고려하지 않는다.

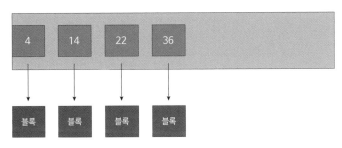

[그림 7-11] 회수 전 상황

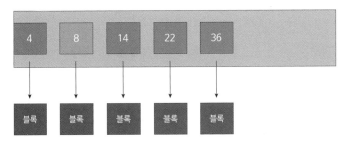

[그림 7-12] 회수된 상황

여기서 힙 알고리즘은 조금 더 개선될 필요가 있는데 다음 코드를 통해 그 이유를 살
펴보자.

```
int a = kmalloc(8);     // 8바이트 할당. a의 주소는 0xc0000000으로 가정
int b = kmalloc(8);     // 8바이트 할당
kfree(a);               // 할당된 메모리 a 해제
kfree(b);               // 할당된 메모리 b 해제
int c = kmalloc(16);    // c에 할당된 메모리 주소는?
```

a에 할당된 메모리 주소가 0xC0000000이라고 가정하자. 8바이트가 두 번 할당됐고 모두 해제시켰다. 16바이트가 회수된 것이다. 인덱스 테이블은 비어 있다고 가정하자. 다시 변수 c에 메모리를 할당하는데 현재까지의 내용대로라면 리턴된 주소는 0xC0000000이 아니라 0xC0000010이 된다. 앞에서 회수된 두 홀은 사이즈가 8이기 때문에 할당하려는 16바이트를 만족시키지 못하기 때문이다. 그렇기 때문에 16바이트 할당 요청에 대해서는 새로운 홀을 통해서 이뤄진다.

이 문제를 해결하기 위해 우리는 블록 회수 시 홀을 병합하는 로직을 추가한다.

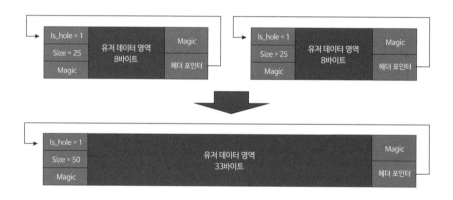

[그림 7-13] 홀의 병합

[그림 7-13]은 8바이트 홀 두 개를 병합하는 과정을 묘사한 것이다. 블록이 회수될 때는 이런 병합과정을 거쳐서 유저 데이터 영역 크기를 늘린다. 회수되는 블록 양옆에 블록이 있으므로 다음과 같은 로직을 통해서 블록을 병합한다.

- 왼쪽에 있는 블록이 홀이라면 회수된 블록과 병합한다.
- 오른쪽 블록이 홀이라면 회수된 블록과 병합한다.

그리고 헤더와 푸터 정보를 수정시키면 병합된 하나의 블록을 생성할 수 있다. 물론 회수된 블록 양쪽 모두가 사용 중인 블록이라면 병합할 수가 없을 것이다. 이 경우는 인덱스 테이블에 회수된 블록을 가리키는 인덱스만 추가하면 된다.

[표 7-6] 블록 회수 시 인덱스 테이블 변화

상황	내용
양쪽 블록이 모두 사용 중일 때	인덱스 테이블에는 회수된 블록의 인덱스 포인터가 추가된다.
왼쪽 블록만 홀일 때	회수된 블록과 왼쪽 블록은 병합되고 인덱스 포인터는 추가되지 않는다. 왼쪽 블록을 가리키는 인덱스 포인터를 활용하면 되기 때문이다.
오른쪽 블록만 홀일때	회수된 블록과 오른쪽 블록은 병합되고 오른쪽 블록의 인덱스 포인터는 인덱스 테이블에서 제거된다. 그리고 병합된 블록을 가리키는 새로운 인덱스 포인터가 인덱스 테이블에 추가된다.
양쪽 블록이 모두 홀일 때	회수된 블록과 양쪽 블록, 즉 세 블록이 모두 병합된다. 인덱스 포인터는 왼쪽 블록의 인덱스 포인터는 남겨두고 오른쪽 블록의 인덱스 포인터는 제거한다.

힙 인터페이스

힙 관련 인터페이스는 HeapManager.h, kheap.h 파일에서 확인할 수 있다.

[코드 7-2] 커널 힙 인터페이스

```
#define HEAP_INDEX_SIZE    0x20000
#define HEAP_MAGIC         0x123890AB


heap_t *create_kernel_heap(u32int start, u32int end, u32int max, u8int
supervisor, u8int readonly); // 커널 힙 생성
heap_t *create_heap(u32int start, u32int end, u32int max, u8int supervisor,
u8int readonly); // 프로세스 힙을 생성한다.
```

```
void *alloc(u32int size, u8int page_align, heap_t *heap); // 메모리를 할당한다.
void free(void *p, heap_t *heap); // 메모리를 해제한다.

u32int kmalloc(u32int sz); // alloc 함수를 호출한다. 동기화가 적용돼 있다.
void kfree(void *p); // kfree 함수를 호출한다. 동기화가 적용돼 있다.
```

다음 코드가 커널 힙 시스템을 생성하는 시작점이다. 메모리 매니저와 똑같이 여기서도 HeapManager라는 이름공간을 사용했다.

[코드 7-3] 힙의 생성

```
HeapManager::InitKernelHeap(heapFrameCount);

bool InitKernelHeap(int heapFrameCount)
{
        PageDirectory* curPageDirectory = GetCurPageDirectory();

        // 힙의 가상주소
        void* pVirtualHeap = (void*)(KERNEL_VIRTUAL_HEAP_ADDRESS);

        m_heapFrameCount = heapFrameCount;

        // 프레임 수만큼 물리 메모리 할당을 요청한다.
        m_pKernelHeapPhysicalMemory = PhysicalMemoryManager::AllocBlocks(
        m_heapFrameCount);

        if (m_pKernelHeapPhysicalMemory == NULL)
        {
#ifdef _HEAP_DEBUG
                SkyConsole::Print("kernel heap allocation fail. frame count :
                %d\n", m_heapFrameCount);
#endif
                return false;
        }
```

```
#ifdef _HEAP_DEBUG
        SkyConsole::Print("kernel heap allocation success. frame count : %d\n",
        m_heapFrameCount);
#endif
        // 힙의 마지막 주소
        int virtualEndAddress = (uint32_t)pVirtualHeap + m_heapFrameCount *
        PMM_BLOCK_SIZE;
        // 페이징 시스템에 힙 가상주소와 물리주소를 매핑힌다.
        MapHeapToAddressSpace(curPageDirectory);

        // 힙에 할당된 가상주소 영역을 사용해서 힙 자료구조를 생성한다.
        create_kernel_heap((u32int)pVirtualHeap, (uint32_t)virtualEndAddress,
        (uint32_t)virtualEndAddress, 0, 0);
        return true;
}
```

우선 커널 스레드가 사용하는 페이지 디렉토리를 얻어온다. 힙의 페이지(또는 프레임) 수는 12800개로 설정했으며 이러한 값들은 조정가능하다. 힙의 크기는 다음과 같다.

- ○ 12800×4KB = 50MB

```
m_pKernelHeapPhysicalMemory = PhysicalMemoryManager::AllocBlocks(heapFrameCount);
```

위의 코드를 통해 물리 메모리의 연속적인 메모리(50MB)를 얻는다. 그리고 이 50MB의 물리 메모리를 가상 메모리 주소와 연결시키는 작업을 MapHeapTo AddressSpace 메소드에서 수행한다.

```
bool MapHeapToAddressSpace(PageDirectory* curPageDirectory)
{
        int endAddress = (uint32_t)KERNEL_VIRTUAL_HEAP_ADDRESS + m_
        heapFrameCount * PMM_BLOCK_SIZE;

        for (int i = 0; i < m_heapFrameCount; i++)
        {
                MapPhysicalAddressToVirtualAddresss(curPageDirectory, (uint32_
                t)KERNEL_VIRTUAL_HEAP_ADDRESS + i * PAGE_SIZE, (uint32_t)m_
                pKernelHeapPhysicalMemory + i * PAGE_SIZE, I86_PTE_PRESENT |
                I86_PTE_WRITABLE);
        }

                return true;
}
```

힙의 생성 위치는 0x10000000(KERNEL_VIRTUAL_HEAP_ADDRESS)로 설정했는데 이 값은 임의의 값으로 변경할 수 있다. MapPhysicalAddressToVirtualAddress 메소드는 한번에 하나의 페이지(4KB)와 매핑되므로 프레임 수만큼 반복을 해서 50MB 전체 물리 메모리에 대한 가상주소 매핑을 완료한다.

이렇게 힙을 위한 메모리 매핑을 완료한 후 이 할당된 공간을 힙시스템에 넘겨서 힙 자료구조를 생성한다. create_kernel_heap 메소드를 통해 힙 시스템을 구축하면 이 제부터는 다음 두 메소드를 통해 메모리의 할당과 해제가 가능해진다.

```
u32int kmalloc(u32int sz);
void kfree(void *p);
```

kmalloc 메소드는 내부적으로 kmalloc_int 메소드를 호출한다.

```
u32int kmalloc_int(u32int sz, int align, u32int *phys)
{
    void *addr = alloc(sz, (u8int)align, &kheap);
    return (u32int)addr;
}
```

내부의 alloc 메소드는 힙 시스템에서 홀의 주소를 리턴한다(정확히는 홀의 주소 + 헤더의 크기).

[코드 7-6] kfree 메소드

```
void kfree(void *p)
{
        EnterCriticalSection();
        free(p, &kheap);
        LeaveCriticalSection();
}
```

kfree 메소드는 힙 시스템에 회수할려는 메모리를 집어넣는 역할을 한다. 동기화 코드가 들어 있는 걸 볼 수 있는데 메모리 할당을 요청하는 작업을 수행하다가 컨텍스트 스위칭이 일어나면 자료구조가 깨질 수 있기 때문이다. 따라서 할당이나 해제의 경우 그 연산이 끝날 때까지 컨텍스트 스위칭이 발생하지 않도록 해야 한다.

실습

Chapter/05_Heap.sln 프로젝트를 빌드해서 실행한 결과는 [그림 7-14]와 같다.

```
*** Sky OS Console System Init ***
GRUB Information
Boot Loader Name : GNU GRUB 0.95
Hardware Init Complete
Interrput Handler Init Complete
FPU Init..
Memory Manager Init Complete
Physical Memory Manager Init..
109000 111000
Total Memory (127MB)
BitMap Start Address(0x111000)
BitMap Size(0x1000)
Virtual Memory Manager Init..
kernel heap allocation success. frame count : 12800
Heap Physical Start Address 0x13C000
Heap Physical End Address 0x333C000
Heap Virtual Start Address 0x10000000
Heap Virtual End Address 0x13200000
Heap 50MB Allocated
Memory Manager Init Complete
```

[그림 7-14] 05_Heap 예제 실행 결과

[코드 7-7] kmain 함수

```
void kmain(unsigned long magic, unsigned long addr)
{
        ........
        // 물리/가상 메모리 매니저를 초기화한다.
        // 설정 시스템 메모리는 128MB
        InitMemoryManager(pBootInfo);
        SkyConsole::Print("Memory Manager Init Complete\n");

        int heapFrameCount = 256 * 10 * 5; // 프레임수 12800개, 52MB
        unsigned int requiredHeapSize = heapFrameCount * PAGE_SIZE;

        // 요구되는 힙의 크기가 자유공간보다 크다면 그 크기를 자유공간 크기로 맞춘 후 반으로 줄인다.
        if (requiredHeapSize > g_freeMemorySize)
        {
                requiredHeapSize = g_freeMemorySize;
                heapFrameCount = requiredHeapSize / PAGE_SIZE / 2;
```

```
    }
    HeapManager::InitKernelHeap(heapFrameCount);
    SkyConsole::Print("Heap %dMB Allocated\n", requiredHeapSize / 1048576);
    ........
}
```

힙의 물리 시작 주소는 0x13C000이다. 0x111000에는 메모리 블록 비트 맵 배열이 할당돼 있다. 힙의 가상주소는 0x1000000이며 256MB에서 시작한다. 힙의 가상주소는 자신이 선호하는 주소로 바꿔도 무방하니 여유가 될 때 시험해 보기 바란다.

정리

이제 힙 시스템을 구축함으로써 메모리를 동적으로 할당받을 수 있는 기반을 마련하게 됐다. 이는 new 및 delete 연산자를 구현할 준비가 됐다는 것을 의미한다.

커널 힙 시스템을 구축하기 위한 흐름은 다음과 같았다.

- 힙 시스템을 사용하기 위해 메모리 공간을 할당한다. 힙 크기를 50MB로 정했으나 이 공간의 크기는 언제든지 변경 가능하다.
- 힙 시스템은 할당받은 공간을 활용해서 자료구조를 생성한다.
- 힙은 메모리를 할당하고 해제하기 위해 내부적으로 인덱스 테이블과 블록(홀)을 사용한다.
- 힙으로부터의 메모리 할당과 해제는 kmalloc 및 kfree 메소드를 통해 가능하다.

마지막으로 힙 생성까지 진행된 메모리 레이아웃을 정리해 본다.

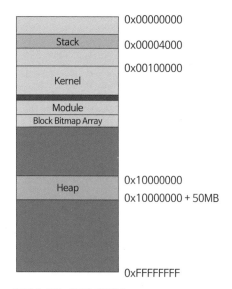

	0x00000000
Stack	0x00004000
	0x00100000
Kernel	
Module	
Block Bitmap Array	
Heap	0x10000000
	0x10000000 + 50MB
	0xFFFFFFFF

[그림 7-15] 메모리 레이아웃

쉬어가기

지금까지 구축한 것을 정리해 보자.

1. GRUB을 통한 커널의 메모리 적재
2. 하드웨어 초기화
3. 세그멘테이션, 페이징에 대한 이해
4. 메모리 매니저 구현
5. 힙의 생성

개념적으로는 하드웨어와 HAL(하드웨어 추상화 레이어, Hardware Abstraction Layer)을 다룬 것이다.

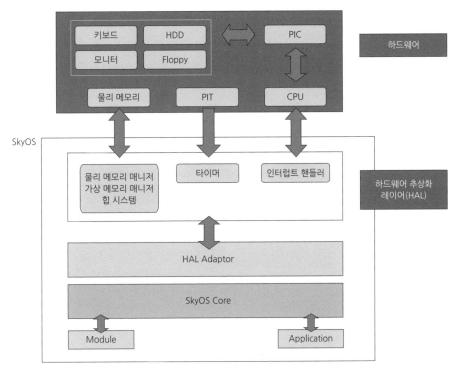

SkyOS 구조도

위의 그림을 보면 알 수 있듯이 지금까지 구현한 내용은 HAL에 포함되며 하드웨어와의 연동을 위해 구현됐다. SkyOS의 컴포넌트인 HAL Adaptor는 HAL에서 구현한 내용을 토대로 하드웨어 종속적인 내용을 은폐하고 SkyOS Core에 순수한 프로그래밍 인터페이스만을 제공하는 것을 목표로 한다. SkyOS 코어는 이 인터페이스를 사용해서 구현되며 외부 모듈이나 애플리케이션을 제작할 수 있는 기반을 제공할 것이다.

개념적으로 분리를 잘 해놓을 때의 장점은 컴포넌트간 커플링(간섭)이 작아져서 특정 컴포넌트에 대폭적인 수정이 들어간다 하더라도 그 파장을 국소화할 수 있다는 데 있다. 제18장, 'Advanced Debugging'에서는 디버깅 엔진 모듈을 작성하는데 여기서 컴포넌트간 커플링이 작을 때의 장점을 보여줄 것이다.

제8장부터는 HAL Adaptor에 해당하는 부분을 다룬다. 내용이 진행될수록 순수 프로그래밍 영역에 가까워지기 때문에 지금보다 더 흥미를 느낄 수 있으리라 기대한다.

8

C++

C++에 대해서는 다음과 같이 위키에 잘 정리돼 있다.

https://ko.wikipedia.org/wiki/C++
https://namu.wiki/w/C++

기본적인 내용이 많지만 리뷰한다는 의미에서 시간이 허락한다면 글을 읽어보도록 하자.

C++는 2000년대 초중반에 큰 인기를 끌었고 특히 게임업계에서 사랑받은 언어다. 하지만 게임 플랫폼이 모바일로 넘어가고 유니티 같은 C#, 자바스크립트 기반 플랫폼이 등장하면서 그 위상이 다소 떨어지고 있다.

C++ 표준화 단체는 언어 뒤에 년도를 붙여서 매번 C++ 표준 규격을 제시하고 있다.

현재도 표준화 작업이 진행되고 있으며 기능이 추가되고 있는 중이다. 책을 쓰는 시점을 기준으로 C++17이 표준 규격으로 자리잡았으며 현재 C++20이란 이름으로 표준화 작업 중에 있다.

C++의 언어적인 특징은 다음과 같다.

- **추상화**abstraction: 외부에 인터페이스만 노출
- **캡슐화**encapsulation: 외부의 접근으로부터 데이터를 보호
- **상속성**inheritance: 부모 클래스를 확장할 수 있다.
- **다형성**polymorphism: 런타임 다형성, 컴파일타임 다형성, 애드훅 다형성, 강제 다형성

C++ 언어가 객체지향 언어라고는 하지만 자바나 C#에 비해서 OOP 기능을 완전히 지원해 준 것은 아니었다. 하지만 C++11, C++14를 거치면서 C++ 언어는 한 단계 진화했으며 람다식(함수 객체의 업그레이드 버전이라 생각하면 된다), 레퍼런스, rvalue, 비동기 프로그래밍 등의 기능을 지원하게 됐다.

> **🖊 Tip   비동기 프로그래밍**
>
> 동기호출은 호출 결과가 완료될 때까지 대기하는 반면 비동기 호출은 결과가 완료될 때까지 기다리지 않고 다른 작업을 수행할 수 있다. 이후 호출결과 통지를 받으면 작업을 진행하면 되기 때문에 프로세스가 블록당하는 경우 없이 효율적으로 코드를 실행할 수 있다.

또한 C++ 언어는 여전히 그 활용도가 높다. 앞에서 언급한 바 있지만 인기도면에서는 상위 랭크를 차지하고 있으며 고성능을 요구하는 온라인 게임 서버나 최근 유행하고 있는 블록체인 코어도 C++로 제작됐다. 또한 안드로이드 기반 앱은 자바로 제작되지만 이 자바 코드가 호출하는 내부 코어는 C나 C++로 제작됐다.

- WebRTC: 구글에서 제공하는 P2P 화상 라이브러리

- FFMpeg: 동영상을 인코딩하고 디코딩할 수 있는 라이브러리

위와 같은 라이브러리를 커스터마이징하려면 C++을 잘 알고 있어야 한다. 과거에 만들어진 수많은 라이브러리를 활용하고 최신 언어들이 이런 라이브러리를 호출하는 구조를 이해하기 위해서라도 C++ 언어는 반드시 알아야 한다.

제8장에서는 C++로 운영체제를 개발하기 위해 필요한 사항을 알아본다. 그리고 C++ 표준화 문법을 SkyOS 개발에 활용할 수 있는지를 확인한다. 프로젝트는 06_CPlusPlus.sln 파일을 실행해서 참고한다.

new, delete 연산자 구현

C++의 new, delete 연산자는 우리가 직접 구현해야 한다. 기존 운영체제에서는 new, delete 연산자를 자체 구현했기 때문에 메모리를 할당하거나 해제하는 데 문제가 없었지만 밑바닥부터 프로그램을 제작하는 시점에서는 이 연산자의 동작이 정의돼 있지 않기 때문에 new, delete 연산자를 사용하면 메모리 할당 로직이 없어서 제대로 동작하지 않는다.

우리는 제7장, '힙의 구현'에서 동적으로 메모리를 할당할 수 있는 인터페이스를 완성했다. kmalloc 메소드와 kfree 메소드를 사용하면 메모리를 동적으로 할당할 수 있고 해제할 수 있는데 new, delete 연산자에서 이 두 메소드를 사용하면 된다. new 연산자 및 delete 연산자는 오버라이딩이 가능하다.

[코드 8-1] new delete 연산자의 구현

```
void *operator new(size_t size)
{
        return (void *)kmalloc(size);
}

void * __cdecl operator new[](size_t size)
```

```
{
        return (void *)kmalloc(size);
}

void __cdecl operator delete(void *p)
{
        kfree(p);
}

void operator delete(void *p, size_t size)
{
        kfree(p);
}

void operator delete[](void *p)
{
        kfree(p);
}
```

위의 메소드는 C++의 new, delete 연산자를 사용하기 위해서 반드시 정의해야 한다. 비주얼 스튜디오 2013 버전까지는 delete[] placement 연산자를 구현하지 않아도 컴파일에 문제가 없었지만 비주얼 스튜디오 2015 버전 이후부터는 반드시 구현을 해줘야 컴파일 시 에러가 발생하지 않는다.

placement new : 힙에서 메모리를 직접 가져오지 않고 개발자가 지정한 주소에서 메모리를 사용하고 싶을 때 placement new 연산자를 사용한다. 다음 코드를 살펴보자.

[코드 8-2] 개발자가 지정한 주소를 사용

```
void *apic_address = reinterpret_cast<void *>(0x09FFF0000);
APIC *apic = new (apic_address) APIC;
```

직접 메모리 주소를 지정해서 메모리를 할당하는 코드다. 이 placement new 연산자를 사용하기 위해서는 다음 연산자의 구현이 필요하다.

[코드 8-3] placement new 연산자

```
inline void *operator new(size_t, void *p);
inline void *operator new[](size_t, void *p);
inline void  operator delete  (void *, void *);
inline void  operator delete[](void *, void *);
```

placement new 연산자를 통해 메모리를 할당한 경우 소멸할 때에는 명시적으로 소멸자가 호출되지 않으므로 다음과 같이 명시적으로 소멸자를 호출해 줘야 한다.

[코드 8-4] placement new로 생성한 객체의 소멸자 호출

```
apic->~apic();
```

비록 구현은 간단하지만 이 작업을 통해서 new, delete 연산자를 통해 동적으로 메모리를 할당받는 것이 가능해졌다. 그리고 수많은 라이브러리가 코드에 new, delete 구문을 사용하기 때문에 외부 라이브러리를 SkyOS로 포팅하고자 하는 경우 적어도 new delete 구문에 대해서는 수정을 할 필요가 없어졌다.

예외 처리

프로그램 오동작에 의한 예외는 수없이 많으며 이런 예외를 다루기 위해서는 예외처리 핸들러를 구현해야 한다. 대표적인 예외로 다음과 같은 것이 존재한다.

- 순수 가상함수 호출
- 스택 오버플로우
- 힙 손상

- 메모리 부족^{Out of Memory}

이런 예외들은 윈도우 운영체제에서는 대응할 수 있는 예외다. SkyOS에서는 해당 예외가 발생했다는 것을 인지하는 것으로 예외처리를 한정한다. 그리고 여기서는 순수 가상함수호출과 힙 손상에 대한 부분을 설명한다.

> **Tip**
>
> 부록의 '덤프 테스트 모듈'에서는 WIN32 애플리케이션에서 발생하는 예외들과 이 예외들을 감지하고 처리하기 위한 내용을 설명한다. 소스코드도 제공하니 꼭 참조하기 바란다.

순수 가상함수 호출

순수 가상함수 호출^{pure function call}은 가상함수 테이블에 가상함수가 명확히 정의되지 않았을 때 발생하는 에러다. 이 에러를 다루기 위해서는 예외 핸들러를 구현해야 한다.

[코드 8-5] pure function call에 따른 예외를 다루기 위한 예외 핸들러 구현

```
int __cdecl _ _purecall_handler ()
{
        // 로그를 남기자.
        return 0;
}
```

순수 가상함수 호출은 명백한 코드 실수이므로 별도의 예외처리 루틴을 구현할 필요는 없다. 로그를 남기는 정도의 처리만 구현한다. 다음 코드를 살펴보자.

```
struct PureCallBase
{
        PureCallBase() { mf(); }
        void mf()
        {
        // 순수 가상함수 에러를 일으키는 코드
                pvf();
        }
        virtual void pvf() = 0;
};

struct PureCallExtend : public PureCallBase
{
        PureCallExtend() {}
        virtual void pvf() {}
};
```

그리고 다음과 같이 구조체를 선언할 경우 순수 가상함수 에러가 발생한다.

```
PureCallExtend Temp;
```

PureCallExtend 구조체는 PureCallBase 구조체를 상속했다. PureCallBase의 인터페이스를 가진 객체를 생성하면 생성자에서 mf 메소드가 실행될테고 mf 메소드는 pvf 메소드를 호출할 것이다. 그런데 pvf 메소드는 순수 가상함수인데 이 함수가 호출되는 시점에서 PureCallBase 구조체를 상속받은 PureCallExtend 구조체는 초기화되지 않았다. 그래서 순수 가상함수 오류가 발생하며 위에서 정의한 예외 처리 메소드가 실행된다. 이 문제를 해결하기 위해서는 순수 가상함수를 생성자에서 호출하는 일이 없어야 한다.

문제 상황을 명확히 하기 위해 간단한 클래스 다이어그램을 살펴보자. [그림 8-1]은 부모 생성자에서 순수 가상함수를 호출하지 않고 초기화됐을 때의 상황이다.

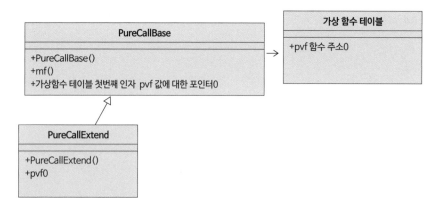

[그림 8-1] 순수 가상함수를 호출하지 않은 정상적인 초기화

이렇게 초기화된 후 부모 클래스의 인터페이스로 pvf 메소드를 호출하면 가상함수 테이블에 등록된 pvf 메소드를 찾아 이 함수를 호출하는 것이다. pvf 메소드는 PureCallExtend 클래스에 구현돼 있다. 한편 PureCallExtend 클래스 객체가 초기화되는 순서는 다음과 같다.

- 부모클래스 PureCallBase 초기화(가상함수 등록, 생성자 실행)
- 확장클래스 PureCallExtend 초기화(가상함수 등록, 생성자 실행)

그런데 부모클래스의 pvf 메소드는 순수 가상함수이므로 구현부가 존재하지 않는다. 따라서 객체가 초기화될 때 mf 메소드를 호출해서 pvf 메소드를 실행하기 직전의 상황은 [그림 8-2]와 같다.

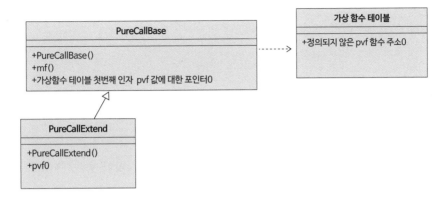

가상 함수 테이블

+정의되지 않은 pvf 함수 주소0

PureCallBase

+PureCallBase()
+mf()
+가상함수 테이블 첫번째 인자 pvf 값에 대한 포인터0

PureCallExtend

+PureCallExtend()
+pvf0

[그림 8-2] 순수 가상함수 호출 오류

따라서 mf 메소드가 호출돼 pvf 메소드를 실행하려고 해도 이 함수의 주소를 알 수 없기 때문에 예외가 발생한다. 이 예외는 언어차원에서 감지 가능하다.

힙 손상

힙 손상은 프로그래밍할 때 가장 발견하기 힘든 에러 중 하나다. 보통의 에러는 그 이유가 명확하기 때문에 디버깅을 해보면 그 원인을 쉽게 파악할 수 있는 반면 힙이 손상되는 경우는 문제점이 바로 드러나지 않는 경우가 많기 때문이다. 또한 문제가 있다고 파악된 부분이 문제가 아니었던 경우도 많다.

 Tip

문제가 누적돼 마침내 특정 부분에서 문제가 발생했다면 그 부분을 문제의 원인이라고 는 할 수 없을 것이다.

윈도우 운영체제의 경우 힙 디버깅 플래그를 활성화하면 힙이 손상되는 상황을 바로 감지해 내는 것이 가능하다. WinDbg 툴 내에 gflag란 유틸이 존재한다. 이 유틸을 실행해서 힙 플래그를 활성화하면 힙 메모리가 손상될 때 바로 오류를 발생시켜 디버깅을 가능하게 해준다.

SkyOS에서는 완벽하지는 않지만 힙의 손상을 파악해 낼 수는 있다. 유저에 할당된 메모리 블록은 헤더 + 유저 할당 공간 + 푸터로 구성돼 있었다는 것을 기억할 것이다. 헤더와 푸터에는 매직값이 들어있는데 이 값이 변형됐다면 힙이 손상됐다고 결론 지을 수 있다.

[코드 8-7] kheap.cpp free 함수

```
void free(void *p, heap_t *heap)
{
    ........
    header_t *header = (header_t*) ( (u32int)p - sizeof(header_t) );
    footer_t *footer = (footer_t*) ( (u32int)header + header->size -
    sizeof(footer_t) );

    // Sanity checks.
    SKY_ASSERT(header->magic == HEAP_MAGIC, "header->magic == HEAP_MAGIC");
    SKY_ASSERT(footer->magic == HEAP_MAGIC, "header->magic == HEAP_MAGIC");
    ........
}
```

SKY_ASSERT 매크로에서는 조건문이 참이 아니면 에러 로그를 출력한다.

클래스 상속

클래스를 상속하고 부모 클래스의 메소드를 오버로딩해서 제대로 동작하는지 확인해 보자. 다음 클래스들은 SkyOS 소스코드에서 모두 확인할 수 있다.

```cpp
class Plane
{
public:
        Plane();
        virtual ~Plane();

        void SetX(int x){ m_x = x; }
        void SetY(int y){ m_y = y; }

        int GetX(){ return m_x; }
        int GetY(){ return m_y; }

        virtual bool IsRotate() = 0;

private:
        int m_x;
        int m_y;
};

class ZetPlane : public Plane
{
public:
        ZetPlane();
        virtual ~ZetPlane();

        virtual bool IsRotate() override;

        int m_rotation;
};
```

ZetPlane 클래스는 Plane 클래스를 상속한 클래스며 IsRotate 메소드는 가상합
수다.

```
Plane* pZetPlane = new ZetPlane();
bool isRotate = pZetPlane->IsRotate();
SkyConsole::Print("ZetPlane Address : 0x%x\n", pZetPlane);
SkyConsole::Print("ZetPlane IsRotate() : %d\n", pZetPlane->IsRotate() ? 1 : 0);
```

Plane 클래스를 상속받은 ZetPlane 클래스의 객체를 생성하고 나서 IsRotate() 메소드를 호출한다. 인터페이스는 Plane 클래스를 활용하므로 가상함수가 제대로 동작한다면 IsRotate() 메소드는 ZetPlane 클래스의 메소드를 호출할 것이다.

C++11

Visual Studio 2017을 사용하므로 C++11도 당연히 지원한다. 하지만 마이크로소프트의 C++ 컴파일러는 표준을 정확히 따르지 않기 때문에 검증할 필요가 있다. 또한 아무런 라이브러리의 도움 없이 코드를 작성하고 있으니 당연히 될 줄 알았던 사항이 지원되지 않을 수도 있다. 일부 구문의 확인을 통해서 C++ 문법 사용 여부를 확인해 보자.

람다 함수

람다 함수가 제대로 동작하는지 체크해 보자.

[코드 8-10] 간단한 람다 함수

```
void TestCPP11()
{
        auto func = [x = 5]() { return x; };
        auto n1 = func();
        printf("Lamda n1:%d\n", n1);
}
```

실행하면 "Lamda n1:5" 가 정상 출력된다.

constexpr

constexpr을 사용하면 클래스도 정수형으로 사용할 수 있다. 다음 클래스를 살펴
보자.

[코드 8-11] 정숫값을 담는 클래스

```
class TestInteger
{
public:
        constexpr TestInteger() { }
        constexpr TestInteger(int value) :m_Value(value) { }
        constexpr operator int() const { return m_Value; }
private:
        int m_Value = 2;
};
```

해당 정수형 클래스를 다음과 같이 사용해 본다.

[코드 8-12] 정수형 클래스의 활용

```
constexpr TestInteger size(10);
int x[size];
x[3] = 11;
printf("constexpr x[3]:%d\n", x[3]);
```

문제 없이 이 키워드도 사용할 수 있다.

실습

그럼 지금까지 나온 C++ 주제에 대해서 테스트를 해보자. TestCPlusPlus 메소드에서 제8장에서 언급한 주제들을 테스트하고 있다.

[코드 8-13] TestCPlusPlus 메소드

```
void TestCPlusPlus()
{
        TestCPP11();
        // TestPureFunctionCall();
        // TestHeapCorruption();
        // TestInheritance();
}
```

항목을 테스트할 때 테스트 항목을 제외한 나머지는 주석처리한다.

[코드 8-14] CPP11 테스트

```
void TestCPP11()
{
        auto func = [x = 5]() { return x; };
        auto n1 = func();
        SkyConsole::Print("Lamda n1:%d\n", n1);

        constexpr TestInteger size(10);
        int x[size];
        x[3] = 11;
        SkyConsole::Print("constexpr x[3]:%d\n", x[3]);
}
```

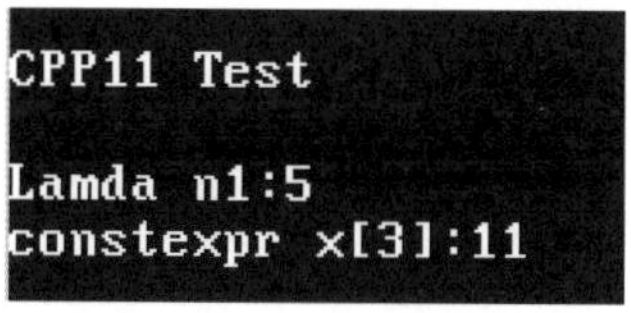

[그림 8-3] CPP11 테스트 결과

[코드 8-15] 순수 가상함수

```
void TestPureFunctionCall()
{
        SkyConsole::Print("\nPure Function Call Test\n\n");
        PureCallExtend pureCall;
}

int __cdecl _purecall()
{
        SkyConsole::Print("Pure Function Called!!\n");
        return 0;
}
```

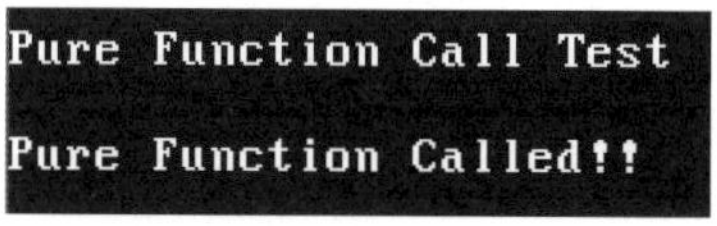

[그림 8-4] 실행 결과

다음으로 힙 손상을 확인해 보자. 아래 코드는 할당된 메모리 블록의 푸터 매직값을 수정하는 내용이다. 따라서 할당된 메모리가 회수될 때 에러를 발견한다.

[코드 8-16] 힙 손상 1

```
void TestHeapCorruption()
{
        SkyConsole::Print("\nHeap Corruption Test\n\n");
```

```
        Plane* pPlane = new Plane();

        // 블록의 푸터 조작
        *((char*)pPlane + sizeof(Plane) + 1) = (char)0;

        delete pPlane;
}
```

```
Heap Corruption Test
Heap Error!! footer->magic == HEAP_MAGIC
```

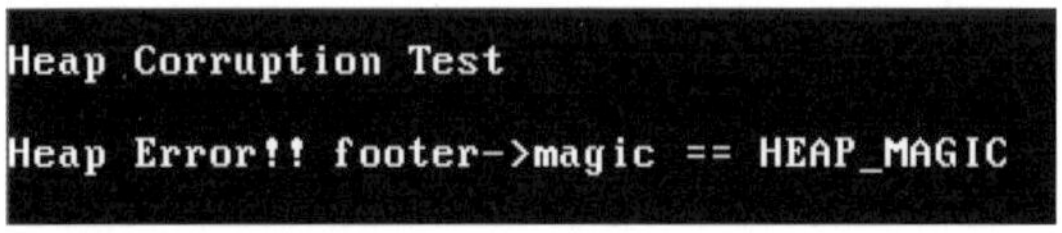

[그림 8-5] 실행 결과

[코드 8-17] 힙 손상 2

```
void TestHeapCorruption2()
{
        SkyConsole::Print("\nHeap Corruption Test\n\n");
        Plane* pPlane = new Plane();

        // 가상함수 테이블 망가뜨리기
        memset(pPlane, 0, sizeof(Plane));

        delete pPlane;
}
```

Plane 클래스는 가상 메소드를 가지고 있어서 가상함수 테이블이 생성된다(소멸자 함수가 가상함수다). 그런데 memset 함수로 Plane 객체 전체를 초기화해서 가상함수 테이블이 날라가 버린다. 가상함수 테이블이 등록된 소멸자를 실행할려 할 경우 그 값이 어떤 값을 지니고 있는지 알 수 없으므로 에러를 일으킨다.

```
(>_<) SkyOS Error!!

We apologize, SkyOS has encountered a problem and has been shut down
to prevent damage to your computer. Any unsaved work might be lost.
We are sorry for the inconvenience this might have caused.

Please report the following information and restart your computer.
The system has been halted.

Page Fault
```

[그림 8-6] 실행 결과

 Tip

필자도 예전에 이런 무자비한 코드를 작성한 적이 있다. 오픈소스 코드에도 종종 저런
코드가 보이니 주의하자. 위 코드의 심각함은 저 문제가 있는 코드가 바로 드러나지 않
고 이후에 영향을 미친다는 점이다.

[코드 8-18] 클래스 상속

```cpp
void TestInheritance()
{
        int i = 100;
        Plane* pPlane = new ZetPlane();
        pPlane->SetX(i);
        pPlane->SetY(i + 5);

        pPlane->IsRotate();
        SkyConsole::Print("Plane X : %d, Plane Y : %d\n", pPlane->GetX(),
        pPlane->GetY());
        delete pPlane;
}
```

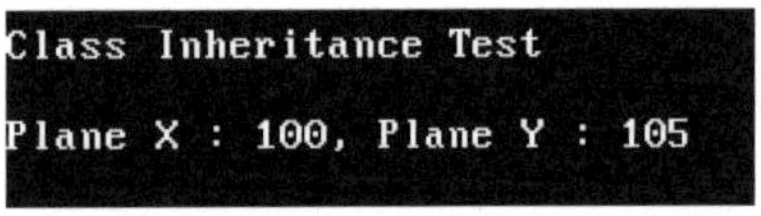

```
Class Inheritance Test
Plane X : 100, Plane Y : 105
```

[그림 8-7] 실행 결과

정리

C++ 관련 내용을 다루면 그 내용이 방대해서 그 끝을 알 수 없다. 제8장에서 C++ 관련 심도있는 주제를 더 다루고 싶었으나 이 책의 주제에서 벗어날 수 있으므로 이 정도에서 마무리한다. 제8장에서 언급된 C++ 주제는 C++로 운영체제를 구현하기 위해서 최소한 알아야 하는 기본 지식인 만큼 실습을 통해서 구체적인 동작을 꼭 확인하자.

제8장을 통해서 C++ 프로그래밍이 가능한 것을 확인한 것은 큰 소득이다. 비록 모든 기능을 다 확인하지는 않았지만 대부분의 C++ 구문이 정상적으로 동작할 것으로 생각한다. 예외처리를 정교하게 다듬으면 좋겠지만 이 작업은 프로젝트가 개인 범위를 넘어서거나 볼륨이 커질 때 고려할 문제라고 판단되며 이 시점에서는 어떤 상황에서 예외가 발생할 수 있고 그 예외를 다루는 핸들러를 구현하는 방법을 알고 있는 것으로 충분하다고 본다.

제6장, '메모리 매니저'에서 구현한 물리 메모리 매니저, 가상 메모리 매니저 등은 C++ 객체가 아니었는데 제8장의 실습을 통해서 진정한 클래스 객체를 사용해 봤다. new 및 delete 연산자 구현을 한 것만으로도 자유도가 매우 높아진 것이다.

9

공통 라이브러리

운영체제를 제작하는 데 있어 큰 제약조건 중 하나는 기존에 활용했던 라이브러리를 사용할 수 없다는 데 있다. 친숙히 사용해 왔던 자료구조인 리스트나 큐, 스택 등을 활용하기 위해서는 우리가 직접 구현해야 한다. 너무나 익숙하게 사용했던 스트링 관련 함수나 메모리 관련 함수도 직접 구현해야 한다.

STL^Standard Templete Library도 현단계에서는 사용할 수 없으며 이런 상위 레벨의 라이브러리를 제작하기 위해서는 기본적인 함수의 모음인 CRT(C 런타임) 라이브러리의 구축이 필요하다.

제9장에서는 C++ 프로그래밍을 위해 필요한 공통 라이브러리의 제작에 관해 집중할 것이다. 이 공통 라이브러리는 CommonLib 폴더에 구현돼 있다. CommonLib 프로젝트의 목표는 다음과 같다.

- 커널이나 응용프로그램에서 공통으로 사용할 수 있는 라이브러리를 제공한다.
- C 런타임 라이브러리와 유사하게 구축한다.
- STL^Standrad Templete Library을 구축한다.
- 유용한 유틸리티 함수를 제공한다.

위에서 언급된 항목들이 구현되고 최대한 기존에 사용하던 인터페이스를 맞춘다면 C나 C++ 개발된 라이브러리를 SkyOS로 쉽게 포팅할 수 있다. 프로젝트는 07_CommonLib.sln 솔루션을 실행한 후 TestCommonLibrary 함수를 참고한다.

C 런타임 라이브러리 제작

C 런타임(CRT) 라이브러리는 C 언어를 배움과 동시에 활용했던 라이브러리다. 운영체제를 개발할 때 CRT 라이브러리와 유사하게 개발하면 크게 도움이 되는데 그 이유는 다음과 같다.

- 우리가 유용하게 쓰고 있는 라이브러리는 대부분 C 런타임 라이브러리를 기반으로 제작됐다.
- C 런타임 라이브러리는 다른 라이브러리에 종속되지 않는다.
- 인터넷상에서 라이브러리 구현부를 쉽게 찾을 수 있다.

특히 첫 번째 항목이 가장 중요한데 우리가 그럴 듯하게 C 런타임 라이브러리를 구현한다면 이 C 런타임 라이브러리를 활용해 제작된 수많은 라이브러리를 우리 프로젝트로 끌어 올 수 있다. 몇 가지 샘플 함수를 살펴보자.

- strcpy

strcpy 함수는 문자열을 복사하는 함수다.

```
// 문자열 s2를 s1로 복사한다.
char *strcpy(char *s1, const char *s2)
{
    char *s1_p = s1;
    while (*s1++ = *s2++);
    return s1_p;
}
```

버퍼 s2의 내용을 버퍼 s1에 카피하는 함수다. s2의 버퍼가 s1의 버퍼보다 크다면 버퍼 오버플로우가 발생할 수 있다. 그렇기 때문에 strcpy_s 함수 같은 안전한 함수의 사용을 마이크로소프트에서 권장하고 있다.

- memcpy

memcpy 함수는 메모리를 복사하는 함수다.

[코드 9-2] memcpy 함수 구현

```
// 소스 데이터를 목적지 버퍼로 count만큼 복사한다.
void *memcpy(void *dest, const void *src, size_t count)
{
    const char *sp = (const char *)src;
    char *dp = (char *)dest;
    for(; count != 0; count--) *dp++ = *sp++;
    return dest;
}
```

소스 데이터를 한 바이트씩 얻어 세 번째 인수로 제공된 수만큼 목적지 주소로 카피한다.

- itoa

정수형 숫자를 특정 진수형으로 변경한다.

[코드 9-3] itoa 함수의 구현

```
char tbuf[32];
char bchars[] = { '0','1','2','3','4','5','6','7','8','9','A','B','C','D','E',
'F' };

void itoa(unsigned i, unsigned base, char* buf) {
        int pos = 0;
        int opos = 0;
        int top = 0;

        // 진수가 16을 넘거나 제공된 값이 0이면 문자 '0'을 buf에 담는다.
        if (i == 0 || base > 16) {
                buf[0] = '0';
                buf[1] = '\0';
                return;
        }

// 진수에 맞게 문자를 얻어낸다.
// 17이 입력되고 이를 16진수로 변환하면 11이다.
// 다음 루프가 그 기능을 담당한다.
        while (i != 0) {
                tbuf[pos] = bchars[i % base];
                pos++;
                i /= base;
        }
        top = pos--;
        for (opos = 0; opos < top; pos--, opos++) {
                buf[opos] = tbuf[pos];
        }
        buf[opos] = 0;
}
```

- sprintf

주어진 인자들을 가지고 특정 포맷의 문자열을 생성한다.

[코드 9-4] sprintf 함수

```
int sprintf(char *s, const char *format, ...)
{
        va_list arg;
        int ret;

        va_start(arg, format);
        ret = vsprintf(s, format, arg);
        va_end(arg);

        return ret;
}
```

va_start, va_end, vsprintf는 가변인자를 처리하기 위해 구현된 매크로 및 함수다.

몇 가지 기본적인 함수를 살펴봤는데 이 외에도 수많은 함수가 존재한다. 코드를 다 분석할 필요는 없지만 어떤 함수들이 존재하는지 확인하고 최소한 그 함수가 어떤 역할을 하는지는 알고 넘어가도록 한다.

이런 기본적인 런타임 함수를 직접 구현하는 데는 시간이 많이 걸린다. 요즘처럼 배워야 할 것이 많고 새롭게 등장하는 기술을 빠르게 습득해야 하는 시대에 누군가가 이미 구현해 놓은 것을 다시 구현하는 행위는 비효율적이다. 그러니 되도록이면 누군가가 구현해 놓은게 있다면 그것을 활용하고 그렇지 않은 경우에만 직접 코드를 작성하도록 하자. C 런타임 라이브러리 구현부는 깃허브 등에서 OS 프로젝트를 검색하면 어렵지 않게 구할 수 있다.

STL

STL을 우리 운영체제에서 그럴듯하게 구현하면 STL로 작성된 라이브러리들을 쉽게 우리 운영체제로 포팅할 수 있다. 대표적인 STL의 자료구조인 string, vector, list, map 등을 살펴보자. stl 관련 소스는 CommonLib/stl 폴더에서 확인할 수 있다.

string

stl의 기본 자료형 중 하나인 string 클래스를 구현해 보자. 모든 기능을 다 구현하지는 않는다.

[코드 9-5] stl string 구현

```
namespace std
{
    class string {
        ......
        size_t size() const;
        const char* data() const;
        const char* c_str() const;

        const char& operator[]( size_t index ) const;
        char* operator[](size_t index);
```

```
    private:
        char*  data_;
        size_t len_;
    };
}
```

size 함수와 c_str( ) 함수는 늘 사용되니 반드시 구현해야 하고 연산자 오버라이딩
을 통해 인덱스 접근 등이 가능해야 한다. 테스트 코드는 다음과 같다.

[코드 9-6] stl string 클래스 테스트 코드

```
void TestString( )
{
        std::string str("abc");
        SkyConsole::Print("%s\n", str.c_str( ));

        std::string str2 = str;
        str2 = "cdf";
        SkyConsole::Print("%s\n", str2.c_str( ));
}
```

vector

벡터는 C++ 개발자가 즐겨쓰는 자료구조 중 하나다. 템플릿을 활용한 벡터 자료구
조를 살펴보자.

[코드 9-7] 벡터 인터페이스

```
#pragma once
template <class T>
class  vector {
        ......
        unsigned int capacity( ) const;
```

```
        unsigned int size() const;
        bool empty() const;
        Iterator begin();
        Iterator end();
        T& front();
        T& back();
        void push_back(const T& value);
        void pop_back();

        void reserve(unsigned int capacity);
        void resize(unsigned int size);

        T & operator[](unsigned int index);
        vector<T> & operator = (const Vector<T> &);
        void clear();
private:
        unsigned int _size;
        unsigned int _capacity;
        unsigned int Log;
        T* buffer;
};
```

템플릿 클래스의 구현부는 C++ 특성상 헤더파일에 정의된다. 여러 메소드 중 벡터를 복제하는 연산자인 '=' 구현자를 살펴보자.

[코드 9-8] 벡터의 '=' 연산자 구현

```
template<class T>
vector<T>& vector<T>::operator = (const Vector<T> & v)
{
// 기존 버퍼는 지우고 복사할 벡터의 크기를 얻어 메모리를 할당한다.
        delete[] buffer;
        _size = v._size;
        Log = v.Log;
        _capacity = v._capacity;
        buffer = new T[_capacity];
```

```
        // 원본 벡터값을 복사한다.
        for (unsigned int i = 0; i < _size; i++)
                buffer[i] = v.buffer[i];
        return *this;
}
```

인자로 들어온 벡터의 크기만큼의 배열을 생성한 뒤 배열을 복사하는 코드다. 이 벡터 클래스를 사용하는 방법은 다음과 같다.

[코드 9-9] SkyOS에서 벡터 클래스의 활용

```
vector<int> vec;
vec.push_back(5);
vec.push_back(1);
vec.push_back(3);
vec.push_back(4);

while (vec.size() > 0)
{
        int data = vec.back();
        SkyConsole::Print("%d\n", data);
        vec.pop_back();
}
```

결과는 4, 3, 1, 5순으로 출력된다. 늘 사용하던 vector와 차이가 없음을 알 수 있다. 이러한 자료구조를 사용할 수 있게 된 궁극적인 이유는 메모리 시스템을 구축해서 메모리 할당을 동적으로 해주는 것이 가능해졌기 때문이다.

맵

맵map과 list를 SkyOS에서 활용하기 위해 STL과 비슷하게 구현한 오픈소스를 수없이 테스트했는데 대부분 결함이 존재했거나 문법이 조금씩 달랐다. 예를 들어 리스트의 경우 list.end()는 STL에서는 리스트의 마지막에 도달했음을 의미했는데 오픈소스의 경우 실제 마지막 요소를 가리키고 있는 경우가 많았다. 이런 인터페이스 차이나 버그 문제로 오픈소스는 사용하지 않고 실제 STL 소스을 활용하기로 결정했다.

SkyOS에서 사용한 STL 버전은 2.03이다. 상위 버전은 포팅하기 쉽지 않고 매우 복잡하지만 2.03 버전은 그나마 쉽게 수정해서 사용이 가능했다.

[코드 9-10] STL 맵 인터페이스(map.h)

```cpp
#include <tree.h>
template <class Key, class T, class Compare = less<Key>, class Alloc = alloc>
class map
{
  // begin, end, rbegin, rend, empty, size
  iterator begin() { return t.begin(); }
  iterator end() { return t.end(); }
  reverse_iterator rbegin() { return t.rbegin(); }
  reverse_iterator rend() { return t.rend(); }
  bool empty() const { return t.empty(); }
  size_type size() const { return t.size(); }

  // 입력, 삭제 관련
  pair<iterator,bool> insert(const value_type& x) { return t.insert_unique(x); }
  void erase(iterator position) { t.erase(position); }
  void clear() { t.clear(); }

  // 찾기 메소드:
  iterator find(const key_type& x) { return t.find(x); }
  ......
};
```

비록 STL 소스가 오래된 버전이긴 하지만 우리가 즐겨 사용해왔던 메소드들은 대부분 활용 가능하다. STL 소스를 활용하기 위해서 수정해야 하는 부분은 메모리 할당 부분이다. alloc.h 파일 내 다음 코드를 확인하자.

[코드 9–11] STL 메모리 할당자 정의 수정

```
static void * allocate(size_t n)
{
    void *result = (void *)kmalloc(n);
    if (0 == result) result = oom_malloc(n);
    return result;
}

static void deallocate(void *p, size_t n)
{
        kfree(p);
}
```

맵이나 리스트는 내부 메모리 할당 시 __malloc_alloc_template라는 템플릿 클래스를 활용한다. 맵이나 리스트도 템플릿 클래스이기 때문에 __malloc_alloc_template 클래스를 사용하지 않는다면 kfree나 kmalloc 함수가 정의돼 있지 않다 하더라도 컴파일 에러가 발생하지 않는다. 커널 프로젝트는 두 함수가 정의돼 있기 때문에 맵이나 리스트 클래스를 활용해도 컴파일 에러가 발생하지 않는다.

이 맵 자료구조를 활용한 테스트 코드는 다음과 같다.

[코드 9–12] 맵 테스트 코드

```
void TestMap()
{
        map<int, int> m10;
        map<int, int>::iterator it1;
        map<int, int>::iterator it2;
```

```
        m10[1] = 2;
        m10[2] = 4;
        m10[4] = 8;
        m10[3] = 6;
        m10[5] = 10;
        m10[6] = 12;
        m10[7] = 14;
        m10[8] = 16;

        for (it1 = m10.begin(); it1 != m10.end(); it1++) {
                SkyConsole::Print("%d  %d\n", (*it1).first, (*it1).second);
        }
        // 요소를 하나 지운다.
        m10.erase(3);
        i = 0;
        for (it1 = m10.begin(); it1 != m10.end(); it1++) {
                SkyConsole::Print("%d  %d\n", (*it1).first, (*it1).second);
                i++;
        }
}
```

[그림 9-1] 실행 결과

맵에서 인덱스가 3인 요소가 제대로 삭제됐음을 알 수 있다.

리스트

맵에서 STL 자료구조의 인터페이스를 확인했으므로 리스트의 인터페이스는 살펴보지 않는다. 리스트^{list} 테스트를 위한 샘플 코드를 살펴보자.

[코드 9-13] 리스트 테스트 샘플 코드

```
typedef struct tag_testStruct
{
        int j;
        int k;
}testStruct;

void Testlist()
{
        list<testStruct> fstlist;
        list<int> scndlist;
        int counter = 0;
        // 구조체를 리스트에 입력
        for (int i = 0; i <= 10; ++i) {
                testStruct a;
                a.j = i;
                a.k = i + 1;
                fstlist.push_back(a);
        }
        // 리스트의 요소를 출력
        list<testStruct>::iterator iter = fstlist.begin();
        for (size_t i = 0; i < fstlist.size(); i++, iter++)
        {
                SkyConsole::Print("item 0x%d 0x%d done\n", ((testStruct)
                (*iter)).j, ((testStruct(*iter)).k));
        }
```

```
        SkyConsole::Print("done!!\n");
}
```

구조체를 선언하고 이 구조체를 리스트에 담은 뒤 출력하는 코드다.

덱deque

양쪽 끝에서 삽입과 삭제가 모두 가능한 자료구조의 한 형태다. 두 개의 포인터를 사용해, 양쪽에서 삭제와 입력을 할 수 있다.

[코드 9-14] deque의 샘플 코드

```
deque<int> collection;
for(int i = 1; i < 10; i++)
        collection.push_front(i);
for(int i = 0; i < 9; i++)
        cout << collection[i] << ' ';
cout << endl;
```

위 코드는 push_front 메소드를 통해서 자료구조 앞에 요소를 삽입하기 때문에 1, 2, 3, 4, 5, 6, 7, 8, 9순으로 출력되지 않고 9, 8, 7, 6, 5, 4, 3, 2, 1순으로 출력된다.

[코드 9-15] 덱의 인터페이스

```
template <typename T>
class deque {
public:
        ……
        int size() const;  덱의 크기를 리턴한다.
        bool empty() const;
        void push_front(const T& b);   // 앞단에 요소를 더한다.
        void push_back(const T& b);    // 뒷단에 요소를 더한다.
        T& front();                    // 앞단의 요소를 얻는다.
```

```
        T& back( );                          // 뒷단의 요소를 얻는다.
        void pop_front( );                   // 큐의 앞단에서 요소를 제거한다.
        void pop_back( );                    // 큐의 뒷단에서 요소를 제거한다.


        ......
private:
        darray<T> _deque_front;
        darray<T> _deque_rear;
        ......
```

맵이나 리스트, 벡터, 큐의 인터페이스가 유사한 이유는 STL이 Generic Programming
을 추구하기 때문이다.

cout

콘솔 화면에 문자열을 출력할 때 printf 함수를 많이 사용하지만 c++ 코드에서는
cout을 많이 사용한다. OStream.h 파일을 살펴보자.

[**코드 9-16**] OStream 인터페이스

```
namespace std
{
        const char endl = '\n';

        class ostream
        {
        public:
                ostream & operator<<(char *cp);
                ostream& operator<<(char c);
                ostream& operator<<(int value);
                ostream& operator<<(unsigned char *cq);
                ostream& operator<<(unsigned char c1);
                ostream& ostream::operator<<(const char *cp);
```

```
            private:
            };


            extern ostream cout;
}
```

[코드 9-17] OStream 구현부

```
extern void printf(const char* str, ...);

namespace std
{
        ostream cout;
        ......
        // 정수형을 출력한다.
        ostream& ostream::operator<<(int value)
        {
                printf("%d", value);
                return *this;
        }
        // 문자열을 출력한다.
        ostream& ostream::operator<<(unsigned char *cq)
        {
                printf((char*)cq);
                return *this;
        }
        // 문자 하나를 출력한다.
        ostream& ostream::operator<<(unsigned char c1)
        {
                printf("%c", (char)c1);
                return *this;
        }
}
```

연산자를 오버라이딩한 후 문자열 출력 시 printf 메소드를 호출한다. printf 메소드

는 공통라이브러리 프로젝트에는 구현부가 존재하지 않는다. extern으로 선언돼 있으며 유저 프로젝트나 커널 프로젝트에 구현부가 존재한다.

비표준 자료구조

이번에 설명하는 자료구조는 SkyOS 개발에 사용되고 있는 자료구조다. 프로젝트에서의 사용을 점차 배제하고 있는 중이며 추후 STL로 변경할 계획을 가지고 있다. 해당 자료구조에 결함이 있다기보다는 표준 자료구조를 활용함으로써 소스코드의 일관성을 유지하기 위함이다.

이중 연결 리스트

다음 리스트 자료구조는 이중 포인터로 구성돼 있다. 그래서 해당 요소의 앞 뒤로 자료구조의 선회가 가능하다.

[코드 9-18] 이중 연결 리스트 인터페이스

```
struct ListNode
{
public:
        inline ListNode();
        virtual ~ListNode() {}
        inline void RemoveFromList();
        LPVOID _data;
private:
        ListNode *fNext;
        ListNode *fPrev;
        friend class DoubleLinkedList;
        friend class SkyQueue;
};
class DoubleLinkedList
{
```

```
public:
        inline DoubleLinkedList();
        inline ListNode* AddToTail(ListNode*);
        inline ListNode* AddToHead(ListNode*);
        inline ListNode* AddBefore(ListNode *next, ListNode *newEntry);
        inline ListNode* AddAfter(ListNode *prev, ListNode *newEntry);
        inline ListNode* Remove(ListNode*);
        inline ListNode* Remove(void*);
        inline void            Clear();
        inline ListNode* GetHead() const;
        inline ListNode* GetTail() const;
        inline ListNode* GetNext(const ListNode*) const;
        inline ListNode* GetPrevious(const ListNode*) const;
        inline bool IsEmpty() const;
        inline int CountItems() const;
protected:
        ListNode fDummyHead;
};
```

DoubleLinkedList 구조체를 통해서 리스트 기능을 사용할 수 있으며 리스트에 삽입
되는 요소는 ListNode로 기술된다.

[코드 9-19] DoubleLinkedList 자료구조를 사용하는 샘플 코드

```
DoubleLinkedList m_taskList; // 리스트의 선언
……
bool ProcessManager::RemoveFromTaskList(Process* pProcess)
{
        int threadCount = pProcess->m_threadList.CountItems();
        // 스레드의 전체 개수를 얻는다.
        for (int i = 0; i < threadCount; i++)
        {
                // 프로세스로부터 스레드를 얻은 뒤 태스크 리스트에서 제거한다.
                Thread* pThread = pProcess->GetThread(i);
                ListNode* pNode = m_taskList.Remove(pThread);
                if (pNode)
```

```
                    {
                            delete pNode;
                    }
                    ......
            }
}
```

위의 코드는 태스크를 관리하는 리스트에서 특정 태스크를 삭제하는 메소드다. 리스트에 객체를 담기 위해 ListNode라는 별도의 객체를 생성해야 하기 때문에 사용하기 번거로운 면이 있다.

큐

큐^{queue}는 FIFO 자료구조다. 이 큐는 DoubleLinkedList 구조체를 상속받아 구현된다.

[코드 9-20] queue 구조체의 구현

```
class SkyQueue : public DoubleLinkedList {
public:
        inline QueueNode* Enqueue(QueueNode*);
        inline QueueNode* Dequeue();
};
// 큐에 요소를 삽입한다.
inline QueueNode* SkyQueue::Enqueue(QueueNode *element)
{
        return AddToTail(element);
}
// 큐에서 요소를 꺼내고 리스트에서 삭제한다.
inline QueueNode* SkyQueue::Dequeue()
{
        QueueNode *node = GetHead();
        if (node == 0)
                return 0;
```

```
        node->RemoveFromList();
        return node;
}
```

queue 클래스에서 외부에 노출되는 클래스는 두 개다.

- inline QueueNode* Enqueue(QueueNode*): 객체를 큐잉한다(자료구조에 집어넣는다).
- inline QueueNode* Dequeue(): 객체를 빼낸다.

[코드 9-21] queue 클래스의 활용

```
void TestQueue()
{
        SkyQueue queue;
        QueueNode* pNode = new QueueNode();
        pNode->_data = (void*)5;
        queue.Enqueue(pNode);

        QueueNode* pNode2 = new QueueNode();
        pNode2->_data = (void*)10;
        queue.Enqueue(pNode2);

        QueueNode* result = queue.Dequeue();
        delete result;
        result = queue.Dequeue();
        delete result;
}
```

위의 코드는 5, 10 정수형 값들을 queue에 넣고 빼는 것을 보여준다.

요소를 삽입하려고 할 때마다 QueueNode를 할당해야 한다는 점, 템플릿을 사용하지 않아 다양한 객체를 큐에 집어넣으려고 할 때 타입 변환을 해야 한다는 점은 이 클래스를 사용하기 힘들게 하는 요소다.

스택

스택stack은 앞의 템플릿 벡터 클래스를 활용하면 쉽게 구현할 수 있다.

[코드 9-22] Stack 클래스

```
template<typename T>
class Stack {
private:
        vector<T> theArray;
public:
        Stack() { theArray.clear(); }
        void push(T data) { theArray.push_back(data); }
        T pop() { T retData = theArray.back(); theArray.pop_back(); return
        retData; }

};
```

다음 코드는 Stack을 활용하는 방법을 보여준다.

[코드 9-23] Stack 클래스의 활용

```
Stack<int> s;
s.push(10);
s.push(20);
s.push(30);

while (s.size() > 0)
{
        int data = s.pop();
        SkyConsole::Print("%d\n", data);
}
```

예상대로 30, 20, 10순으로 출력되는 결과를 확인할 수 있을 것이다.

정리

C 런타임 라이브러리와 STL 라이브러리를 커널뿐만 아니라 응용 애플리케이션 제 작에 활용할 수 있게 됐다. 공통 라이브러리 인터페이스를 기존 C, C++에서 사용하 는 표준 라이브러리 형태로 제작하면 괜찮은 오픈소스 라이브러리를 우리 OS로 포 팅하기 쉬울 뿐만 아니라 그 역도 가능해질 수 있다.

최초 운영체제를 제작할 때는 이런 점을 생각지도 못해서 개발이 진행됨에 따라 API가 대폭 수정됐다. 그 대표적인 예로 C의 표준 파일 입출력 함수를 들 수 있다.

사실 루아 라이브러리를 SkyOS에 사용가능하도록 포팅 작업을 진행했었는데 실패 한 적이 있었다. 여러 가지 이유가 존재했는데 그 중 큰 이유는 수학 라이브러리 함 수를 구현하지 못했고 파일 입출력 함수 인터페이스가 달라서 포팅에 어려움을 겪었 기 때문이다.

표준 인터페이스 작업을 해두면 크로스 플랫폼 프로그래밍이 쉽게 가능해진다. 표준 입출력 함수 인터페이스를 미리 살펴보자.

[코드 9-24] 표준 입출력 함수 리스트

```
size_t fread(void *ptr, size_t size, size_t nmemb, FILE *stream);
FILE *fopen(const char *filename, const char *mode);
int fclose(FILE *stream);
int feof(FILE *stream);
int ferror(FILE *stream);
int fflush(FILE *stream);
FILE *freopen(const char *filename, const char *mode, FILE *stream);
int fseek(FILE *stream, long int offset, int whence);
long int ftell(FILE *stream);
size_t fwrite(const void *ptr, size_t size, size_t nmemb, FILE *stream);
int getc(FILE * stream);
```

```
char *   strerror(int errnum);
int fprintf(FILE * stream, const char * format, ...);
```

이중에서 fread, fopen, fclose, feof, fseek, ftell, fwrite는 필수적으로 쓰이는 함수다. 또한 getc나 strerror, freopen 등의 함수도 지금 당장은 구현하지 않더라도 호환성을 위해 원형을 유지해야 할 것이다.

이런 표준화된 함수를 사용하도록 운영체제를 다듬어 나가면 더욱더 외부 라이브러리의 포팅이 쉬워질 것이다. STL 라이브러리도 맵과 리스트외의 수많은 자료구조를 추가한다면 STL로 작성된 수많은 소스코드를 손쉽게 포팅할 수 있을 것이다.

TestCommonLibrary 함수에는 이번에 소개한 자료구조에 대한 테스트 코드가 있으니 주석을 풀어서 결과를 확인해 보자.

10

디바이스 구현

컴퓨터를 사용하는 데 필수적인 디바이스에는 키보드, 하드 디스크, 마우스 등이 존재한다. 제10장에서는 이러한 디바이스를 다루는 디바이스 드라이버를 구현해서 입출력 장치를 핸들링해볼 수 있도록 한다. 사실 제10장에서 다룰 디바이스 장치들은 운영체제에서 다뤄야 할 필수적인 장치지만 실제 목적은 디바이스 장치의 구현외에도 제11장, 'VFS'를 설명하기 위해서다. 그리고 제11장에서는 언어적인 측면에서 디자인 패턴을 다루고 있기 때문에 제10장과 제11장은 큰 틀에서 보면 C++ 언어의 활용과도 관련이 있다.

제10장과 제11장을 통해 실제 디바이스 장치의 입출력을 다뤄보고 이를 구현하기 위해 간단한 디자인 패턴을 활용함으로써 C++ 언어 활용의 기틀을 마련하자.

프로젝트는 08_Device.sln 파일을 실행해서 참조한다.

키보드

키보드는 컴퓨터가 등장한 이래로 입력장치로써 그 생명력을 계속 유지하고 있다. 스마트폰 시대에 터치 입력 인터페이스가 유행하고 있지만 키보드가 여전히 현역에서 쓰이는 이유는 빠른 속도로 편하게 타이핑을 할 수 있기 때문이다.

키보드 핸들러의 구현

키보드 입력을 받기 위해서는 인터럽트를 처리할 수 있는 핸들러를 등록해야 한다. InitKeyboard 함수를 살펴보자.

[코드 10-1] 키보드 디바이스 핸들러 등록

```
bool InitKeyboard()
{
        KeyboardController::SetupInterrupts();
        return true;
}


void KeyboardController::SetupInterrupts()
{
        FlushBuffers();
        setvect(33, KeyboardHandler);
}
```

인터럽트 번호 33이 키보드에서 인터럽트가 발생했음을 의미한다. 이 인터럽트를 처리하기 위한 핸들러는 KeyboardHandler다.

[코드 10-2] KeyboardHandler 키보드 인터럽트 핸들러

```
// 키보드 인터럽트 핸들러
__declspec(naked) void KeyboardHandler()
{
        // 레지스터를 저장하고 인터럽트를 끈다.
```

264

```
        _asm
        {
                PUSHAD
                PUSHFD
                CLI
        }

        // 스택 상태가 변경되는 것을 막기 위해 함수를 호출한다.
        _asm call KeyboardController::HandleKeyboardInterrupt

        SendEOI( );

        // 레지스터를 복원하고 원래 수행하던 곳으로 돌아간다.
        _asm
        {
                POPFD
                POPAD
                IRETD
        }
}
```

이 인터럽트 핸들러가 실행된다는 것은 외부로부터 키보드 인터럽트가 발생했다는 것을 의미한다. 인터럽트가 발생하면 기존의 레지스터값들을 스택에 저장하는데 이러한 레지스터값들은 원래의 코드 수행으로 복귀하기 위해 필요하다. 그래서 우리는 인터럽트 핸들러가 종료될 시점의 스택이 인터럽트가 발생했을 때의 상태와 똑같음을 보장해야 한다. 인터럽트 핸들러를 종료하고 원래 수행하던 코드로 복원하는 어셈블러 명령어는 IRETD다. 그리고 CPU에 의해 호출된 이 KeyboardHandler 핸들러는 스택프레임을 형성하지 않기 때문에 함수 앞에 _declspec(naked) 키워드를 명시했다.

또한 인터럽트 핸들러 실행 도중에 또다른 인터럽트가 발생되는 상황을 막기 위해서 인터럽트 발생을 막는 어셈블리 명령어 CLI를 사용했다. 핸들러가 종료될 때는 기본 레지스터 및 플래그 레지스터를 복원해서 원래 상태로 되돌린다.

간략하게 위의 함수에서 등장한 어셈블리 명령어를 정리해 보자.

○ CLI: 인터럽트 발생을 막는다.

○ PUSHAD, POPAD: 기본 레지스터값들을 스택에 저장, 복원한다.

○ PUSHFD, POPFD: 플래그 레지스터를 스택에 저장, 복원한다.

○ call: 함수를 호출한다.

○ _asm: 비주얼 스튜디오에서 쓰이는 명령어. 인라인 어셈블리를 가능하게 한다.

○ IRETD: 코드 수행 흐름을 변경한다(스택에 엔트리 포인트 정보 등이 제대로 들어 있어야 한다).

그러면 실제 키보드 입력 이벤트를 다루는 HandleKeyboardInterrupt 함수 내부를 살펴보자.

[코드 10-3] HandleKeyboardInterrupt 함수

```
void KeyboardController::HandleKeyboardInterrupt()
{
        unsigned char asciiCode;
        scanCode = InPortByte(0x60);     // 키 스캔 코드를 얻는다.
        if (!(SpecialKey(scanCode) | (scanCode >= 0x80))) // 아스키 코드라면
        {
                if (shift)
                // 쉬프트키와 Caps Lock 상태에 따른 적절한 아스키값을 얻어온다.
                {
                        if (!caps)
                                asciiCode = shifted[scanCode];

                        else
                                asciiCode = capsShifted[scanCode];
                }
                else
                {
                        if (!caps)
```

```
                        asciiCode = normal[scanCode];
                else
                        asciiCode = capsNormal[scanCode];
        }
        // 키버퍼에 아스키값을 기록한다.
        if (buffend != (KEYBUFFSIZE - 1))
        {
                buffend++;
        }
        buffer[buffend] = asciiCode;
    }
}
```

키 스캔 코드를 얻고 특수 키인지를 체크한 후(Alt, Ctrl, Shift 키 등) 아스키 코드라면 Caps Lock, Shift 키값을 체크해서 적절한 아스키값을 얻어낸 후 키 버퍼에 저장한다. 스캔 코드와 아스키 코드의 매핑은 shifted, capsShifted, normal, capsNormal 배열에서 확인할 수 있다.

[코드 10-4] 스캔 코드와 아스키 코드와의 관계

```
unsigned char normal[] = {              // 키보드 문자 맵
    0x00,0x1B,'1','2','3','4','5','6','7','8','9','0','-','=','\b','\t',
    'q','w','e','r','t','y','u','i','o','p','[',']',0x0D,0x80,
    'a','s','d','f','g','h','j','k','l',';',047,0140,0x80,
    0134,'z','x','c','v','b','n','m',',','.','/',0x80,
    '*',0x80,' ',0x80,0x80,0x80,0x80,0x80,0x80,0x80,0x80,0x80,
    0x80,0x80,0x80,0x80,0x80,0x80,0x80,0x80,0x80,0x80,0x80,0x80,
    0x80,0x80,0x80,'0',0177
};
```

예를 들어 스캔 코드 2는 문자 '1'과 매핑된다. 문자 '1'의 아스키 코드값은 0x31 이다.

이렇게 키 버퍼에 저장된 아스키 코드는 GetInput 함수를 호출해서 얻어낸다.

[코드 10-5] GetInput 함수

```
char KeyboardController::GetInput()  // 키보드 데이터를 외부에 주기 위해 제공되는 메소드
{
        int i = 0;
        while (buffend == 0)  // 키보드 데이터가 들어올 때까지 대기한다.
        {
                // msleep(10);
        }

        kEnterCriticalSection();  // 버퍼를 수정하는 동안 인터럽트를 비활성화시킨다.
        for (; i < buffend; i++)
        {
                buffer[i] = buffer[i + 1];
        }
        buffend--;
        kLeaveCriticalSection(); // 인터럽트를 활성화한다.

        return buffer[0];
}
```

GetInput 함수는 아스키값을 저장할 수 있는 버퍼에 데이터가 기록될 때까지 대기하
고 있다가 데이터가 쌓이면 아스키 값을 순차적으로 배열에서 얻어낸다. 이 GetInput
함수는 나중에 구축할 콘솔시스템이나 GUI 콘솔시스템에서 사용한다. 키보드의 입력
정보를 사용하는 예는 제13장의 콘솔시스템에서 더 자세히 알아보도록 한다.

플로피 디스크

플로피 디스크 드라이브는 이제 구 시대의 산물이라 할 수 있다. 5.25인치는 구경하기 힘들며 3.5인치는 데스크톱의 기본 사양이 아니다. 하지만 속도가 느리고 용량이 작아도 읽고 쓸 수 있는 매체란 점에서는 USB와 다를 바 없다. 저장 장치의 변천 역사를 알기 위해서라도 오래된 장치에 대해 리뷰하는 것은 의미있는 일이라고 생각한다.

이런 오래된 장치뿐만 아니라 USB나 SATA 하드 디스크, SSD 같은 최신 장비를 읽어들이는 디바이스 모듈을 구축할 수 있다면 더할나위 없이 좋겠으나 아무런 자료가 없는 상태에서 이런 모듈을 구축하는 것은 너무나 힘든 작업이다. 또한 운영체제의 구조를 설명한다는 취지와는 거리가 멀다는 생각도 든다. 도전적이고 실력있는 개발자분이 바이오스 장치를 통하지 않고 USB 장치를 읽어들이거나 SATA, SSD 하드 디스크를 읽어들이는 디바이스 드라이버를 개발해 줬으면 하는 바람도 있다.

Tip

> USB 디바이스 드라이버를 제작하는 것은 결코 쉬운 일이 아니다. 윈도우 98 운영체제에서 USB는 제대로 인식되지 않는 경우가 많은데 이를 보더라도 다양한 USB 장치를 운영체제에서 제대로 인식하기 위해서는 많은 노력을 필요로 할 것으로 보인다.

플로피 디스크 초기화

플로피 디스크 디바이스 구현 부분은 FloppyDisk.h / FloppyDisk.cpp에서 확인할 수 있다. Install 함수를 실행해서 인터럽트 핸들러를 등록한다.

[코드 10-6] 플로피 디스크 인터럽트 핸들러 설치

```
FloppyDisk::Install(38);

void Install(int irq)
```

```
{
        setvect(irq, FloppyDiskHandler);
        Reset();
        // 드라이브 정보 설정
        ConfigureDriveData(13, 1, 0xf, true);
}
```

플로피 디스크의 인터럽트 번호는 38이다. 플로피 디스크 인터럽트 핸들러인 FloppyDiskHandler를 살펴보자.

[코드 10-7] FloppyDiskHandler 메소드

```
// 플로피 디스크 인터럽트 핸들러
// 플로피 디스크로부터 인터럽트가 발생했다는 것만 체크한다.
__declspec(naked) void FloppyDiskHandler()
{
        // 레지스터를 저장하고 인터럽트를 끈다.
        _asm
        {
                PUSHAD
                PUSHFD
                CLI
        }
        _floppyDiskIRQ = true;
        SendEOI();
        // 레지스터를 복원하고 원래 수행하던 곳으로 돌아간다.
        _asm
        {
                POPFD
                POPAD
                IRETD
        }
}
```

주석에도 기재했지만 이 핸들러는 플로피 디스크로부터 인터럽트가 발생했다는 것만을 _floppyDiskIRQ 변수에 기록한다. 그외의 어셈블리 코드는 키보드 핸들러와 유사함을 알 수 있다.

실제 플로피 디스크로부터 데이터를 읽는 함수는 ReadSector 메소드인데 ReadSector 메소드에서는 플로피 디스크에 읽기 요청을 보내고 _floppyDiskIRQ 변수가 변경됐는지 확인한 후 데이터 읽기를 실행한다.

[코드 10-8] ReadSector 함수

```
uint8_t* ReadSector(int sectorLBA)
{
        if (_CurrentDrive >= 4)
                return 0;
        // LBA 주소를 CHS 주소로 변경한다.
        int head = 0, track = 0, sector = 1;
        ConvertLBAToCHS(sectorLBA, head, track, sector);

        // 모터를 켜고 트랙을 찾는다.
        ControlMotor(true);
        if (Seek((uint8_t)track, (uint8_t)head) != 0)
                return 0;
        // 섹터를 읽은 후 모터를 끈다.
        ReadSectorImpl((uint8_t)head, (uint8_t)track, (uint8_t)sector);
        ControlMotor(false);

        return (uint8_t*)DMA_BUFFER;
}
```

섹터는 512바이트 단위며 요청을 통해 읽어들인 데이터는 DMA_BUFFER 주소에 저장된다. ConvertLBAToCHS 함수는 논리블록주소(LBA$^{Logical\ Block\ Addressing}$)를 실린더-헤더-섹터(CHS$^{Cylinder,\ Header,\ Sector}$) 주소 형태로 변환하는 작업을 한다.

[표 10-1] 주소 종류

주소 종류	내용
LBA	물리적 구조를 생각하지 않고 섹터가 일렬로 연결돼 있다고 가정한 구조
CHS	물리적 데이터 블록에 주소를 제공하는 초기 방식

IDE 하드 디스크나 플로피 디스크는 물리적으로 실린더, 헤드, 섹터 형식을 구성하고 있다. [그림 10-1]은 실린더, 트랙, 섹터의 관계를 나타낸다.

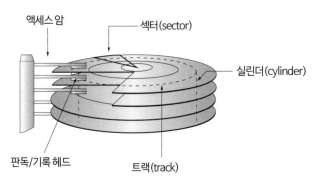

[그림 10-1] 디스크 구조

하드 디스크

하드 디스크는 IDE, SATA를 거쳐 SSD 타입으로 발전하고 있으며 IDE 타입 하드 디스크는 구시대의 유물이 돼고 있는 중이다. 여기서는 IDE 하드 디스크의 입출력을 다룬다. IDE 하드 디스크의 입출력 관련해서는 HardDisk.h / HardDisk.cpp 파일을 참조하자. HardDiskHandler 클래스의 인터페이스는 다음과 같다.

[코드 10-9] HardDiskHandler 인터페이스

```
class HardDiskHandler
{
private:
```

```
        Collection <HDDInfo *> HDDs; // 인식한 하드 디스크 정보 모음
        static BYTE DoSoftwareReset(UINT16 deviceController);
        BYTE m_lastError;
public:
        void Initialize();

        BYTE GetTotalDevices();
        HDDInfo * GetHDDInfo(BYTE * DPF);

        // 주소모드 변환
        UINT32 CHSToLBA(BYTE *DPF, UINT32 Cylinder, UINT32 Head, UINT32
        Sector);
        void LBAToCHS(BYTE *DPF, UINT32 LBA, UINT32 * Cylinder, UINT32 * Head,
        UINT32 * Sector);
        // 읽기, 쓰기 메소드
        BYTE ReadSectors(BYTE * DPF, UINT16 StartCylinder, BYTE StartHead,
        BYTE StartSector, BYTE NoOfSectors, BYTE * buffer, BOOLEAN WithRetry =
        TRUE);
        BYTE ReadSectors(BYTE * DPF, UINT32 StartLBASector, BYTE NoOfSectors,
        BYTE * buffer, BOOLEAN WithRetry = TRUE);
        BYTE WriteSectors(BYTE * DPF, UINT16 StartCylinder, BYTE StartHead,
        BYTE StartSector, BYTE NoOfSectors, BYTE * Buffer, BOOLEAN WithRetry =
        TRUE);
        ......
};
```

Initialize 메소드에서 하드 디스크를 초기화하며 ReadSectors와 WriteSectors 메소드를 통해 데이터의 읽기와 쓰기가 가능하다. CHSToLBA, LBAToCHS 메소드는 블록 주소 접근 방식을 지정한다.

하드 디스크 초기화

HardDiskHandler 클래스의 Initialize 메소드는 시스템 내 하드 디스크를 검색하고 초기화한다.

```
// 초기화 메소드 : 모든 디바이스 컨트롤러를 확인해서 이용할 수 있는지 체크한다.
void HardDiskHandler::Initialize()
{
        char strKey[3] = "H0"; // 하드 디스크 ID

        // 아무런 역할을 하지 않는 하드 디스크 인터럽트 핸들러지만 정의를 해야 한다.
        setvect(32 + 14, _HDDInterruptHandler);
        setvect(32 + 15, _HDDInterruptHandler);

        // Collection 구조체. 검색된 하드 디스크를 리스트 형태로 관리한다.
        HDDs.Initialize();

        // 디바이스 컨트롤러를 통해 하드 디스크를 찾는다.
        for (int DeviceController = 0; DeviceController < IDE_CONTROLLER_NUM;
        DeviceController++)
        {
                DoSoftwareReset(DeviceController); //소프트웨어 리셋
                // 디바이스 컨트롤러를 사용할 수 없으면 패스한다.
                if (IsDeviceControllerBusy(DeviceController, 1000))
                        continue;

                // 디바이스 진단 요청을 한다.
                OutPortByte(IDE_Con_IOBases[DeviceController][0] + IDE_CB_
                COMMAND, IDE_COM_EXECUTE_DEVICE_DIAGNOSTIC);
                        continue;

                // 에러 레지스터로부터 결과를 얻어온다.
                BYTE result = InPortByte(IDE_Con_IOBases[DeviceController][0] +
                IDE_CB_ERROR);
                // 마스터와 슬레이브 디스크에 대해 루프를 돈다.
                for (BYTE device = 0; device < 2; device++)
                {
                        UINT16 DeviceID_Data[512], j;

                        if (device == 1 && (result & 0x80))
```

```
                continue;

    // 디바이스 IO가 가능하다면
    if (device == 1) // 슬레이브인가
            OutPortByte(IDE_Con_IOBases[DeviceController][0] +
            IDE_CB_DEVICE_HEAD, 0x10);
    else
            OutPortByte(IDE_Con_IOBases[DeviceController][0] +
            IDE_CB_DEVICE_HEAD, 0x0);
    // msleep(50);
    // 디바이스 정보 요청
    OutPortByte(IDE_Con_IOBases[DeviceController][0] + IDE_CB_
    COMMAND, IDE_COM_IDENTIFY_DEVICE);
    // 디바이스 정보가 채워질 때까지 대기한다.
    if (!IsDeviceDataReady(DeviceController, 600, TRUE))
    {
            SkyConsole::Print("Data not ready %d\n",
            DeviceController);
            continue;
    }
    // 디바이스로부터 512바이트 정보를 읽어들인다.
    for (j = 0; j < 256; j++)
        DeviceID_Data[j] = InPortWord(IDE_Con_IOBases
        [DeviceController][0] + IDE_CB_DATA);

    // HDD 노드 생성
    HDDInfo * newHDD = (HDDInfo *)kmalloc(sizeof(HDDInfo));
    if (newHDD == NULL)
    {
            SkyConsole::Print("HDD Initialize :: Allocation
            failed\n");
            return;
    }

    // HDD 노드에 디바이스 정보를 기록한다.
    newHDD->IORegisterIdx = DeviceController;
    memcpy(newHDD->DeviceID, DeviceID_Data, 512);
    newHDD->DeviceNumber = device;
```

```
                newHDD->LastError = 0;
                newHDD->CHSSectorCount = DeviceID_Data[6];
                ......
                // 구조체에 정보를 채운 후 하드 디스크 목록에 추가한다.
                HDDs.Add(newHDD, strKey);
                SkyConsole::Print("DeviceId : %x, %s\n", device, newHDD-
                >ModelNumber);
                strKey[1]++; // 새 하드 디스크 노드를 위해 하드 디스크 ID를 변경한다.
                }
        }
}
```

하드 디스크 디바이스 컨트롤러에 IO 커맨드를 보내서 시스템에 설치된 하드 디스
크의 정보를 얻어낸 후 디바이스 정보(HDDInfo 구조체)를 컬렉션 구조체에 추가하는
코드다. 초기화 과정은 다음과 같다.

1. 루프를 돌면서 각 디바이스 컨트롤러의 Busy 비트를 확인한다. 이 값이 설정
   돼 있으면 해당 디바이스 컨트롤러는 사용할 수 없다.
2. 디바이스를 진단하는 커맨드를 보낸다.
3. 특정 시간 대기 동안 Busy 비트가 클리어되면 디바이스 컨트롤러에 접근할
   수 있다.
4. 진단 커맨드 결과를 에러 레지스터로부터 읽는다.
   a) 0번째 비트값이 설정됐다면 마스터 디스크가 설치된 것을 의미
   b) 7번째 비트값이 설정됐다면 슬레이브 디스크가 설치되지 않음
5. 디바이스 헤드 레지스터에 적당한 비트값을 설정한다.
6. 디바이스 커맨드를 보낸다.
7. 디바이스로부터 512바이트 정보값을 받는다.

코드 초반부에 인터럽트 핸들러 2개를 설정했다(32+14, 32+15). 이 핸들러는 실제로
아무런 일을 수행하지 않고 제어권을 CPU에게 돌린다.

[코드 10-11] HDDInterruptHandler 하드 디스크 인터럽트 핸들러

```
__declspec(naked) void _HDDInterruptHandler() {

        ......
        // 어떠한 코드도 수행하지 않는다.
        ......

}
```

이 핸들러는 특별히 어떤 행동을 하지 않지만 이 기본 핸들러를 등록해 두지 않으면 운영체제가 비정상 동작하므로 반드시 인터럽트 테이블에 등록해야 한다.

deviceController 변수는 기본적으로 우리가 테스트해 볼 IDE 장치의 개수를 나타낸다. 테스트하는 장치는 한 개(IDE_CONTROLLER_NUM)로 부팅 속도 때문에 하나로 설정했다. 최대 네 개로 설정 가능하다. 디바이스 초기화를 통해 디바이스 정보를 얻어내면 이 값을 HDDInfo 구조체에 기록한 후 컬렉션 자료구조에 담는다. HDDInfo 구조체는 다음과 같다.

[코드 10-12] HDDInfo 구조체

```
typedef struct tag_HDDInfo
{
        BYTE IORegisterIdx;   // IO 리소스와 IRQ 인덱스 번호
        BYTE IRQ;

        BYTE DeviceNumber;    // 0: 마스터, 1:슬레이브
        char SerialNumber[21];
        char FirmwareRevision[21];
        char ModelNumber[21];
        BYTE DMASupported;
        BYTE LBASupported;

        BYTE DeviceID[512];            // 디바이스 식별 커맨드로부터 얻은 디바이스 ID
        BYTE Mode;                     // 0 - CHS 모드, 1-LBA 모드
```

```
        UINT16 CHSHeadCount;              // 헤드 수
        UINT16 CHSCylinderCount;          // 실린더 수
        UINT16 CHSSectorCount;            // 섹터 수
        UINT32 LBACount;                  // LBA 모드에서만 사용
        UINT16 BytesPerSector;            // 섹터당 바이트 수

        BYTE LastError;
}HDDInfo;
```

이름으로 변수가 어떤 역할을 하는지 대부분 알 수 있을 것이다. 대략적으로 다음과 같은 정보를 확인할 수 있다.

- 마스터, 슬레이브 여부
- 시리얼 넘버, 펌웨어 버전, 모델번호
- DMA, LBA 지원 여부
- 섹터당 바이트수, 보통 512바이트
- CHS 정보(실린더, 헤더, 섹터의 수)

하드 디스크 읽기 / 쓰기

LBA 모드로 하드 디스크로부터 데이터를 읽는 ReadSectors 메소드를 살펴보자.

[코드 10-13] ReadSectors 메소드

```
BYTE HardDiskHandler::ReadSectors(BYTE * DPF, UINT16 StartCylinder, BYTE
StartHead, BYTE StartSector, BYTE NoOfSectors, BYTE * buffer, BOOLEAN WithRetry)
{
        HDDInfo * pHDDInfo;
        BYTE DevHead, StartCylHigh = 0, StartCylLow = 0;

        // 하드 디스크 아이디로부터 하드 디스크 정보를 얻어낸다.
        pHDDInfo = HDDs.Item((char *)DPF);
        if (pHDDInfo == NULL)
        {
                m_lastError = HDD_NOT_FOUND;
```

```
                return HDD_NOT_FOUND;
}


if (pHDDInfo->DeviceNumber == 0)
        DevHead = StartHead | 0xA0;
else
        DevHead = StartHead | 0xB0;


// 디바이스가 준비될 때까지 대기한다.
if (IsDeviceControllerBusy(pHDDInfo->IORegisterIdx, 1 * 60))
{
        m_lastError = HDD_CONTROLLER_BUSY;
        return HDD_CONTROLLER_BUSY;
}


// 디바이스가 데이터 커맨드를 받아들일 준비가 됐는지 확인한다.
OutPortByte(IDE_Con_IOBases[pHDDInfo->IORegisterIdx][0] + IDE_CB_
DEVICE_HEAD, DevHead);


if (!IsDeviceDataReady(pHDDInfo->IORegisterIdx, 1 * 60, FALSE))
{
        m_lastError = HDD_DATA_COMMAND_NOT_READY;
        return HDD_DATA_COMMAND_NOT_READY;
}


StartCylHigh = StartCylinder >> 8;
StartCylLow = (StartCylinder << 8) >> 8;


// 읽어들일 데이터의 위치를 지정한다. 실린더 위치, 섹터 시작 위치, 읽어들일 섹터의 수
OutPortByte(IDE_Con_IOBases[pHDDInfo->IORegisterIdx][0] +
            IDE_CB_CYLINDER_HIGH, StartCylHigh);
OutPortByte(IDE_Con_IOBases[pHDDInfo->IORegisterIdx][0] +
            IDE_CB_CYLINDER_LOW, StartCylLow);
OutPortByte(IDE_Con_IOBases[pHDDInfo->IORegisterIdx][0] +
            IDE_CB_SECTOR, StartSector);
OutPortByte(IDE_Con_IOBases[pHDDInfo->IORegisterIdx][0] +
            IDE_CB_SECTOR_COUNT, NoOfSectors);
```

```
OutPortByte(IDE_Con_IOBases[pHDDInfo->IORegisterIdx][0] +
        IDE_CB_COMMAND, WithRetry ?
        IDE_COM_READ_SECTORS_W_RETRY : IDE_COM_READ_SECTORS);

// 요청한 섹터 수만큼 데이터를 읽어들인다.
for (BYTE j = 0; j < NoOfSectors; j++)
{
        // 디바이스에 데이터가 준비됐는가?
        if (!IsDeviceDataReady(pHDDInfo->IORegisterIdx, 1 * 60, TRUE))
        {
                m_lastError = HDD_DATA_NOT_READY;
                return HDD_DATA_NOT_READY;
        }

        // 이 루프를 통해 섹터 크기인 512바이트를 버퍼에 기록할 수 있다.
        for (UINT16 i = 0; i < (pHDDInfo->BytesPerSector) / 2; i++)
        {
                UINT16 w = 0;
                BYTE l, h;

                // 2바이트를 읽는다.
                w = InPortWord(IDE_Con_IOBases[pHDDInfo->IORegisterIdx]
                [0] + IDE_CB_DATA);
                l = (w << 8) >> 8;
                h = w >> 8;

                // 2바이트를 쓴다.
                buffer[(j * (pHDDInfo->BytesPerSector)) + (i * 2)] = l;
                buffer[(j * (pHDDInfo->BytesPerSector)) + (i * 2) + 1]
                = h;
        }

}
return HDD_NO_ERROR;
}
```

전체적인 흐름은 다음과 같다.

1. HDDInfo 객체를 얻는다.
2. 디바이스를 사용할 수 있는지 확인한다.
3. 디바이스 비트를 설정한다.
4. 디바이스가 데이터 커맨드를 받아들일 준비가 됐는지 확인한다.
5. 헤드와 트랙, 기타값들을 설정한다.
6. 읽기 커맨드를 보낸다.
7. 디바이스가 데이터 전송을 할 수 있는 준비가 됐는지 확인한다.
8. 데이터 레지스터에 접근해서 데이터를 읽는다.
9. 데이터 레지스터로부터 읽은 데이터를 버퍼에 기록한다.

WriteSectors 메소드도 ReadSectors 메소드와 유사한 로직을 보여준다. 소스코드
에서 참조하기 바란다.

정리

지금까지 필수적인 디바이스 장치에 대해 확인해 봤다. 키보드는 유저 입력을 받아
들이고 플로피 디스크, 하드 디스크는 데이터를 읽고 쓸 수 있다는 측면에서 반드시
필요한 장치다. CPU가 하드웨어 장치로부터 정보를 가져오고 그 정보를 운영체제에
전달하는 과정은 복잡하긴 하지만 그 과정을 완벽히 이해할 필요는 없다.

안드로이드로 프로그래밍을 할 때 달빅 자바 가상 시스템이 언제 메모리를 회수하는
지 등을 항상 염두해 두고 프로그래밍을 하는 개발자는 없을 것이다. 운영체제 제작
도 마찬가지라고 본다. 도전적인 개발자라면 하드 디스크의 자기 데이터가 어떤 하
드웨어를 거쳐 메모리에 적재되는지 그 제반사항을 모두 알고 싶어하겠지만 오로지
소프트웨어 개발에 중점을 두는 개발자라면 하드 디스크 데이터가 인터럽트 핸들러
에 도달하는 과정만 이해하면 충분하다.

근본적으로 이야기하고 싶은 점은 우리는 추상화라는 개념을 항상 마음에 염두해 두고 프로그래밍을 해야 한다는 것이다. 하드디스크 입출력을 추상화 관점에서 설명한다면 다음과 같을 것이다.

- 하드 디스크가 존재하는지 확인한다.
- 하드 디스크에 데이터 읽기를 요청한다.
- 요청 결과를 대기하고 결과가 전달됐으면 처리한다.

추상화 개념에 익숙해지면 다양한 언어나 플랫폼에 대한 대응이 쉬워진다. 추상화 대상이 된 하드웨어 구조에 대해 더 깊이 파고들지 여부는 해당 개발자의 몫이다.

비록 디바이스 장치의 입출력을 구현했지만 아직 이 디바이스를 테스트해 볼 수는 없다. 키보드의 경우는 콘솔시스템이 완성된 후 키보드 입력을 확인해 보겠다. 플로피 디스크나 하드 디스크의 경우도 현재까지 구현된 내용만으로는 의미가 없는데 그 이유는 물리장치의 섹터에서 데이터를 읽는다고 해서 그 데이터가 어떤 의미를 가지지 않기 때문이다. 데이터를 읽고 쓰는 것이 의미를 가지려면 특정 파일에 데이터를 읽거나 쓸 수 있어야 한다. 이를 위해서는 파일시스템이 구축돼야 한다. NTFS나 FAT 등이 대표적인 파일시스템이라 할 수 있다. 또한 이런 파일시스템이 복수 개 존재할 경우 각각의 파일시스템에 접근하기 위해 매번 다른 인터페이스를 사용한다면 매우 불편할 것이다. 그래서 우리는 가상 파일시스템을 도입해야 한다. 제11장에서는 가상파일시스템을 구축해서 제10장에서 구현한 저장 장치로부터의 입출력을 확인해 본다.

11

VFS

VFS는 Virtual File System의 약어로 파일시스템을 추상화하는 역할을 한다. 제10장, '디바이스 구현'에서 우리는 다양한 저장 장치를 살펴봤었다. 플로피 디스크, 하드 디스크 등이 저장 장치에 해당되며 SkyOS가 발전함에 따라 USB나 SATA 하드 디스크 등이 추가될지도 모른다. 이런 다양한 저장 장치에 대해 접근하는 인터페이스가 매번 다르다면 개발자는 프로그램을 유지보수하는 데 크게 어려움을 겪을 것이다.

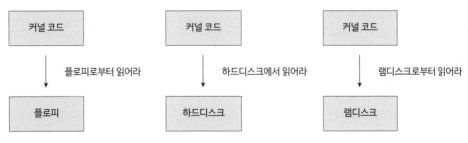

[그림 11-1] 유지보수가 힘든 저장 장치 접근 인터페이스

가상 파일시스템을 도입하면 어떤 저장 장치든 이를 활용하는 코드 측면에서는 동일한 인터페이스로 접근할 수 있기 때문에 한 번 구현된 코드는 수정이 거의 일어나지 않는다는 장점을 가질 수 있다.

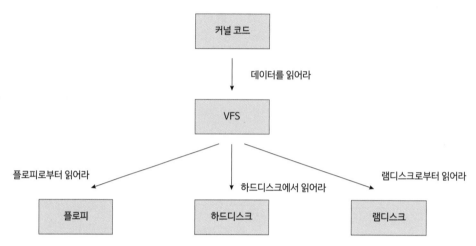

[그림 11-2] 동일한 인터페이스로 저장 장치에 접근

이런 콘셉트로 제11장에서 살펴볼 내용은 다음과 같다.

- VFS 시스템을 구현한다.
- 간단한 디자인 패턴을 활용한다.
- 저장 장치간 전환을 확인한다.

프로젝트는 계속해서 08_Device.sln을 실행해서 참고한다.

파일시스템

플로피 디스크나 하드 디스크에 데이터를 읽고 쓰는 인터페이스를 제10장, '디바이스 구현'에서 구현했었다. 하지만 이것만으로는 저장 장치에 저장된 데이터가 어떤 의미를 가지는지 알 수 없기 때문에 파일시스템을 구축해야 한다. 파일시스템을 구축해야 우리가 하드 디스크나 USB에 존재하는 파일들을 인식할 수 있기 때문이다.

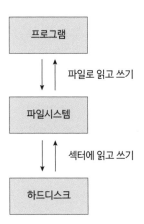

[**그림 11-3**] 파일시스템의 위치와 역할

운영체제마다 사용되는 파일시스템이 다르고 종류도 다양한데 여기서는 윈도우 운영체제에서 사용하는 FAT 시스템을 간략히 소개한다.

- FAT

  FAT^{File Allocation Table} 시스템은 여러 개의 섹터를 모은 클러스터란 단위로 파일을 관리한다. 섹터의 크기는 일반적으로 512바이트며 클러스터는 이 값의 배수 크기인 2KB~32KB 단위로 설정된다. [그림 11-4]를 살펴보자.

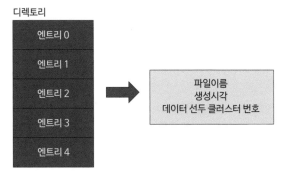

[**그림 11-4**] FAT의 디렉토리

저장 장치를 FAT 시스템으로 포맷하면 [그림 11-4]와 같은 디렉토리 구조체가 생성된다. 디렉토리는 엔트리의 배열이며 엔트리는 파일 이름, 생성시각, 파일이 시작되는 클러스터의 인덱스 번호를 가진다. 크기가 한정돼서 파일 이름은 확장자까지 포함해서 11자밖에 표현할 수 없으며 FAT32는 이 제한을 벗어나서 더 긴 이름을 저장할 수 있다. 한 파일의 크기는 최대 4GB가 한계라 FAT 시스템에 블루레이 영화 한 편을 담기에는 무리가 있다. FAT 엔트리의 크기는 4바이트다.

엔트리에 파일이 시작되는 클러스터 인덱스 번호가 존재한다고 했는데 이 번호를 사용하면 파일의 완전한 데이터를 조회할 수 있다.

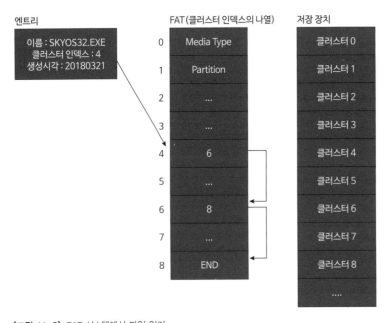

[**그림 11-5**] FAT 시스템에서 파일 읽기

SKYOS32.EXE란 파일의 데이터를 읽는다고 가정해 보자. 디렉토리의 엔트리 리스트에서 똑같은 이름을 가진 엔트리를 찾는다. 엔트리를 찾은 후 클러스터 인덱스값을 읽는다. 예시에서는 클러스터 인덱스가 4인데 이 값을 시작으로 해서 FAT 테이블을 읽는다. FAT 요소에서 4는 6의 값을 가지고 있다. 이제 6의 요소에 접근하면 8임을 알 수 있고 8은 END 마킹이 돼 있어 끝이라는 것을 알 수 있다. 즉 4, 6, 8 클러스터가 SKYOS32.EXE 파일을 구성하는 데이터며 저장 장치로부터 클러스터4, 클러스터6, 클러스터8을 읽어들인다. 클러스터 크기가 2KB라면 총 6KB를 읽는다.

FAT 시스템에서 FAT 엔트리 0, 1은 사용되지 않는다. FAT 시스템은 FAT12, 16, 32로 나뉘는데 시스템 구분 여부는 FAT 엔트리 첫 번째 요소로 구분한다. 이 값에 따라 END 마크도 달라진다.

[표 11-1] FAT12, FAT16, FAT32 파일시스템 차이에 따른 클러스터 인덱스 의미

FAT 타입	비할당 상태	배드섹터 여부	파일의 끝인지 여부
FAT12	0	00xFF7	0xFF8
FAT16	0	0xFFF7	0xFFF8
FAT32	0	0xFFFFFF7	0xFFFFFF8

FAT 시스템은 심플하고 직관적이지만 보안에 취약하며 파일시스템이 손상됐을 때 복구하기가 어렵다는 것이 단점이다. 이런 단점을 보완한 파일시스템이 NTFS 파일시스템이다.

현재 SkyOS에 구현된 저장 장치는 플로피 디스크와 IDE 하드 디스크, 그리고 뒤에서 소개할 램디스크와 메모리 리소스 디스크가 존재한다. 이 저장 장치들은 각자의 파일시스템을 가지고 있다. 앞에서 언급했지만 이런 저장 장치에 대한 커널의 접근은 동일한 인터페이스로 통일할 것이며 이 역할을 하는 것이 다음에 소개할 StorageManager 클래스다.

StorageManager 클래스

앞에서는 FAT 파일시스템만 소개했지만 이외에도 다양한 파일시스템이 존재한다. 이런 다양한 파일시스템에 접근할 때 커널에게 일관성을 보장하기 위해서는 VFS 역할을 담당하는 기능을 추가해야 한다.

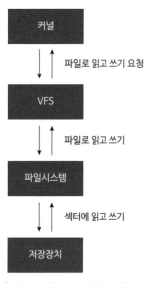

[그림 11-6] VFS의 위치와 역할

SkyOS에서는 StorageManager 클래스가 그 기능을 담당하며 커널에게 일관된 인터페이스를 제공한다.

[코드 11-1] StorageManager 클래스 인터페이스

```
class StorageManager
{
public:
        ~StorageManager();

        static StorageManager* GetInstance()
        {
```

```cpp
            if (m_pStorageManager == nullptr)
                    m_pStorageManager = new StorageManager();


            return m_pStorageManager;
    }

    // 인터페이스
    bool RegisterFileSystem(FileSysAdaptor* fsys, DWORD deviceID);
    bool UnregisterFileSystem(FileSysAdaptor* fsys);
    bool UnregisterFileSystemByID(DWORD deviceID);

    bool SetCurrentFileSystemByID(DWORD deviceID);
    bool SetCurrentFileSystem(FileSysAdaptor* fsys);

    // 파일 메소드
    PFILE OpenFile(const char* fname, const char *mode);
    int ReadFile(PFILE file, unsigned char* Buffer, unsigned int size, int
    count);
    int WriteFile(PFILE file, unsigned char* Buffer, unsigned int size, int
    count);
    bool CloseFile(PFILE file);

private:
    StorageManager();
    static StorageManager* m_pStorageManager;

    FileSysAdaptor* m_fileSystems[STORAGE_DEVICE_MAX];
    int m_stroageCount;
    FileSysAdaptor* m_pCurrentFileSystem;
};
```

인터페이스를 살펴보자.

[표 11-2] 디바이스 등록/해제 메소드

메소드	내용
RegisterFileSystem	파일시스템을 등록한다. 플로피라면 FAT16, 하드 디스크는 FAT32다. 동일한 파일시스템을 사용하는 다른 장치가 존재할 수도 있지만(예를 들면 FAT32 파일시스템을 가진 USB) 여기서는 한 저장 장치가 하나의 파일시스템을 가지고 있다고 가정한다.
UnregisterFileSystem	파일시스템을 제거한다.
UnregisterFileSystemByID	디바이스 아이디로 파일시스템을 제거한다.

인터페이스를 통해서 다양한 저장 장치를 등록하거나 해제할 수 있다. Storage Manager 클래스에 정상적으로 등록이 된다면 우리는 이 저장 장치에 자유롭게 접근할 수 있다.

한편 이렇게 등록된 저장 장치는 동일한 인터페이스로 접근할 수 있다.

[표 11-3] 저장 장치 접근 메소드

메소드	내용
OpenFile	파일을 연다.
ReadFile	파일로부터 데이터를 읽는다.
WriteFile	파일에 데이터를 기록한다.
CloseFile	파일을 닫는다.

사용하려는 디바이스를 지정하려면 SetCurrentFileSystemByID 또는 SetCurrent FileSystem 메소드를 사용하면 된다.

이제는 UML 다이어그램을 통해 StorageManager 클래스와 디바이스 저장 장치와의 관계를 명확히 해보자.

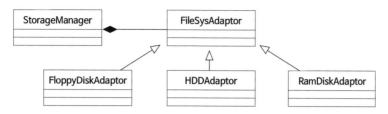

[그림 11-7] StorageManager 클래스와 디바이스 저장 장치 관계 다이어그램

StorageManager 클래스는 FileSysAdaptor 클래스의 인터페이스만 알면 된다. 하부에 구현된 것이 플로피든 HDD든 상관없이 FileSysAdaptor 클래스를 통해서만 접근이 이뤄지므로 이 클래스의 인터페이스를 바꾸지 않는 한 StorageManager 클래스가 수정될 일은 없다.

[코드 11-2] FileSysAdaptor 인터페이스

```cpp
// 파일시스템
class FileSysAdaptor
{
public:
        FileSysAdaptor(char* deviceName, DWORD deviceID);
        ~FileSysAdaptor();

        virtual FILE* Open(const char* FileName, const char *mode) = 0;
        virtual int Read(PFILE file, unsigned char* buffer, unsigned int size,
        int count) = 0;
        virtual size_t Write(PFILE file, unsigned char* buffer, unsigned int
        size, int count) = 0;
        virtual bool Close(PFILE file) = 0;

        virtual bool Initialize() = 0;
        virtual int GetCount() = 0;

        char m_deviceName[MAXPATH];
        DWORD m_deviceID;
};
```

순수 가상함수로 선언된 함수는 반드시 구현부가 존재해야 한다. 이 인터페이스를 상속한 FloppyDiskAdaptor, HDDAdaptor, RamDiskAdaptor 클래스는 모두 이 인터페이스를 구현했다.

한편 하부에 구현된 FloppyDiskAdaptor 클래스 등은 실제 저장 장치의 접근을 우리 시스템에 맞게 재가공하는 역할을 한다. HDDAdaptor 클래스를 살펴보자.

[코드 11-3] HDDAdaptor 클래스

```
class HDDAdaptor : public FileSysAdaptor
{
public:
        HDDAdaptor(char* deviceName, DWORD deviceID);
        virtual ~HDDAdaptor();

        void PrintHDDInfo();

        bool Initialize() override;
        virtual int GetCount() override;
        virtual int Read(PFILE file, unsigned char* buffer, unsigned int size,
        int count) override;
        virtual bool Close(PFILE file)  override;
        virtual PFILE Open(const char* FileName, const char *mode)  override;
        virtual size_t Write(PFILE file, unsigned char* buffer, unsigned int
        size, int count) override;
};
```

메소드에 붙은 override 키워드는 이 메소드가 오버라이드됐다는 것을 의미한다. 간혹 실수로 특정 메소드가 오버라이드됐다고 혼동할 수 있는데 이 키워드를 사용하면 메소드가 오버라이드됐는지 여부를 명확히 알 수 있으므로 도움이 된다.

HDDApdator 클래스의 인터페이스를 보면 아직까지 하드웨어 종속적인 내용이 보이지 않는다. 실제 구현부를 살펴보자.

```
PFILE HDDAdaptor::Open(const char* fileName, const char *mode)
{
        std::string name = "C:";
        name += fileName;
        // 파일이 존재하면 파일 핸들을 리턴한다.
        int handle = FATFileOpen('C', (char*)name.c_str(), 0);

        if (handle == 0)
        {
                SkyConsole::Print("File Open Fail : %s\n", fileName);
                return nullptr;
        }
        // HDD에 종속된 내용을 공통 포맷으로 변환한다.
        PFILE file = new FILE;
        file->_deviceID = 'C';
        strcpy(file->_name, fileName);
        file->_id = handle;

        return file;
}
```

하드 디스크에서 파일을 열기 위해 위의 메소드를 사용하는데 FATFileOpen 함수와 같은 하드웨어 종속적인 코드를 호출한다. 또한 이러한 함수들이 돌려주는 결과값은 SkyOS에서 공통으로 사용하는 포맷과 다를 것이다. SkyOS의 FILE 구조체는 다음 과 같다.

[코드 11-5] SkyOS FILE 구조체

```
typedef struct _FILE {

        char    _name[32]; // 파일 이름
        DWORD   _flags; // 플래그
        DWORD   _fileLength; // 파일 길이
```

```
        DWORD      _id; // 아이디, 또는 핸들
        DWORD      _eof; // 파일의 끝에 도달했는가
        DWORD      _position; // 현재 위치
        DWORD      _currentCluster; // 현재 클러스터 위치
        DWORD      _deviceID; // 디바이스 아이디

}FILE, *PFILE;
```

각 디바이스 장치에 특화된 코드가 돌려주는 결과값은 위의 포맷에 맞지 않으므로 HDDAdaptor의 Open 메소드는 그 포맷에 맞게끔 데이터를 재가공한다. 이런 형태의 패턴을 어댑터 패턴이라고 부른다. 어댑터 패턴을 사용하면 커널 코드와 디바이스 관련 코드를 분리할 수 있기 때문에 유지보수성이 좋아진다. 또한 특정 디바이스 처리 관련해서 문제가 발생한다 해도 그 부작용은 해당 디바이스 자체로 국한되기 때문에 확장성이 좋아진다.

표준 입출력 함수와의 연계

SkyOS가 표준 인터페이스를 제공하기 위해 파일 입출력 함수를 다듬어야 한다는 것은 앞에서 언급한 바 있다. 파일 입출력 함수와 StorageManager 클래스를 연동시키는 코드를 구현하자.

[코드 11-6] 기본 파일 입출력 함수와 StorageManager 클래스와의 연동

```
FILE *fopen(const char *filename, const char *mode) // 파일을 연다.
{
        return StorageManager::GetInstance()->OpenFile(filename, mode);
}
size_t fread(void *ptr, size_t size, size_t count, FILE *stream)
// 파일로부터 데이터를 읽는다.
{
        return StorageManager::GetInstance()->ReadFile(stream, (unsigned char*)
```

```
        ptr, size, count);
}
size_t fwrite(const void *ptr, size_t size, size_t count, FILE *stream)
// 파일에 데이터를 쓴다.
{
        return StorageManager::GetInstance()->WriteFile(stream, (unsigned
        char*)ptr, size, count);
}

int fclose(FILE *stream) // 파일을 닫는다.
{
        return StorageManager::GetInstance()->CloseFile(stream);
}
int feof(FILE *stream) // 파일의 끝에 도달했는지 확인한다.
{
        if (stream->_eof != 0)
                return stream->_eof;
        return 0;
}
int fseek(FILE *stream, long int offset, int whence)
// 특정 위치로 파일 포인터 위치를 옮긴다.
{
        if (SEEK_CUR == whence)
        {
                fgetc(stream);
                return 1;
        }
        ......
        return 0;
}
long int ftell(FILE *stream) // 파일 포인터의 위치를 리턴한다.
{
        return (long int)stream->_position;
}
int fgetc(FILE * stream) // 파일로부터 문자 하나를 얻어낸다.
{
        char buf[2];
```

```
        int readCount = StorageManager::GetInstance( )->ReadFile(stream,
        (unsigned char*)buf, 1, 1);

        if (readCount == 0)
                return EOF;
        return buf[0];
}

char* fgets(char *dst, int max, FILE *fp) // 문장 한 라인을 얻는다.
{
        int c = 0;
        char *p = nullptr;
        for (p = dst, max--; max > 0; max--) {
                if ((c = fgetc(fp)) == EOF)
                        break;
                if (c == 0x0d) // 캐리지 리턴
                        continue;
                *p++ = c;
                if (c == 0x0a) // 새 라인
                        break;
                }
        *p = 0;
        if (p == dst || c == EOF)
                return NULL;
        return (dst);
}
```

표준 입출력 함수 중 구현되지 않은 메소드는 0을 리턴한다.

 Tip

fwrite 메소드는 램디스크외에는 동작하지 않는다. 표준 입출력 함수를 제대로 구현해야 외부 라이브러리를 쉽게 가져올 수 있기 때문에 이 부분은 계속 작업 중이다.

StorageManager 클래스는 싱글턴 객체로 구현했기 때문에 프로그램 전역공간에서 접근이 가능하다.

MINT64 램디스크

MIN64 OS는 64비트 멀티코어로 제작된 오픈소스 운영체제로 지금도 꾸준히 업데이트되고 있는 운영체제다. 자체 파일시스템을 구현해서 파일을 읽어들일 수 있을 뿐만 아니라 메모리상에 파일을 읽고 저장가능한 램디스크도 구현했다. 여기서는 MINT64의 램디스크를 SkyOS로 가져오겠다(『64비트 멀티코어 OS 원리와 구조』(한빛미디어, 2011).

MINT64 램디스크 구조를 SkyOS로 가져오려면 램디스크를 VFS 규격에 맞게 수정해야 한다. 램디스크를 위한 RamDiskAdaptor 클래스를 살펴보자.

[코드 11-7] RamDiskAdaptor 구현부

```
// 램디스크를 초기화한다.
bool RamDiskAdaptor::Initialize()
{
        bool result = kInitializeRDDFileSystem();

        if (result == true)
        {
                kGetHDDInformation(m_pInformation);
                PrintRamDiskInfo();
                return true;
        }

        return false;
}
// 램디스크는 하나이므로 1을 리턴한다.
```

```
int RamDiskAdaptor::GetCount()
{
        return 1;
}


// 초기화 시 기본 정보를 설정했다.
void RamDiskAdaptor::PrintRamDiskInfo()
{
        SkyConsole::Print("RamDisk Info\n");
        SkyConsole::Print("Total Sectors : %d\n",
                              m_pInformation->dwTotalSectors);
        SkyConsole::Print("Serial Number : %s\n",
                              m_pInformation->vwSerialNumber);
        SkyConsole::Print("Model Number : %s\n",
                              m_pInformation->vwModelNumber);
}
// 파일로부터 데이터를 읽어들인다.
int RamDiskAdaptor::Read(PFILE file, unsigned char* buffer, unsigned int size,
int count)
{
        return kReadFile(buffer, size, count, (MFILE*)file->_id);
}
// 파일을 닫는다.
bool RamDiskAdaptor::Close(PFILE file)
{
        if (file == nullptr)
                return false;

        return (-1 != kCloseFile((MFILE*)file->_id));
}


// 파일을 연다.
PFILE RamDiskAdaptor::Open(const char* fileName, const char *mode)
{
        MFILE* pMintFile = kOpenFile(fileName, mode);
// MFILE은 MINT64의 파일 구조체, PFILE은 SkyOS의 파일 구조체다.
// 커널 코어에 똑같은 인터페이스를 제공하기 위해 MINT64와 관련된 내용은 숨긴다.
```

```
        if (pMintFile)
        {
// 파일을 문제 없이 찾았으면 FILE 객체를 생성하고 리턴한다.
                PFILE file = new FILE;
                file->_deviceID = 'K';
                strcpy(file->_name, fileName);
                file->_id = (DWORD)pMintFile; // MINT64가 생성한 파일 객체 포인터
                return file;
        }
        return nullptr;
}


// 파일에 데이터를 쓴다.
size_t RamDiskAdaptor::Write(PFILE file, unsigned char* buffer, unsigned int
size, int count)
{
        if (file == nullptr)
                return 0;

        return kWriteFile(buffer, size, count, (MFILE*)file->_id);
}
```

RamDiskAdaptor 클래스에서 사용한 Mint64 램디스크 관련 메소드를 살펴보자.

[표 11-4] Mint64 램디스크 관련 함수

함수	내용
kInitializeRDDFileSystem	램디스크를 초기화한다.
kOpenFile	파일을 연다.
kReadFile	파일을 읽는다.
kWriteFile	파일을 쓴다.

해당 함수는 MintFileSystem.h / MintFileSystem.cpp 파일에서 확인할 수 있으니 함수 구현부를 확인하기 바란다. 램디스크는 초기화될 때 패키지 데이터가 존재하는지 유무를 체크하고 패키지 데이터가 존재한다면 램디스크에 그 내용을 쓴다.

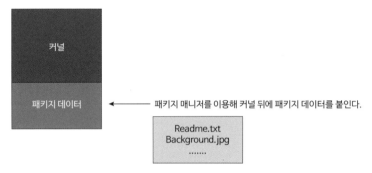

[그림 11-8] 패키지 데이터를 커널에 붙이기

[그림 11-8]과 같이 패키지 메이커 툴을 이용해서 커널파일 다음에 필요로 하는 데이터들을 패키지 형태로 붙인다. 램디스크는 초기화된 후 패키지 데이터 영역을 찾아내서 파싱한 후 파일들을 램디스크 영역에 복사한다. 패키지 데이터의 구조는 [그림 11-9]와 같다.

[그림 11-9] 패키지 데이터 구조

[코드 11-8] 패키지 헤더 구조체

```
// 패키지 헤더 자료구조
typedef struct tag_PACKAGEHEADER
{
        char vcSignature[16]; // 시그너처
        DWORD dwHeaderSize; // 헤더 크기
} PACKAGEHEADER;
```

패키지 헤더 구조체는 패키지 데이터 선두에 저장된다. 시그너처값은 패키지 데이터를 찾기 위해 필요하다. 헤더 크기는 패키지 헤더의 크기와 패키지 헤더 뒤에 나열되는 패키지 아이템 구조체 크기의 총합이다.

[코드 11-9] 패키지 아이템 구조체

```
// 패키지 내부에 파일 정보를 저장하기 위한 구조체
typedef struct tag_PACKAGEITEM
{
        char vcFileName[MAXFILENAMELENGTH]; // 파일 이름
        DWORD dwFileLength; // 파일의 크기
} PACKAGEITEM;
```

패키지 아이템 구조체는 파일의 이름과 파일의 크기를 저장한다. 패키지 아이템 구조체 배열 이후에는 파일 데이터가 기록돼 있으며 패키지 아이템의 파일 크기값을 이용해서 순차적으로 파일을 얻어낸다. 그리고 이렇게 얻어진 파일은 램디스크에 쓰여진다. 지금까지 설명한 기능을 수행하는 코드는 RamDiskAdaptor 클래스의 InstallPackage 메소드에서 확인할 수 있다.

[코드 11-10] InstallPackage 메소드

```
// 패키지 데이터를 파싱해서 모든 파일 데이터를 램디스크로 복사
bool RamDiskAdaptor::InstallPackage()
{
```

```cpp
        FILE* fp;
        PACKAGEITEM* pstItem = nullptr;
        UINT32 dwDataAddress = 0;

        // 패키지 시그너처를 찾는다. 시그너처 : "SKYOS32PACKAGE "
        PACKAGEHEADER* pstHeader = FindPackageSignature(KERNEL_LOAD_ADDRESS,
        PhysicalMemoryManager::GetKernelEnd());

        // 패키지 데이터 포인터
        dwDataAddress = (UINT32)(((char*)pstHeader) + pstHeader->dwHeaderSize);
        // 패키지 아이템 구조체 포인터
        pstItem = (PACKAGEITEM*)(((char*)pstHeader) + sizeof(PACKAGEHEADER));
        // 패키지 아이템의 개수
        DWORD dwItemCount = (pstHeader->dwHeaderSize - sizeof(PACKAGEHEADER)) /
        sizeof(PACKAGEITEM);
        // 패키지에 포함된 모든 파일을 찾아서 램 디스크로 복사
        for (DWORD i = 0; i <  dwItemCount; i++)
        {
                // 패키지 아이템에 포함된 파일 이름으로 파일을 생성
                fp = fopen(pstItem[i].vcFileName, "w");

                // 파일 내용을 램 디스크로 복사
                fwrite((BYTE*)dwDataAddress, 1, pstItem[i].dwFileLength, fp);

                // 파일을 닫음
                fclose(fp);

                // 다음 파일이 저장된 위치로 이동
                dwDataAddress += pstItem[i].dwFileLength;
        }
        return true;
}
```

실기로 부팅할 경우, 특히 USB로 부팅할 경우에는 현재 파일을 읽어들일 수 있는 방법이 없는데 램디스크와 패키지 매니저를 이용하면 로드하고 싶은 파일들을 커

널 다음에 붙여서 활용할 수 있으므로 램디스크는 매우 유용하다. 또한 램디스크는 특정 매체에 의존하지 않으므로 가상 저장 장치로써 유용하게 활용할 수 있다. 패키지 매니저 툴은 Module/PackageMaker 폴더에서 확인 가능하니 소스를 살펴보기 바란다.

> **Tip**
>
> 현재까지는 USB FAT32 시스템에 저장된 파일을 읽는 방법을 구현하진 못했지만 계속해서 방법을 강구하고 있는 중이다. 현 시점에서는 메모리 리소스 디스크나 램디스크를 활용해서 USB로부터 파일을 읽어들일 수 있다.

메모리 리소스 디스크

램디스크와 패키지 매니저를 이용하면 커널에서 필요로 하는 파일을 쉽게 메모리에 적재할 수 있다. 이외에 한 가지 방법이 더 있다. GRUB이 커널을 로드할 때 추가로 여러 모듈을 로드할 수 있다는 것은 알고 있을 것이다. 이 GRUB이 로드한 파일들을 관리해 주는 매니저를 만들면 램디스크와 동등한 효과를 볼 수 있다. GRUB에 의해 로드된 파일들을 읽는 기능은 MemoryResourceAdaptor 클래스에서 확인할 수 있다.

[**코드 11-11**] MemoryResourceAdaptor 클래스 인터페이스

```
class MemoryResourceAdaptor : public FileSysAdaptor
{
public:
        MemoryResourceAdaptor(char* deviceName, DWORD deviceID);
        ~MemoryResourceAdaptor();

        virtual bool Initialize() override;
        virtual int GetCount() override;
```

```cpp
    virtual int Read(PFILE file, unsigned char* buffer, unsigned int size,
    int count) override;
    virtual bool Close(PFILE file)  override;
    virtual PFILE Open(const char* FileName, const char *mode)  override;
    virtual size_t Write(PFILE file, unsigned char* buffer, unsigned int
    size, int count) override;
};
```

여기서는 Open, Read 메소드만 살펴본다.

[코드 11-12] MemoryResourceAdaptor Open, Write 메소드

```cpp
PFILE MemoryResourceAdaptor::Open(const char* fileName, const char *mode)
{
        // 모듈 매니저를 통해 GRUB이 로드한 모듈을 찾는다.
        Module* pModule = SkyModuleManager::GetInstance()->FindModule(fileName);
        // 모듈이 존재하면 모듈 정보를 이용해서 파일 객체에 정보를 저장한다.
        if (pModule)
        {
                PFILE file = new FILE;
                file->_deviceID = 'L';
                strcpy(file->_name, fileName); // 파일 이름
                file->_id = (DWORD)pModule; // 파일 핸들
                file->_fileLength = pModule->ModuleEnd - pModule->ModuleStart;
                // 파일 크기
                file->_eof = 0;
                file->_position = 0;
                return file;
        }

        return nullptr;
}
// 파일 객체로부터 데이터를 읽어들인다.
int MemoryResourceAdaptor::Read(PFILE file, unsigned char* buffer, unsigned int
size, int count)
{
```

```
        // 핸들로부터 모듈 구조체 포인터를 얻는다.
        Module* pModule = (Module*)file->_id;

        int remain = file->_fileLength - file->_position;
        // 남아있는 데이터 크기 계산
        int readCount = size * count // 요청한 읽기 크기 값 계산
        ;
        if (readCount > remain) // 요청한 읽기 크기가 남아있는 데이터 크기보다 크다면
        {
                readCount = remain;
                file->_eof = 1;
        }

        // 버퍼에 데이터를 복사한다.
        memcpy(buffer, ((char*)pModule->ModuleStart) + file->_position,
        readCount);
// 데이터를 읽은 위치를 갱신한다.
        file->_position += readCount;
// 버퍼에 쓴 데이터 길이를 리턴한다.
        return readCount;
}
```

SkyModuleManager 클래스는 싱글턴으로 구현됐으며 GRUB에 로드된 파일들을 찾거나 관리하기 위해 제작됐다.

실습

가상 파일시스템을 통해서 제대로 파일을 읽을 수 있는지 확인해 보자. 지금까지는 플로피 디스크 매체로 커널을 부팅했지만 여기서부터는 하드 디스크로부터 커널을 부팅할 것이다. 부팅이 되면 하드 디스크, 플로피, 램 디스크, 메모리 디스크 모두 인식이 된다. 실습에 관련된 파일들은 구글 드라이브 Image/08_Device 폴더에서 다운받을 수 있다. 다운받은 후 다음 파일들을 QEMU 폴더로 복사한다.

- SkyOS.img: 가상 하드 디스크
- SkyOS.ima: 가상 플로피 디스크
- SkyOS.bat: 배치 파일

에뮬레이터를 실행하는 배치 파일 명령은 다음과 같이 변경됐다.

```
qemu-system-x86_64 -L . -m 128 -hda SkyOS.img -fda skyos.ima -soundhw sb16,es1370
-localtime -M pc -boot c
```

하드 디스크를 인식하기 위해 -hda SkyOS.img를 추가했으며 부팅은 C 드라이브에서 시작한다.

VFS를 구성하는 부분은 StorageManager 클래스의 ConstructSystem 메소드에서 수행된다.

[코드 11-13] ConstructSystem 메소드

```
bool StorageManager::ConstructFileSystem(multiboot_info* info)
{
        // IDE 하드 디스크
        FileSysAdaptor* pHDDAdaptor = new HDDAdaptor("HardDisk", 'C');
        pHDDAdaptor->Initialize();
        if (pHDDAdaptor->GetCount() > 0)
        {
                StorageManager::GetInstance()->RegisterFileSystem(pHDDAdaptor,
                'C');
        }
        else
        {
                delete pHDDAdaptor;
        }

        // 램 디스크
        FileSysAdaptor* pRamDiskAdaptor = new RamDiskAdaptor("RamDisk", 'K');
```

```
if (pRamDiskAdaptor->Initialize() == true)
{
        StorageManager::GetInstance()->RegisterFileSystem(
        pRamDiskAdaptor, 'K');
        StorageManager::GetInstance()->SetCurrentFileSystemByID('K');
        ((RamDiskAdaptor*)pRamDiskAdaptor)->InstallPackage());
}
else
{
        delete pRamDiskAdaptor;
}


// 메모리 리소스 디스크
FileSysAdaptor* pMemoryResouceAdaptor = new MemoryResourceAdaptor(
"MemoryResouceDisk", 'L');
if (pMemoryResouceAdaptor->Initialize() == true)
{
        StorageManager::GetInstance()->RegisterFileSystem(
        pMemoryResouceAdaptor, 'L');
}
else
{
        delete pMemoryResouceAdaptor;
}


// 플로피 디스크
FileSysAdaptor* pFloppyDiskAdaptor = new FloppyDiskAdaptor(
"FloppyDisk", 'A');
if (pFloppyDiskAdaptor->Initialize() == true)
{
        StorageManager::GetInstance()->RegisterFileSystem(
        pFloppyDiskAdaptor, 'A');
}
else
{
        delete pFloppyDiskAdaptor;
}
```

```
        TestStorage("sample.txt", 'C');

        StorageManager::GetInstance()->SetCurrentFileSystemByID('K');
        SkyConsole::Print("K drive Selected\n");
        ......
}
```

각각의 저장 장치에 대한 어댑터를 생성한 후 저장 장치 초기화에 성공하면
StorageManager 객체에 등록하는 코드다. TestStorage 함수를 통해서 저장 장치의
sample.txt 파일을 읽을 수 있는지를 수행한다.

[코드 11-14] TestStorage 함수

```
// 저장 장치 테스트
void TestStorage(const char* filename, char driveLetter)
{
// 지정된 드라이브를 설정한다.
        StorageManager::GetInstance()->SetCurrentFileSystemByID(driveLetter);
        FILE* pFile = fopen(filename, "r");
// 파일이 발견됐으면
        if (pFile != NULL)
        {
                SkyConsole::Print("Handle ID : %d\n", pFile->_id);
// 버퍼를 생성한 뒤 512바이트를 읽어들인다.
// 파일 전부를 다 읽을 수도 있지만 테스트기 때문에 512바이트만 읽어 화면에 출력한다.
                BYTE* buffer = new BYTE[512];
                memset(buffer, 0, 512);
                int ret = fread(buffer, 511, 1, pFile);

                if (ret > 0)
                        SkyConsole::Print("%s\n", buffer);
// 파일 핸들을 닫고 버퍼를 회수한다.
                fclose(pFile);
                delete buffer;
```

```
        }
}
```

각각의 저장 장치에 할당한 드라이브 문자는 [표 11-5]와 같다.

[표 11-5] 드라이브 할당 문자

드라이브	드라이브 문자
플로피 디스크	A
하드 디스크	C
램디스크	K
메모리 리소스 디스크	L

TestStorage 함수의 드라이브 문자를 변경해서 테스트해본다. 플로피 디스크와 하드 디스크 이미지에는 sample.txt 파일이 추가돼 있으며 테스트해보면 화면에 테스트 문자열이 정상적으로 출력될 것이다. 램디스크와 메모리 리소스 디스크 테스트를 위한 설정 부분에 대해서 좀 더 살펴본다.

- 램디스크
  - TestStorage 함수 호출에서 드라이브 인자를 K로 바꾼다.
  - 패키지 매니저를 빌드해서 Chapter/Debug에 복사한다(이미 파일이 존재한다).
  - PackageManager.bat 파일을 다음과 같이 작성하고 저장한다.

```
PackageManager.exe SKYOS32.EXE sample.txt
```

  - 작성한 배치 파일을 실행해서 커널 다음에 패키지 데이터를 추가시킨다.
  - 생성된 파일의 이름을 SKYOS32.EXE로 수정한 후 가상 하드 디스크의 BOOT 폴더에 복사하고 커널을 실행한다.

- 메모리 리소스 디스크
  - TestStorage 함수 호출에서 드라이브 인자를 L로 바꾼다.
  - 가상 하드 디스크 이미지를 열어서 GRUB 폴더의 GRUB.CFG에 sample. txt를 추가한다.

```
menuentry "SkyOS" {
   multiboot /boot/SkyOS32.EXE
   module /boot/SkyOS32.map "SKYOS32_MAP"
   module /boot/sample.txt "sample.txt"
   boot
}
```

  - sample.txt 파일과 커널을 BOOT 폴더에 복사한 후 실행한다.

정리

다양한 저장 장치에 접근하는 데 동일한 인터페이스를 제공하기 위한 VFS 시스템을 살펴봤다. 명심해야 할 부분은 저장 장치 자체가 중요한 것이 아니라 추상화에 대한 개념을 확실하게 이해하는 것이다. 계속 개발을 진행해 나가면서 추상화해야 할 부분이 존재할 것이고 그럴 경우 추상화를 위한 인터페이스를 엄격하게 정의하는 것이 매우 중요하다. C++을 메인 언어로 활용하는 만큼 디자인 패턴을 적극 활용하기 바란다.

이번 VFS 시스템을 구현하면서 등장한 디자인 패턴은 세 가지다.

- 싱글턴 패턴
- 어댑터 패턴
- 스트래터지(전략) 패턴

그리고 제12장부터는 제11장에서 사용한 가상 하드 디스크 이미지를 업데이트하면서 사용할 것이다. 이 가상 이미지를 만드는 방법은 부록의 'USB에 GRUB 2.02 설치'를 참고한다. 직접 가상 하드 디스크 이미지를 만들어 보기를 권장하며 상황이 여의치 않은 경우에만 구글 드라이브에서 다운받은 가상 하드 디스크 이미지를 사용하도록 하자.

12

디버깅

디바이스 장치도 접근할 수 있게 됐고 C++ 언어도 자유롭게 쓸 수 있게 됐지만 아직 우리가 미개척한 분야가 있다. 그것은 바로 디버깅 부분이다. 디버깅 관련 지식을 반드시 갖춰야 하는 이유는 다음과 같다.

- 프로그램 코딩시간보다 디버깅에 할애할 시간이 더 많이 필요할 수 있다.
- 디버깅을 잘 할줄 안다는 것은 해당 시스템을 이해하고 있다는 것을 의미한다.
- 디버깅을 잘하면 회사에서 대우를 잘 받을 수 있다.

한편 초반 OS 개발 때에는 디버깅 관련 툴 없이 개발을 진행해야 한다. 최초에 우리가 의존할 수 있는 디버깅 방법은 로그뿐인데 이 작업이 얼마나 인내심을 요하는지는 해본 사람만이 알 수 있을 것이다.

불행 중 다행으로 SkyOS는 비주얼 스튜디오 2017로 개발을 하며 커널 바이너리가 PE 포맷으로 생성되기 때문에 마이크로소프트사가 제공해 주는 일부 툴을 디버깅용으로 사용할 수 있다. 이 책에서 핵심이 되는 내용이 페이징 부분이라고 한다면 제12장은 흥미진진한 부분 중 하나라고 할 수 있다. 새로운 내용이 많이 등장하지만 즐거운 마음으로 따라와 줬으면 한다. 제12장에서 언급할 내용은 다음과 같다.

- 맵 파일 익스플로러
- PDB
- WinDBG
- try / catch

프로젝트는 09_Debugging.sln을 실행해서 참고한다.

맵 파일 익스플로러

맵 파일은 비주얼 스튜디오 설정 관련해서 잠시 언급한 바 있다. 이 맵 파일을 그냥 열어서 살펴볼 수도 있지만 유틸리티를 사용해서 살펴보면 가독성을 높일 수 있다. 맵 파일을 탐색하는 유틸리티 중 맵 파일 익스플로러라는 유틸이 있으며 해당 유틸 프로그램을 구글 드라이브에 업로드했다. 다운받아서 설치하자.

[그림 12-1] 맵 파일 익스플로러 실행 화면

[그림 12-1]은 맵 파일 익스플로러를 실행해서 SKYOS32.MAP 파일을 열어본 것이다. 심벌이나 주소값을 질의하면 관련 함수 정보를 얻어올 수 있다. **Query Address** 버튼을 클릭해서 **0x00102000**의 주소를 쿼리해 보자(실행 결과는 다를 수 있다).

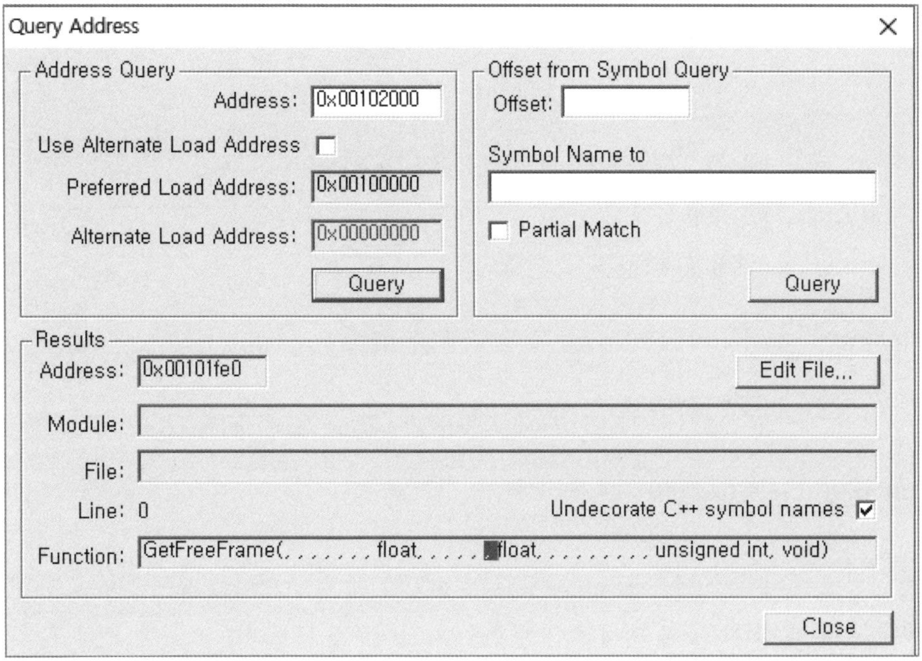

[그림 12-2] 0x00102000 쿼리 결과

0x00102000 주소는 GetFreeFrame 함수에 속하는 주소다. GetFreeFrame 주소는 0x00101fe0임을 알 수 있다. 이제 Query Symbol으로 GetFreeFrame 메소드를 조회해 보자.

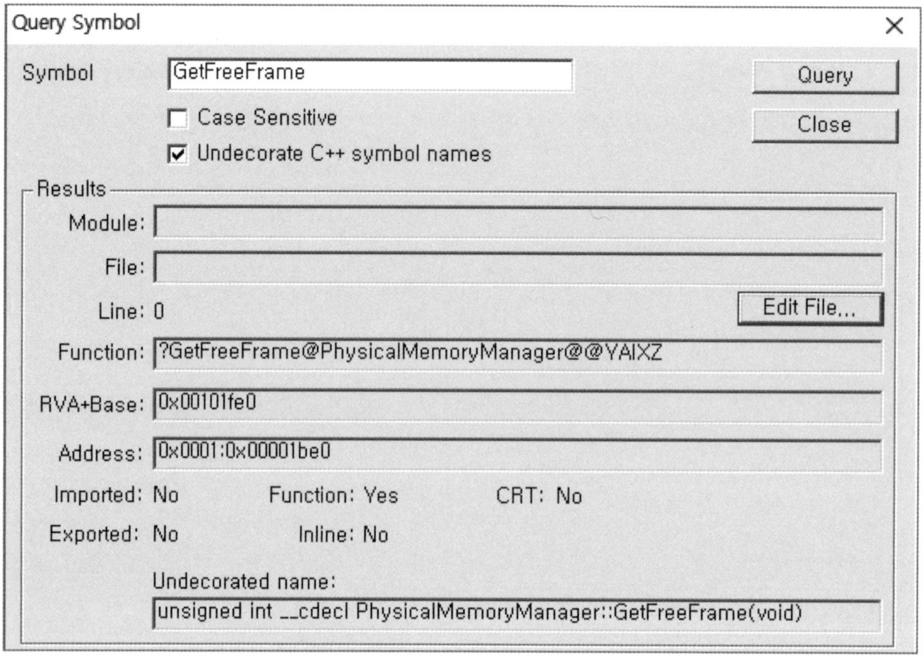

[그림 12-3] Query Symbol 버튼을 이용한 정보 조회

맹글링됐을 때의 함수 이름과 맹글링되지 안 않았을 때 함수 이름을 보여준다. 또한 베이스 주소와 상대주소를 더해서 해당 함수의 절대주소도 보여주고 있다. 맵 파일 익스플로러를 활용하면 빌드된 커널의 정보를 유용하게 살펴볼 수 있기 때문에 큰 도움이 된다.

PDB

PDB는 프로그램 데이터베이스^{Program Database}의 준말로 맵 파일처럼 다양한 디버깅 정보 및 심벌 정보가 들어가 있다. 필자의 프로그래밍 경력 초기 시절에 PDB를 접하고 나서 그럼 'PDB와 MAP 파일의 차이점이 뭐지'라는 단순한 의문점을 가졌는데 둘의 차이는 다음과 같다.

- PDB 파일은 MAP 파일의 상위 버전이다.
- MAP 파일은 단순한 텍스트 파일이기 때문에 노트패드로도 확인 가능하다.
- PDB 파일은 표준 심벌 테이블 규격으로 변화해 왔기 때문에 최신 PDB 해석 엔진은 오래전에 생성된 PDB 파일을 인식하는 것이 불가능할 수 있다.
- PDB 파일에는 주소와 매핑되는 소스라인 정보가 들어 있다.

요약하면 심벌 정보를 찾기 위해 PDB 파일로도 충분하며 기능상 두 파일은 큰 차이가 없다. 다만 간편하게 정보 조회를 하고자 한다면 맵 파일을 사용하면 된다. PDB를 생성하기 위해서는 **속성 → 링커 → 디버깅** 항목에서 **디버깅 정보 생성** 항목을 예로 설정하면 된다.

구글 드라이브에서 PDBInspector라는 유틸리티를 다운받아서 설치하자. 실행 파일이 아니라 소스코드이므로 빌드해야 한다. 비주얼 스튜디오 2017에서 컴파일 가능하게 작업해 두었다.

원본소스 주소는 압축파일 내 Link.txt 파일에서 확인할 수 있다.

소스코드를 빌드하기 위해서는 dia2.h 파일이 필요하다. 디버그 인터페이스 액세스 SDK를 설치하면 해당 헤더파일을 얻을 수 있다. 필자의 컴퓨터에 설치된 위치는 다음과 같다.

```
D:\Program Files (x86)\Microsoft Visual Studio 14.0\DIA SDK\include
```

각자의 비주얼 스튜디오 2017이 설치한 경로를 확인한 뒤 DIA SDK 경로를 비주얼 스튜디오에 추가해서 빌드하자.

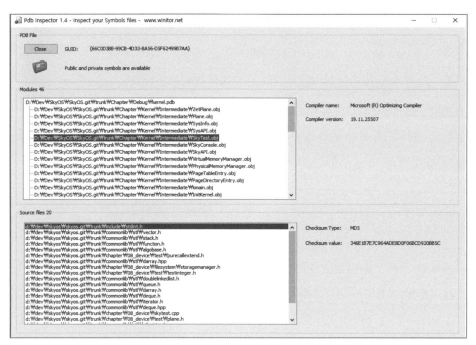

[그림 12-4] PDB 인스펙터가 실행된 화면

[그림 12-4]에서는 SkyTest.obj 파일에 어떤 소스가 사용됐는지를 보여준다.

이번에는 비주얼 스튜디오 2017에 포함돼 있는 디버그 인터페이스 액세스 SDK에 포함된 샘플 코드를 통해서 PDB 정보를 확인해 보자. 해당 프로젝트는 아래 경로에서 확인할 수 있다.

```
Microsoft Visual Studio 14.0\DIA SDK\Samples
```

[그림 12-5] Dia2Dump를 통한 PDB 정보 추출

강조하고 싶은 점은 문제가 발생한 곳의 주소만 알 수 있다면 문제의 소스코드 위치를 PDB를 이용해서 정확하게 알아낼 수 있다는 것이다. 이제 PDB가 대략적으로 어떤 것인지를 알았으니 실습을 통해 디버깅 방법을 습득해 보자.

WinDBG

WinDBG는 마이크로소프트에서 제공하는 윈도우용 다용도 디버거다. 유저모드 애플리케이션과 운영체제 자체도 디버깅하는 데 사용할 수 있다. 예전에는 독자적으로 다운받을 수 있었으나 지금은 윈도우 SDK에 통합됐다. 구글 드라이브에 설치 SDK를 업로드했으며 다음 주소를 통해서도 다운받을 수 있다.

https://developer.microsoft.com/ko-kr/windows/downloads/windows-10-sdk

Tip

SDK를 다운받으려면 무조건 Window 10 SDK를 다운받으라고 하는데 Window 7에서도 문제 없이 실행된다.

지금부터는 버그 상황을 만들어서 소스코드 레벨에서 버그의 위치를 찾아 볼 수 있도록 한다. kmain.cpp 파일에서 101~109행을 주석처리한 후 커널을 빌드해서 실행해 보자. [그림 12-6]과 같은 에러가 발생하면 정상적으로 실행된 것이다.

```
Invalid Opcode at Address[0x10:0x105699]
EFLAGS[0x2]
ss : 0x0
```

[그림 12-6] FPU 비활성화에 따른 오류 결과

유효하지 않은 OPCODE를 실행했다는 에러가 발생하고 있으며 셀렉터는 커널 데이터 디스크립터를, 에러 발생 주소는 0x105699를 가리키고 있다. 이 주소가 정확히 어떤 위치를 가리키는지 알아보자(에러가 발생되는 주소는 틀릴 수 있으니 독자 컴퓨터 상황에 따라 진행하자).

WinDBG를 실행한 뒤 File 메뉴에서 Symbol File Path와 Source File Path를 설정한다. 심벌 파일 패스는 PDB가 생성된 Debug 폴더로 설정하고 소스 파일 패스는 09_Debugging 폴더로 설정한다.

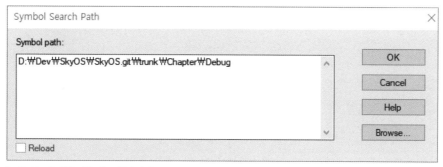

[그림 12-7] 심벌 파일 패스 설정 화면

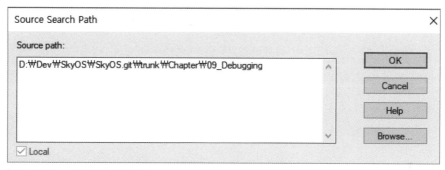

[그림 12-8] 소스코드 패스 설정 화면

심벌 파일과 소스코드 파일 위치를 지정했으면 이제는 커널 파일을 로드할 차례다.

FILE 메뉴에서 Open Executable 항목을 클릭해서 SKYOS32.EXE 파일을 선택한다. [그림 12-9]와 같은 화면이 출력될 것이다.

[그림 12-9] WinDBG SKYOS32.EXE 실행 화면

이제 WinDBG 관련 명령어를 입력해야 하는데 이 명령어에 관한 내용을 전부 소개하면 책 한권 분량이 되니 따로 설명하지 않는다. 현재 우리가 관심있어 하는 주소는 0x105699이므로 이 주소와 매핑하는 소스코드를 찾는 명령어만 있으면 충분하다. ln 명령어가 그 역할을 하는데 입력 창에 다음과 같이 입력하자.

```
ln 0x105699
```

그 결과 [그림 12-10]과 같은 화면이 출력된다.

```
█ Command - D:\Dev\SkyOS\SkyOS.git\trunk\Tutorial\Debug\SkyOS32.EXE - WinDbg:10....   —   □   ×
CommandLine: D:\Dev\SkyOS\SkyOS.git\trunk\Tutorial\Debug\SkyOS32.EXE
*************** Path validation summary ***************
Response                        Time (ms)     Location
OK                                            D:\Dev\SkyOS\SkyOS.git\trunk\Tutoria
Symbol search path is: D:\Dev\SkyOS\SkyOS.git\trunk\Tutorial\Debug
Executable search path is:
ModLoad: 00100000 00111400     SkyOS32.exe
ModLoad: 77540000 776d0000     ntdll.dll
ModLoad: 76d80000 76e60000     C:\WINDOWS\SysWOW64\KERNEL32.DLL
ModLoad: 75ac0000 75ca3000     C:\WINDOWS\SysWOW64\KERNELBASE.dll
(46c.2c60): Break instruction exception - code 80000003 (first chance)
*** ERROR: Symbol file could not be found.  Defaulted to export symbols for ntdll.d
eax=00000000 ebx=00000000 ecx=5ea20000 edx=00000000 esi=003c7000 edi=7754d6b4
eip=775e8679 esp=004ffa1c ebp=004ffa48 iopl=0         nv up ei pl zr na pe nc
cs=0023  ss=002b  ds=002b  es=002b  fs=0053  gs=002b              efl=00000246
ntdll!LdrInitShimEngineDynamic+0x6e9:
775e8679 cc              int     3
0:000> ln 0x105699
Browse module
Set bu breakpoint

*** WARNING: Unable to verify checksum for SkyOS32.exe
[d:\dev\skyos\skyos.git\trunk\tutorial\09 debugging\skytest.cpp @ 511] (00105690)
0:000>
```

[그림 12-10] 해당 주소의 소스코드 위치 링크

아랫 부분을 보면 소스코드 위치가 표시된 링크가 보일 것이다. 이 링크를 클릭해보자.

```
        }
        catch (ArgumentException) {
        //      puts("ArgumentException block reached");
        if (__ctrycatch_exception_message_exists)
                SkyConsole::Print("message: %s\n", __ctrycatch_exception_message);
        }
        finally {
        //puts("finally block reached");
                SkyConsole::Print("Finally!!\n");
        }
}

void TestNullPointer()
{
        ZetPlane* pPlane = 0;
        pPlane->IsRotate();
}

void TestDebugging()
{
        double fCrashVar = 1.3f;
        //TestTryCatch();
        //TestNullPointer();
}
```

[그림 12-11] 에러가 발생된 소스코드 위치

정확히 에러가 발생한 위치를 보여주고 있다. 이 작업이 가능한 것은 우리가 커널 바이너리를 PE 포맷으로 제작했기 때문이며 PDB 파일을 생성해 주는 비주얼 스튜디오를 통해서 커널을 개발했기 때문이다.

Tip

WinDBG와 PDB 파일은 오래전에 온라인게임 서버 디버깅을 위해 활용을 한 적이 있었다. 이러한 도구와 파일들을 운영체제 제작에서도 활용할 수 있다는 걸 깨닫고 감격했다.

개발자마다 성향이 다르겠지만 프로그램의 문제점을 찾아내는 것도 개발자의 핵심역량 중 하나다. 디버깅을 원활히 할 수 있어야 프로그램 개발 시간을 원활히 단축할수 있기 때문이다. SkyOS는 내부 코어를 개량시켜가면서 디버깅을 효율적으로 할수 있는 방안을 계속 강구 중에 있다(WinDBG에 대해 관심이 있다면 『WinDbg로 쉽게배우는 Windows Debugging』(에이콘, 2009)을 추천한다).

널 포인터 접근

널 포인터 접근은 프로그램 개발 시 종종 저지르는 실수 중 하나기 때문에 바로 에러를 파악할 수 있어야 한다. 앞에서 습득한 방법을 사용해서 널 포인터 에러를 바로 찾아내 볼 수 있도록 하자. FPU 관련 주석 부분은 다시 원래대로 돌리고 TestDebugging 함수에서 TestNullPointer 함수만 주석을 푼다.

[코드 12-1] 널 포인터 접근

```
void TestNullPointer()
{
        ZetPlane* pPlane = 0;
        pPlane->IsRotate();
}
```

이제 커널을 빌드해서 실행하면 블루스크린이 뜰 것이다. 에러 주소를 확인해서 앞의 WinDBG 부분에서 활용한 방법을 사용해서 정확한 소스코드 위치를 추적하자.

```
pPlane->IsRotate();
```

이 위치를 WinDBG가 가리키고 있다면 지금까지의 내용을 제대로 따라온 것이다. 이제는 에러 주소만 알 수 있다면 문제의 소스코드 위치를 찾아가는 방법을 확실히 터득했으리라 판단한다.

try / catch

try / catch는 C++의 대표적인 예외처리 구문 중 하나다. C++ 언어의 기본 기능이기도 하며 윈도우 운영체제의 SEH^Structured Execption Hanlder 와 결합해서 기능이 강화됐다. try / catch 구문은 컴파일러와 운영체제에 종속적인 부분이 많기 때문에 운영체제처럼 밑바닥부터 프로그램을 제작하는 경우 일반적으로는 활용할 수 없다. 상황이 이렇다 하더라도 수많은 오픈소스 라이브러리가 try / catch 구문을 사용하고 있기에 어떻게든 try / catch 구문 사용을 위한 수많은 연구를 했으나 필자는 결국 불가능하다고 판단을 내렸다. try / catch 구문을 활용하기 위해서는 컴파일러의 수정이 불가피하다고 판단되기 때문이다. 마이크로소프트사에게 문의를 해서 차기 버전에 운영체제에 종속적이지 않으면서 try / catch 구문을 활용할 수 있도록 개선해 달라고 부탁하고 싶은 생각은 하고 있다(이 부분에 대해서 필자는 확신은 하지 못하므로 혹 try / catch 구문을 사용할 수 있는 방법을 알고 있다면 알려주기 바란다).

비록 네이티브 try / catch 구문은 사용할 수 없지만 비슷하게 흉내낸 try / catch 구문은 활용할 수 있다. C 언어로 구현된 소스 중 C++의 try / catch 구문을 흉내내기 위해 만든 매크로가 존재하는데 이를 이용하면 try / catch 구문을 비슷하게 흉내낼 수 있다. try / catch 구문을 어느 정도 비슷하게 흉내낼 수 있다면 예외를 잡아낼 수 있다는 장점뿐만 아니라 유용한 오픈소스 중에 try / catch를 활용한 모듈을 쉽게 포팅할 수 있게 된다. try / catch 구문을 포기한다면 포팅하려는 오픈소스에서 해당 구문을 제거해야 하는데 이 작업은 그렇게 만만한 작업이 아니다.

프로젝트에서 TestTryCatch 함수만 활성화하고 나머지 테스트 메소드는 주석처리한 뒤 코드를 실행하자.

[코드 12-2] TestTryCatch 메소드

```
// Try Catch 테스트
void throwArgumentException() {
        // puts("Function reached.");
        throw(ArgumentException, (char*)"Ooh! Some ArgumentException was
        thrown. ");
}

void TestTryCatch()
{
        try {
```

```
                throwArgumentException();
        }
        catch (ArgumentException) {
                if (__ctrycatch_exception_message_exists)
                        SkyConsole::Print("message: %s\n", __ctrycatch_
                        exception_message);
        }
        finally {
                // puts("finally block reached");
                SkyConsole::Print("Finally!!\n");
        }
}
```

try, catch, finally 키워드는 컴파일러에서 제공하는 키워드로 보일 수 있지만 컴파일러가 제공하는 예약어가 아니고 재정의된 키워드다. try문에서 throwArgumentException 함수를 호출하고 있는데 이 함수에서는 throw 키워드를 통해 예외를 던진다. 예외가 던져지면 catch문에서 해당 에러를 처리하게 된다. finally 구문은 try / catch문이 끝나면 무조건 실행된다. 커널을 빌드해서 실제 결과를 확인해 보자.

```
message: Ooh! Some ArgumentException was thrown.
Finally!!
```
[그림 12-12] 실행 결과

이 try / catch 구현 소스는 다음 링크에서 참조했다.

https://github.com/Jamesits/CTryCatch

이 소스만 가지고는 try / catch 구문을 SkyOS에서 활용하는 것은 불가능한데 그 이유는 setjmp 함수와 longjmp 함수가 정의되지 않았기 때문이다. VC 런타임 라이브러리는 해당 함수를 지원하지만 SkyOS에는 사용할 수 없으므로 별도로 구현을 해줘야 한다. setjmp 함수와 longjmp 함수는 이전에 저장한 스택환경을 복원하는 역할을 한다.

[코드 12-3] setjmp, longjmp 함수 구현

```
__declspec(naked) int setjmp(jmp_buf env) {
  __asm {
    mov edx, 4[esp]              // jmp_buf 버퍼 포인터를 얻는다.
    mov eax, [esp]               // 함수 복귀주소를 저장한다.
    mov OFS_EIP[edx], eax
    mov OFS_EBP[edx], ebp        // EBP, EBX, EDI, ESI, ESP 레지스터를 버퍼에 저장한다.
    mov OFS_EBX[edx], ebx
    mov OFS_EDI[edx], edi
    mov OFS_ESI[edx], esi
    mov OFS_ESP[edx], esp
    xor eax, eax
    ret
  }
}
__declspec(naked) void longjmp(jmp_buf env, int value) {
  __asm {
    mov edx, 4[esp]              // jmp_buf 버퍼 포인터를 얻는다.
    mov eax, 8[esp]              // value값을 eax에 저장한다.

    mov esp, OFS_ESP[edx]        // ESP를 setjmp에서 저장했던 ESP값으로 변경한다.
    mov ebx, OFS_EIP[edx]        // 새 복귀주소값을 얻어서 ESP가 가리키는 곳에 덮어쓴다.
    mov [esp], ebx
    mov ebp, OFS_EBP[edx]        // EBP, EBX, EDI, ESI 레지스터값을 복원한다.
    mov ebx, OFS_EBX[edx]
    mov edi, OFS_EDI[edx]
    mov esi, OFS_ESI[edx]
    ret // 수정된 함수 복귀 주소로 이동한다(setjmp 호출 다음 위치).
  }
}
```

setjmp와 longjmp의 동작원리를 정확히 이해하기 위해 비주얼 스튜디오에서 샘플 예제를 살펴보자. Reference/Setjmp 폴더에서 샘플 프로젝트를 확인할 수 있다.

[코드 12-4] setjmp, longjmp 샘플 예제

```c
#include <setjmp.h>
jmp_buf pos;

void Func2(int x)
{
        if (x < 5)
          longjmp(pos, x);
        return;
}

void Func1()
{
        static int count = 0;
        count++;
        Func2(count);
        return;
}

int main()
{
        int result;
        result = setjmp(pos);
        printf("%d\n", result);
        Func1();
        printf("End!!\n");
        return 0;
}
```

이 코드의 실행 결과는 [그림 12-13]과 같다.

[그림 12-13] 실행 결과

원래대로라면 Func2 함수는 한 번만 실행되겠지만 longjmp 함수를 호출함으로써 setjmp 함수가 호출되는 시점으로 되돌아갔기 때문에 longjmp가 더 이상 실행되지 않을 때까지 반복되는 것이다. 즉 setjmp와 longjmp는 goto 기능을 구현하기 위한 메소드라고 생각하면 된다.

이를 염두해 두고 다시 어셈블리 코드를 살펴보자.

setjmp 함수는 naked로 선언돼 있다. 파라미터로 jmp_buf 구조체가 들어오는데 이 구조체의 크기는 6×4바이트라는 데 주목하자. naked로 선언돼 있으므로 스택 프레임은 생성되지 않았다. 따라서 jmp_buf의 위치는 [ESP] + 4에 있다. [ESP]에는 함수 복귀 주소값이 들어있다. 여기서의 처리가 중요한데 스택은 건드리지 않으면서 반드시 저장해야 할 레지스터값들을 jmp_buf 구조체에 쓴다(EBX, EDI, ESI, EBP, EAX, ESP).

이렇게 jmp_buf에 setjmp 함수 호출 직후의 상태를 기록한 뒤 longjmp 함수가 호출된다고 가정하자. longjmp도 인자로 jmp_buf 구조체를 받는다. 이 구조체를 통해 레지스터값들을 바꿔치기한 후 리턴하면 지금까지 콜스택에 어떤 값들이 쌓였든 상관없이 setjmp가 호출된 직후로 점프할 수 있다.

결국 try / catch 구문을 흉내내기 위해서는 setjmp / longjmp 메소드가 필수적이다. 만약 SkyOS를 64비트로 전환한다면 이 try / catch를 위한 setjmp / longjmp도 변경해야 한다.

로그

로그는 선행적 디버깅이 힘든 상황에서 사용할 수 있는 최고의 디버깅 방법 중 하나다.

비주얼 스튜디오에서는 로그를 남기기 위해 미리 정의된 매크로를 활용한다.

[표 12-1] 미리 정의된 매크로

매크로	의미
__FILE__	파일 이름 문자열
__func__	소스코드의 함수 이름 출력
__LINE__	소스코드의 라인 번호 출력

위 매크로를 활용하는 예제 코드는 다음과 같다.

```
SkyConsole::Print("\n%s, %s %d \n", __FILE__, __func__, __LINE__);
```

위와 같이 코딩하면 컴파일 타임에 컴파일러가 파일 이름, 함수 이름, 소스 라인 번호를 자동으로 채워준다. 다른 컴파일러도 마찬가지겠지만 비주얼 스튜디오 덕분에 편하게 소스의 위치를 추적할 수 있다. 이 매크로를 확장해서 SkyOS에서는 SKY_ASSERT라는 어설트 구문을 활용한다.

```
SKY_ASSERT(result == true, "CreateThread Faill")
```

예를 들어 위의 첫 번째 구문이 참이 아니면 SkyOS에서는 심각한 오류로 판단, 블루스크린을 띄운다.

[코드 12-5] SKY_ASSERT 매크로

```
#define SKY_ASSERT(Expr, Msg) \
    __SKY_ASSERT(#Expr, Expr, __FILE__, __LINE__, Msg)

void __SKY_ASSERT(const char* expr_str, bool expr, const char* file, int line,
const char* msg)
{
        if (!expr)
        {
                char buf[256];
                sprintf(buf, "Assert failed: %s Expected: %s %s %d\n", msg,
                expr_str, file, line);
                HaltSystem(buf);
        }
}
```

SKY_ASSERT 구문이 참이 아니면 블루스크린을 띄우고 에러 메시지로 문제가 된 소스코드 파일과 라인을 출력하니 적극 활용하자.

정리

제12장에서 언급한 디버깅 방법은 포스트 모템 디버깅, 즉 사후 검시에 해당한다. 온라인 게임의 경우 개발 시에는 전혀 문제가 없다가 게임을 출시한 이후에 버그가 속출해서 서비스에 장애를 겪는 경우를 수없이 목격했을 것이다. 이런 상황에서는 버그가 발생한 원인을 최대한 많이 수집해서 문제를 빠르게 해결하는 수밖에 없다.

- 로그 수집
- 프로세스 덤프
- 리모트 디버깅

위에 열거한 방법은 출시한 프로그램에서 문제가 발생한 경우 해결하기 위한 통상적인 방법들이다. SkyOS에서는 예외 핸들러에서 알려준 상황을 토대로 문제의 원인을 파악해 낼 수 있었다. 이를 위해 함수 이름과 주소가 매핑된 PDB와 MAP 파일이 필요하다. WINDBG와 맵 파일 익스플로러를 사용하면 가독성이 높아질 수 있음을 본문에서 확인했다.

한편 포스트 모템 디버깅과 대비되는 개념으로 선행적 디버깅을 들 수 있는데 선행적 디버깅은 우리가 통상적으로 사용했던 방법이다. 비주얼 스튜디오에서 F9를 누르면 브레이크 포인트가 설정된다. 그리고 프로그램을 수행한 후 브레이크 포인트가 히트되면 프로그램 동작을 멈출 수 있고 변숫값들을 조사하는 것이 가능해진다.

포스트 모템 디버깅이 비록 버그를 찾는 데 큰 도움을 주긴 하지만 콘텐츠 개발이란 측면에서 보면 큰 도움이 되지 못한다. 콘텐츠의 경우는 개발자가 개발하는 동시에 구현한 로직이 정상적으로 돌아가고 있는지를 검증해야 되는데 포스트 모템 디버깅은 콘텐츠가 모두 개발 완료된 이후 시행되는 것이기 때문이다. 따라서 프로그램 개발에 속도를 내려면 선행적 디버깅이 필수라고 할 수 있다. 선행적 디버깅에 대해서는 책 후반부에 다루고 있으며 포스트 모템 디버깅과 선행적 디버깅을 운영체제 개발에 모두 적용한다면 프로그램 개발 생산성을 크게 높일 수 있다.

쉬어가기

다소 반복적인 내용이긴 하지만 지금까지 해온 내용들을 다시 검토해 보자.

- GRUB을 통한 커널 로드
- 하드웨어 초기화
- 메모리 관리를 위한 메모리 매니저 구축(물리, 가상 메모리 매니저)
- 힙의 구현
- C++
- 공통 라이브러리의 제작(STL 활용 등)
- 키보드, 하드 디스크, 플로피 디스크 드라이버 제작
- VFS
- 포스트 모템 디버깅

219쪽 쉬어가기의 그림을 다시 살펴보면 현재는 HAL Adaptor 컴포넌트까지 내용을 진행한 것을 알 수 있다. 이 HAL Adaptor 계층을 통해서 이후 제작할 커널 코어와 모듈들은 하드웨어 종속적인 부분과의 커플링 강도가 매우 약해졌다. SkyOS의 과제이긴 하지만 차후 리팩토링을 할 때 하드웨어와 커널 코어 간의 하드웨어 종속적인 연관성을 0으로 만들어야 할 것이다.

이제 컴포넌트간 종속적인 부분이 줄어들었고 활용할 수 있는 라이브러리가 강화됐을 뿐만 아니라 C++ 구문도 사용하는 데 크게 문제가 없음을 확인했다. 이것은 이후 우리가 커널 코어나 모듈을 제작할 때 기존 WIN32 애플리케이션을 제작할 때처럼 이질감없이 프로그래밍을 할 수 있게 됐음을 의미한다. 즉 순수 프로그래밍 영역에 진입했음을 의미하는 것이다.

13

커널 코어 구현

제13장에서는 본격적으로 커널 코어를 구현한다. 지금까지 구현한 내용들도 커널 코어에 해당하지만 제13장에서 살펴볼 커널 코어는 이전과는 다소 이질적이다. 지금부터 구현하는 커널 코어는 다음과 같은 특징이 있다.

- 유저와 상호작용하는 부분이다.
- 하드웨어 종속적인 부분을 배제한다.
- 시스템을 관리한다.

사회를 구성하는 요소가 사람이라면 커널을 구성하는 요소는 프로세스와 스레드인데 이 두 객체가 제13장에서 구현된다. 즉 SkyOS가 OS로써 동작하는 기본 골격을 갖추게 되는 셈이다. 이제 커널을 운영하기 위한 프로세스들을 생성하고 이러한 프로세스들을 관리할 수 있는 프로세스 매니저를 생성해 볼 것이다. 제13장에서는 다음과 같은 내용을 살펴본다.

- 프로세스와 스레드의 생성 및 관리
- 멀티태스킹
- 콘솔시스템

프로젝트는 10_ConsoleSystem 솔루션을 실행해서 참조한다.

프로세스 매니저

현재까지는 하드웨어가 실행시킨 단일 스레드로 코드가 실행돼 왔다. 지금부터는 여러 스레드를 생성해서 프로세스를 생성하고 생성된 여러 개의 프로세스를 관리하는 프로세스 매니저를 제작한다. 메모리를 동적으로 할당하는 것이 가능하므로 적극적으로 new 연산자를 활용하자. 프로세스 매니저 객체는 하나만 존재하면 되므로 싱글턴으로 구현한다.

[코드 13-1] 프로세스 매니저 클래스 인터페이스

```
class ProcessManager
{
    ......
    typedef map<int, Process*> ProcessList;
    typedef list<Thread*> TaskList;

    ProcessList* GetProcessList() { return &m_processList;}
    TaskList* GetTaskList() { return &m_taskList; }
    // 싱글턴 코드
    static ProcessManager* GetInstance()
    {
        if (m_processManager == nullptr)
            m_processManager = new ProcessManager();


        return m_processManager;
    }
    // 메모리로부터 프로세스를 생성한다.
```

336

```
        Process* CreateProcessFromMemory(const char* appName, LPTHREAD_START_
        ROUTINE lpStartAddress, void* param, UINT32 processType);
        // 파일로부터 프로세스를 생성한다.
        Process* CreateProcessFromFile(char* appName, void* param, UINT32
        processType);
        // 스레드를 생성한다.
        Thread* CreateThread(Process* pProcess, FILE* pFile, LPVOID param);
        Thread* CreateThread(Process* pProcess, LPTHREAD_START_ROUTINE
        lpStartAddress, LPVOID param);

        Process* FindProcess(int processId); // 프로세스를 찾는다.
        bool RemoveProcess(int processId); // 프로세스를 제거한다.
        Thread* FindTask(DWORD taskId); // 태스크를 찾는다.
        ......
private:
        bool AddProcess(Process* pProcess); // 프로세스를 추가한다.

private:
        static ProcessManager* m_processManager; // 싱글턴 객체
        int m_nextThreadId; // 발급할 스레드 아이디

        Loader* m_pKernelProcessLoader; // 커널모드 로더
        Loader* m_pUserProcessLoader; // 유저모드 로더

        ProcessList m_processList; // 프로세스 리스트
        TaskList m_taskList; // 현재 실행 중인 태스크 리스트
        TaskList m_terminatedTaskList; // 종료된 태스크 리스트
        Thread* m_pCurrentTask; // 현재 실행 중인 태스크
};
```

ProcessManager의 싱글턴 객체를 생성하는 부분은 스레드 세이프하지 않는다. 원자성을 보장 못하기 때문이다. m_processManager가 nullptr임을 확인하고 그 다음 코드를 수행한다고 가정하자. 이 상황에서 컨텍스트 스위칭이 일어나고 똑같이 해당 루틴을 수행한다면 객체가 두 번 생성되는 문제가 발생할 수 있다. 그래서 멀티 스레

드 상황에서는 해당 문제를 해결하기 위해 GetInstance 함수를 호출할 때마다 락을 걸거나 double-checked locking 기법을 활용해서 동시성 문제를 막아야 한다.

> **✎ 용어정리**　**double-checked locking 패턴**
>
> 싱글턴 패턴의 단점을 보완해 주며 멀티스레드 환경에서 싱글턴 객체를 얻으려할 때 스레드 세이프를 보장해 주는 기법이다. 다만 이름에도 알 수 있듯이 이중으로 검증해서 스레드 세이프를 보장하기 때문에 싱글턴 객체를 얻으려는 스레드가 많다면 스레드 경합 때문에 속도 저하가 발생할 수 있다.

여기서는 싱글턴 코드가 문제가 될 수도 있음을 기억하고 상황에 따라 double-checked locking 방법을 사용해야 한다는 것만 알아두면 된다. 이 방법을 쓰지 않으려면 싱글턴 객체들을 미리 생성해 놓는 것이 하나의 답이 될 수 있다.

[코드 13-2] 초반부에 싱글턴 객체를 생성해서 객체 생성 문제 피하기

```
ProcessManager::GetInstance();
StorageManager::GetInstance();
```

프로세스의 생성

프로세스 매니저를 통해 프로세스를 생성하는 방법은 두 가지다.

1. 메모리상의 함수를 이용해 프로세스를 생성한다.
2. 파일을 읽어서 프로세스를 생성한다.

프로세스 매니저 클래스에서 이에 해당하는 메소드는 다음과 같다.

[코드 13-3] 프로세스를 생성하는 메소드

```
Process* CreateProcessFromMemory(const char* appName, LPTHREAD_START_ROUTINE
```

```
lpStartAddress, void* param, UINT32 processType);
Process* CreateProcessFromFile(char* appName, void* param, UINT32
processType);
```

우선 메모리로부터 프로세스를 생성하는 메소드를 살펴보자.

[코드 13-4] 메모리로부터 프로세스를 생성

```
Process* ProcessManager::CreateProcessFromMemory(const char* appName, LPTHREAD_
START_ROUTINE lpStartAddress, void* param, UINT32 processType)
{
        Process* pProcess = nullptr;
        // 프로세스 객체를 생성한다.
        if (processType == PROCESS_KERNEL)
            pProcess = m_pKernelProcessLoader->CreateProcessFromMemory(
                        appName, lpStartAddress, param);
        else
            pProcess = m_pUserProcessLoader->CreateProcessFromMemory(
                        appName, lpStartAddress, param);
        // 스레드 객체를 생성하고 프로세스에 추가한다.
        Thread* pThread = CreateThread(pProcess, lpStartAddress, param);
        bool result = pProcess->AddMainThread(pThread);
        result = AddProcess(pProcess);
        return pProcess;
}
```

위의 코드는 프로세스와 스레드를 생성하고 생성된 스레드를 프로세스에 더하는 작업을 수행한다. 메모리로부터 프로세스를 생성할 때 커널 프로세스나 유저 프로세스와 같은 성격이 다른 객체가 생성될 수 있다고 판단해 두 가지 유형의 프로세스 객체를 생성할 수 있게 했지만 실제 쓰이는 프로세스 로더는 KernelProcessLoader다. UserProcessLoader는 추후 상황에 따라 수정되거나 폐기될 수 있다. 프로세스 매니저와 로더가 분리된 이유는 프로세스 매니저에게 프로세스 생성 책임을 주지 않고 Loader라는 클래스를 상속한 KernelProcessLoader, UserProcessLoader에게 책임을 넘기기 위해서였다.

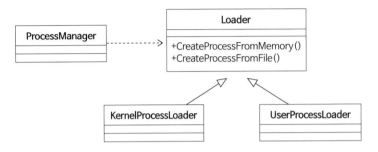

[그림 13-1] ProcessManager와 Loader 관계도

KernelProcessLoader와 UserProcessLoader는 Loader의 인터페이스를 구현해야
한다. KernelProcessLoader의 CreateProcessFromMemory 메소드를 살펴보자.

[코드 13-5] KernelProcessLoader의 CreateProcessFromMemory 메소드

```
Process* KernelProcessLoader::CreateProcessFromMemory(const char* appName,
LPTHREAD_START_ROUTINE lpStartAddress, void* param)
{
        // 프로세스를 생성하고 프로세스 아이디를 할당한다.
        Process* pProcess = new Process();
        pProcess->SetProcessId(GetNextProcessId());

        PageDirectory* pPageDirectory = nullptr;

        // 페이징 기능을 끄고 페이지 디렉토리를 생성한다.
        PhysicalMemoryManager::EnablePaging(false);
        pPageDirectory = VirtualMemoryManager::CreateCommonPageDirectory();

        if (pPageDirectory == nullptr)
        {
                PhysicalMemoryManager::EnablePaging(true);
                return nullptr;
        }
```

```
// 힙공간을 페이지 디렉토리에 매핑한다.
HeapManager::MapHeapToAddressSpace(pPageDirectory);

// 그래픽 버퍼 주소를 페이지 디렉토리에 매핑한다(그래픽 모드라면)
if (SkyGUISystem::GetInstance()->GUIEnable() == true)
{

      ……
}

// 페이징을 활성화하고 프로세스에 페이지 디렉토리를 저장한다.
PhysicalMemoryManager::EnablePaging(true);
pProcess->SetPageDirectory(pPageDirectory);

// 프로세스 관련 변수를 초기화한다.
pProcess->m_dwRunState = TASK_STATE_INIT;
strcpy(pProcess->m_processName, appName);
pProcess->m_dwProcessType = PROCESS_KERNEL;
pProcess->m_dwPriority = 1; // 우선 순위 관련 기능은 구현돼 있지 않다.

return pProcess;
}
```

새로운 프로세스를 생성할 때 페이지 디렉토리를 새롭게 생성할 필요가 있지만 커널
의 경우는 굳이 페이지 디렉토리를 따로 만들 필요가 없이 최초에 생성한 페이지 디
렉토리를 공유해도 문제가 되지 않는다. 그리고 프로세스는 실행단위라기보다는 태
스크를 담는 그릇과 같으므로 실제 작업을 수행하는 스레드를 생성해야 한다(여기서
는 스레드와 태스크를 동일한 개념으로 간주한다). CreateThread 메소드는 스레드를 생
성하고 생성된 스레드를 태스크 리스트에 추가한 후 스레드 객체를 리턴한다. 스레
드도 메모리 또는 파일에서 생성이 가능하다.

[**코드 13-6**] 메모리로부터 스레드 생성

```
Thread* ProcessManager::CreateThread(Process* pProcess, LPTHREAD_START_ROUTINE
lpStartAddress, LPVOID param)
```

```
{
    // 스레드 객체를 생성하고 변수를 초기화한다.
    Thread* pThread = new Thread();
    pThread->m_pParent = pProcess; // 부모 프로세스
    pThread->SetThreadId(m_nextThreadId++); // 스레드 아이디 설정
    pThread->m_dwPriority = 1; // 우선순위
    pThread->m_taskState = TASK_STATE_INIT; // 태스크 상태
    pThread->m_waitingTime = TASK_RUNNING_TIME; // 실행시간
    pThread->m_stackLimit = STACK_SIZE; // 스택 크기
    pThread->m_imageBase = 0;
    pThread->m_imageSize = 0;
    memset(&pThread->frame, 0, sizeof(trapFrame));
    pThread->frame.eip = (uint32_t)lpStartAddress; // EIP
    pThread->frame.flags = 0x200; // 플래그
    pThread->m_startParam = param; // 파라미터

    // 스택을 생성하고 주소공간에 매핑한다.
    void* stackAddress = (void*)(g_stackPhysicalAddressPool - STACK_SIZE *
    kernelStackIndex++);

    // ESP와 EBP 설정
    pThread->m_initialStack = (void*)((uint32_t)stackAddress + STACK_SIZE);
    pThread->frame.esp = (uint32_t)pThread->m_initialStack; //ESP
    pThread->frame.ebp = pThread->frame.esp; //EBP

    // 태스크 리스트에 스레드를 추가한다.
    m_taskList->push_back(pThread);

    return pThread;
}
```

lpStartAddress는 스레드의 엔트리를 나타내는 함수 주소다. 스레드를 생성하기 위해 스레드 객체를 생성하고 스레드 객체에 스레드 관련 정보를 설정한다. 그리고 스택을 할당한 뒤 ESP, EBP 등 스택 관련 포인터를 설정하고 스레드 생성을 완료한다.

```
class Thread
{
        int                 m_taskState;
        // 태스크 상태. Init, Running, Stop, Terminate
        UINT32          m_dwPriority; // 우선순위
        int                 m_waitingTime; // 태스크 CPU 선점 시간

        Process*        m_pParent; // 부모 프로세스
        LPVOID          m_startParam; // 스레드 시작 시 제공되는 파라미터
        void*            m_initialStack; // 베이스 스택 주소

        uint32_t        m_esp;   // 태스크의 스택 포인터
        UINT32          m_stackLimit; // 스택의 크기
        trapFrame       frame; // 프레임

        uint32_t        m_imageBase;
        // 파일에서 코드를 로드할 경우, 파일이 메모리에 로드된 베이스 주소
        uint32_t        m_imageSize;
        // 파일의 크기. 파일을 로드해서 생성되는 스레드가 아닌 경우
        // m_imageBase와 m_imageSize는 의미가 없다.

        registers_t m_contextSnapshot; // 태스크의 컨텍스트 스냅샷

        void SetThreadId(DWORD threadId) { m_threadId = threadId; }
        DWORD GetThreadId( ) { return m_threadId; }

        // Thread Local Storage. Not Implemented
        void*            m_lpTLS = nullptr;

protected:
        DWORD                   m_threadId;
};
```

주석으로 설명했지만 중요한 내용이므로 다시 한번 설명한다.

[표 13-1] Thread 클래스

인자	내용
m_imageBase	실행하려는 이미지의 베이스 주소. 응용프로그램의 이미지베이스는 0x04000000, 메모리 엔트리 함수 주소의 베이스 주소값은 0이다.
m_waitingTime	태스크 점유시간: 타이머 인터럽트가 발생함에 따라 해당값은 감소되고 이값이 0이 되면 다른 태스크로 전환된다.
m_initialStack	스택 주소. 스택의 크기는 m_stackLimit 변수에 의해 제한된다.
m_taskState	태스크의 상태 Init, Running, Stop, Terminate 네 가지 상태가 존재한다.
m_contextSnapshot	태스크의 컨텍스트 관련 스냅샷. 컨텍스트 스위칭에 의해 기존 스레드가 활성화될 경우 기존 스레드가 수행했던 직전 상황을 복원할 수 있어야 한다. 복원 대상에는 CPU의 레지스터값 등이 해당된다(현재 사용되지 않음).
m_lpTLS	스레드 로컬 스토리지. 현재 구현돼 있지 않음.
m_dwPriority	스레드 우선순위

구현은 돼 있지 않지만 존재하는 변수는 SkyOS를 계속 개발하는 한 반드시 작업해야 하는 항목이다. m_lpTLS 변수도 그 중의 하나이며 Thread Local Storage를 나타낸다. 힙이라는 공간이 있는데 별도의 로컬 저장 공간이 필요하겠냐고 의문을 가질 수 있지만 TLS는 여러모로 유용하다. 스레드끼리 데이터 경합을 일으키거나 동시성 문제가 발생할 때 TLS를 활용하면 이를 피할 수 있다. TLS는 해당 스레드만이 사용하므로 동시성 문제에서 벗어날 수 있기 때문이다. 또한 윈도우 운영체제에서 TLS는 콜백함수 기능도 있어서 메인 엔트리가 시작되기 전에 이 콜백함수 기능을 이용해서 보안모듈 등을 우회할 수 있다.

스택에 대해서는 모두 잘 알것이라 생각하지만 ESP(스택 포인터), EBP(베이스 포인터)와 스택주소와의 관계를 다시 정리했다.

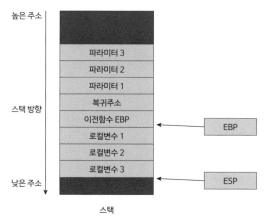

높은 주소

파라미터 3
파라미터 2
파라미터 1
복귀주소
이전함수 EBP ← EBP
로컬변수 1
로컬변수 2
로컬변수 3 ← ESP

스택 방향

낮은 주소

스택

[그림 13-2] 스택과 스택 관련 레지스터와의 관계

스택은 주소가 감소하는 방향으로 진행하므로 변수가 스택에 선언되면 ESP의 값은 감소한다. 최초에는 EBP와 ESP는 같다. EBP는 스택의 변수 및 파라미터에 접근하기 위한 베이스 주소, ESP는 스택의 빈 공간이라고 생각하면 된다. 현재 SKYOS에서는 스택의 크기를 STACK_SIZE, 40KB를 할당한다. 굉장히 작은 값인데 이 수치는 추후 조정한다.

다음으로 컨텍스트를 저장하는 register_t 구조체를 살펴보자.

[코드 13-8] register_t 구조체

```
#pragma pack (push, 1)
typedef struct registers
{
        u32int ds, es, fs, gs;                 // 데이터 세그먼트 셀렉터
        u32int edi, esi, ebp, esp, ebx, edx, ecx, eax; // PUSHAD 명령에 의해 저장
        u32int eip, cs, eflags, esp, ss; // CPU가 자동으로 채우는 데이터
} registers_t;
#pragma pack (pop)
```

핑장히 중요한 구조체니 유심히 살펴보기 바란다. 인터럽트가 발생하면 CPU는 커널 스택에 자동으로 EIP, CS, EFLAGS, ESP, SS값들을 채운다. 이 상황에서 컨텍스트 스위칭을 한다고 가정했을 때 추후 해당 태스크를 복원하기 위해서는 이 레지스터값들을 포함한 각종 레지스터값을 저장할 필요가 있다. 그래야 태스크의 재실행 시 과거의 환경을 복원할 수 있기 때문이다. PUSHAD 어셈블리 명령어를 사용하면 EDI, ESI, EBP, ESP, EBX, EDX, ECX, EAX 등의 레지스터값들을 스택에 저장할 수 있다. 또한 DS, ES, FS, GS 세그먼트 레지스터의 값들도 PUSH 명령어를 사용해서 스택에 저장하면 컨텍스트 스위칭에 필요한 모든 문맥을 스택에 저장할 수 있고 스택에 저장된 내용은 register_t 구조체와 같아서 바로 복사가 가능해진다.

파일로부터 프로세스 생성

기본적인 맥락은 메모리부터 생성하는 과정과 똑같다. PE 구조체에 대해서 이해를 제대로 하고 있다면 이번 내용도 쉽게 파악할 수 있다. 프로세스를 생성하는 부분은 메모리로부터 생성하는 부분과 유사하므로 스레드 생성 시의 코드를 살펴보자(부록의 'PE 파일'을 꼭 읽어보기 바란다).

[코드 13-9] 파일을 통한 스레드 생성

```
Thread* ProcessManager::CreateThread(Process* pProcess, FILE* file, LPVOID
param)
{
        unsigned char buf[512];
        IMAGE_DOS_HEADER* dosHeader = 0;
        IMAGE_NT_HEADERS* ntHeaders = 0;
        unsigned char* memory = 0;

        // 파일에서 512바이트를 읽고 유효한 PE 파일인지 검증한다.
        int readCnt = StorageManager::GetInstance()->ReadFile(file, buf, 1,
        512);
        if (0 == readCnt)
                return nullptr;
```

```
// 유효하지 않은 PE 파일이면 파일 핸들을 닫고 종료한다.
if (!ValidatePEImage(buf))
{
        SkyConsole::Print("Invalid PE Format!! %s\n",
                            pProcess->m_processName);
        StorageManager::GetInstance()->CloseFile(file);
                        return nullptr;
}
// PE 헤더 계산을 통해서 OptionalHeader의 이미지 베이스와 이미지의 크기를 얻는다.
dosHeader = (IMAGE_DOS_HEADER*)buf;
ntHeaders = (IMAGE_NT_HEADERS*)(dosHeader->e_lfanew + (uint32_t)buf);

pProcess->m_imageBase = ntHeaders->OptionalHeader.ImageBase;
pProcess->m_imageSize = ntHeaders->OptionalHeader.SizeOfImage;

// 스레드 초기화
Thread* pThread = new Thread();
……
// 파일로부터 읽을 데이터 페이지 수 계산
int pageRest = 0;

if ((pThread->m_imageSize % 4096) > 0)
        pageRest = 1;

pProcess->m_dwPageCount = (pThread->m_imageSize / 4096) + pageRest;

// 메모리에 할당하는 데 필요한 물리 메모리 할당
unsigned char* physicalMemory = (unsigned char*)PhysicalMemoryManager::
    AllocBlocks(pProcess->m_dwPageCount);
```

// 물리주소를 가상주소로 매핑한다.
// 주의!! 현재 실행 중인 태스크와 생성될 태스크의 페이지 디렉토리에 똑같이 매핑작업을 한다.
// 복사가 완료되면 현재 실행 중인 태스크에 생성된 페이지 테이블을 삭제한다.
// 파일을 메모리에 로딩하는 태스크에도 가상주소를 매핑해야 페이지 폴트가 발생하지 않는다.

```
// 커널 스레드 페이지 디렉토리에 가상주소 매핑
        for (DWORD i = 0; i < pProcess->m_dwPageCount; i++)
        {
                VirtualMemoryManager::MapPhysicalAddressToVirtualAddresss(
                        GetCurrentTask( )->m_pParent->GetPageDirectory( ),
                        ntHeaders->OptionalHeader.ImageBase + i * PAGE_SIZE,
                        (uint32_t)physicalMemory + i * PAGE_SIZE,
                        I86_PTE_PRESENT | I86_PTE_WRITABLE);
        }


// 생성될 스레드의 페이지 디렉토리에 파일 이미지 매핑
// PE 애플리케이션의 이미지 베이스 주소는 0x4000000이다.
        for (DWORD i = 0; i < pProcess->m_dwPageCount; i++)
        {
                VirtualMemoryManager::MapPhysicalAddressToVirtualAddresss(
                        pProcess->GetPageDirectory( ),
                        ntHeaders->OptionalHeader.ImageBase + i * PAGE_SIZE,
                        (uint32_t)physicalMemory + i * PAGE_SIZE,
                        I86_PTE_PRESENT | I86_PTE_WRITABLE);
        }


        memory = (unsigned char*)ntHeaders->OptionalHeader.ImageBase;
        memset(memory, 0, pThread->m_imageSize);
        memcpy(memory, buf, 512);


        // 파일을 메모리로 로드한다.
        int fileRest = 0;
        if ((pThread->m_imageSize % 512) != 0)
                fileRest = 1;


        int readCount = (pThread->m_imageSize / 512) + fileRest;
        for (int i = 1; i < readCount; i++)
        {
                if (file->_eof == 1)
                        break;
                // 파일로부터 데이터를 512바이트씩 읽는다.
                readCnt = StorageManager::GetInstance( )->ReadFile(file, memory
```

```
                    + 512 * i, 512, 1);
        }

        // 스택을 생성하고 주소 공간에 매핑한다.
        void* stackAddress= (void*)(g_stackPhysicalAddressPool - PAGE_SIZE * 10
        * kernelStackIndex++);

        // 스레드에 ESP, EBP 설정
        pThread->m_initialStack = (void*)((uint32_t) stackAddress+ PAGE_SIZE *
        10);
        pThread->frame.esp = (uint32_t)pThread->m_initialStack;
        pThread->frame.ebp = pThread->frame.esp;
        ......

        // 파일 로드에 사용된 커널 태스크의 페이지 테이블을 회수한다.
        for (DWORD i = 0; i < pProcess->m_dwPageCount; i++)
        {
                VirtualMemoryManager::UnmapPageTable(
                    GetCurrentTask()->m_pParent->GetPageDirectory(),
                    (uint32_t)physicalMemory + i * PAGE_SIZE);
        }

        // 태스크 리스트에 추가한다.
        m_taskList->push_back(pThread);

        return pThread;
}
```

메모리에 있는 코드를 엔트리 포인트로 설정할 경우 해당 코드는 이미 페이지에 매
핑돼 있으므로(커널 코드이므로) 페이지 매핑이 필요 없다. 하지만 파일에서 코드를
로드할 때는 새롭게 메모리에 로드되는 것이기 때문에 동적으로 페이지를 매핑해야
한다.

```
pThread->frame.eip = (uint32_t)ntHeaders->OptionalHeader.AddressOfEntryPoint +
ntHeaders->OptionalHeader.ImageBase;
```

EIP(명령어 포인터), 즉 최초로 실행될 가상주소를 설정해야 하는데 이를 위해 필요한
값은 실행 파일이 로드된 베이스 주소와 엔트리 포인트 옵셋값의 합이다.

진입점	EntryPoint	⌄
진입점 없음	아니요	
체크섬 설정	아니요	
기준 주소	0x04000000	
임의 기준 주소	예(/DYNAMICBASE)	
고정 기준 주소	아니요(/FIXED:NO)	

[그림 13-3] 애플리케이션의 진입점 및 베이스 주소

EntryPoint라는 함수가 실행 파일의 진입점이며 네 번째 항목의 기준 주소는 실행
파일의 베이스 주소에 해당한다.

즉 실행 파일이 로더에 의해 메모리에 적재될 때 0x04000000번지에 로드된다는 뜻
이다. 여기에 EntryPoint의 옵셋값을 더하면 정확한 엔트리 주소를 구할 수 있다. 그
리고 구한 엔트리 주소값을 EIP에 지정하면 프로세스를 수행할 준비가 완료된다. PE
구조에서 OptionalHeader 구조체의 AddressOfEntryPoint 필드가 EntryPoint 함
수의 옵셋값에 해당한다.

정리

프로세스 매니저 클래스를 완성함으로써 메모리나 파일을 통해 프로세스를 생성
하는 것이 가능해졌다. 다음으로 넘어가기 전에 다음 내용을 확실히 짚고 넘어가
야 한다.

- 메모리 프로세스와 파일 프로세스의 차이
- 파일 프로세스를 생성할 때 엔트리 포인트의 정확한 주소를 구하는 방법
- PE 파일이 유효한지를 확인

- 스레드 생성 시 스택을 할당하는 과정
- 컨텍스트에 대한 이해 및 컨텍스트를 저장하는 register_t 구조체에 대한 이해
- 파일을 메모리에 적재하기 위해 메모리를 할당하고 페이징 시스템에 매핑하는 과정

제14장에서는 이 프로세스 매니저를 활용해 각종 시스템 프로세스를 생성해 본다.

콘솔시스템

MS-DOS와 같은 시스템을 콘솔시스템으로 부를 수 있다. WINDOWS 95나 98은 콘솔시스템에서 시작했다가 GUI 모드로 변경하는 시스템인데 SKYOS도 콘솔모드로 시작해서 GUI 모드로 전환할 수 있다. 단 구형 버전의 QEMU에서만 가능하다. SkyOS의 콘솔시스템은 세 개의 프로세스로 구성된다.

- **콘솔 매니저**: 유저의 입력을 받는다.
- **프로세스 리무버**: 종료된 프로세스들을 정리한다.
- WatchDog: 멀티태스킹이 제대로 수행되고 있는지 확인한다.

시스템 프로세스의 생성

StartConsoleSystem 함수를 살펴보자. 이 함수는 기본 프로세스들을 생성하고. 최초 실행될 태스크를 설정해서 컨텍스트 스위칭을 한다.

[코드 13-10] StartConsoleSystem 메소드

```
void StartConsoleSystem()
{
        kEnterCriticalSection();
```

```
    // 기본 프로세스를 생성한다.
    Process* pProcess = ProcessManager::GetInstance()->CreateProcessFrom
    Memory("ConsoleSystem", SystemConsoleProc, NULL, PROCESS_KERNEL);
    ProcessManager::GetInstance()->CreateProcessFromMemory("WatchDog",
    WatchDogProc, NULL, PROCESS_KERNEL);
    ProcessManager::GetInstance()->CreateProcessFromMemory("Process
    Remover", ProcessRemoverProc, NULL, PROCESS_KERNEL);

    if (pProcess == nullptr)
            HaltSystem("Console Creation Fail!!");

    SkyConsole::Print("Init Console....\n");

    // 콘솔 프로세스의 메인 스레드를 가져온다.
    Thread* pThread = pProcess->GetMainThread();

    if (pThread == nullptr)
            HaltSystem("Console Creation Fail!!");

    pThread->m_taskState = TASK_STATE_RUNNING;

    // 엔트리 포인트와 스택을 설정한다.
    int entryPoint = (int)pThread->frame.eip;
    unsigned int procStack = pThread->frame.esp;

    kLeaveCriticalSection();
    // 새로운 엔트리 포인트로 점프한다.
    JumpToNewKernelEntry(entryPoint, procStack);
}
```

StartConsoleSystem 함수는 프로세스 매니저를 통해 세 개의 기본 프로세스를 생성한다.

프로세스 엔트리	내용
SystemConsoleProc	시스템 입출력 구현
WatchDogProc	멀티태스킹 확인
ProcessRemoverProc	종료된 프로세스 제거

프로세스 매니저의 CreateProcessFromMemory 메소드를 호출하면 생성되는 프로세스는 프로세스 매니저에 모두 등록이 된다. 다음으로 최초 실행될 코드를 지정해야 한다. 콘솔 프로세스를 최초 실행할 코드로 지정할 것이므로 콘솔 프로세스의 스택포인터와 EIP를 얻어온 뒤 이 값을 이용해서 컨텍스트 스위칭을 하면 SystemConsoleProc로 점프한다. 메모리상의 코드를 통해서 로드된 함수 엔트리이므로 EIP와 SystemConsoleProc의 주소값은 똑같다.

[코드 13-11] 콘솔 프로세스 엔트리 포인트로 점프

```
void JumpToNewKernelEntry(int entryPoint, unsigned int procStack)
{
        __asm
        {
                MOV     AX, 0x10;
                MOV     DS, AX
                MOV     ES, AX
                MOV     FS, AX
                MOV     GS, AX

                MOV     ESP, procStack
                PUSH    0; // 파라미터
                PUSH    0; // EBP
                PUSH    0x200; EFLAGS
                PUSH    0x08; CS
                PUSH    entryPoint; EIP
                IRETD
        }
}
```

처음 다섯 번째 행에서는 세그먼트 셀렉터 레지스터를 0x10으로 초기화한다. GDT 에서 처음 8바이트는 NULL 디스크립터이고 0x08은 커널 코드 디스크립터, 0x10은 커널 데이터 디스크립터다. ds, es, fs, gs 레지스터에 0x10 값을 넣고 ESP에는 스택 의 주소를 넣어준다. 다음과 같은 값들을 스택에 순차적으로 푸쉬한다.

```
0x0, 0x0, 0x200(EFLAG Register), CS, EIP
```

이 값들을 스택에 순차적으로 푸쉬한 후 IRED 어셈블리 명령어를 수행하면 코드 수 행이 SystemConsoleProc 루틴으로 전환된다. IRED 명령어에 대해서는 앞에서 설 명한 바 있으며 IRED 명령을 수행할 때는 위의 값들이 스택에 설정돼야 한다. 컨텍 스트 스위칭은 이 IRED 명령어를 통해서 실행된다. 스레드 관련 컨텍스트를 설명하 면서 등장한 register_t 구조체를 기억하는가? 이 구조체에는 다음과 같은 값이 존재 했었다.

```
eip, cs, eflags, esp, ss; // esp, ss 레지스터는 상황에 따라 다른 의미가 될 수 있다.
```

즉 이 다섯 개의 값은 코드 실행 변경 시 스택에 반드시 푸쉬돼야 하는 값들인 것이 다. 멀티태스킹 부분에서 자세히 설명하겠지만 이 내용은 반드시 기억해야 한다.

콘솔 프로세스

콘솔 프로세스의 엔트리는 SystemConsoleProc 프로시저였다. 콘솔 프로세스는 유 저로부터 키보드 입력을 받고 그 결과를 처리한다. 이제 시스템 진입부를 살펴보자.

[코드 13-12] 콘솔 시스템 진입부

```
DWORD WINAPI SystemConsoleProc(LPVOID parameter)
{
        SkyConsole::Print("Console Mode Start!!\n");
```

```
    // 콘솔용 키보드 초기화
    KeyboardController::SetupInterrupts();

    // 타이머 활성화
    StartPITCounter(100, I86_PIT_OCW_COUNTER_0, I86_PIT_OCW_MODE_
    SQUAREWAVEGEN);
    // 저장 장치 초기화
    multiboot_info* pBootInfo = SkyModuleManager::GetInstance()-
    >GetMultiBootInfo();
    StorageManager::GetInstance()->Initilaize(pBootInfo);

    NativeConsole();

    SkyConsole::Print("Bye!!");
    return 0;
}
```

키보드 인터럽트를 설정하고 타이머를 활성화한 뒤 NativeConsole 함수를 호
출한다.

[코드 13-13] NativeConsole 함수

```
void NativeConsole()
{
    ConsoleManager manager;

    char    commandBuffer[MAXPATH];
    // 루프를 돌면서 커맨드를 입력받는다.
    while (1)
    {
        SkyConsole::Print("Command> ");
        memset(commandBuffer, 0, MAXPATH);

        // 버퍼로부터 커맨드를 얻어온다.
        SkyConsole::GetCommand(commandBuffer, MAXPATH - 2);
```

```
SkyConsole::Print("\n");

        // 커맨드를 파싱한 후 실행한다.
        if (manager.RunCommand(commandBuffer) == true)
                break;
    }
}
```

화면에 Command〉라는 프롬프트를 띄우고 키보드로부터 입력을 받을 준비를 한다.
Enter를 입력하면 ConsoleManager 클래스의 RunCommand 메소드가 호출되며 입
력 명령에 따라 다양한 처리를 수행한다.

콘솔 프레임워크 시스템

콘솔 명령을 쉽게 추가하고 관리가 용이하도록 콘솔 프레임워크가 구축돼 있다. 여
기서는 어떤 식으로 구축됐는지만 설명한다.

콘솔 프레임워크를 활용하기 위해 살펴봐야 하는 파일은 commands.h, commands.
cpp, commandTable.h다.

[코드 13-14] commands.h

```
long CmdCls (char *theCommand); // 화면 클리어
long CmdKill(char *theCommand); // 프로세스 제거
long CmdProcessList(char *theCommand); // 프로세스 리스트
long cmdMemState(char *theCommand); // 메모리 상태
long cmdCreateWatchdogTask(char *theCommand);
long cmdTaskCount(char *theCommand); // 태스크의 수
long cmdGlobalState(char *theCommand);
long CmdExec(char *theCommand); // 프로세스 실행
long cmdPCI(char *theCommand);
long cmdDir(char *theCommand); // 파일 리스트
```

콘솔 명령을 실행하기 위한 함수 헤더 파일을 여기에 선언한다.

356

commands.cpp에서는 위에서 선언된 함수를 구현했으며 구현된 함수와 커맨드를 매핑하기 위해 다음과 같이 정의한다.

[코드 13-15] commandsTable.h

```
START_COMMAND_TABLE

        CMD_ENTRY("q", false, NULL, "quits and halts the system")
        CMD_ENTRY("help", false, NULL, "Help me please")
        CMD_ENTRY("cls", false, clsCmd, "Clear screen")
        CMD_ENTRY("test", false, cmdTestCPlusPlus, "Test C++ Class")
        CMD_ENTRY("memstate", false, cmdMemState, "Print memory state")
        CMD_ENTRY("process", false, cmdProcessList, "Print process list")
        CMD_ENTRY("kill", true, cmdKillTask, "Kill process with process id")
        CMD_ENTRY("read", true, cmdRead, "reads a file")
        CMD_ENTRY("gui", false, cmdGUI, "Jump to graphic user interface")

END_COMMAND_TABLE
```

위의 포맷으로 각각의 명령들을 추가한다. 인자의 순서는 다음과 같다.

명령어 키워드, 추가인자가 있는지, 실행될 함수, 함수 설명

이제 자신만의 명령을 추가하고 싶다면 함수를 구현한 뒤 위의 테이블에 추가하면 된다. 이 작업만으로 쉽게 콘솔에 명령을 추가할 수 있다. 또한 help 명령어를 실행할 때 추가된 명령도 별도의 소스코드 수정 없이 화면에 출력된다.

콘솔 명령어

콘솔 명령은 372쪽의 '실습'에서 확인해 본다.

WatchDog

WatchDog 프로세스는 『개발자를 위한 나만의 운영체제 만들기』(정보문화사, 2007)의 저자인 노재현님이 구현한 초비츠 OS를 참고했다. 콘솔에서 해당 시스템이 정상적으로 멀티태스킹이 되고 있는지를 보여줄 방법이 없었는데 오른쪽 상단에 바람개비 형태로 문자들이 출력됨을 보여줌으로써 지금 운영체제가 정상적으로 멀티태스킹이 되는 것을 보여줄 수 있었다.

[코드 13-16] WatchDog 프로세스 엔트리 코드

```
DWORD WINAPI WatchDogProc(LPVOID parameter)
{
        Process* pProcess = (Process*)parameter;
        int pos = 0;
        char *addr = (char *)TS_WATCHDOG_CLOCK_POS, status[] = { '-', '\\',
        '|', '/', '-', '\\', '|', '/' };
        int first = GetTickCount();

        while (1)
        {

                int second = GetTickCount();
                if (second - first >= TIMEOUT_PER_SECOND)
                {
// 바람개비 문자를 업데이트한다. 문자배열의 끝에 도달했으면 처음으로 되돌아간다.
                        if (++pos > 7)
                                pos = 0;
// 오른쪽 상단 구석에 바람개비 문자를 찍는다.
                        if (m_bShowTSWatchdogClock)
                                *addr = status[pos];
                        first = GetTickCount();
                }
        }
        return 0;
}
```

이 프로세스는 루프 안에서 특정 시간마다 pos 값을 변경시킨다. 그후 비디오 메모리에 status[pos] 값을 쓴다. 비디오 메모리는 오른쪽 상단을 가리키며 그 값은 다음과 같다.

[코드 13-17] TS_WATCHDOG_CLOCK_POS

```
#define TS_WATCHDOG_CLOCK_POS        (0xb8000+(80-1)*2)
```

Process Remover

프로세스는 수명이 있으므로 프로세스가 종료되면 프로세스가 할당한 자원을 회수해야 할 것이다. 이런 목적에서 Process Remover가 존재한다.

[코드 13-18] Process Remover Entry

```
DWORD WINAPI ProcessRemoverProc(LPVOID parameter)
{
        Process* pProcess = (Process*)parameter;

        int static id = 0;
        int temp = id++;
        int first = GetTickCount();

        while (1)
        {
                kEnterCriticalSection();
                // 종료된 프로세스들을 체크하고 모두 제거한다.
                ProcessManager::GetInstance()->RemoveTerminatedProcess();
                // 자신의 실행시간을 줄여서 제어권을 타 태스크에 양보한다.
                Scheduler::GetInstance()->Yield(pProcess->GetProcessId());
                kLeaveCriticalSection();
        }
```

```
        return 0;
}
```

ProcRemoveProc는 루프를 돌면서 프로세스 매니저의 RemoveTerminated
Process 메소드를 정기적으로 호출해서 종료된 프로세스를 제거하고 프로세스 컨
텍스트를 위해 할당된 메모리를 회수한다.

Console, WatchDog, ProcessRemover 세 개의 프로세스가 프로세스 매니저에 등
록이 돼 있는 상태지만 멀티태스킹을 구현해야 각각의 프로세스가 CPU 시간을 할당
받아 자신의 코드를 실행할 수 있다. 계속해서 멀티태스킹을 구현한다.

멀티태스킹

멀티태스킹의 구현은 하드웨어와 관련이 많기 때문에 다소 어려운 부분이 존재한다.
그래서 설명을 단순화하기 위해 스케줄러 자체에는 집중하지 않고 멀티태스킹 구현
에 집중했다. SkyOS는 계속 업데이트될 예정이기 때문에 태스크 스케줄러는 내용이
보강될 것이다.

멀티태스킹을 가능하게 하는 것은 PIT가 보내는 인터럽트 덕분이다. 이 인터럽트의
진입부부터 차근차근 살펴보자.

[코드 13-19] 타이머 인터럽트의 진입부

```
// 타이머 인터럽트 핸들러
__declspec(naked) void InterruptPITHandler()
{
        _asm
        {
                // 모든 레지스터를 스택에 넣는다.
                PUSHFD
                cli
```

```
        pushad;
        push ds
        push es
        push fs
        push gs

        mov ax, 0x10; 커널 데이터 세그먼트 셀렉터 선택
        mov ds, ax
        mov es, ax
        mov fs, ax
        mov gs, ax

        mov eax, esp; 현재 ESP값을 저장한다.
        mov g_esp, eax
}


_pitTicks++;


_asm
{
        call ISRHandler; 타이머 인터럽트를 처리한다.
}


__asm
{
        cmp g_pageDirectory, 0; 페이지 디렉토리 값이 0이면 정상적으로 인터럽트를 완료
        jz pass

        // 페이지 디렉토리값이 설정돼 있다면
        // 스택 포인터와 페이지 디렉토리를 변경해서 컨텍스트 스위칭을 수행한다.
        mov eax, g_esp;
        mov esp, eax;

        mov     eax, [g_pageDirectory]
        mov     cr3, eax; CR3(PDBR) 레지스터에 페이지 디렉토리값 변경
        pass:
        // 스택에 넣었던 레지스터값들을 복원하고 원래 수행하던 코드로 리턴한다.
```

```
            pop gs
            pop fs
            pop es
            pop ds

            popad;

            mov al, 0x20
            out 0x20, al
            POPFD
            iretd;
        }
}
```

PIT가 인터럽트를 발생시키면 위의 인터럽트 핸들러가 호출된다. 인터럽트 핸들러는 스택프레임을 형성하지 않으므로 iretd 명령어를 통해 기존 실행 주소로 복귀할 시 ESP나 EBP는 최초 인터럽트 핸들러를 호출했을 때와 동일해야 한다.

인터럽트 핸들러가 호출될 때 스택에는 다음 값이 저장돼 있다.

```
eip, cs, eflags, esp, ss // 프로세서에 의해 자동으로 스택에 푸쉬된다.
```

이런 상태에서

```
pushad;

push ds
push es
push fs
push gs
```

이 명령어를 수행하면 기본 레지스터들과 ds es fs, gs 레지스터들이 스택에 푸쉬된다.

결국 스택에는 registers_t 구조체와 같은 값들이 저장되는 것이다. 다시 한 번 registers_t 구조체를 살펴보자.

[코드 13-20] registers_t 구조체

```
#pragma pack (push, 1)
typedef struct registers
{
        u32int ds, es, fs, gs;                   // 데이터 세그먼트 셀렉터
        u32int edi, esi, ebp, esp, ebx, edx, ecx, eax; // PUSHAD
        u32int eip, cs, eflags, esp, ss; // CPU가 자동으로 푸쉬하는 데이터
} registers_t;
#pragma pack (pop)
```

스택에서는 값들이 역순으로 저장되기 때문에 결국 최종적으로 푸쉬된 gs의 주소를 얻은 후 그 주소에서 register_t 구조체만큼의 데이터를 카피하면 현재 스레드의 컨텍스트를 모두 저장할 수 있다. 이 상태에서 인터럽트 서비스 핸들러 루틴을 호출한다.

```
call ISRHandler; 타이머 인터럽트를 처리한다.
```

[코드 13-21] ISRHandler

```
void ISRHandler (registers_t regs)
{
        SwitchTask(_pit_ticks, regs);
}
```

이 함수를 호출함에 따라 스택프레임이 형성된다. 물론 이 함수가 종료될 때는 스택 프레임을 제거하므로 원래 상태의 스택으로 돌아갈 수 있다. 이제 스택프레임에 의한 걸림돌은 없으므로 마음 편히 SwitchTask 함수가 어떤 역할을 하는지 살펴볼 수 있다.

눈여겨 봐야 할 부분은 ISRHandler 함수 호출 시 별도로 파라미터를 넣지 않았는데 registers_t 변수가 설정돼 있다는 것이다. 이것이 가능한 이유는 이 함수 호출 직전에 스택에 집어넣은 레지스터가 gs 레지스터고 이 값은 register_t 구조체값의 시작 값이므로 파라미터로 다뤄서 위의 코드처럼 사용해도 문제가 되지 않는 것이다. 이제 SwitchTask 함수 내부를 살펴보자.

태스크 스위칭 세부 구현

SwitchTask 함수가 태스크를 스위칭한다.

[코드 13-22] SwitchTask 함수

```
void SwitchTask(int tick, registers_t& registers)
{
        if (systemOn == false)
                return;

        Scheduler::GetInstance()->DoSchedule(tick, registers);
}
```

스케줄러라는 싱글턴 객체를 생성해서 스케줄링을 수행한다.

[코드 13-23] Scheduler::DoSchedule

```
bool  Scheduler::DoSchedule(int tick, registers_t& registers)
{
        // 태스크 리스트를 얻어온다.
        ProcessManager::TaskList* pTaskList =
```

```
        ProcessManager::GetInstance( )->GetTaskList( );

int taskCount = pTaskList->size( );
if (taskCount == 0)
        HaltSystem("Task Count Is 0\n");
// 태스크가 하나뿐이라면 스케줄링을 할 필요가 없다.
if (taskCount == 1)
        return true;

ProcessManager::TaskList::iterator iter = pTaskList->begin( );
Thread* pThread = *iter;
pThread->m_waitingTime--;
// 태스크 리스트에서 선두에 있는 태스크가 현재 수행되고 있는 태스크다.
// 수행시간이 아직 남아 있으면 태스크 스위칭을 하지 않는다.
if (pThread->m_waitingTime > 0)
{
        return true;
}

// 태스크의 수행시간이 만료됐으면 태스크의 상태를 대기상태로 변경하고
// 현재 태스크의 레지스터값들을 스냅샷한다.
pThread->m_taskState = TASK_STATE_WAIT;
pThread->m_contextSnapshot = registers;
// 스레드에 컨텍스트를 저장하지만 실제 사용하지 않음
pThread->m_esp = g_esp; // 컨텍스트 스위칭하기 직전의 ESP 저장

// 만료된 태스크를 리스트 뒷쪽에 넣는다.
pTaskList->remove(pThread);
pTaskList->push_back(pThread);

// 컨텍스트 스위칭할 태스크를 얻어온다.
Thread* pNextThread = pTaskList->front( );
Process* pProcess = pNextThread->m_pParent;

// 처음으로 시작되는 태스크인가?
if (pNextThread->m_taskState == TASK_STATE_INIT)
```

```
{
        // 태스크의 상태를 수행 중으로 변경하고 수행시간을 확보한다.
        pNextThread->m_waitingTime = TASK_RUNNING_TIME;
        pNextThread->m_taskState = TASK_STATE_RUNNING;

        // 태스크의 엔트리 포인터와 스택주소, 파라미터값을 얻는다.
        entryPoint = (int)pNextThread->frame.eip;
        procStack = pNextThread->frame.esp;
        startParam = pNextThread->m_startParam;

        // 페이지 디렉토리를 얻어온다.
        PageDirectory* pageDirectory =
            pNextThread->m_pParent->GetPageDirectory();
        VirtualMemoryManager::SetCurPageDirectory(pageDirectory);
        ProcessManager::GetInstance()->SetCurrentTask(pNextThread);
        {
                _asm
                {
                        mov     eax, [pageDirectory]
                        mov     cr3, eax
                        // CR3 레지스터에 페이지 디렉토리 설정
                        // 페이지 디렉토리가 변경돼도 entryPoint procStack
                        startParam은 커널 영역에 선언된 변수라 문제 없이 사용가능
                        하다.
                        mov ecx, [entryPoint]
                        mov esp, procStack
                        xor ebp, ebp
                        push ebp
                        mov ebx, [startParam]
                }

                __asm
                {
                        mov     ax, 0x10; 데이터 세그먼트 셀렉터 초기화
                        mov     ds, ax
                        mov     es, ax
                        mov     fs, ax
```

```
                        mov     gs, ax

                        push    ebx; // 파라미터
                        push    0; // EBP
                        push    0x200; // EFLAGS
                        push    0x08; // CS
                        push    ecx; // EIP
                        // 인터럽트를 활성화한 후 새 태스크를 실행한다.
                        mov al, 0x20
                        out 0x20, al
                        sti
                        iretd
                }
            }
    }
    else  // 이미 실행 중인 태스크인 경우
    {
            pNextThread->m_waitingTime = TASK_RUNNING_TIME;
            // 수행시간을 확보한다.
            pNextThread->m_taskState = TASK_STATE_RUNNING;
            // 대기상태에서 실행 상태로
            // 태스크의 ESP와 페이지 디렉토리 값을 g_esp, g_pageDirectory에 설정
            g_esp = pNextThread->m_esp;
            g_pageDirectory =
            (uint32_t)pNextThread->m_pParent->GetPageDirectory();

            VirtualMemoryManager::SetCurPageDirectory(
                pNextThread->m_pParent->GetPageDirectory());
            ProcessManager::GetInstance()>SetCurrentTask(
                pNextThread);
    }
    return true;
}
```

위의 코드에서 분기 부분은 두 군데다.

- 태스크가 처음으로 시작될 때
- 정지된 태스크가 다시 재개될 때

이 두 가지 케이스에 대해 좀 더 자세히 살펴보자.

태스크의 최초 시작

콘솔시스템 프로시저가 시작될 때의 코드를 기억하고 있다면 태스크의 최초 시작 코드 또한 유사하다는 걸 알 수 있을 것이다. 그런데 위의 코드를 보면 조금 의문이 들 것이다. 컨텍스트 스위칭을 위한 registers_t 구조체는 저장을 하는 것 같은데 사용을 하지 않기 때문이다.

그렇다. 실제로 레지스터값들을 스냅샷하기는 하지만 활용하지는 않는다. 이후에 태스크 스위칭 방법을 변경한다면 반드시 필요하기에 남겨둔 것뿐이다. 태스크 스위칭을 하기 위해 여러 가지 방법이 존재하는데 그중 TSS^{Task State Segment}를 활용하는 방법이 있다.

- TSS: 태스크 스위칭이 일어나면 기존 태스크의 상태를 저장하고 있다가 이후 CPU를 선점해서 실행 재개될 때 보존된 태스크의 상태를 복구할 필요가 있다. 이때 태스크의 상태를 보존할 영역, 즉 모든 레지스터값들이 보존되는 영역을 TSS라 한다.

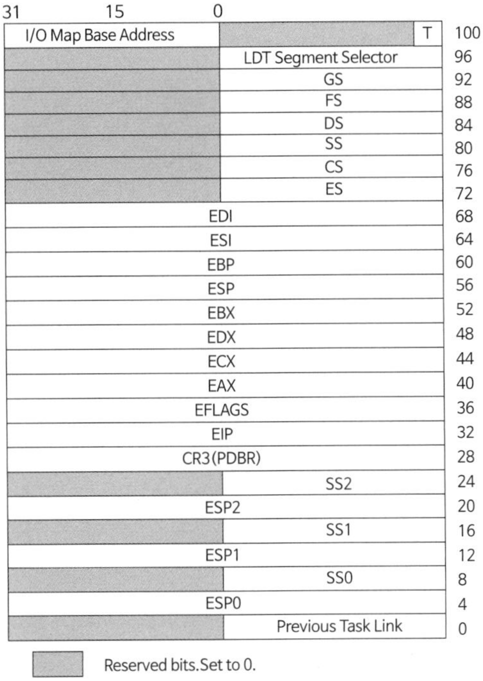

31	15	0	
I/O Map Base Address		T	100
	LDT Segment Selector		96
	GS		92
	FS		88
	DS		84
	SS		80
	CS		76
	ES		72
EDI			68
ESI			64
EBP			60
ESP			56
EBX			52
EDX			48
ECX			44
EAX			40
EFLAGS			36
EIP			32
CR3(PDBR)			28
	SS2		24
ESP2			20
	SS1		16
ESP1			12
	SS0		8
ESP0			4
	Previous Task Link		0

Reserved bits. Set to 0.

[그림 13-4] TSS 구조

각 태스크(스레드)는 태스크 스위칭 시 상태 정보를 저장한다. 그런 후 CPU를 선점한 경우 TSS의 상태 정보를 복원해서 실행을 재개한다.

TSS를 활용해서 멀티태스킹을 구현한다면 레지스터값들을 스냅샷한 구조체를 활용하면 될 것이다. 하지만 SkyOS는 TSS를 현재 활용하지 않는다. 문제를 단순화하기 위해 유저 태스크는 커널 태스크와 다르게 처리해야 하지만 동일한 루틴으로 처리하게 구현함으로써 하드웨어 관련 내용을 간소화했다.

다시 태스크의 최초 시작 부분으로 돌아와서 다음 코드를 살펴보자.

```
push    ebx; // 함수의 인자
push    0x0; // EBP
push    0x200; EFLAGS // 플래그 레지스터
push    0x08; CS // 커널 코드 세그먼트
```

```
push    ecx; EIP // 함수 엔트리 포인트
iretd
```

최초 실행되는 태스크는 플래그 레지스터, EIP 등이 문제 없이 설정됐기 때문에 태스크의 엔트리 포인트가 정상적으로 실행될 것이다.

문제는 실행되다가 정지된 후 다시 시작되는 태스크다.

정지된 태스크가 다시 시작될 경우

TSS를 활용하지 않는다면 앞으로 수행될 태스크가 전체 컨텍스트를 어떻게 복원할까? 일단 정지된 태스크가 재개되는 상황의 코드를 보자.

```
g_esp = pNextThread->m_esp;
g_pageDirectory = (uint32_t)pNextThread->m_pParent->m_pPageDirectory;
```

자신이 원래 수행하고 있었던 스택포인터와 페이지 디렉토리값을 얻어오는 것이 전부다.

이 두 값의 설정을 통해 이후 실행되는 코드를 분석하면 자신의 컨텍스트를 복구하는 과정을 이해할 수 있다. 위 코드가 실행된 후 리턴되면 PIT 핸들러의 후반부가 실행된다. 중요한 것은 g_esp가 자신의 스택 어디 부분을 가리키고 있느냐인데 g_esp는 스택상의 register_t 구조체를 가리키고 있다. 그래서 ESP값을 g_esp로 변경한 후 gs, fs, es, ds 레지스터를 차례대로 복원하고 POPAD 명령어를 통해 기본 레지스터값들을 복원하면 태스크의 원래 문맥을 복구할 수 있다. 또한 레지스터를 복원하고 나면 스택에는 최종적으로

```
eip, cs, eflags, esp, ss;
```

만이 남게 돼 IRETD 명령어를 통해 자신이 실행을 하던 코드로 되돌아 갈 수 있는

것이다. 이 방법을 통해 TSS를 사용하지 않고도 멀티태스킹이 가능해졌고 하드웨어와 관련된 내용을 대폭적으로 줄일 수 있었다.

정리

태스크 스위칭 상황을 다시 한번 더 정리해 보자. 이 부분을 잘 이해하면 이후 다른 OS의 태스크 스위칭 방법도 쉽게 파악할 수 있을 것이다(소프트웨어 태스크 스위칭).

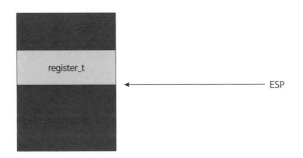

[그림 13-5] 태스크 스위칭 시 기존 태스크의 스택 상황

수행되던 태스크가 교체될 경우 해당 태스크의 스택 상황은 [그림 13-5]와 같다.

[코드 15-24] registers_t 구조체

```
#pragma pack (push, 1)
typedef struct registers
{
        u32int ds, es, fs, gs;                    // 데이터 세그먼트 셀렉터
        u32int edi, esi, ebp, esp, ebx, edx, ecx, eax; // PUSHAD
        u32int eip, cs, eflags, esp, ss;
        // 프로세스에 의해 자동적으로 푸쉬되는 데이터
} registers_t;
#pragma pack (pop)
```

여러 번 registers_t 구조체를 강조하고 있는데 그만큼 중요하고 필자도 꽤 어려움을 겪었던 부분이기 때문이다. 해당 태스크가 정지 상태에서 다시 실행 상태로 변경되면 다음과 같은 처리를 통해 태스크가 스위칭된다.

- 페이지 디렉토리의 변경(스레드 컨텍스트가 변경되며 이에 따라 스택도 변경된다.)
- 실행될 태스크의 스택포인터를 ESP에 할당
- gs, fs, es, ds를 스택에서 POP
- 기본 레지스터들을 POP
- 스택에 남아있는 EIP, CS, EFLAGS, ESP, SS 레지스터값들과 IRETD 명령어를 통해 인터럽트를 종료하고 원래 실행하던 코드로 점프

멀티태스킹을 구현하긴 했지만 기능만 구현했을 뿐 정교하지는 않다. 향후 개발해야 될 숙제는 다음과 같다.

- 일반적인 스케줄링 알고리즘의 적용(라운드 로빈 등)
- 링 레벨 3 유저 프로세스도 처리할 수 있게 구현
- TSS의 활용

실습

프로젝트를 빌드한 후 실행해 보자. 화면 오른쪽 상단 부분에 바람개비가 돌고 있다면 정상적으로 커널이 실행된 것이다.

```
[3] Other Bridge IRQ-9
[4] VGA Controller
[5] Audio Device IRQ-11
[6] Ethernet Controller IRQ-11
Total 7 pci devices.
Init Console....
 entryPoint : (0x10E860)
 procStack : (0x2AB000)
Console Mode Start!!
Keyboard Init..
DeviceId : 0, QEMU HARDDISK
FAT32 is found on H0\0. Assigning drive letter C: ...
 done
HardDisk Count : 1

Master Device ( H0 ) :: QEMU HARDDISK        - QM00001
Cylinders 251 Heads 16 Sectors 63. LBA Sectors 253952
RamDisk Info
Total Sectors : 16384
Serial Number : 0000-0001
Model Number : SkyOS RAM Disk v1.01
Memory Resource Disk Init Complete
Floppy Disk Init Complete!!
L drive Selected
Command>
```

[그림 13-6] 프롬프트 화면

cls를 입력하면 화면을 지운다. help를 입력하고 명령어를 살펴보자.

```
Command> help
Framework Version: 2.0.0

exit : Turn off System
help : Help me please
cls : Clear screen
kill : Kill Process
process : List Process
memstate : Print memory state
watchdog : Create watchdog process
taskcount : Get current task count
globalstate : Get memory layout
exec : Execute File
pci : Get PCI List
dir : Get File List

Command>
```

[그림 13-7] 명령어 리스트

process 명령을 입력하면 현재 실행 중인 프로세스 리스트를 얻을 수 있다. 여기서 프로세스 아이디를 얻을 수 있는데 watchdog의 프로세스 아이디값을 기억한 후 kill 명령어를 사용해서 watchdog 프로세스를 죽여보자. 바람개비가 사라질 것이다. 여기서 더 나아가서 모든 프로세스를 죽이려면 어떻게 하는지 시험해 보기 바란다. 나머지 명령들도 실행해 보고 코드가 어떻게 구현됐는지 꼭 확인하자.

 연습문제

드라이브를 변경하는 cd 명령어를 구현해 보자.

예 cd k:

14

애플리케이션

제14장에서는 응용 애플리케이션을 제작하는 방법에 대해 살펴본다. 또한 애플리케이션에서 커널 시스템 API를 호출하는 방법에 대해서 알아본다. 이를 통해 달성하려는 목표는 다음과 같다.

- 응용프로그램의 시스템 서비스 호출과정 이해
- 공통 라이브러리를 활용한 다양한 응용프로그램 제작
- 응용 애플리케이션을 위한 시스템 서비스 구축

프로젝트는 11_Application.sln을 실행해서 참고한다.

응용프로그램의 시스템 API 호출 원리

일반적으로 WIN32에서는 응용프로그램이 커널의 시스템 API를 직접 호출하지 않고 래퍼를 통해서 요청을 하는 형태로 구성된다. 이런 래퍼 모듈에는 Kernel32.dll, User32.dll 파일이 있으며 해당 dll 함수로의 참조는 응용프로그램이 빌드될 때 PE 임포트 영역에 필요한 함수들을 가져와서 실행할 수 있도록 구축된다.

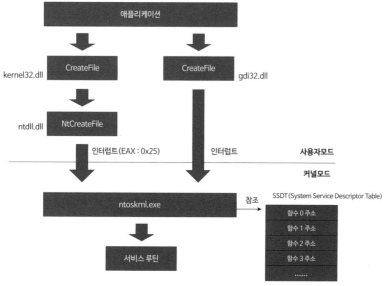

[그림 14-1] WIN32에서의 API 호출

응용프로그램에서 API를 호출하면 인터럽트 명령어 INT를 사용하거나 SYSENTER 명령어를 사용해서 커널 모드로 전환된다. API 함수 지정은 EAX 레지스터를 설정하면 되고 파라미터는 EBX에 넣는다. 커널모드에 진입하면 응용프로그램에서 요청한 API 서비스를 SSDT^System Service Descriptor Table에서 찾는다. 예를 들어 CreateFile 함수는 EAX에 0x25값을 설정했으므로 SSDT 배열 인덱스 0x25에 해당 서비스 함수의 주소가 존재할 것이다. NT 커널은 SSDT에서 정확한 함수 주소를 가져와서 서비스를 실행한다.

SSDT는 서비스 함수를 담고 있기 때문에 해커의 공격 대상이 된다. SSDT를 후킹해서 원래 서비스가 아니라 자신이 실행하고 싶어하는 함수를 실행하도록 변경해서 사용자 몰래 시스템 동작을 살펴볼 수 있으며 정보를 빼내는 등의 악성코드를 심을 수도 있다.

SkyOS도 구조상으로는 WIN32 시스템과 유사하다.

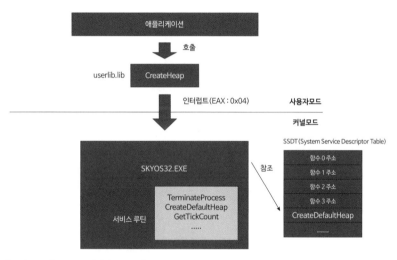

[그림 14-2] SkyOS에서의 API 호출

응용프로그램에서 CreateHeap API를 호출한다고 가정하자. Userlib.lib 라이브러리에 이 함수가 구현돼 있으며 이 함수는 API 서비스 번호 4를 EAX에 설정한 뒤 커널에 API 서비스 실행을 요청한다. 커널에서는 SSDT의 5번째에 등록된 CreateDefaultHeap 함수의 주소를 얻은 뒤 이 함수의 구현부를 실행한다. WIN32 시스템과 유사하지만 SKYOS는 API 요청 시 DLL을 사용하지 않고 정적 라이브러리를 사용하고 있다.

EntryPoint 함수 구현

응용프로그램이 최초 시작되는 부분은 EntryPoint 함수다. 프로세스 매니저가 파일로부터 프로세스를 생성한 뒤 엔트리 포인트를 설정하는데 응용프로그램의 경우 이 엔트리 포인트가 EntryPoint 함수다. 이 함수 내부를 처음부터 끝까지 살펴봄으로써 프로세스의 생명주기를 이해하고 우리가 일상적으로 사용하는 윈도우 애플리케이션이 어떤 식으로 초기화되고 종료되는지 간략히 이해하는 계기가 됐으면 한다.

[코드 14-1] EntryPoint 함수(userlib 프로젝트)

```
extern int main(); // 어딘가에 main 함수가 구현돼 있다는 의미다.

extern "C" void EntryPoint()
{
        CreateHeap(); // 힙을 생성한다.
        int result = main(); // 메인 엔트리를 실행한다.
        TerminateProcess(); // 프로세스 종료를 알린다.
        for (;;); // 프로세스가 종료될 때까지 대기한다.
}
```

여러 가지 초기화 코드가 존재할 수 있지만 힙을 생성하는 부분과 프로세스를 종료하는 과정은 반드시 필요하다.

main 함수는 어딘가에 반드시 구현돼 있어야 한다. EntryPoint 함수는 userLib 라이브러리에 구현돼 있고 이 라이브러리를 종속성으로 추가한 프로젝트(예를 들면 Hello 프로젝트)는 반드시 main 함수를 구현해야 한다.

```
// 힙을 생성
void CreateHeap()
{
        __asm {

                mov eax, 4
                int 0x80

        }
}
```

CreateHeap 함수는 단순히 API 서비스 번호 4를 EAX에 넣고 커널에 서비스를 요청한다. 이 서비스에 해당하는 커널 함수는 CreateDefaultHeap 함수다.

[코드 14-3] CreateDefaultHeap 함수

```
// 프로세스 전용의 디폴트 힙을 생성한다.
void CreateDefaultHeap()
{
        kEnterCriticalSection();
        Process* pProcess = ProcessManager::GetInstance()->GetCurrentProcess();
        // 1MB 바이트의 힙을 생성
        void* pHeapPhys = PhysicalMemoryManager::AllocBlocks(
          DEFAULT_HEAP_PAGE_COUNT);
        u32int heapAddess = pThread->m_imageBase + pThread->m_imageSize +
                        PAGE_SIZE + PAGE_SIZE * 2;

        // 힙 주소를 4K에 맞춰 Align
        heapAddess -= (heapAddess % PAGE_SIZE);
        // 물리주소를 가상주소와 매핑
        for (int i = 0; i < DEFAULT_HEAP_PAGE_COUNT; i++)
        {
                VirtualMemoryManager::MapPhysicalAddressToVirtualAddresss(
                  pProcess->m_pPageDirectory,
                  (uint32_t)heapAddess + i * PAGE_SIZE,
```

```
                      (uint32_t)pHeapPhys + i * PAGE_SIZE,
                      I86_PTE_PRESENT | I86_PTE_WRITABLE | I86_PTE_USER);
      }

      memset((void*)heapAddess, 0, DEFAULT_HEAP_PAGE_COUNT * PAGE_SIZE);
      // 힙 자료구조 생성
      pProcess->m_lpHeap = create_heap((u32int)heapAddess,
        (uint32_t)heapAddess + DEFAULT_HEAP_PAGE_COUNT * PAGE_SIZE,
        (uint32_t)heapAddess + DEFAULT_HEAP_PAGE_COUNT * PAGE_SIZE,
        0, 0);

      kLeaveCriticalSection();
}
```

CreateDefaultHeap 메소드는 1MB의 힙을 생성한다. 힙의 주소는 고정시킬 수도 있지만 로드된 응용프로그램의 사이즈에 따라 가변적으로 변한다.

```
u32int heapAddess = pThread->m_imageBase + pThread->m_imageSize + PAGE_SIZE +
                    PAGE_SIZE * 2;
```

위의 코드를 보면 알겠지만 응용프로그램의 이미지 사이즈 공간이 끝난 후 12KB 뒤 영역에 힙 1MB를 생성한다. 가상주소공간을 물리 공간과 매핑시켜서 힙 메모리 할당을 완료한다.

또한 이 할당한 공간은 단지 메모리 공간일뿐이지 힙 자료구조는 아니다. 여기서는 할당된 메모리 공간을 이용해서 힙 자료구조를 생성한다. 관련 메소드는 create_heap이다. 이 힙 자료구조때문에 우리가 힙을 위해 1MB 공간을 할당했지만 실제로 할당할 수 있는 공간은 1MB보다 작다.

프로그램이 종료될 때는 TerminateProcess 함수가 호출된다.

```
// 프로세스 종료
extern "C" void TerminateProcess()
{
        kEnterCriticalSection();
        Thread* pTask = ProcessManager::GetInstance()->GetCurrentTask();
        Process* pProcess = pTask->m_pParent;

        if (pProcess == nullptr || pProcess->GetProcessId() == PROC_INVALID_ID)
        {
                SkyConsole::Print("Invailid Process Termination\n");
                kLeaveCriticalSection();
                return;
        }
        // 프로세스 매니저에 해당 프로세스 제거를 예약한다.
        // 태스크 목록에서도 제거돼 해당 프로세스는 더 이상 스케줄링되지 않는다.
        ProcessManager::GetInstance()->ReserveRemoveProcess(pProcess);
        kLeaveCriticalSection();
}
```

프로그램을 종료할 때 해당 프로세스가 유효한지를 우선적으로 체크하고 유효하다면 프로세스 매니저의 ReserveRemoveProcess 메소드를 호출한다. 프로세스 매니저는 해당 프로세스에 할당된 리소스를 제거한다. 정확하게 말하자면 바로 제거하면 시스템이 오동작을 일으킬 수 있으므로 프로세스 제거 목록에 추가한다. 원래 수행 됐던 프로세스의 스레드는 EntryPoint 함수의 for(;;);까지 도달한 후 컨텍스트 스위칭이 일어날 때까지 계속 for문을 반복한다. 이후 프로세스 매니저에서 완전히 제거가 되면 해당 프로세스는 자기가 삭제된 줄도 모른채 생을 마감하게 된다.

SkyOS 시스템 API 호출

EntryPoint 함수를 분석함으로써 응용 애플리케이션의 실행 흐름을 파악했지만 여기서는 API 호출 과정을 좀 더 자세히 살펴봄으로써 전체 흐름을 파악해 본다. 시스템 서비스는 두 단계를 거쳐 제공된다.

- 유저 API
- 커널 API

유저 API

UserLib 프로젝트의 UserAPI.h 파일에는 유저 API의 목록이 들어 있다.

[코드 14-5] 유저 API 리스트

```
uint32_t GetTickCount();
void free(void *p);
u32int malloc(u32int sz);
void CreateHeap();
void TerminateProcess();
extern "C" void printf(const char* szMsg, ...);
char GetKeyboardInput();

void *operator new(size_t size);
void *operator new[](size_t size);
void operator delete(void *p);
int __cdecl _purecall();
void operator delete[](void *p);
void operator delete(void *p, size_t size);
```

몇 가지 메소드와 메모리 할당 관련 메소드가 보인다.

메모리 할당의 경우 커널에서는 new 연산자를 통해 직접 힙에 접근할 수 있지만 유저 프로세스는 커널에 요청해야 하는 입장이므로 그 포지션이 다르다.

각각의 메소드는 [표 14-1]과 같은 역할을 한다.

[표 14-1] 유저 API 설명

메소드	역할
GetTickCount	현재의 틱을 얻는다.
CreateHeap	프로세스를 위한 힙 생성을 커널에 요청한다.
TerminateProcess	프로세스의 종료를 커널에 요청한다.
printf	콘솔에 문자열을 출력한다.
malloc	메모리를 할당한다(C 언어 호환을 위해).
free	메모리를 해제한다(C 언어 호환을 위해).

그럼 malloc API를 호출할 때 커널에 요청을 수행하는 흐름을 살펴보자.

[코드 14-6] 메모리 할당 요청

```
u32int malloc(u32int sz)
{
        int address = 0;
        __asm {
                mov ebx, sz
                mov eax, 2
                int 0x80
                mov address, eax
        }

        return address;
}
```

malloc 함수에는 인자가 하나 존재한다. 이 값을 ebx 레지스터에 넣고 eax에 서비스 API 번호 2를 설정하면 커널에 메모리 할당을 요청할 수 있다. 모든 요청에 대한 결과는 eax 레지스터에 저장되므로 eax를 리턴값으로 돌려준다.

int 0x80 명령이 실행되면 태스크는 커널모드로 전환되고 인터럽트 번호 0x80에 해당하는 인터럽트 핸들러가 실행된다.

커널 API

유저가 시스템 콜인 인터럽트 0x80을 호출했으므로 이 인터럽트를 다루기 위한 핸들러를 설정해야 한다. InitializeSysCall 함수를 통해 핸들러를 설정한다.

[코드 14-7] InitializeSysCall 함수

```
void InitializeSysCall()
{
        setvect(0x80, SysCallDispatcher, I86_IDT_DESC_RING3);
}
```

[코드 14-8] SysCallDispatcher 핸들러

```
_declspec(naked) void SysCallDispatcher()
{

        // 서비스 API 번호를 idx에 저장하고 데이터 셀렉터를 변경한다(0X10).
        // 레지스터들을 스택에 저장한다. 이 값들은 함수 파라미터에 해당한다.
        static uint32_t idx = 0;
        _asm {
                push eax
                mov eax, 0x10
                mov ds, ax
                pop eax
                mov[idx], eax
```

```
                pusha
        }

        // 요청한 서비스 API의 인덱스가 최댓값보다 크면 아무런 처리를 하지 않는다.
        if (idx >= MAX_SYSCALL) {
                _asm {
                        popa
                        iretd
                }
        }

        // 서비스 인덱스 번호에 해당하는 시스템 함수를 얻어낸다.
        static void* fnct = 0;
        fnct = _syscalls[idx];

        // 시스템 함수를 실행한다.
        _asm {
                // 유저가 넘긴 파라미터 값들을 레지스터에 복원한 후 함수 파라미터로 집어넣는다.
                popa
                push edi
                push esi
                push edx
                push ecx
                push ebx
                // 시스템 콜
                call fnct
// 스택 정리 책임은 호출자에게 있다. 파라미터로 5개를 스택에 집어넣었으므로
// 스택 포인터의 값을 20바이트 증가시킨다.
                add esp, 20
                ......
                // 원래 수행하던 위치로 돌아간다.
                iretd
        }
}
```

시스템 API를 호출할 때 5개의 레지스터값을 파라미터로 집어넣는다는 것을 알 수 있다. 호출되는 함수는 인자를 하나 쓸 수도 있고 두 개 쓸 수도 있지만 이런 경우 어차피 나머지 파라미터는 쓰지 않으므로 문제가 되지 않는다. 윈도우 운영체제에서는 커널모드로 전환되기 전에 인자로 전달된 값들을 검증해서 커널에 전달함으로써 데이터의 무결성을 보증한다.

유저가 호출한 API는 _syscalls 함수 테이블에서 선택해서 호출한다.

[코드 14-9] _syscalls 함수 리스트 테이블

```
static void* _syscalls[] =
{
        kprintf,
        TerminateProcess,
        MemoryAlloc,
        MemoryFree,
        CreateDefaultHeap,
        GetTickCount,
        CreateThread,
};
```

시스템 API의 추가

그럼 여기서 시스템 API를 몇 개 구현해 보자. 이 과정이 익숙해지면 응용 애플리케이션이 필요로 하는 API를 쉽게 제공할 수 있을 것이다.

　　　○ 슬립 함수
　　　○ 비프음 출력 효과

슬립 함수

함수 원형은 void sleep(int millisecond)로 정의한다. userlib에 이 함수를 추가하자.

[코드 14-10] 함수의 구현

```
void sleep(int millisecond)
{
        __asm {

                mov ebx, millisecond
                mov eax, 7
                int 0x80
        }
}
```

API 서비스 번호는 7로 정했다. 이제 커널쪽 부분을 살펴보자.

[코드 14-11] 시스템 콜 테이블

```
#define MAX_SYSCALL 8 // 시스템 서비스값을 하나 증가시킨다.
static void* _syscalls[] = {
        kprintf,
        ......
        ksleep, // 슬립 함수 추가
};
```

시스템 콜 함수 테이블 마지막에 ksleep 함수를 추가했다. ksleep 함수 구현부를 보자.

```
void ksleep(int millisecond)
{
        msleep(millisecond);
}
```

비프음 출력

부팅 시 삐하는 비프음을 들어본 적 있을 것이다. 요즘 컴퓨터에는 이 소리를 내는
PC 스피커는 없을 걸로 생각했는데 의외로 사라지지 않고 그 생명력을 유지하고 있
다. 이 스피커에 소리를 출력할 수 있는 API를 응용프로그램에 제공하자. 커널에서
스피커에 비프음 출력을 요청하는 코드는 다음과 같다.

[코드 14-13] 비프음 관련 함수

```
#define SOUND_MAGIC 0xB6

void Sound(UINT16 Frequency)
{
        OutPortByte(0x43, SOUND_MAGIC);

        Frequency = 120000L / Frequency;
        OutPortByte(0x42, Frequency >> 8);
        OutPortByte(0x42, (Frequency << 8) >> 8);

        OutPortByte(0x61, InPortByte(0x61) | 3);
}

void NoSound()
{
        OutPortByte(0x61, InPortByte(0x61) & ~3);
}

void Beep()
```

```
{
        Sound(1000);
        msleep(100);
        NoSound();
}
```

Sound 메소드와 NoSound 메소드를 통해 비프음을 켜고 끌 수 있다. Beep 메소드
를 SSDT에 추가시키고 MAX_SYSCALL 값을 하나 증가시킨다. 그리고 userlib 프로
젝트에 다음 함수를 추가한다.

[코드 14-14] Beep 함수

```
void Beep()
{
        __asm {
                mov eax, 8
                int 0x80
        }
}
```

비프음을 응용프로그램 서비스 API로 등록하는 부분은 코드상에 반영하지 않았다.
이 부분은 독자의 과제로 남겨둔다.

응용프로그램

지금부터는 응용프로그램 몇 가지를 개발해서 제대로 실행이 되는지 확인한다. 솔루
션에는 세 가지 프로젝트가 준비돼 있다.

- Hello: 문자열 출력
- Sort: STL Sort

- Math: 수학 함수 테스트

새로운 응용프로그램을 개발하기 위해서는 CommonLib 프로젝트와 UserLib 프로젝트 종속성을 추가하면 된다. 프로젝트 설정은 위 세 프로젝트의 설정을 참조하자.

먼저 커널을 실행해서 응용프로그램이 실행되는 것을 확인해 보자. 가상 디스크의 boot 폴더에 다음 다섯 개의 파일을 복사한다.

- SkyOS32.EXE, SkyOS32.map, Hello.exe, Sort.exe, Math.exe

grub.cfg에는 다음 내용을 추가한다.

```
module /boot/SORT.EXE "SORT.EXE"
module /boot/HELLO.EXE "HELLO.EXE"
module /boot/MATH.EXE "MATH.EXE"
```

콘솔 창에서 각각 다음과 같이 입력한다.

- exec HELLO.EXE
- exec SORT.EXE
- exec MATH.EXE

Hello World

Hello 프로젝트는 "Hellow world!!"란 문자열을 출력하고 동적 메모리 할당을 테스트한다.

[코드 14-15] Hello 프로젝트

```
#include "UserAPI.h"
#include "string.h"

int main()
{
```

```
        char* message = "Hello world!!\n";
        printf(message);

        char* reply = new char[100];
        strcpy(reply, "Process Reply\n");

        printf(reply);
        delete reply;
        return 0;
}
```

코드의 내용은 작지만 이 코드를 실행시키기 위한 사전 작업을 생각해 보면 처음 C 언어를 배웠을 때 "Hello World!!"를 출력했을 때와는 보는 시선이 달라졌을 것이다.

- ○ **printf 함수**: 콘솔에 문자열을 출력한다. 커널이 제공하는 시스템 API다.
- ○ char * reply = new char[100]; 동적으로 메모리를 할당한다. 유저 프로세스를 위한 별도의 힙을 어디선가 할당했을 것이다.
- ○ **strcpy 함수**: 커널에서 사용했던 공통 라이브러리를 유저 프로세스에도 활용할 수 있다.
- ○ **return 0**: 프로그램이 종료된다. 이후 프로세스의 종료 처리가 진행된다.

앞에서 배운 바에 의하면 유저 프로세스의 진정한 엔트리 함수는 EntryPoint였으며 EntryPoint 함수가 main 함수를 호출한다.

Sort

샘플 애플리케이션으로 이번에는 C++와 STL을 활용해서 응용프로그램을 제작한다. Sort 프로젝트를 참조한다.

```
#include "UserAPI.h"
#include "string.h"
#include "iostream.h"
#include "functional.h"
#include "algo.h"

int main( )
{
        int numbers[] = { 20,40,50,10,30 };
        sort(numbers, numbers + 5, std::greater<int>( ));
        char* space = " \n";
        for (int i = 0; i<5; i++)
                std::cout << numbers[i] << space;
        // std::cout << std::endl;

        return 0;
}
```

배열을 소트하는 프로그램이다. 실행하면 10 20 30 40 50이 순차적으로 출력된다.

std::cout의 오퍼레이터 << 는 다음과 같이 오버라이드됐다.

[코드 14-17] 정수 처리를 위한 오퍼레이터 <<

```
OStream& OStream::operator<<(int value)
{
        printf("%d", value);
        return *this;
}
```

greater 함수는 stl의 functional 헤더에 구현돼 있으며 sort 함수는 algo.h 파일에
정의돼 있다.

Math

삼각함수를 테스트해서 수학함수가 제대로 동작하는지 확인해 본다. Math 프로젝트를 참조하자.

[코드 14-18] 수학함수 테스트

```
#include "UserAPI.h"
#include "string.h"
#include "math.h"

int main()
{
        double value = sqrt(10.0f);
        printf("sqrt(10.0f) : %f\n", value);

        float value2 = (float)cos(M_PI / 4.0f); // 45도
        printf("cos(45) : %f\n", value2);

        float value3 = (float)sin((double)(M_PI / 3.0f)); // 60도
        printf("sin(60) : %f\n", value3);

        float value4 = 45.0f * (M_PI / 180.0);
        printf("General float Operation Test : %f\n", value4);
}
```

실행 결과 3.162, 0.7071, 0.8660, 0.7853이 출력된다. 예상결과를 만족한다.

정리

비록 지원하는 시스템 API는 적었지만 간단한 응용프로그램을 제작함으로써 커널과 응용프로그램이 연동하는 과정에 대한 이해를 심화할 수 있었다. 커널이 견고해지고 시스템 인터페이스가 확립되면 응용 애플리케이션을 위해 다음 부분이 수정, 확장돼

야 할 것이다.

- 다양한 시스템 API 지원
- GUI 생성을 위한 그래픽 API
- 완벽한 유저모드의 구현
- 시스템 API 래퍼 DLL 구현

정리하는 차원에서 생성된 유저 프로세스의 메모리 레이아웃을 그려보고 과제를 살펴봄으로써 제14장을 마무리한다.

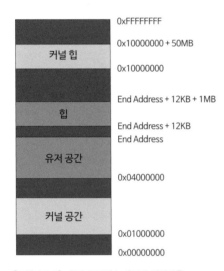

[그림 14-3] 유저 프로세스 메모리 레이아웃

이 레이아웃은 최종적으로 제5장의 [그림 5-3]처럼 변경돼야 한다. 커널을 2GB 위치에 옮기기 위해서는 다음과 같은 프로세스가 필요하다.

- 1MB에 위치한 커널의 사본을 생성한다.
- 주소 재배치 정보를 활용해서 주소 재배치가 필요한 값들을 2GB 기준으로 수정한다.
- 가상주소 2GB에서 2GB + 커널 크기를 커널 사본 물리주소에 매핑한다.

- 페이징을 활성화한다.

위 과정을 따른다면 커널을 2GB 영역으로 옮겨서 실행할 수 있다. 다만 이렇게 할 경우 GDT, IDT와 같은 일부 커널 데이터를 수정해야 한다. GDT나 IDT 구조체를 변수로 선언했기 때문에 주소 재배치가 이뤄지면 이 값들의 주소값도 2GB 위치로 변경되는데 CPU는 GDT나 IDT 구조체의 물리주소값을 필요로 하기 때문에 문제가 발생하기 때문이다. 이 문제를 해결하기 위해서는 GDT나 IDT를 변수로 선언하지 말고 물리주소값으로 강제 지정해서 해당 주소에 GDT, IDT 값을 쓰면 된다.

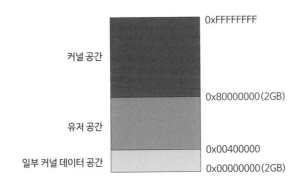

[그림 14-4] 최종 유저 프로세스 레이아웃

이 책을 끝까지 읽으면 PE 파일의 주소 재배치를 자유롭게 할 수 있을 것으로 판단하므로 SkyOS를 완벽히 이해한 후 위와 같이 메모리 레이아웃을 변경하는 작업에 도전해 보기 바란다. 결코 쉬운 작업이 아니기 때문에 많은 시간을 할애해야 할 것이다.

15

그래픽 시스템

이 책의 주요 목표는 윈도우 운영체제와 같은 개발 환경에서 C++을 사용해서 운영체제를 제작하는 것이다. 그래서 원래 제작하려 했던 운영체제는 MS-DOS와 같은 콘솔 운영체제였고 GUI는 구현하지 않으려고 했었다. 이렇게 생각한 이유는 다음과 같다.

- GUI, 즉 그래픽 유저 인터페이스는 어떻게 보면 운영체제 코어 개발과 연관된 작업이 아니다.
- 그래픽이나 네트워크를 구현하려면 해당 기능을 동작시키는 장치 드라이버를 구현해야 한다.
- GUI 구현은 상대적으로 쉽다.
- 공통 그래픽 모드인 VESA 모드로 진입하려면 16비트 리얼모드에서 바이오스콜을 수행해야 한다.

- GUI 개발은 독자의 몫으로 남겨둔다.

또한 필자가 게임 개발자 출신이다 보니 GUI에 관심이 많다. 그래서 운영체제 제작에서는 이 주제를 다루고 싶지 않은 마음도 있었다. 이후 개발을 진행하면서 이런 생각은 바뀌었는데 그 이유는 역시 콘솔모드에서 사용자 입력을 받는 것보다 그래픽 모드에서 입력을 받는 것이 좀 더 다양한 사용자 입력을 받을 수 있다고 생각했기 때문이었다. 또한 쓸만한 운영체제로 개선, 발전해 나가기 위해서는 디버깅 기능과 더불어 GUI가 필요하다고 판단했다.

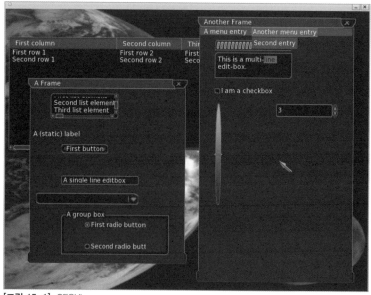

[그림 15-1] CEGUI

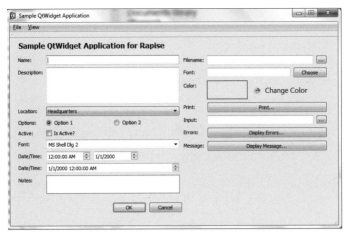

[그림 15-2] QT GUI 프레임워크

위와 같은 그래픽 라이브러리를 우리가 직접 개발한 운영체제에 적용하기는 무리지만 그래픽 버퍼만 제공해 주면 화면에 출력가능한 GUI 코드는 얼마든지 활용할 수 있다. 지금부터는 SkyOS에 GUI 시스템을 탑재하는 과정을 설명하면서 다음의 주제를 다룰 것이다.

- 그래픽 모드 초기화
- 다양한 GUI 시스템 런칭
- WIN32 애플리케이션과 유사한 메시지 시스템
- 기존 코드 재활용

이를 통해 개발자가 큰 어려움없이 GUI를 구축할 수 있도록 한다. 프로젝트는 12_GUI.sln 파일을 실행해서 참고한다.

그래픽 모드 초기화

GUI 구현이 쉽다고 했지만 GUI 개발을 위한 환경 구축 과정은 그렇게 녹록치 않았다. 위에서 간단히 언급했지만 지금까지 우리는 처음부터 보호 모드인 32비트 모드에서 개발을 해왔기 때문이다.

커널 제작 시 일반적인 GUI 전환은 다음과 같다.

- 16비트 리얼모드에서 바이오스에 전환가능한 그래픽 모드(해상도, 버퍼 깊이)를 요청한다.
- 특정 그래픽 모드를 선택한 후 바이오스에 해당 그래픽 모드로의 전환을 요한다.
- 보호 모드로 진입한다.

한편 SkyOS는 GRUB을 사용하기 때문에 처음부터 보호 모드에서 시작한다. 보호 모드로 진입할 때 GRUB은 그래픽 관련 정보를 커널에 전달해 줬는데 리눅스 환경에서 쓰이는 GRUB은 문제가 없었지만 윈도우 환경에서 사용하는 GRUB(1.96버전 이하)은 그래픽 정보를 제대로 넘겨주지 않았다. 그래서 윈도우 환경에서 커널을 GRUB으로 부팅했을 때 GUI로의 전환은 쉽지 않았다. GUI로 전환하려면 다음과 같은 방법을 사용해야 한다.

- V8086 모드를 구현해서 16비트 모드를 에뮬레이션한다.
- 보호 모드에서 리얼모드로 스위칭하고 그래픽 모드로 전환한 뒤 다시 보호 모드로 진입한다.
- GRUB 소스코드를 분석해서 수정한다.
- GRUB을 사용하지 않고 스크래치부터 커널 로딩을 구현한다.

보호 모드에서 리얼모드로 전환한다면 SkyOS에서 목표로 삼았던 리얼모드 환경의 제거라는 대전제의 의미가 퇴색된다. 그래서 리얼모드 전환은 GUI 전환 해결책 후보에서 제외했다.

GRUB 소스코드 분석도 해결책에서 제외시켰다. GRUB을 활용한 이유가 보다 편한 개발을 위한 것인데 GRUB 소스코드를 분석한다면 배보다 배꼽이 커지는 상황이 되기 때문이다. 그러나 만약 어떠한 해결책도 찾아낼 수 없다면 최후의 방법으로 고려하고자 했다.

GRUB을 사용하지 않고 리얼모드를 통한 커널 로딩 방법은 기존 운영체제를 개발할 때 사용하는 보편적인 방법이다. 이 방법을 활용해도 우리가 개발한 커널을 거의 수정하지 않고 실행시키는 것이 가능하다. 하지만 이 경우 몇 가지 불편한 점이 존재한다.

- 바이오스콜을 통해 사용하면 USB든 플로피든 상관없이 섹터를 읽는 것이 가능하다. 다만 이 경우는 파일시스템을 사용하지 않으므로 우리가 개발한 커널을 해당 매체에 RawWrite 같은 프로그램 등으로 복사해야 한다. 하지만 이렇게 복사한 커널은 윈도우 탐색기로는 확인이 불가능하기 때문에 다소 불편하다.

- 위와는 달리 FAT16과 같은 파일시스템을 사용하면 일반 탐색기로도 파일 확인이 가능하다. 다만 파일시스템을 인식하기 위해 16비트 어셈블리 코드를 작성해야 한다.

위와 같은 문제점뿐만 아니라 좀 더 불편한 문제점이 존재하는데 그것은 커널의 크기 문제다. 예전에 개발된 커널은 그 크기가 매우 작았기 때문에 작은 메모리 공간만 필요했었다. 그래서 1MB 이하 메모리 공간에 커널을 로드해도 문제가 되지 않았다. 하지만 SkyOS의 경우는 커널의 크기가 최초 프로젝트에 비해 매우 커진 것을 알 수 있는데 이 정도로 커진 커널을 16비트 모드에서 수용할 수 있는 공간은 없다. 따라서 이 문제를 해결하려면 SkyOS 커널을 1차, 2차 커널로 나눠서 보호 모드로 진입한 1차 커널이 2차 커널을 메모리에 적재시키고 제어권을 넘기는 추가작업을 해줘야 한다. 물론 이런 부분은 한번 구축되고 나면 건드릴 일은 없다.

그래서 결론은 GRUB을 계속 사용하느냐 안하느냐의 결정만 남게 됐는데 최근에 FAT32로 포맷된 USB에 GRUB 2.02 버전을 설치하는 방법을 알아냈고 이렇게 설치된 GRUB은 GUI 모드로 문제 없이 전환됨을 확인할 수 있었다. 그 결과 GUI 모드도 에뮬, 실기에서 편하게 테스트할 수 있게 됐다(GRUB 2.02 버전은 제10장, '디바이스 구현'부터 사용하기 시작했다).

SkyOS에는 V86 모드를 구현한 에뮬레이터 소스도 반영을 했기 때문에 32비트 코드로 리얼모드에서 바이오스에 내리는 명령을 실행할 수 있다. 하지만 V86을 구현한 소스는 확인해본 결과 오래된 QEMU나 컴퓨터에서는 동작하지만 필자가 테스트한 2010년 이후의 노트북이나 데스크톱에서는 정상 동작하지 않았다. 이 V86 코드는 리얼모드를 에뮬레이션한다는 장점이 있는 동시에 어셈블리 코드를 이용하지 않고도 바이오스 명령을 테스트해 볼 수 있다는 장점이 있기 때문에 알아두면 좋을 것이라고 생각한다. 구형 QEMU을 사용해서 V86 기능을 활용하면 다양한 바이오스 명령을 실험해 볼 수 있다.

간략히 GUI 모드로 전환하는 부분에 대한 필자가 거쳤던 고민을 설명했는데 지금부터는 GUI로 전환하는 방법들에 대해 구체적으로 설명한다.

- V86 모드를 활용한 GUI 전환
- GRUB을 활용한 GUI 전환

스크래치로부터 커널을 로드하는 것은 책의 흐름에서 약간 벗어나는 주제이므로 부록으로 내용을 옮겼다.

RME

V8086 모드로 전환하기 위한 라이브러리는 찾기가 매우 힘들다. 또한 찾았다 하더라도 대부분 버그가 존재하고 라이브러리를 프로젝트에 반영하기도 쉽지 않다. SkyOS에서 사용된 John Hodge가 개발한 리얼모드 플러그인의 경우 실기나 최신 QEMU에서 동작하지 않고 오래된 QEMU에서만 동작한다는 단점이 있다. 다소 불편하지만 구글 드라이브에 업로드돼 있는 QEMU 옛 버전을 다운받아 RME를 테스트해보자. 버그의 원인은 두 가지 중 하나다.

- 오리지널 소스에 하자가 있다.
- 필자가 윈도우용으로 포팅하는 과정에서 버그를 발생시켰다.
- GRUB이 1MB 이하의 메모리 영역에 어떤 값을 덮어 씌웠다.

어쨌든 RME^{Real Mode Emulator} 소스코드는 구형 QEMU에서만 동작함을 기억하자. RME 기능을 이용하면 우리는 WIN95처럼 도스모드를 거쳐 GUI 모드로 전환할 수 있다. RME 소스코드는 rme.h / rme.cpp 파일에서 확인할 수 있다. 그럼 이 RME 소스코드를 활용하는 코드를 살펴보자.

[코드 15-1] 시스템에서 지원하는 해상도 리스트 구하기

```
void RequesGUIResolution()
{
        bool result = false;

        // VESA 관련 구조체
        struct VesaControllerInfo *info = (VesaControllerInfo*)0x10000;
        struct VbeModeInfo *modeinfo = (VbeModeInfo*)0x9000;

        // V86 에뮬레이터
        tRME_State *emu;

        uint16_t *zeroptr = (uint16_t*)0;
        memcpy(lowCache, zeroptr, RME_BLOCK_SIZE);
        // V86 에뮬레이터를 생성한다.
        emu = RME_CreateState();
        emu->Memory[0] = (uint8_t*)lowCache;

        for (int i = 1; i < 0x100000 / RME_BLOCK_SIZE; i++)
                emu->Memory[i] = (uint8_t*)(i*RME_BLOCK_SIZE);
        int ret = 0, mode = 0;

        // 해상도 리스트를 구한다.
        uint16_t * modes;
        memset(info, 0, sizeof(VesaControllerInfo));
        memcpy(info->Signature, "VBE2", 4);
        emu->AX.W = 0x4F00;
        emu->ES = 0x1000;
        emu->DI.W = 0;
        ret = RME_CallInt(emu, 0x10);
```

```
            if (info->Version < 0x200 || info->Version > 0x300)
            {
                    SkyConsole::Print("You have attempted to use the VESA/VBE2
                    driver\nwith a card that does not support VBE2.\n");
                    SkyConsole::Print("System responded to VBE request with
                    version: 0x%x\n", info->Version);

                    return;
            }

            SkyConsole::Print("\nSystem responded to VBE request with version:
            0x%x\n", info->Version);

            modes = (uint16_t*)FP_TO_LINEAR(info->Videomodes.Segment,
              info->Videomodes.Offset);

            // 해상도 리스트로부터 자세한 해상도 정보를 얻어낸다.
            for (int i = 1; modes[i] != 0xFFFF; ++i)
            {
                    emu->AX.W = 0x4F01;
                    emu->CX.W = modes[i];
                    emu->ES = 0x0900;
                    emu->DI.W = 0x0000;
                    RME_CallInt(emu, 0x10);
                    // 해상도 정보를 출력
                    SkyConsole::Print("%d = %dx%d:%d %d\n", i,
                        modeinfo->XResolution, modeinfo->YResolution,
                        modeinfo->BitsPerPixel, modeinfo->FrameBuffer);
            }
}
```

위의 코드는 시스템에서 지원하는 해상도 리스트를 출력한다. 예를 들어 시스템이
어떤 그래픽 모드를 지원하는지 확인하기 위한 바이오스콜을 실행한다고 가정하자.

```
    emu->AX.W = 0x4F00;
    emu->ES = 0x1000;
    emu->DI.W = 0;
    ret = RME_CallInt(emu, 0x10);
```

AX의 상위 워드, ES 레지스터, DI 레지스터 각각에 0x4F00, 0x1000, 0x0의 값을 넣고 인터럽트 0x10 명령을 내리면 그 결과를 보호 모드에서도 얻을 수 있다. 본래는 16비트 리얼모드에서 위 코드를 수행했어야 하지만 RME 덕분에 보호 모드에서도 실행할 수 있다. 바이오스에 내릴 수 있는 명령이 많으니 여러 명령을 실행해 보고 그 결과를 확인해 보기 바란다. 다음 결과 화면은 명령 프롬프트에서 gui 명령을 사용해 얻어낸 그래픽 모드 리스트다.

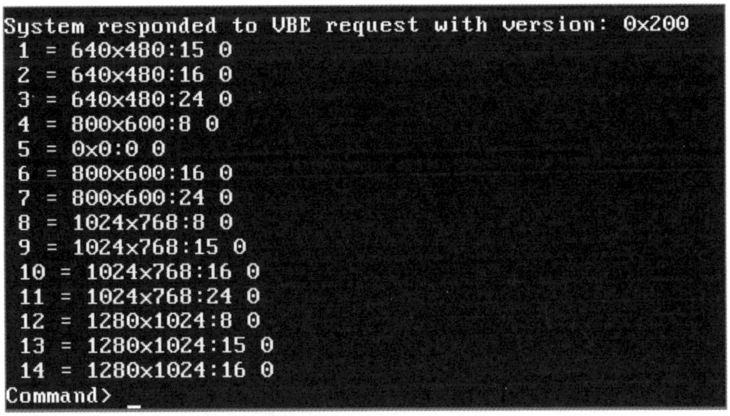

```
System responded to VBE request with version: 0x200
 1 = 640x480:15 0
 2 = 640x480:16 0
 3 = 640x480:24 0
 4 = 800x600:8 0
 5 = 0x0:0 0
 6 = 800x600:16 0
 7 = 800x600:24 0
 8 = 1024x768:8 0
 9 = 1024x768:15 0
 10 = 1024x768:16 0
 11 = 1024x768:24 0
 12 = 1280x1024:8 0
 13 = 1280x1024:15 0
 14 = 1280x1024:16 0
Command> _
```

[그림 15-3] 그래픽 모드 리스트 출력 결과

이제 이 V86 기능을 활용해서 WIN95나 WIN98처럼 그래픽 모드로 전환해 본다. 커널을 실행한 후 guiconsole 명령을 입력하면 화면에 푸른색 사각형이 출력될 것이다.

[코드 15-2] guiconsole 명령

```
long cmdSwitchGUI(char *theCommand)
{
```

```
        // 성공적으로 그래픽 모드가 전환되는지 확인
        if(true == SwitchGUIMode(1024, 768, 261))
        {
        // 그래픽 버퍼 주소를 매핑해야 한다.
        VirtualMemoryManager::CreateVideoDMAVirtualAddress(VirtualMemoryManager
        ::GetCurPageDirectory(), 0xE0000000, 0xE0000000, 0xE0FF0000);
        VirtualMemoryManager::CreateVideoDMAVirtualAddress(VirtualMemoryManager
        ::GetCurPageDirectory(), 0xF0000000, 0xF0000000, 0xF0FF0000);

                // 사각형을 그린다.
                FillRect8(100, 100, 100, 100, 8, 1024, 768);
                for (;;);
        }

        return false;
}
```

[코드 15-3] SwitchGUIMode 함수

```
bool SwitchGUIMode(int xRes, int yRes, int pixel)
{
        // 인자를 받고 있지만 사용하지 않음
        ......
        emu->AX.W = 0x4F01; // 그래픽 모드 가능 여부 확인
        emu->CX.W = 0x105; // 1024*768 8비트 모드
        emu->BX.W = 0x07E0;
        emu->ES = 0x07E0;
        emu->DI.W = 0;
        ret = RME_CallInt(emu, 0x10);

        emu->AX.W = 0x4F02; // 그래픽 모드 전환 요청
        emu->BX.W = 0x4105; // 1024*768 8비트 모드
        ret = RME_CallInt(emu, 0x10);

        return true;
}
```

[그림 15-4] 실행 결과

V86 모드를 실행하기 위해서는 오래된 QEMU 에뮬레이터가 필요하고 최신 에뮬레이터 및 실기에서는 동작하지 않는다는 단점이 있지만 상용 OS를 개발하기 위해서는 반드시 필요한 기능이라고 생각한다. V86 모드를 어떻게 구현했는지는 소스코드를 살펴보면 되지만 매우 복잡하므로 여기서는 **보호 모드에서도 바이오스콜이 가능하다** 정도만 기억해 두면 되겠다.

GRUB을 활용한 GUI 전환

GRUB 1.X 버전은 커널로 제어권을 이양할 때 그래픽 관련 정보를 제대로 넘겨주지 않았다. 하지만 2.X 버전부터는 제대로 정보가 넘어온다. GRUB 2.X 버전을 사용함에 따라 멀티부트 구조체도 일부 변경됐다.

[코드 15-4] GRUB 2.02 멀티부트 구조체

```
_declspec(naked) void multiboot_entry(void)
{
        ......
        // 멀티부트 헤더 사이즈 : 0X30
        dd(MULTIBOOT_HEADER_MAGIC); magic number
```

```
#if SKY_CONSOLE_MODE == 0
        dd(MULTIBOOT_HEADER_FLAGS_GUI); GUI용 플래그값
        dd(CHECKSUM_GUI); // GUI용 체크섬값
#else
        dd(MULTIBOOT_HEADER_FLAGS);
        dd(CHECKSUM);
#endif
        dd(HEADER_ADRESS); // 헤더 주소 KERNEL_LOAD_ADDRESS+ALIGN(0x100400)
        dd(KERNEL_LOAD_ADDRESS); // 커널이 로드된 가상주소 공간
        dd(00); // 사용되지 않음
        dd(00); // 사용되지 않음
        dd(HEADER_ADRESS + 0x30);
        // 커널 시작 주소 : 멀티부트 헤더 주소 + 0x30, kernel_entry
        // SKY_CONSOLE_MODE가 0이면 그래픽 모드, 1이면 콘솔모드로 실행된다.
        dd(SKY_CONSOLE_MODE);
        dd(SKY_WIDTH);
        dd(SKY_HEIGHT);
        dd(SKY_BPP)
        ......
}
```

SKY_CONSOLE_MODE값을 0으로 설정하면 SkyOS는 그래픽 모드로 시작한다. 기존 플래그값과 체크섬값이 다음과 같이 변경됐다.

```
MULTIBOOT_HEADER_FLAGS => MULTIBOOT_HEADER_FLAGS_GUI
CHECKSUM => CHECKSUM_GUI
```

MULTIBOOT_HEADER_FLAGS_GUI 플래그에 GUI 비트가 세트됐는데 이 값을 확인한 GRUB은 코드 마지막 네 줄을 참조해서 그래픽 모드로의 부팅을 준비한다. SKY_CONSOLE_MODE가 1로 설정되면 SKY_WIDTH, SKY_HEIGHT, SKY_BPP 값에 상관없이 콘솔모드로 부팅한다. 이러한 값들을 토대로 SkyOS는 총 네 가지의 부팅 모드를 준비했다. SkyStartOption.h 파일을 열어보자.

```
// 콘솔모드로 시작할지 그래픽 모드로 시작할지 결정
// 이 값이 1로 설정되면 다음 값들은 모두 무시된다.
#define SKY_CONSOLE_MODE 0

// 세 가지 GUI 모드
// SkyGUIConsole
#define SKY_GUI_SYSTEM    SkyGUIConsole
#define SKY_WIDTH              1024
#define SKY_HEIGHT             768
#define SKY_BPP                32

// SkyGUI
/*#define SKY_GUI_SYSTEM SkyGUI
#define SKY_WIDTH              1024
#define SKY_HEIGHT             768
#define SKY_BPP                8*/

// SVGA GUI
/*#define SKY_GUI_SYSTEM SkySVGA
#define SKY_WIDTH              1024
#define SKY_HEIGHT             768
#define SKY_BPP                32*/
```

SKY_CONSOLE_MODE 값을 0으로 설정하면 그래픽 모드로 커널이 실행된다. 그
래픽 모드는 GUI 콘솔, Sky GUI, SVGA GUI가 존재한다. 실행하고 싶은 그래픽 모
드의 설정 주석을 해제하고 나머지를 주석처리하면 해당 그래픽 모드로 커널을 실행
할 수 있다.

정의를 보면 알겠지만 그래픽 모드의 해상도는 1028＊768로 고정했으며 픽셀 깊이는 8비트 또는 32비트다. 이 설정은 대부분의 컴퓨터에서 지원할 것이라 판단해 고정시킨 값이다.

SkyGUIConsole, SkyGUI, SkySVGA는 클래스 이름으로 각 그래픽 시스템의 엔트리에 해당한다. 이 클래스들은 형태가 동일하며 이 클래스를 담을 수 있는 템플릿 클래스를 정의해서 코드를 실행시킨다. 즉 자신만의 GUI 시스템을 만들고 싶다면 SkyGUIConsole 클래스 등과 똑같이 메소드를 맞추고 템플릿 클래스에 담으면 코드 충돌없이 새로운 GUI 시스템을 개발할 수 있다.

[코드 15-6] SkyGUIConsole 클래스

```
class SkyGUIConsole
{
        bool Initialize(void* pVideoRamPtr, int width, int height, int bpp,
        uint8_t buffertype);
        bool Run();
        bool Print(char* pMsg);
        ......
}
```

[코드15-7] SkyGUI 클래스

```
class SkyGUI
{
        bool Initialize(void* pVideoRamPtr, int width, int height, int bpp,
        uint8_t buffertype);
        bool Run();
        bool Print(char* pMsg);
}
```

```cpp
template <typename T>
class SkyWindow
{
public:
        SkyWindow(){}
        virtual ~SkyWindow(){}

        bool Initialize(void* _pVideoRamPtr, int _width, int _height, int _bpp,
                        uint8_t buffertype);
        bool Run();
        bool Clear();
        bool Print(char* pMsg);

        T m_guiSys;
};

template <typename T>
bool SkyWindow<T>::Initialize(void* _pVideoRamPtr, int _width, int _height, int
_bpp, uint8_t buffertype)
{
        return m_guiSys.Initialize(_pVideoRamPtr, _width, _height, _bpp,
                                   buffertype);
}

template <typename T>
bool SkyWindow<T>::Run()
{
        return m_guiSys.Run();
}

template <typename T>
bool SkyWindow<T>::Print(char* pMsg)
{
        return m_guiSys.Print(pMsg);
}
```

```
template <typename T>
bool SkyWindow<T>::Clear()
{
        return m_guiSys.Clear();
}
```

이 SkyWindow 클래스가 앞에서 언급한 GUI 클래스를 담는 템플릿 클래스다.

```
SkyWindow<SKY_GUI_SYSTEM>* m_pWindow;
```

위의 코드와 같이 템플릿 클래스를 생성하면 컴파일 타임 때 그래픽 관련 클래스와 함께 컴파일된다. 이 템플릿에 담긴 클래스가 만약 Print나 Run 같은 메소드를 구현하지 않았다면 컴파일이 되지 않을 것이다.

 Tip

앞에서 파일시스템 관련 클래스를 구현했을 때는 인터페이스를 만들어서 코드의 일관성을 유지했었다. 이 경우 가상함수를 통해서 메소드가 실행되는 반면 템플릿 메소드 패턴은 컴파일 때 이미 코드 바인딩이 끝나므로 템플릿 메소드 패턴을 활용하면 인터페이스를 활용한 패턴보다 성능이 더 나을 수 있다. 하지만 이런 주제는 현시점에서는 의미없는 주제다.

그럼 앞에서 언급한 SkyGUIConsole, SkyGUI, SkySVGA 객체에 진입하기 직전까지의 흐름을 정리해 보자.

[코드 15-9] 그래픽 모드 진입부 코드

```
#if SKY_CONSOLE_MODE == 0
        pSystemLauncher = new SkyGUILauncher();
#else
```

```
        pSystemLauncher = new SkyConsoleLauncher();
#endif

        pSystemLauncher->Launch();
```

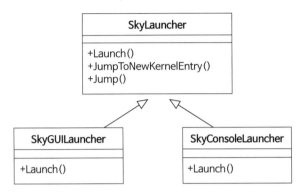

[그림 15-5] 런쳐 클래스

SkyGUILauncher 클래스의 Launch 메소드를 통해 그래픽 모드가 실행된다. SKY_
CONSOLE_MODE 값이 1이면 콘솔모드로 실행된다.

[코드 15-10] SkyGUILauncher 클래스의 Launch 메소드

```
void SkyGUILauncher::Launch()
{
    // GUI를 위한 시스템 프로세스 생성
    Process* pMainProcess = ProcessManager::GetInstance()->CreateProcessFromMemory
        ("GUISystem", SystemGUIProc, NULL, PROCESS_KERNEL);
    ProcessManager::GetInstance()->CreateProcessFromMemory(
        "ProcessRemover", ProcessRemoverProc, NULL, PROCESS_KERNEL);
    SkyConsole::Print("Init GUI System....\n");


    Thread* pThread = pMainProcess->GetMainThread();
    // SystemGUIProc 함수로 점프한다.
    Jump(pThread);
}
```

프로세스 제거자, GUI용 WatchDog, 메인커널인 GUISystem 프로세스를 생성한 후 GUISystem의 메인 스레드 엔트리로 점프한다. 메인 스레드 진입점은 SystemGUIProc 프로시저다.

[코드 15-11] SystemGUIProc 프로시저

```
DWORD WINAPI SystemGUIProc(LPVOID parameter)
{
        ......
        systemOn = true;
        // 타이머 활성화
        StartPITCounter(100, I86_PIT_OCW_COUNTER_0,
                        I86_PIT_OCW_MODE_SQUAREWAVEGEN);
        ......
        // 그래픽 시스템 초기화
        SkyGUISystem::GetInstance()->Initialize(pBootInfo);
        // 그래픽 시스템 실행
        SkyGUISystem::GetInstance()->Run();
        return 0;
}
```

SkyGUISystem 객체는 싱글턴이다. 이 객체는 앞에서 언급한 SkyConsoleGUI, SkyGUI, SkySVGA 클래스를 담을 수 있는 SkyWindow 객체를 소유하고 있다.

[코드 15-12] SkyGUISystem 클래스 인터페이스

```
class SkyGUISystem // 싱글턴 클래스
{
        ......
        bool Initialize(multiboot_info* pBootInfo); // 초기화
        bool Run(); // GUI 시스템 실행
        bool Print(char* pMsg); // 문자열 출력
        bool Clear(); // 화면 클리어
        ......
private:
```

```
     ......
// 그래픽 모드 객체를 담고 있는 템플릿 클래스
        SkyWindow<SKY_GUI_SYSTEM>* m_pWindow;
};
```

이 객체의 Run 메소드를 호출하면 템플릿 클래스의 Run 메소드가 호출되고 템플릿 클래스의 Run 메소드는 각 GUI 시스템의 Run 메소드를 호출하게 된다.

```
bool SkyGUISystem::Run()
{
        if(m_pWindow)
                m_pWindow->Run();
        return true;
}
```

GUI 클래스를 호출하는 전체적인 그림을 한 번 더 리뷰해 보고 제15장 뒷부분에서 각 GUI 시스템의 세부 구현을 살펴본다.

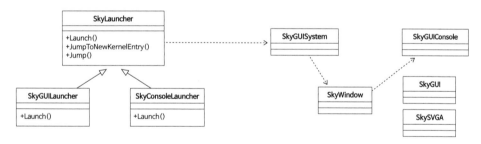

[**그림 15-6**] 각종 그래픽 모드 객체 호출 흐름

GUI 환경구축

앞에서 언급했지만 GUI 개발 환경으로 세 가지 모드를 준비했다.

- **GUI 콘솔:** 콘솔모드에 대응하는 그래픽 콘솔모드
- **SkyGUI:** 하리보테 OS의 그래픽 시스템을 채용한 GUI 모드
- **SVGA GUI:** 각종 컨트롤을 출력하는 GUI 모드

GUI를 확장 발전시켜 나가기 위해 위 세 가지 모드 중 하나를 베이스로 개발하거나 새로운 GUI 모드를 구축해서 GUI를 개발해 나가면 된다. SkyOS 커널 코어와 그래픽 시스템이 완전히 분리돼 있기 때문에 커널과는 상관없이 분리된 형태의 GUI 개발이 가능하다는 것을 재차 강조하고 싶다. SkyOS에서 제공하는 GUI 모드는 어디까지나 그래픽 모드를 개발하기 위한 출발점으로 생각하기 바란다.

GUI 콘솔

시스템이 그래픽 모드로 전환해 버리면 기존에 화면에 출력된 문자열들은 출력되지 않는다. 그 이유는 콘솔모드에서 출력에 사용되는 버퍼와 그래픽 모드에서 출력되는 그래픽 버퍼의 주소가 다르기 때문이다. 따라서 새롭게 마련된 그래픽 버퍼 주소에 문자열을 찍을 수 있는 시스템 구축이 필요하다. 커널 코어를 개발하기 위해서는 콘솔모드 하나로 충분하지만 GUI 콘솔모드는 커널 코어 개발뿐만 아니라 그래픽과 관련된 테스트에도 활용할 수 있으므로 그 가치는 충분할 것이라 본다. 그럼 GUI 콘솔모드를 구현한 SkyGUIConsole 클래스의 세부사항을 살펴보자.

[코드 15-13] GUI 콘솔 인터페이스(SkyGUIConsole 클래스)

```
class SkyGUIConsole
{
        bool Initialize(void* pVideoRamPtr, int width, int height, int bpp,
                        uint8_t buffertype);
        bool Run();
        bool Print(char* pMsg);
```

```
        VOID GetNewLine();
        bool Clear();
        void FillRect(int x, int y, int w, int h, int col);

        ......
protected:
        void PutCursor();

private:

        ......
        SkyRenderer* m_pRenderer;
        int m_yPos;
        int m_xPos;
};
```

[표 15-1] 메소드의 역할

메소드	설명
Print	문자열을 출력한다. SkyConsole::Print로 문자열을 출력할 경우 현재 모드가 그래픽 모드라면 이 메소드가 자동으로 호출된다.
Clear	화면을 초기화한다.
PutCursor	화면에 커서를 표기한다.
GetNewLine	줄을 다음으로 개행한다.
FillRect	특정 좌표에 지정한 만큼 사각형을 그린다.

SkyGUIConsole 클래스는 1024*768 32비트 모드로 초기화된다. 명령어는 콘솔모드와 공유하기 때문에 콘솔모드에서 사용된 명령을 모두 사용할 수 있다. 그래픽 콘솔모드가 실행된 결과 화면은 [그림 15-7]과 같다. 커널을 빌드할 때 SkyStartOption.h 파일에서 SKY_CONSOLE_MODE 값을 0으로 변경하고 SkyGUIConsole 부분의 주석을 해제했는지 확인하자.

[그림 15-7] 그래픽 콘솔모드 실행

오른쪽 상단 구석에 사각형이 빨강, 파랑, 연두색으로 변하는 것을 확인할 수 있을 것이다. 콘솔모드에 대응하는 그래픽 모드용 WatchDog다. SkyGUIConsole의 Run 메소드에서 이 WatchDog 프로시저를 생성한다.

[코드 15-14] SkyGUIConsole::Run 메소드

```
ProcessManager::GetInstance()->CreateProcessFromMemory("GUIWatchDog",
    GUIWatchDogProc, NULL, PROCESS_KERNEL);
```

Run 메소드는 콘솔모드 메소드와 유사하므로 설명은 생략한다.

[코드 15-15] GUIWatchDogProc 프로시저

```
DWORD WINAPI GUIWatchDogProc(LPVOID parameter)
{
        Process* pProcess = (Process*)parameter;
        int pos = 0;
        int colorStatus[] = { 0x00FF0000, 0x0000FF00, 0x0000FF}; //색상
        int first = GetTickCount();

        // 그래픽 버퍼 주소를 얻는다.
        ULONG* lfb = (ULONG*)SkyGUISystem::GetInstance()->
          GetVideoRamInfo()._pVideoRamPtr;
```

418

```
// 루프를 돌면서 오른쪽 상단에 사각형을 그린다.
while (1)
{
        int second = GetTickCount();
        // 1초 단위로 색상을 변경한다.
        if (second - first >= TIMEOUT_PER_SECOND)
        {
                if (++pos > 2)
                        pos = 0;
                 // 사각형을 그린다.
                if (m_bShowTSWatchdogClock)
                {
                        SampleFillRect(lfb, 1004, 0, 20, 20,
                                        colorStatus[pos]);
                }

                first = GetTickCount();
        }

        // 빠르게 실행될 필요가 없으므로 실행시간을 타 프로세스에 양보한다.
        Scheduler::GetInstance()->Yield(pProcess->GetProcessId());

}

        return 0;
}
```

화면에 출력하는 폰트는 SkyGUI 모드와 공유되므로 SkyGUI 절에서 설명한다.

SkyGUI

SkyGUI 클래스는 하리보테 OS의 내용을 참고해 구현했다. 하리보테 OS는 2007년에 출판된 OS 구조와 원리라는 책에서 설명한 OS로 커널 크기가 아주 작다. 이 책은 한달간 실습을 할 수 있도록 구성돼 있다. SkyGUI 클래스는 19일차에 사용된 GUI

소스를 활용해서 제작됐다. 여건이 되면 하리보테 OS도 참조하기 바란다 (『OS 구조와 원리 - OS 개발 30일 프로젝트』 (한빛미디어, 2007년)).

제15장에서는 SkyGUI 그래픽 모드 구현을 통해 세 가지 목표를 달성하려 한다.

1. C 스타일의 코드를 C++ 스타일로 변환
2. WIN32 코드 스타일
3. 특정 프로세스에 메시지를 전파하는 과정 이해

먼저 SkyGUI의 출력 결과를 살펴보자. SkyStartOption.h 파일을 다음과 같이 수정한 후 커널을 빌드한다.

```
#define SKY_CONSOLE_MODE 0 // 그래픽 모드를 위해 0으로 설정
......
// SKYGUI 모드만 주석을 풀 것
#define SKY_GUI_SYSTEM    SkyGUI
#define SKY_WIDTH               1024
#define SKY_HEIGHT              768
#define SKY_BPP                 8
......
```

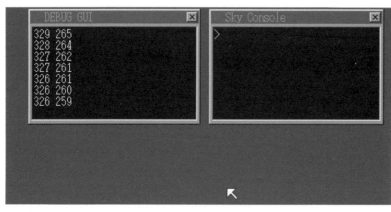

[그림 15-8] SkyGUI 모드

콘솔 창 두 개가 화면에 나타나 있으며 대/소문자 입력이 가능하다. 디버그 콘솔 창에서는 시스템 로그가 출력되며 일반 콘솔 창에서는 콘솔모드처럼 명령어를 실행할 수 있다. 어설프지만 윈도우 창의 드래그도 가능하다.

팔레트

프레임워크를 분석하기 전에 우선 알아야 하는 개념은 팔레트다. SkyGUI는 8비트 팔레트를 사용한다. 현대 OS에서는 무한대의 색상을 사용하는 것이 가능하지만 오래전 게임 등에서는 그래픽 카드의 한계로 색상 표현의 한계가 있었다.

[표 15-2] 그래픽 모드 유형

유형	색상 수
허큘러스	2
CGA	4
EGA	16
VGA	256
SVGA	1600만

SkyGUI는 8비트 팔레트 모드를 사용하므로 256색을 표현할 수 있다. 색상은 가변적으로 선택 가능하다. 팔레트는 미술에서 사용하는 도구와 유사한 개념을 가지며 팔레트를 사용할 때 여러 가지 색을 선별적으로 담아서 사용하듯이 컴퓨터에서도 색상을 선택해서 출력할 수 있다. 그래서 예전에 256색상 지원 타이틀이 있었던 게임들 간에도 색상이 전혀 달라 각 게임 간에 이질적인 분위기를 연출했다.

이제 팔레트의 개념을 알았으니 SkyGUI에서 정의한 색상값을 살펴보자.

[코드 15-16] 팔레트 초기화 코드

```
void SkyRenderer8::InitPalette()
{
        static unsigned char table_rgb[16 * 3] = {
                0x00, 0x00, 0x00,        //  0:흑
```

```
            0xff, 0x00, 0x00,        // 1:밝은 빨강
            0x00, 0xff, 0x00,        // 2:밝은 초록
            ……
            0x00, 0x84, 0x84,        // 14:어두운 물색
            0x84, 0x84, 0x84         // 15:어두운 회색
    };
    SetPalette(0, 15, table_rgb);
}
```

위의 코드에서 알 수 있듯이 SkyGUI에서는 16가지 색상값을 사용한다. set_palette 메소드를 통해 팔레트가 설정되는데 하드웨어에 종속된 내용이다. 팔레트를 설정한다는 정도로만 알아두자.

렌더러

렌더링은 텍스처나 3D 오브젝트 등을 장면으로 구성해 이를 화면에 출력해 주는 과정을 의미하며 렌더러^{Renderer}는 이를 수행하는 객체를 의미한다. DirectX 등의 그래픽 제어 컴포넌트는 그래픽스 파이프라인을 통해 장면을 단계적으로 렌더링해 최종 화면을 출력해 낸다. 이런 개념으로 SkyOS에도 심플한 렌더러를 구성했다.

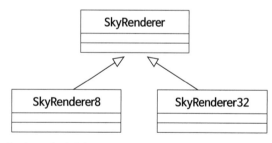

[그림 15-9] 렌더러 구성

SkyRenderer8 클래스는 8비트용 렌더러며 SkyRenderer32 클래스는 32비트용 렌더러다. SkyRenderer32 클래스는 GUI 콘솔모드에서 사용하며 SkyRenderer8 클래스는 SkyGUI 클래스에서 사용한다. 두 클래스는 SkyRenderer 클래스의 인터페이

스를 구현해야 한다.

[코드 15-17] SkyRenderer 인터페이스

```
class SkyRenderer
{
        ......
        virtual bool Initialize( ) = 0;
        virtual void MakeTextBox(SkySheet *sht, int x0, int y0, int sx, int sy,
        int c) = 0;
        virtual void MakeWindow(unsigned char *buf, int xsize, int ysize, char
        *title, char act) = 0;
        virtual void InitMouseCursor(char *mouse, char bc) = 0;
        virtual void InitScreen(unsigned char *vram, int x, int y) = 0;
        virtual void PutFont(char *vram, int xsize, int x, int y, char c, char
        *font) = 0;
        virtual void MakeWindowTitle(unsigned char *buf, int xsize, char
        *title, char act) = 0;
        virtual void BoxFill(unsigned char *vram, int xsize, int color, int x0,
        int y0, int x1, int y1) = 0;
};
```

메소드 이름으로 그 역할을 유추할 수 있으니 설명은 생략한다.

WIN32 스타일 코딩

SkyGUI 그래픽 모드는 WIN32 프레임워크 구조와 비슷하게 코딩을 했다. WIN32 데스크톱 애플리케이션을 제작할 때의 기본 골격 코드를 살펴보자.

[코드 15-18] WIN32 데스크톱 엔트리 코드

```
int APIENTRY wWinMain
{
    ......
    MyRegisterClass(hInstance);
```

```
    // 응용프로그램 초기화를 수행
    if (!InitInstance (hInstance, nCmdShow))
    {
        return FALSE;
    }

    MSG msg;

    // 기본 메시지 루프
    while (GetMessage(&msg, nullptr, 0, 0))
    {
        if (!TranslateAccelerator(msg.hwnd, hAccelTable, &msg))
        {
            TranslateMessage(&msg);
            DispatchMessage(&msg);
        }
    }

    return (int) msg.wParam;
}
```

while 코드 부분이 메시지를 꺼내오는 부분이고 이 메시지는 DispatchMessage 메 소드에 의해 WndProc 함수로 넘겨진다.

[코드 15-19] WndProc 프로시저

```
LRESULT CALLBACK WndProc(HWND hWnd, UINT message, WPARAM wParam, LPARAM lParam)
{
    switch (message)
    {
    case WM_COMMAND:
        {
            int wmId = LOWORD(wParam);
            switch (wmId)
            {
                ......
```

```
            default:
                return DefWindowProc(hWnd, message, wParam, lParam);
            }
        }
        break;
    ......
    default:
        return DefWindowProc(hWnd, message, wParam, lParam);
    }
    return 0;
}
```

위와 유사한 포맷으로 SkyGUI에서도 메시지를 처리할 수 있도록 구현해 보자.

SkyGUI 구조

SkyGUI 객체가 생성되면 Initialize 메소드가 최초로 호출된다.

[코드 15-20] Initialize 메소드

```
bool SkyGUI::Initialize(void* pVideoRamPtr, int width, int height, int bpp,
uint8_t buffertype)
{
        m_pVideoRamPtr = (ULONG*)pVideoRamPtr;
        m_width = width;
        m_height = height;
        m_bpp = bpp;

        LoadFontFromMemory();

        // 초기 화면 구성. 화면 구성요소인 백그라운드, 마우스를 표현한 쉬트를 생성하고
        // 각각의 외형에 맞게 태스크바나 텍스트바를 붙인다.
        MakeInitScreen();

        return true;
}
```

GRUB으로 얻은 그래픽 정보를 설정하고 폰트를 메모리에 로드한다. 그리고 윈도우 환경과 비슷한 초기 화면을 구성한다. 폰트를 로드해야 하는 이유는 콘솔모드의 경우는 하드웨어 차원에서 화면에 문자가 출력되도록 도움을 주고 있지만 그래픽 모드에서는 도움을 주지 않기 때문이다. 그래서 GUI 콘솔모드와 SkyGUI는 자체적으로 폰트를 로드해서 화면에 픽셀을 찍어줘야 한다. 이를 위해 각각의 문자를 표현하는 버퍼값을 fontData.h 파일에 정의했다. 예를 들어 화살표를 표현하는 버퍼는 [그림 5-21]과 같다.

[코드 15-21] 화살표 폰트

```
// char 0x1b
        "........"
        "........"
        "........"
        "........"
        "...*...."
        "..*....."
        ".*......"
        "*******."
        ".*......"
        "..*....."
        "...*...."
        "........"
        "........"
        "........"
        "........"
        "........"
```

바이트 배열이고 8*16 크기이므로 한문자를 표현하기 위해서는 128바이트가 필요하다. 그리고 256개의 문자 데이터가 있으므로 fontdata는 총 128*256 = 32768바이트다. 그럼 이 폰트 데이터를 로드하는 코드를 살펴보자.

[코드 15-22] LoadFontFromMemory 메소드

```
bool SkyGUI::LoadFontFromMemory( )
{
        unsigned char* buffer = (unsigned char*)skyFontData;
        int bufferIndex = 0;
        int charIndex = 0;
        memset(buffer, 0, 4096);
        int readIndex = 0;
        // fontData에 정의된 폰트 배열을 커널에서 사용할 수 있도록 변환해서 skyFontData에
        // 저장한다.
        // 폰트 개수는 256개, 한 폰트는 8 * 16 = 128바이트이므로 fontData 배열의 크기는
        // 32768
        while (readIndex < 32768) {
                // 한 문자를 표현하는 폰트는 8 * 16 = 128바이트
                for (int i = 0; i < 128; i++)
                {
                        // '*'는 픽셀을, '.'은 빈 공간을 의미한다.
                        // fontdata에서 한문자의 가로 한 라인은 8바이트이므로
                        // 이 8바이트를 읽으면서 1바이트 공간에 담는다.
                        // skyFontData는 4096 바이트 배열이다. => 32768 / 8 = 4096
                        if (fontData[readIndex + i] == '*')
                        {
                                if (charIndex < 8)
                                {
                                        char a = (char)(1 << (8 - 1 -
                                        charIndex));
                                        buffer[bufferIndex] |= a;
                                }
                        }

                        if ((fontData[readIndex + i] == '*') ||
                        (fontData[readIndex + i] == '.'))
                        {
                                charIndex++;
                                if (charIndex >= 8)
                                {
```

```
                                    // 8바이트를 체크했으므로 bufferIndex를 하나 증가시킨다.
                                    bufferIndex++;
                                    charIndex = 0;
                            }
                    }
            }
            readIndex += 128;
    }
    return true;
}
```

'.'은 빈 픽셀, '*'이 출력될 픽셀이므로 위의 메소드는 이 두 개 값을 구별하면서 폰
트데이터를 완성한다. 완성된 폰트데이터는 skyFontData 배열에 저장되며 렌더러
는 이 skyFontData 배열의 폰트 데이터를 사용해서 문자를 찍어준다.

[코드 15-23] 문자를 화면에 출력

```
void SkyRenderer8::PutFont(char *vram, int xsize, int x, int y, char c, char
*font)
{
        int i;
        char *p, d;

        for (i = 0; i < 16; i++) {
                p = vram + (y + i) * xsize + x; // 문자를 출력할 버퍼 위치를 얻는다.
                d = font[i]; // 폰트의 1바이트 가로 데이터를 얻는다.
                // 1바이트의 각 비트를 테스트해서 0이 아니면 컬러값을 픽셀에 써넣는다.
                if ((d & 0x80) != 0) { p[0] = c; }
                if ((d & 0x40) != 0) { p[1] = c; }
                if ((d & 0x20) != 0) { p[2] = c; }
                if ((d & 0x10) != 0) { p[3] = c; }
                if ((d & 0x08) != 0) { p[4] = c; }
                if ((d & 0x04) != 0) { p[5] = c; }
                if ((d & 0x02) != 0) { p[6] = c; }
                if ((d & 0x01) != 0) { p[7] = c; }
```

```
        }
        return;
}
```

폰트를 로딩하고 렌더러를 통해 문자를 화면에 출력하는 과정을 이해했다. 이제 SkyGUI 클래스를 자세히 살펴보자. 다음 코드는 SkyGUI 클래스의 인터페이스다.

[코드 15-24] SkyGUI 클래스 인터페이스

```
class SkyGUI
{
        ......
        void RegisterIOListener(int processID, ConsoleIOListener* listener);
        SkyRenderer* GetRenderer() { return m_pRenderer; }
        SkySheet* FindSheetByID(int processId);
        void FillRect8(int x, int y, int w, int h, char col, int actualX,
                        int actualY);

        static bool LoadFontFromMemory();

protected:

        bool MakeInitScreen();
        bool MakeIOSystem();

        void ProcessKeyboard(int value);
        void ProcessMouse(int value);

        bool kGetMessage(LPSKY_MSG lpMsg, HWND hWnd, UINT wMsgFilterMin,
                        UINT wMsgFilterMax);
        bool kTranslateAccelerator(HWND hWnd, HANDLE hAccTable,
                                LPSKY_MSG lpMsg);
        bool kTranslateMessage(const LPSKY_MSG lpMsg);
        bool kDispatchMessage(const LPSKY_MSG lpMsg);
        bool CALLBACK kWndProc(HWND hWnd, UINT message, WPARAM wParam,
                        LPARAM lParam);
```

```
    void ProcessMouseLButton(int x, int y);
    void CreateGUIConsoleProcess(int xPos, int yPos);
    bool CreateGUIDebugProcess();
    bool SendToMessage(SkySheet* pSheet, int message, int value);
    bool SendToMessage(int processID, char* pMsg);

    map<int, ConsoleIOListener*> m_mapIOListener;
    ……
};
```

메소드가 꽤 많지만 차근차근 따라가보자. 이 객체의 Run 메소드부터 코드 분석에
들어가면 된다.

[코드 15-25] SkyGUI::Run 메소드

```
bool SkyGUI::Run()
{
    MakeIOSystem(); // IO 구축

    CreateGUIDebugProcess(); // 디버그 콘솔 창 생성
    CreateGUIConsoleProcess(300, 4); // 일반 콘솔 창 생성

    SKY_MSG msg;
    while (kGetMessage(&msg, nullptr, 0, 0)) // 메시지를 꺼낸다.
    {
        if (!kTranslateAccelerator(msg._hwnd, nullptr, &msg))
        {
            kTranslateMessage(&msg);
            kDispatchMessage(&msg); // 메시지를 실행한다.
        }

    }
    return msg._msgId == SKY_MSG_EXIT;
}
```

MakeIOSystem 메소드는 다음과 같은 작업을 수행한다.

- GUI 전용 키보드, 마우스 핸들러를 설정한다.
- 자료구조 FIFO 구조체를 이용해서 각각의 프로세스나 컴포넌트가 마우스나 키보드 이벤트를 받을 수 있도록 준비한다.

CreateGUIDebugProcess 메소드는 디버그 메시지 출력을 위한 콘솔 프로세스를 생성한다. CreateGUIConsoleProcess 메소드는 일반 콘솔 프로세스를 생성한다. 디버그용 콘솔 프로세스는 SkyConsole::Print 메소드를 통해 출력하는 문자열을 화면에 출력시키는 역할을 한다. 일반 콘솔 프로세스는 윈도우 운영체제에서 실행되는 콘솔 창과 유사한 역할을 한다.

[코드 15-26] CreateGUIConsoleProcess 프로시저

```
void SkyGUI::CreateGUIConsoleProcess(int xPos, int yPos)
{
        Process* pProcess = nullptr;
        // 콘솔 창 프로세스 생성
        pProcess = ProcessManager::GetInstance()->CreateProcessFromMemory(
          "GUIConsole", ConsoleGUIProc, this, PROCESS_KERNEL);
        if (pProcess != nullptr)
        {
                // 콘솔 태스크 쉬트를 구성
                SkySheet* console = m_mainSheet->Alloc();
                unsigned char* buf = m_mainSheet->AllocBuffer(256, 165);
                console->SetBuf(buf, 256, 165, -1);
                // 타이틀바를 만든다.
                m_pRenderer->MakeWindow(buf, 256, 165, "Sky Console", 0);
                m_pRenderer->MakeTextBox(console, 8, 28, 240, 128,
                COL8_000000);
                // 콘솔 창의 위치를 해당 위치로 옮긴다.
                console->Slide(xPos, yPos);
                // 윈도우가 겹칠 때 화면에 보이는 윈도우의 우선순위를 정한다.
                console->Updown(20);
                console->m_ownerProcess = pProcess->GetProcessId();
```

```
        }
}
```

콘솔 프로세스를 생성하고 콘솔 창을 그래픽 버퍼에 그린다. 콘솔 프로세스의 진입부인 ConsoleGUIProc 프로시저를 살펴보자.

```
DWORD WINAPI ConsoleGUIProc(LPVOID parameter)
{
        kEnterCriticalSection();
        Thread* pThread = ProcessManager::GetInstance()->GetCurrentTask();
        SkyGUI* pGUI = (SkyGUI*)parameter; // SkyGUI 객체를 파라미터로 넘겼었다.
        // 실제 작업을 수행하는 SkyConsoleTask 객체를 생성한다.
        SkyConsoleTask* pTask = new SkyConsoleTask();
        pTask->Init(pGUI, pThread);
        kLeaveCriticalSection();

        pTask->Run();
        return 0;
}
```

이 프로시저에서는 SkyConsoleTask 객체를 생성해서 이 콘솔 창에 입력되는 정보를 감지하고 처리한다. 키보드 입력 시 이 객체로 키보드 이벤트가 들어오는 과정은 다음과 같다.

우선 키보드로부터 이벤트를 받는다.

```
__declspec(naked) void kSkyKeyboardHandler()
{
        ......
```

```
        _asm
        {
                call ProcessSkyKeyboardHandler; 키보드 핸들러 실행
        }
        ......
}
```

ProcessSkyKeboardHandler 함수가 호출되는데 이 함수는 키보드 이벤트를 받았다는 것을 PIC에 알리고 데이터를 받는다.

[코드 15-29] 키보드 핸들러

```
void ProcessSkyKeyboardHandler()
{
        int data;
        OutPortByte(PIC0_OCW2, 0x61);  // IRQ-01 접수 완료를 PIC에 통지
        data = InPortByte(PORT_KEYDAT); // 데이터를 읽는다.
        fifo32_put(keyfifo, data + keydata0); // 데이터를 FIFO 자료구조에 저장
        return;
}
```

받은 데이터는 FIFO 자료구조에 삽입된다. 이 자료구조에서 데이터를 꺼내오는 메소드가 SkyGUI 클래스의 kGetMessage 메소드다.

[코드 15-30] kGetMessage 메소드

```
bool SkyGUI::kGetMessage(LPSKY_MSG lpMsg, HWND hWnd, UINT wMsgFilterMin, UINT
wMsgFilterMax)
{
        ......
        if (fifo32_status(&fifo) != 0) // FIFO 구조체에 데이터가 존재한다면
        {
                lpMsg->_msgId = SKY_MSG_MESSAGE; // 메시지를 생성한다.
                lpMsg->_extra = fifo32_get(&fifo);
```

```
        }
        ......
}
```

FIFO 구조체로부터 데이터를 얻어냈다면 kDispatchMessage 메소드를 통해 kWndProc 메소드가 호출된다.

[코드 15-31] kWndProc

```
bool CALLBACK SkyGUI::kWndProc(HWND hWnd, UINT message, WPARAM wParam, LPARAM
lParam)
{
        switch (message)
        {
        case SKY_MSG_KEYBOARD: // 키보드 메시지 처리
        {
                ProcessKeyboard(wParam);
        }
        break;
        case SKY_MSG_MOUSE: // 마우스 메시지 처리
        {
                ProcessMouse(wParam);
        }
        break;
        case SKY_MSG_EXIT:
        // Not Implemented
        break;
        // default:
                        // return DefWindowProc(hWnd, message, wParam, lParam);
        }
        return 0;
}
```

키보드 이벤트를 받았으므로 ProcessKeyboard 메소드가 호출될 것이다. 이 함수 내부에서는 받은 데이터를 아스키 코드로 변경하고 메시지를 현재 포커싱돼 있는 쉬트에 보낸다. 포커싱된 쉬트에 데이터를 보내기 위해 사용되는 메소드가 SendToMessage 메소드다.

[코드 15-32] SendToMessgae 메소드

```
bool SkyGUI::SendToMessage(SkySheet* pSheet, int message, int value)
{
        ……
        // 현재 포커싱돼 있는 쉬트(윈도우)의 소유 프로세스의 IOListener를 찾는다.
        map<int, ConsoleIOListener*>::iterator iter;
        iter = m_mapIOListener.find(pSheet->m_ownerProcess);

        if (iter == m_mapIOListener.end())
                return false;

        ConsoleIOListener* listener = (*iter).second;
        // 해당 프로세스에 메시지를 전달하기 위해 리스너에 메시지를 푸시한다.
        listener->PushMessage(message, value);

        return true;
}
```

콘솔 프로세스나 디버그 콘솔 프로세스는 프로세스가 생성될 때 자신의 리스너를 SkyGUI 객체에 등록해 놓았다. SkyGUI 객체는 해당 쉬트의 소유주 프로세스가 등록한 리스너를 찾아서 해당 리스너에 메시지를 전달한다. 이후 이 IO 리스너를 보유한 프로세스는 이 리스너를 계속 폴링하다가 데이터를 받으면 처리를 시작한다. 콘솔 프로세스의 경우 SkyConsoleTask 객체가 이 작업을 수행한다. SkyConsoleTask 클래스도 이벤트의 처리는 SkyGUI 클래스와 유사하다.

[코드 15-33] SkyConsoleTask 클래스 Run 메소드

```
bool SkyConsoleTask::Run()
{
        SKY_MSG msg;
        while (kGetMessage(&msg, nullptr, 0, 0))
        {
                if (!kTranslateAccelerator(msg._hwnd, nullptr, &msg))
                {
                        kTranslateMessage(&msg);
                        kDispatchMessage(&msg);
                }
        }


        return msg._msgId == SKY_MSG_EXIT;
}
```

[코드 15-34] kGetMessage 메소드

```
bool SkyConsoleTask::kGetMessage(LPSKY_MSG lpMsg, HWND hWnd, UINT wMsgFilterMin,
UINT wMsgFilterMax)
{
        ......
        if (m_pIOListener->ReadyStatus() == false)
        {
                // 데이터가 준비되지 않았다면 실행시간을 양보한다.
                Scheduler::GetInstance()->Yield(m_ProcessId);
        }
        else
        {
                // 데이터를 얻는다.
                lpMsg->_msgId = SKY_MSG_MESSAGE;
                lpMsg->_extra = m_pIOListener->GetStatus();
        }
        ......
```

```
}
```

이후의 내용은 SkyGUI 클래스와 유사하다. 받은 키보드 데이터의 처리만 살펴보자.

[코드 15-35] ProcessKeyboard 메소드

```
void SkyConsoleTask::ProcessKeyboard(int value)
{
        if (IsBackSpace(value))
        {
                // 백스페이스로 지울 수가 있다면
                if (m_cursorX > 16)
                {
                        // 기존 커서 이미지를 지우고 커서 X 좌표를 감소시킨다.
                        m_pRenderer->PutFontAscToSheet(m_pSheet, m_cursorX, m_
                        cursorY, COL8_FFFFFF, COL8_000000, " ", 1);
                        m_cursorX -= 8;
                }
        }
        else if (IsEnter(value))
        {
                // 커서를 스페이스로 지운 후에 개행
                m_pRenderer->PutFontAscToSheet(m_pSheet, m_cursorX, m_cursorY,
                COL8_FFFFFF, COL8_000000, " ", 1); cmdline[m_cursorX / 8 - 2] = 0;
                GetNewLine();
                // 명령어, mem, cls
                if (strcmp(cmdline, "mem") == 0) // 메모리 정보를 보여준다.
                {
                        size_t totalMemory = PhysicalMemoryManager::GetMemory
                        Size();
                        sprintf(s, "total    %dMB", totalMemory / (1024 *
                        1024));
                        m_pRenderer->PutFontAscToSheet(m_pSheet, 8, m_cursorY,
                        COL8_FFFFFF, COL8_000000, s, 30);
                        GetNewLine();
                        sprintf(s, "free %dKB", PhysicalMemoryManager::GetFree
```

```
                Memory( ) / 1024);
                m_pRenderer->PutFontAscToSheet(m_pSheet, 8, m_cursorY,
                COL8_FFFFFF, COL8_000000, s, 30);
                GetNewLine( );
        }
        else if (strcmp(cmdline, "cls") == 0) // 화면 클리어
        {
                unsigned char* buf = m_pSheet->GetBuf( );
                int bxsize = m_pSheet->GetXSize( );
                for (int y = 28; y < 28 + 128; y++) {
                        for (int x = 8; x < 8 + 240; x++) {
                                buf[x + y * bxsize] = COL8_000000;
                        }
                }
                m_pSheet->Refresh(8, 28, 8 + 240, 28 + 128);
                m_cursorY = 28;
        }

        else if (cmdline[0] != 0) {
                // 의미 없는 명령 입력
                m_pRenderer->PutFontAscToSheet(m_pSheet, 8, m_cursorY,
                COL8_FFFFFF, COL8_000000, "Bad command.", 12);
                GetNewLine( );
        }
        // 프롬프트 표시
        m_pRenderer->PutFontAscToSheet(m_pSheet, 8, m_cursorY, COL8_
        FFFFFF, COL8_000000, ">", 1);
        m_cursorX = 16;
}
else
{
        // 일반 문자이고 영역을 벗어나지 않을 경우 화면에 출력한다.
        if (m_cursorX < 240)
        {
                s[0] = value - 256;
                s[1] = 0;
                cmdline[m_cursorX / 8 - 2] = value - 256;
```

```
                m_pRenderer->PutFontAscToSheet(m_pSheet, m_cursorX,
                 m_cursorY, COL8_FFFFFF, COL8_000000, s, 1);
                m_cursorX += 8;
            }
        }


        // 커서 재표시
        if (m_cursorCol >= 0) {
            m_pRenderer->BoxFill(m_pSheet->GetBuf(), m_pSheet->GetXSize(),
                m_cursorCol, m_cursorX, m_cursorY, m_cursorX + 7, m_cursorY +
                15);
        }
        // 쉬트 갱신
        m_pSheet->Refresh(m_cursorX, m_cursorY, m_cursorX + 8, m_cursorY + 16);
}
```

콘솔모드의 콘솔 창과 유사한 역할을 해야하므로 백스페이스나 엔터 등에 대한 처리, 커서 처리 작업을 했다. 메모리 사용량을 보여주는 mem 명령어와 화면을 지우는 cls 명령어가 등록돼 있다.

 연습문제

> 콘솔모드에 적용돼 있는 명령어를 SkyGUI 그래픽 모드의 콘솔 창에서도 사용할 수 있도록 명령어를 구현해 보자.

키보드로 입력된 내용이 GUI 콘솔 창에 전달되는 과정을 설명했는데 이미지로 이 전체 과정을 다시 확인해 보자.

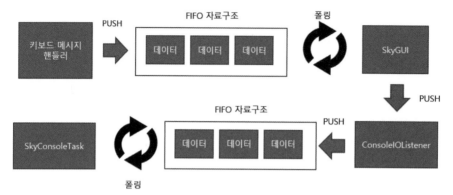

FIFO 자료구조   폴링

PUSH

키보드 메시지
핸들러

데이터   데이터   데이터

SkyGUI

PUSH

FIFO 자료구조

PUSH

SkyConsoleTask

데이터   데이터   데이터

ConsoleIOListener

폴링

[그림 15-10] 키보드 이벤트 처리 과정

SVGA 라이브러리

GUI 세 번째 예제로 SVGA 라이브러리를 소개한다. 앞에 소개했던 SkyGUI는 콘솔 창만을 구현했었다. 우리가 다룰 수 있는 GUI 컴포넌트에는 어떤 것이 있을까?

- 텍스트박스
- 에디트박스
- 리스트박스
- 슬라이드 콘트롤
- 그리드박스
- 수직 슬라이드바, 수평 슬라이드바
- 체크박스
- 그룹박스

이런 GUI 컴포넌트가 갖춰줘야 윈도우 운영체제와 같은 외형을 갖출 수 있을 것이다. SVGA 라이브러리를 활용하면 대부분의 GUI 컴포넌트를 화면에 출력하는 것이 가능하다. SkyStartOption.h 파일에서 다음과 같이 설정을 한 뒤 커널을 빌드하자.

```
#define SKY_CONSOLE_MODE 0
…… // 나머지 그래픽 모드는 모두 주석처리할 것
//SVGA GUI
#define SKY_GUI_SYSTEM    SkySVGA
#define SKY_WIDTH              1024
#define SKY_HEIGHT             768
#define SKY_BPP                32
```

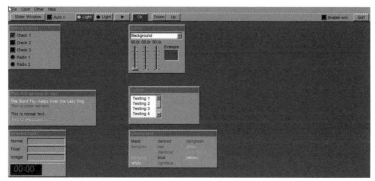

[그림 15-11] SVGA 라이브러리를 활용한 화면 출력

리스트 박스나 텍스트 박스, 체크박스 등 각종 윈도우를 미려하게 보여준다. 위의 화면 출력은 SkySVGA 클래스에서 확인할 수 있으며 앞의 두 그래픽 모드처럼 Run 메소드를 살펴보면 코드 실행 흐름을 확인할 수 있다. Run 메소드에서는 StartSampleGui 메소드를 호출한다.

[코드 15-36] StartSampleGui 메소드

```
int StartSampleGui()
{
        GuiWinThread *win_thread;
        GuiObject *obj = NULL;
        int type = SVGALIB;

        // GUI 모드 초기화
        init_svgagui();
```

```
// 1024*768 32비트로 초기화한다. 하지만 내부적으로는 강제된 값이 사용된다.
open_screen(type, 1024, 768, 256, "SVGAGui");

// 마우스 이미지만 초기화
init_mouse();
kleur = BACKGROUND;

// 윈도우 컴포넌트를 담을 수 있는 윈도우 쉬트를 생성한다.
win_thread = create_window_thread();

// 샘플 윈도우 컴포넌트를 윈도우 쉬트에 추가한다.
init_interface(win_thread);

// 갱신된 버퍼를 화면에 출력한다.
show_window_thread(win_thread);

// 입력 처리가 구현돼 있지 않으므로 루프에서 벗어나지 않는다.
while (!exit_program) {
        obj = do_windows(win_thread);
        if (obj == (obj->win)->kill)
                delete_window(obj->win, TRUE);
}

delete_window_thread(win_thread);
close_screen();

return 0;
}
```

다른 곳에 사용되던 소스코드를 자신의 프로젝트에 적용하는 것은 쉽지 않은 일이다. 이런 부분은 경험을 쌓아야 한다. SVGA 라이브러리는 함수 선언이 직관적이라 소스코드 파악이 그렇게 어렵지 않다. 메소드를 정리해 보자.

SVGA GUI 관련 메소드

메소드	내용
init_svgagui	SVGA 환경을 초기화한다.
open_screen	특정 해상도로 화면을 연다(실제 해상도는 고정됐음).
create_window_thread	윈도우 화면 객체를 만든다. 이 메소드를 통해 생성된 객체는 부모 쉬트에 해당한다.
init_interface	각종 GUI 컴포넌트를 생성해서 윈도우 화면 객체에 추가한다.
show_window_thread	윈도우 화면 객체를 화면에 보인다.
delete_window_thread	윈도우 화면 객체를 제거한다.
delete_window	GUI 컴포넌트를 제거한다.
close_screen	화면을 닫는다.

init_interface 메소드가 각종 GUI를 생성하는 코드다. 크게 어렵지 않으므로 각각의 GUI 컴포넌트가 어떻게 생성되는지 살펴보기 바란다.

현재 SVGA 라이브러리는 화면에 컴포넌트를 출력하는 정도만 포팅했으며 마우스나 키보드 이벤트 처리는 구현돼 있지 않다. SkyGUI 클래스를 참조하거나 독자적으로 키보드, 마우스 이벤트를 구현해서 SVGA 라이브러리 시스템을 확장하는 것은 독자의 몫으로 남겨둔다.

정리

그래픽 모드로 진입하기 위해서는 세 가지 모드가 있음을 확인했다.

- 리얼모드에서 그래픽 모드로 전환 후 보호 모드로 전환
- 보호 모드에서 V86 모드 활용
- GRUB을 활용한 그래픽 모드 전환

GRUB을 활용한 그래픽 모드 전환은 2.X 버전부터 PE로 제작된 커널에서도 정상 지원되며 이를 통해 세 가지 그래픽 모드를 제시했다.

- **GUI 콘솔**: 1024*768, 32비트
- SkyGUI: 1024*768, 8비트
- **SVGA 라이브러리**: 1024*768, 32비트

이 세 가지 그래픽 모드와 똑같은 인터페이스를 가진 클래스를 제작하면 SkyOS에 쉽게 GUI를 반영해서 적용할 수 있다. 개인적으로는 SVGA 라이브러리를 기반으로 그래픽 모드를 확장하는 것을 추천한다.

16

서드파티

STL을 사용하고 표준화된 C 런타임 라이브러리를 다듬어감에 따라 외부 라이브러리의 자연스러운 포팅이 어느 정도 가능해졌다. 제16장에서는 서드파티 라이브러리를 SkyOS로 가져오는 포팅작업을 진행한다. 이를 통해 달성하려는 목표는 다음과 같다.

- 유용한 라이브러리를 가져와서 콘텐츠 개발에 속도를 낼 수 있도록 한다.
- 포팅 작업에 익숙해진다.

우선 포팅이란 무엇인지부터 살펴보자.

최근 안드로이드나 아이폰이 기기가 활성화되면서 크로스 플랫폼 프로그래밍의 중요도가 높아졌다. 크로스 플랫폼 프로그래밍이란 하나의 플랫폼에서 개발된 소스가 다른 플랫폼에서도 큰 힘을 들이지 않고 그대로 사용될 수 있도록 개발하는 방식을 의미한다. PC로 제작된 게임이 안드로이드, 리눅스에서도 동작할 수 이유는 크로스 플랫폼 프로그래밍을 적용했기 때문이다. 하지만 아무리 정교하게 프로그래밍했다 하더라도 이기종간 차이는 발생할 수밖에 없으며 이런 차이를 수정하기 위해 별도의 작업을 진행해야 한다. 이를 포팅이라 부른다. 다른 플랫폼에서 소스가 동작해야 되기 때문에 많은 수정을 거칠 수도 있으나 표준 함수를 활용했다면 그 비용은 크게 줄어들 수 있다. 예를 들어 SDL로 개발된 PC 게임은 쉽게 안드로이드나 아이폰용 게임으로 포팅 가능한데 그 이유는 하드웨어 종속적인 입력이나 터치 인터페이스, 그래픽 함수 등을 모두 추상화했기 때문이다. 개발자에게는 추상화된 인터페이스만 제공하고 SDL 내부에서만 플랫폼 종속적인 내용을 구현함으로써 게임 소스는 플랫폼 독립적인 코드가 돼 무리없이 다른 플랫폼에서도 재사용이 가능해졌다.

 Tip

유니티는 C#이나 자바 스크립트로 개발 가능한데 툴 차원에서 크로스 플랫폼을 지원하기 때문에 더욱더 포팅이 쉽다.

포팅의 정의만 살펴본다면 포팅이 그렇게 어렵지 않게 느껴질지도 모르겠다. 하지만 일반적으로 포팅은 매우 어려운 작업이며 인내심을 요구한다. 리눅스로 개발된 소스를 WIN32 환경으로 가져오는 것도 쉽지 않은 작업인데 하물며 새로운 플랫폼에 기존 소스가 동작하도록 작업하는 것은 결코 쉬운 일이 아닐 것이다. 일반적으로 포팅이 어려울 수밖에 없는 이유는 다음과 같다.

○ 개발자 본인이 구현한 소스가 아니다. 그래서 소스의 흐름을 어느 정도 파악해야 한다.
○ 기존 플랫폼에서는 존재하는 의존 라이브러리가 이식하는 환경에는 존재하지 않는다.
○ 포팅 대상이 되는 소스가 비록 표준 라이브러리를 사용했다 하더라도 미묘하게 함수의 쓰임새가 다른 경우가 있다.

이런 점을 감안하고 포팅작업에 들어가보자. 필자가 샘플로 정한 범주는 압축 라이브러리와 스크립트 언어였으며 다음 세 개의 라이브러리를 선정했다.

- 루아
- Json 파서
- easyzlib

프로젝트는 13_ThirdParty 솔루션을 실행해서 참고한다. TestThirdParty 함수 내부에 제16장에서 언급한 서드파티의 테스트 코드가 들어 있다.

- TestLua: 루아 테스트
- TestJson: Json 테스트
- TestEasyZLib: zlib 테스트

루아

루아^{Lua} 프로그래밍 언어는 가벼운 명령형/절차적 언어로, 확장 언어로 쓰일 수 있는 스크립팅 언어를 주 목적으로 설계됐다. 루아는 '달'을 의미하는 포르투갈어 단어다 (출처: 위키백과).

루아는 게임 프로그래밍 언어에서 많이 사용되며 게임 캐릭터의 상태를 제어하거나 수치판정을 내리기 위해 자주 활용된다. 또한 유명한 네트워크 라이브러리 중의 하나로 스카이넷^{SkyNet}이라는 라이브러리가 있는데 이 라이브러리는 루아 언어로 구현됐다.

https://github.com/cloudwu/skynet

루아를 SkyOS로 가져오기 위해 고려해야 할 부분은 다음과 같았다.

- 표준 입출력 처리
- 언어 로케일
- 문자열 출력 포맷

무엇보다 가장 중요한 부분은 소스를 컴파일되게 수정하는 것이었다. 5.XX대 버전의 루아를 컴파일하기 위해 많은 노력을 했지만 컴파일하기가 쉽지 않았다. 현재는 3.22 버전의 루아를 포팅해 놓은 상태다.

제18장, 'Advanced Debugging'에서 소개하는 심벌엔진 구현 방법을 사용했다면 좀 더 편하게 포팅을 할 수 있었을텐데 루아를 SkyOS로 포팅할 당시에는 특별한 대책이 없었다. 그래서 다음과 같은 방법으로 포팅을 진행할 수밖에 없었다.

- 컴파일러에 따른 문제를 해결하기 위해 소스 확장자를 c에서 cpp로 변경한다.
- 소스 컴파일에 성공한다.
- 동작이 제대로 되지 않으면 소스를 WIN32 환경에서 컴파일한 뒤(루아 부분

만) 원인을 파악한다.

- 원인을 파악한 후 동작이 됨을 확인하고 수정사항을 다시 SkyOS에 적용시
킨다.

위 과정을 여러 번 반복해서 루아가 SkyOS에서 동작할 수 있게 됐다. 그럼 수정사항
을 대략적으로 살펴보자(루아 소스는 커널 프로젝트의 LUA 폴더 내에 존재한다. 최종 커
널 소스에서 루아3는 DLL 형태로 변경됐다).

- 파일 입출력의 처리

다음과 같은 인터페이스는 반드시 정의돼야 한다.

[코드 16-1] 파일 입출력 인터페이스

```
extern size_t fread(void *ptr, size_t size, size_t nmemb, FILE *stream);
extern FILE *fopen(const char *filename, const char *mode);
......
extern int fprintf(FILE * stream, const char * format, ...);
char *  strerror(int errnum);
```

위의 인터페이스 중에는 기능이 구현이 안된 부분이 많다. 그렇다 하더라도 정의는
만들어 둬서 코드가 동작하게 해야 한다.

- stdin, stdout 처리

콘솔에서 입력을 받거나 콘솔로 출력을 보낼 때 stdin, stdout가 쓰이며 이 값을 변
경하면 콘솔 또는 파일로 리다이렉션 가능하다. SkyOS에서는 위의 값들을 다음과
같이 정의했다.

[코드 16-2] stdin, stdout 선언 및 입출력 파일 객체 생성

```
FILE* g_stdOut = nullptr;
FILE* g_stdIn = nullptr;
FILE* g_stdErr = nullptr;
```

```
StorageManager::StorageManager()
{
        memset(m_fileSystems, 0, sizeof(FileSysAdaptor*) * STORAGE_DEVICE_MAX);
        m_stroageCount = 0;
        m_pCurrentFileSystem = nullptr;
        // 파일 객체로 선언한다.
        g_stdOut = new FILE;
        g_stdIn = new FILE;
        strcpy(g_stdOut->_name, "STDOUT");
        strcpy(g_stdIn->_name, "STDIN");
        strcpy(g_stdErr->_name, "STDERR");
}
```

이런 입출력 파일은 SkyOS에서는 모두 콘솔과 연관되는 것으로 정의했다.

[코드 16-3] 루아에서의 파일 닫기

```
static void closefile (FILE *f) {
  if (f != g_stdIn && f != g_stdOut) {
  // stdin, stdout이 아닌 경우에만 파일닫기를 실행한다.
    int tag = gettag();
    CLOSEFILE(f);
    lua_pushusertag(f, tag);
    lua_settag(CLOSEDTAG(tag));
  }
}
```

그리고 콘솔 창으로의 입출력을 감지하는 코드가 필요하다. 이를 위해 Storage Manager 클래스의 메소드를 일부 수정한다.

[코드 16-4] 파일 쓰기 변경

```
int StorageManager::WriteFile(PFILE file, unsigned char* buffer, unsigned int
size, int count)
{
```

```
// 파일 객체가 콘솔 출력과 관계 있다면 파일에 쓰지 말고 콘솔에 출력한다.
        if (strcmp(file->_name, "STDOUT") == 0)
        {
                SkyConsole::Print("%s", buffer);
                return size * count;
        }
        ……
        int len = m_pCurrentFileSystem->Write(file, buffer, size, count);
}
```

- liolib.cpp

루아 언어에서 입출력을 다루기 위한 정의는 liolib.cpp 파일에 정의돼 있다. 이 파일
에서 정의하는 io 관련 명령어를 살펴보자.

[코드 16-5] 루아 io 관련 명령어

```
static struct luaL_reg iolib[] = {
  {"_ERRORMESSAGE", errorfb},
  {"clock",      io_clock},
  {"date",       io_date},
  {"debug",      io_debug},
  {"execute",    io_execute},
  {"exit",       io_exit},
  {"getenv",     io_getenv},
  {"remove",     io_remove},
  {"rename",     io_rename},
  {"setlocale", setloc},
  {"tmpname",    io_tmpname}
};
static struct luaL_reg iolibtag[] = {
  {"appendto", io_appendto},
  {"closefile",    io_close},
  {"flush",      io_flush},
  {"openfile",    io_open},
```

```
{"read",     io_read},
{"readfrom", io_readfrom},
{"seek",     io_seek},
{"write",    io_write},
{"writeto",  io_writeto}}
```

이중에서 getenv나 setlocale은 구현되지 않았으므로 관련된 내용은 모두 주석처리
한다.

- setjmp, longjmp의 구현

try/catch 구문을 위해 두 함수를 구현했지만 최초에는 lua 라이브러리를 빌드하기
위해 필요했다.

- 출력 포맷 재정의

루아에서의 출력은 SkyConsole을 이용하는데 SkyConsole의 Print 메소드는 모든
인자에 대해 처리를 하지 못한다. 예를 들어 %f를 통해서 실수형의 출력이 가능
하지만 %3f 등에 대한 출력 구현은 돼 있지 않다. 그래서 루아 소스에서 표현하는
복잡한 출력 포맷들은 모두 단순화했다. 이후 SkyOS를 보다 정교하게 다듬을 때
해당 출력 포맷도 모두 가능하게 구현하고 수정된 루아 소스들은 원래대로 되돌
려야 할 것이다.

이 정도 작업을 하면 루아3 소스가 SkyOS에서 정상 빌드된다. 변경된 세부사항에
대해서는 원본 소스와 대조해 보며 확인하기 바란다.

 Tip

소스간 비교 툴로 WinMerge를 추천한다.

- 루아의 활용

다음은 루아를 활용하는 샘플 코드다.

[코드 16-6] 루아 활용 샘플코드

```
void TestLua()
{
        lua_open();
        lua_pushstring("> ");
        lua_setglobal("_PROMPT");
        lua_userinit();

        int result = lua_dofile("fact.lua");

        SkyConsole::Print("Lua Exec Result : %d", result);
}
```

샘플 코드 예제를 살펴보자.

[코드 16-7] 팩토리얼을 계산하는 루아 코드

```
Y = function (g)
      local a = function (f) return f(f) end
      return a(function (f)
                return %g(function (x)
                        local c=%f(%f)
                        return c(x)
                    end)
          end)
end

-- factorial without recursion

F = function (f)
      return function (n)
```

```
            if n == 0 then return 1
            else return n*%f(n-1) end
        end
    end

factorial = Y(F)   -- factorial is the fixed point of F

-- now test it

function test(x)
        write(x,"! = ",factorial(x),"\n")
end

test(3)
test(4)
test(5)
test(6)
test(7)
```

위의 코드는 test 함수를 호출해서 각 값의 팩토리얼을 구한다. 실행 결과는 다음과
같다.

```
3! = 6
4! = 24
5! = 120
6! = 720
7! = 5040
Lua Exec Result : 0
```

루아를 SkyOS에 포팅함으로써 외부 라이브러리를 SkyOS에 가져오는 것이 어렵지
않다는 것을 알게 됐다. 지금은 모든 소스코드를 커널에 담고 있지만 추후 이렇게 추
가되는 외부 라이브러리들은 DLL화해서 제공할 계획이다. 마지막으로 콘솔 명령어
에 lua 명령을 추가해 보도록 한다. 명령 테이블에 명령어를 등록하는 방법은 숙지하

454

고 있다고 생각하고 여기서는 커맨드 구현 부분만 살펴본다.

[코드 16-8] lua 명령 구현부

```
long cmdLua(char *theCommand)
{
        static bool init = false;
        // 루아 초기화는 한 번만 한다.
        if (init == false)
        {
                lua_open();
                lua_pushstring("> ");
                lua_setglobal("_PROMPT");
                lua_userinit();
                init = true;
        }
        int result = lua_dofile(theCommand); // 0이 리턴되면 성공
        if (result != 0)
                SkyConsole::Print("Lua Exec Result : %d\n", result);

        return false;
}
```

루아가 초기 버전이다 보니(20세기의 코드다) 문법이 5.x 버전에 비해 이질적인 감이
있다.

json 라이브러리

Json은 JavaScript Object Notation의 준말로 텍스트 형식이며 속성-값 쌍으로 구
성돼 있어서 가독성이 좋아 인간이 읽기 편한 포맷이다. Json 파일을 읽어들이기 위
한 라이브러리는 많겠지만 여기서는 문제를 단순화하기 위해 코드가 심플한 json 라
이브러리를 선택했다.

파일은 jsmn.h, jsmn.c 총 두 개로 구성돼 있는데 확장자를 c로 하면 컴파일러에서
에러를 발생시키므로 확장자를 cpp로 변경해서 빌드한다.

[코드 16-9] 샘플 json 스트링

```
static const char *JSON_STRING =
"{\"user\": \"johndoe\", \"admin\": false, \"uid\": 1000,\n"
"\"groups\": [\"users\", \"wheel\", \"audio\", \"video\"]}";
```

위의 스트링은 json 문자열이다. 보기 불편하지만 온라인 JSON 파서 등으로 보기 좋
게 변환하면 다음과 같은 형식을 띤다.

[코드 16-10] 가독성 높인 JSON 데이터

```
{
    "user":"johndoe",
    "admin":false,
    "uid":1000,
    "groups":[
        "users",
        "wheel",
        "audio",
        "video"
        ]
}
```

이 문자열을 파싱해 보자.

```
void TestJson()
{
        int i;
        int r;
        jsmn_parser p; // 파서
        jsmntok_t t[128]; // 토큰 개수는 128개로 제한

        // 파서를 초기화하고 스트링을 파싱한다.
        jsmn_init(&p);
        r = jsmn_parse(&p, JSON_STRING, strlen(JSON_STRING), t, sizeof(t) /
        sizeof(t[0]));
        if (r < 0) {
                SkyConsole::Print("Failed to parse JSON: %d\n", r);
                return;
        }

        // 최상위 요소는 오브젝트라 가정한다.
        if (r < 1 || t[0].type != JSMN_OBJECT) {
                SkyConsole::Print("Object expected\n");
                return;
        }

        char buf[256];
        memset(buf, 0, 256);

        // 각각의 루트 오브젝트에 대해 루프를 돈다.
        for (i = 1; i < r; i++) {
                if (jsoneq(JSON_STRING, &t[i], "user") == 0)
                {
                        // user의 value값을 얻는다.
                        memcpy(buf, JSON_STRING + t[i + 1].start, t[i + 1].end
                        - t[i + 1].start);
                        SkyConsole::Print("- User: %s\n", buf);
                        i++;
                }
```

```
                else if (jsoneq(JSON_STRING, &t[i], "admin") == 0)
        {
                // admin의 value값을 얻는다.
                SkyConsole::Print("- Admin: %.*s\n", t[i + 1].end -
                    t[i + 1].start, JSON_STRING + t[i + 1].start);
                i++;
        }
        else if (jsoneq(JSON_STRING, &t[i], "uid") == 0)
        {
                // uid의 value값을 얻는다.
                SkyConsole::Print("- UID: %.*s\n", t[i + 1].end -
                    t[i + 1].start, JSON_STRING + t[i + 1].start);
                +i++;
        }
        else if (jsoneq(JSON_STRING, &t[i], "groups") == 0)
        {
                int j;
                // groups 키는 배열값을 가진다.
                SkyConsole::Print("- Groups:\n");
                if (t[i + 1].type != JSMN_ARRAY) {
                        continue;
                }
                // 배열을 파싱해서 토큰을 얻어낸다.
                for (j = 0; j < t[i + 1].size; j++) {
                        jsmntok_t *g = &t[i + j + 2];
                        SkyConsole::Print("  * %.*s\n", g->end -
                        g->start, JSON_STRING + g->start);
                }
                i += t[i + 1].size + 1;
        }
        else {
                SkyConsole::Print("Unexpected key: %.*s\n", t[i].end -
                t[i].start, JSON_STRING + t[i].start);
        }
    }
}
```

C 언어 기반의 라이브러리라 가독성이 떨어지는 편이다. 위 코드는 주어진 JSON 문자열에서 각각의 항목을 얻어낸다. JSON 스트링에 포함된 항목은 user, admin, uid, groups다. 해당 키를 찾아서 그 키에 해당하는 값을 출력한다. C 언어로 구현된 라이브러리는 기능적으로는 문제가 없지만 가독성을 높이기 위해 라이브러리를 래핑하는 경우가 많다. 루아 또한 가독성을 높이기 위해 제작된 많은 C++ 래퍼가 존재한다.

easyzlib

프로그래밍 세계에서 빠질 수 없는 범주의 하나가 압축 부분일 것이고 대표적인 라이브러리는 zlib일 것이다. 이 zlib를 편하게 사용할 수 있도록 수정한 라이브러리들 중 하나로 easyzlib가 있다.

---

http://www.firstobject.com/easy-zlib-c++-xml-compression.htm

소스코드는 easyzlib.h / easyzlib.c에서 확인할 수 있으며 TestEasyZLib 함수로 테스트할 수 있다.

[코드 16-12] TestEasyZLib 함수

```
char easyTestBuffer[] = "Sky OS Compression Test!!"; // 압축대상
void TestEasyZLib()
{
        long nSrcLen = sizeof(easyTestBuffer);
        // 압축된 데이터를 저장할 버퍼
        char* destBuffer = new char[256];
        long destBufferLen = 256;
        // 압축 해제된 데이터를 저장할 버퍼
        char* decompressedBuffer = new char[256];
        long decompressedLen = 256;
```

```
        memset(destBuffer, 0, 256);
        memset(decompressedBuffer, 0, 256);

        SkyConsole::Print("text : %s\n", easyTestBuffer);

        // 압축한다.
        if (0 != ezcompress((unsigned char* )destBuffer, &destBufferLen, (const
        unsigned char* )easyTestBuffer, nSrcLen))
        {
                HaltSystem("easyzlib test fail!!");
        }
        SkyConsole::Print("Compressed : Src Size %d, Dest Size %d\n", nSrcLen,
        destBufferLen);

        // 압축을 해제한다.
        if (0 != ezuncompress((unsigned char*)decompressedBuffer,
        &decompressedLen, (const unsigned char*)destBuffer, destBufferLen))
        {
                HaltSystem("easyzlib test fail!!");
        }
        SkyConsole::Print("Decompressed : Src Size %d, Dest Size %d\n",
        destBufferLen, decompressedLen);
        SkyConsole::Print("result : %s\n", decompressedBuffer);

        delete destBuffer;
        delete decompressedBuffer;
}
```

위의 테스트 코드는 문자열 데이터를 압축하고 해제하는 과정을 보여준다. 실행을
해보면 압축된 데이터가 원본 데이터보다 크다는 것을 알 수 있다. 어느 정도 데이터
가 크지 않다면 압축 효과를 볼 수 없다.

정리

필수 기능은 직접 구현하는 것도 좋지만 다양한 오픈소스를 프로젝트에 활용할 수 있다면 프로젝트 생산성을 높여서 개발시간을 크게 단축시킬 수 있다. 오픈소스를 타 플랫폼에 이식하는 데 있어 가장 중요하게 여겨야 할 사항은 소스의 수정사항을 최소화하는 것이다. 이를 위해 플랫폼이 지원하는 라이브러리의 표준화가 필수적이다. SkyOS는 계속 표준화 작업을 진행하고 있으며 점차 외부 소스를 수정하는 시간이 줄어들고 있다. 뿐만 아니라 포팅된 라이브러리의 테스트가 원활하도록 디버깅 환경을 구축하고 있는 중이다. 복잡한 콘텐츠 라이브러리에서 발생한 에러를 해결하려면 정교한 디버깅 환경 구축이 반드시 필요하다.

제17장, '동적 라이브러리'와 18장, 'Advanced Debugging'을 학습하고 나서는 WIN32 환경에서 라이브러리를 개발하는 것과 대등하게 SkyOS용 라이브러리를 개발할 수 있다는 사실을 알게 될 것이다.

17

동적 라이브러리

커널 코어를 모듈 하나에 담는다면 매우 복잡할 것이다. 그러므로 프로젝트가 커진다면 모듈 단위로 나눠서 코드를 관리한다면 복잡성이 줄어들 뿐만 아니라 특정 기능의 추가 및 제거가 쉽게 이루어질 것이다. 이런 과정에서 인터페이스가 확립되고 전체 프로젝트 제작에 있어서 특정한 규칙이 형성된다. SkyOS는 커널이 PE 포맷으로 이뤄진 만큼 만약 별도의 모듈을 제작한다면 그 모듈 또한 PE 형식이 좋다. 윈도우 운영체제에서 PE 포맷은 확장자가 EXE 또는 DLL인데 그 중 DLL은 함수나 클래스를 외부로 익스포트할 수 있다.

물론 WIN32 운영체제에서의 DLL과 다소 차이가 있고 제약이 존재하기는 하지만 DLL 로딩 시스템을 구축한다면 개발 유연성이 높아질 것이다. 제17장에서는 SkyOS 커널 코어와 DLL 모듈과의 통신하는 방법을 설명하고 샘플 DLL 파일을 제작하는 방법을 살펴본다. 커널 프로젝트는 14_DLL.sln을 실행해서 참조하고 샘플 DLL은

Module/SampleDll에서 확인한다. 먼저 DLL 프로젝트부터 살펴본다.

DLL 로드

샘플 DLL 프로젝트 설정은 커널 코어 프로젝트의 설정과 유사하다. 다만 코어 파일은 항상 0x100000번지에 로드되지만 DLL 파일은 여러 개가 로드될 수 있을 만큼 선호되는 번지가 고정돼 있지 않다는 걸 기억해 두자.

진입점	DllMain
진입점 없음	아니요
체크섬 설정	아니요
기준 주소	
임의 기준 주소	예(/DYNAMICBASE)

[그림 17-1] 진입점 설정

링크 → 고급 옵션에서 진입점을 **DllMain**으로 설정한다. 진입점을 설정하지 않으면 윈도우 운영체제의 최초 실행 엔트리 포인트가 지정되기 때문에 반드시 DllMain 함수를 지정해야 한다. 임의 기준 주소는 '예'로 설정돼 있음을 주목하자.

[코드 17-1] DllMain
***

```
#include "ServiceFunc.h"

BOOL APIENTRY DllMain( HMODULE hModule,
                       DWORD   ul_reason_for_call,
                       LPVOID  lpReserved
                                           )
{
        switch (ul_reason_for_call)
        {
        case DLL_PROCESS_ATTACH:
        case DLL_THREAD_ATTACH:
        case DLL_THREAD_DETACH:
        case DLL_PROCESS_DETACH:
```

```
            break;
        }
        return TRUE;
    }
}
```

DllMain 함수는 우리가 일반적으로 WIN32 DLL 파일을 제작할 때와 크게 다르지 않다. 하지만 이 엔트리가 실행될 때 WIN32와는 상황이 다르다.

- WIN32 DLL에서 DllMain이 호출될 때 프로세스 락이 호출된다. 따라서 DllMain 함수 내부에서 무한루프 등의 원인으로 코드 수행이 멈춘 후 다른 프로세스에서 이 DLL을 자신의 가상주소 영역에 가져오려 한다면 그 프로세스는 프로세스 락을 획득하기 위해 대기하게 된다.

한편 SkyOS에서 DLL을 로드할 때 어떠한 락도 걸지 않는다. DLL이 처음 로드될 경우에만 위의 엔트리를 실행하며 DLL이 메모리에 적재돼 있는 동안 다른 프로세스가 DLL을 참조하려 한다면 참조 카운트만 증가시킨다.

 Tip

DllMain 함수를 호출하기 전후에 kEnterCriticalSection, kLeaveCriticalSection 함수로 감싸면 되지만 Dll 처리 부분은 아직 초기 아이디어 단계이며 디자인이 정확히 결정된 상태가 아니기 때문에 동기화 관련 구조는 고려하지 않았다. 현재 단계에서는 동기화를 고려하지 않아도 문제가 될 소지는 없지만 아키텍처를 확장해 나간다면 이 내용을 반드시 기억하고 동기화 구현을 해야 한다.

DLL이 로드되기 전의 메모리 레이아웃을 살펴보자.

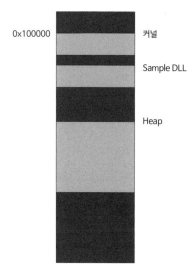

0x100000   커널

                            Sample DLL

                            Heap

[그림 17-2] 메모리 레이아웃

그럼 지금부터는 이 샘플 DLL을 커널에서 로딩해 본다. 우선 GRUB 파일의 메뉴는
다음과 같이 설정한다.

[코드 17-2] GRUB 설정

```
menuentry "SkyOS GUI" {
    multiboot /boot/SkyOS32.EXE
    module /boot/SkyOS32.map "SKYOS32_MAP"
    module /boot/SampleDll.dll "SAMPLE_DLL"
}
```

SampleDll.dll 파일을 테스트하는 코드는 커널 프로젝트의 TestMemoryModule 함
수에서 확인할 수 있다.

[코드 17-3] TestMemoryModule 함수

```
bool TestMemoryModule(const char* moduleName)
{
        // DLL 모듈을 로드한다.
```

```
    MODULE_HANDLE hwnd = SkyModuleManager::GetInstance( )->LoadModuleFromMem
    ory(moduleName);
    // 모듈이 익스포트하는 GetDLLInterface 메소드의 주소를 얻는다.
    PGetDLLInterface GetDLLInterface = (PGetDLLInterface)
    SkyModuleManager::GetInstance( )->GetModuleFunction((MODULE_HANDLE)
    (hwnd), "GetDLLInterface");
    // 익스포트 함수를 호출해서 DLL 인터페이스를 얻는다.
    const DLLInterface* dll_interface = GetDLLInterface( );
    // 인자로 제공하는 숫자를 더한다. 내부에서 10을 추가로 더한다. 21을 리턴
    int sum = dll_interface->AddNumbers(5, 6);
    SkyConsole::Print("AddNumbers(5, 6): %d\n", sum);
    // 모듈을 해제한다.
    SkyModuleManager::GetInstance( )->UnloadModule((MODULE_HANDLE)(hwnd));
}
```

SkyModuleManager 클래스는 싱글턴으로 구현됐으며 로드된 DLL을 관리한다. 여러 DLL이 메모리에 로드되면 로드된 메모리 주소가 겹치지 않게 하거나 중복 로드되지 않도록 하기 위해서 구현됐다. 다만 로드되는 DLL은 힙에 로드되므로 특별한 작업을 필요로 하지 않는다.

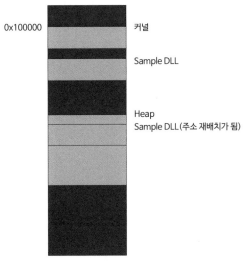

[그림 17-3] 힙에 로드된 DLL

그럼 위의 코드 중 DLL을 로드시키는 LoadModuleFromMemory 메소드를 살펴보자.

[**코드 17-4**] SkyModuleManager::LoadModuleFromMemory

```
MODULE_HANDLE SkyModuleManager::LoadModuleFromMemory(const char* moduleName)
{
        // 모듈이 이미 로드됐는가
        LOAD_DLL_INFO *p = FindLoadedModule(moduleName);
        if (p)
        {
        // 모듈의 참조 카운트를 증가시키고 해당 모듈을 리턴한다.
                p->refCount++;
                return p;
        }
```

```
// GRUB이 적재시킨 DLL 파일을 찾고
// 이 DLL을 위한 핸들을 생성한다.
// 핸들은 처음 생성되므로 참조카운트를 1로 설정한다.
Module* pModule = FindModule(moduleName);
......
p = new LOAD_DLL_INFO;
strcpy(p->moduleName, moduleName);
p->refCount = 1;
// DLL을 실제 사용가능하도록 힙에 로드시킨다. 주소 재배치 작업 등이 수행된다.
DWORD res = LoadDLLFromMemory((void*)pModule->ModuleStart, ((size_t)
(pModule->ModuleEnd) - (size_t)pModule->ModuleStart), 0, p);
......
SkyConsole::Print("%s Module Loaded\n", moduleName);
// 적재된 모듈을 관리하기 위해 리스트에 추가한다.
m_moduleList.push_back(p);
return p;
}
```

LoadDllFromMemory 메소드에는 메모리에 로드돼 있는 DLL 파일의 시작 주소, 크기 등을 인자로 넘겨서 DLL 초기화를 수행한다.

[코드 17-5] 메모리로부터 DLL 로딩

```
ELoadDLLResult LoadDLLFromMemory(const void* dll_data, size_t dll_size, int
flags, LOAD_DLL_INFO* info)
{
        LOAD_DLL_FROM_MEMORY_STRUCT ldfms = { dll_data, dll_size };
        return LoadDLL ((LOAD_DLL_READPROC)&LoadDLLFromMemoryCallback, &ldfms,
        flags, info);
}
```

[코드 17-6] DLL 로딩

```
ELoadDLLResult LoadDLL(LOAD_DLL_READPROC read_proc, void* read_proc_param, int
```

```
flags, LOAD_DLL_INFO* info)
{
        ......
        // DLL 헤더를 로드한다.
        res = LoadDLL_LoadHeaders(&ctx, read_proc, read_proc_param);
        // DLL 크기만큼 메모리를 할당한다.
        res = LoadDLL_AllocateMemory(&ctx, flags);
        // 할당한 메모리 내부에 섹션(코드, 데이터, bss)을 써넣는다.
        res = LoadDLL_LoadSections(&ctx, read_proc, read_proc_param, flags);
        // 주소 재배치를 수행한다.
        PerformBaseRelocation (&ctx, 0);
        // 메모리 속성을 변경한다(추후 구현돼야 함).
        res = LoadDLL_SetSectionMemoryProtection(&ctx);
        // DLL 메인 엔트리를 실행한다(DllMain 함수).
        res = LoadDLL_CallDLLEntryPoint(&ctx, flags);
        ......
}
```

 Tip

DLL 파일의 구조에 대해서는 다음 서적을 참고하기 바란다.
『Windows 시스템 실행 파일의 구조와 원리』(한빛미디어, 2005)

이 중에서 중요하게 살펴봐야 하는 메소드는 주소 재배치를 수행하는 PerformBase
Relocation 함수와 메인 엔트리를 실행하는 LoadDLL_CallDLLEntryPoint다.

[코드 17-7] DLL 엔트리 실행

```
static ELoadDLLResult LoadDLL_CallDLLEntryPoint(LOAD_DLL_CONTEXT* ctx, int
flags)
{
        ctx->dll_main = (LPDLLMAIN)(ctx->hdr.OptionalHeader.AddressOfEntryPoint
        + ctx->image_base);
        ctx->dll_main(ctx->image_base, DLL_PROCESS_ATTACH, NULL/*(LPVOID)&g_
```

```
        AllocInterface*/);


}
```

DLL의 엔트리를 구하기 위한 공식은 다음과 같다.

엔트리주소 = 이미지가 로드된 베이스 주소 + 엔트리 포인트 옵셋

[코드 17-8] PerformBaseRelocation 함수

```
// 주소 재배치를 수행한다.
static bool PerformBaseRelocation(LOAD_DLL_CONTEXT* ctx, ptrdiff_t delta)
{
// ctx->image_base : 힙에 할당된 베이스 주소
// ctx->hdr.OptionalHeader.ImageBase : 선호되는 이미지 로드 베이스 주소
// delta : 위의 두 값의 차. 재배치돼야 하는 값들에 이 델타값을 더해주면 재배치 완료
        unsigned char *codeBase = (unsigned char *)ctx->image_base;
        delta = ctx->image_base - ctx->hdr.OptionalHeader.ImageBase;
        PIMAGE_BASE_RELOCATION relocation;
        // 재배치 관련 이미지 데이터 디렉토리를 얻는다.
        PIMAGE_DATA_DIRECTORY directory = GET_HEADER_DICTIONARY(ctx->hdr,
        IMAGE_DIRECTORY_ENTRY_BASERELOC);
        if (directory->Size == 0) {
                return (delta == 0);
        }
// 재배치 테이블에 접근
        relocation = (PIMAGE_BASE_RELOCATION)(codeBase + directory->
        VirtualAddress);
        for (; relocation->VirtualAddress > 0; ) {
                DWORD i;
                // 목적지 주소 : DLL 베이스 주소 + 재배치요소의 가상주소
                 // 목적지 주소에 루프에서 구한 옵셋을 더한 값이 수정해야 할 주소다.
                unsigned char *dest = codeBase + relocation->VirtualAddress;
                // 재배치요소의 가상주소로부터 수정되야 할 주소까지의 옵셋값
```

```
unsigned short *relInfo = (unsigned short*)
OffsetPointer(relocation, IMAGE_SIZEOF_BASE_RELOCATION);
for (i = 0; i<((relocation->SizeOfBlock - IMAGE_SIZEOF_BASE_
RELOCATION) / 2); i++, relInfo++) {
        // 재배치 타입을 의미하는 상위 4비트값을 얻어낸다.
        int type = *relInfo >> 12;
        // 하위 12비트로부터 옵셋을 얻어낸다.
        int offset = *relInfo & 0xfff;
        switch (type)
        {
        case IMAGE_REL_BASED_ABSOLUTE:
                break;

        case IMAGE_REL_BASED_HIGHLOW:
                // 수정돼야 할 주소값에 델타값을 더한다.
        {
                DWORD *patchAddrHL = (DWORD *)(dest + offset);
                *patchAddrHL += (DWORD)delta;
        }
        break;
        }
    }

    // 다음 재배치 정보로 넘어간다.
    relocation = (PIMAGE_BASE_RELOCATION)OffsetPointer(relocation,
    relocation->SizeOfBlock);
  }
  return TRUE;
}
```

주소 재배치를 위해서는 주소 재배치와 관계된 이미지 디렉토리를 찾아야 한다. 이미지 디렉토리를 담고 있는 데이터 디렉토리를 살펴보자. 데이터 디렉토리는 이미지 디렉토리를 모은 배열이다.

[표 17-1] 데이터 디렉토리 배열 리스트

상수값	값	설명
IMAGE_DIRECTORY_ENTRY_EXPORT	0	익스포트 디렉토리
IMAGE_DIRECTORY_ENTRY_IMPORT	1	임포트 디렉토리
IMAGE_DIRECTORY_ENTRY_RESOURCE	2	리소스 디렉토리
IMAGE_DIRECTORY_ENTRY_EXCEPTION	3	예외 디렉토리
IMAGE_DIRECTORY_ENTRY_SECURITY	4	보안 디렉토리
IMAGE_DIRECTORY_ENTRY_BASERELOC	5	주소 재배치 테이블
IMAGE_DIRECTORY_ENTRY_DEBUG	6	디버그 디렉토리
IMAGE_DIRECTORY_ENTRY_ARCHITECTURE	7	아키텍처에 특화된 데이터
IMAGE_DIRECTORY_ENTRY_GLOBALPTR	8	전역 포인터 레지스터 상대 가상주소
IMAGE_DIRECTORY_ENTRY_TLS	9	스레드 로컬 스토리지 디렉토리
IMAGE_DIRECTORY_ENTRY_LOAD_CONFIG	10	로드 설정 디렉토리
IMAGE_DIRECTORY_ENTRY_BOUND_IMPORT	11	바운드 임포트 디렉토리
IMAGE_DIRECTORY_ENTRY_IAT	12	임포트 주소 테이블
IMAGE_DIRECTORY_ENTRY_DELAY_IMPORT	13	지연 임포트 테이블
IMAGE_DIRECTORY_ENTRY_COM_DESCRIPTOR	14	COM 디스크립터 테이블

이 중에서 중요한 항목은 IMAGE_DIRECTORY_ENTRY_EXPORT 디렉토리와 IMAGE_DIRECTORY_ENTRY_BASERELOC 디렉토리며 DLL의 주소 재배치를 위해 필요한 항목은 IMAGE_DIRECTORY_ENTRY_BASERELOC 디렉토리다.

- IMAGE_DIRECTORY_ENTRY_EXPORT: DLL이 외부로 노출하는 함수들과 관계된다.
- IMAGE_DIRECTORY_ENTRY_IMPORT: 외부로부터 임포트하는 함수들과 관계된다.
- IMAGE_DIRECTORY_ENTRY_BASERELOC: DLL이 기준 주소에 로드되지 못할 때 재배치돼야 할 구조체나 변수들에 대한 정보를 담고 있는 디렉토리

```
PIMAGE_DATA_DIRECTORY directory = GET_HEADER_DICTIONARY(ctx->hdr, IMAGE_DIRECTORY_
ENTRY_BASERELOC);
```

위의 코드를 통해서 재배치 데이터 디렉토리를 얻고 이 재배치 데이터 디렉토리를
이용해서 주소 재배치 테이블 구조체에 접근한다. 주소 재배치 테이블 구조체는 다
음과 같다.

[코드 17-9] 재배치 테이블 구조체

```
typedef struct _IMAGE_BASE_RELOCATION {
    DWORD    VirtualAddress;
    DWORD    SizeOfBlock;
} IMAGE_BASE_RELOCATION;
typedef IMAGE_BASE_RELOCATION UNALIGNED * PIMAGE_BASE_RELOCATION;
```

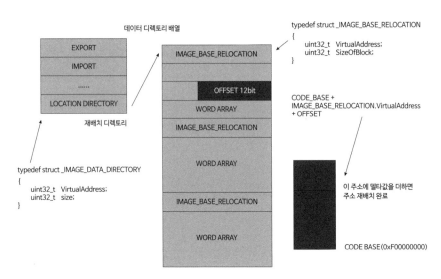

[그림 17-4] 재배치 값 수정 과정

수정을 필요로 하는 주소는 로드된 기준 주소 + IMAGE_BASE_RELLOCATION의
VirtualAddress 값 + WORD 배열 각 요소 중 하위 12비트 값이다. 이 주소에 접근

474

해서 선호된 기준 주소와 로드된 기준 주소의 차, 즉 델타값을 더해주면 주소 재배치가 완료된다. 예를들어 선호된 기준 주소가 0x10000000이고 실제 로드된 기준 주소는 0x11000000이라고 가정하자. 그리고 수정이 필요한 주소는 0x13000000이고 이 주소에 0x14000000이라는 값이 저장돼 있다고 생각하자. 0x14000000이라는 값은 절대주소일 가능성이 있으며 점프 구문에 사용될 확률이 크다. 즉 jmp 0x14000000에 사용되는 값일 수 있는데 기준 주소가 델타 0x01000000만큼 증가했으므로 jmp 0x15000000으로 수정돼야 제대로 된 동작이 가능해진다.

SampleDll

DLL 프로젝트를 설정하는 방법과 DLL이 로드되는 과정은 앞에서 설명했다. 여기서는 DLL 내부 코드 중 커널에 제공하는 AddNumbers 함수를 다루는 부분만 살펴본다.

[코드 17-10] ServiceFunc.c

```
int k = 10;
int AddNumbers( int a, int b )
{
        return a + b + k;
}


// 함수 인터페이스를 제공하는 DLLInterface 구조체 선언
DLLInterface g_Interface =
{
        AddNumbers,
};
// 함수를 외부로 익스포트한다.
__declspec(dllexport) const DLLInterface* GetDLLInterface()
{
        return &g_Interface;
}
```

```
typedef struct DLLInterface
{
        int(*AddNumbers)(int a, int b);
} DLLInterface;
```

DLL에서 외부로 함수를 노출하기 위해 함수 앞에 __declspec(dllexport) 키워드를 사용한다. 이렇게 선언된 함수는 PE 파일의 익스포트 디렉토리에 등록된다.

정리

DLL을 구현함으로써 차후 얻을 수 있는 이득은 다음과 같다.

- 커널 핵심 코어를 기능별로 분류
- 응용 애플리케이션에 시스템 API 래퍼 제공
- 커널과 응용 애플리케이션이 동시에 사용할 수 있는 라이브러리 제공
- 주소 재배치를 통해 한 프로세스에서 여러 DLL을 주소공간에 매핑
- 타 프로세스와의 통신

위에서 언급한 이점 외에도 DLL을 사용해서 얻을 수 있는 궁극적인 장점은 WIN32와 유사한 시스템을 구축할 수 있다는 것이다. WIN32에서 제공하는 DLL 라이브러리는 다른 DLL 모듈에 의존성을 가지는데 이런 DLL 라이브러리를 SkyOS로 포팅하려면 유사한 시스템을 구축하는 것이 좋다.

DLL 시스템을 구축했으니 이제 남은 단계는 DLL 모듈을 효율적으로 개발할 수 있는 방법론을 연구하는 것이다. 콘텐츠를 빠르게 제작하기 위해서는 선행적 디버깅이 필수이며 이에 대한 내용은 제18장, 'Advanced Debugging'에서 다룬다.

18

Advanced Debugging

프로젝트를 시작할 때는 목표와 방향성이 중요하다. 농구 게임을 개발한다고 가정해 보자. 초기 콘셉트는 액션성을 중시하는 프리스타일 같은 게임을 제작하는 것이 목표였다. 그런데 플랫폼이 변화되고 모바일이 큰 수익을 벌 수 있는 플랫폼으로 부각돼서 프로젝트는 모바일도 지원하기로 결정됐다. 모바일은 PC 키보드만큼 조작성이 좋지 않기 때문에 원래 추구했던 액션성을 구현할 수가 없었다. 할 수 없이 프로젝트는 초기 콘셉트를 버리고 전략성을 중시하는 방향으로 선회됐다. 이렇게 되면 기획이나 프로그래밍 부분에서 전반적인 수정이 필요하게 되므로 프로젝트의 개발 기간은 늘어날 수밖에 없다.

그래서 어떤 일을 시작하든지 초기 원칙이 중요하다고 생각한다. 초기 원칙이 무너지면 그 뒷감당이 너무 크기 때문이다. 이 부분에서는 호불호가 갈릴 수 있겠지만 필자의 경우 초기 원칙을 중시해서 일단 PC로 게임을 출시한 후 모바일로 다시 게임을 제작할 것 같다.

만약 게임제작 초기에 멀티플랫폼도 고려하고 모바일도 생각해서 프로젝트를 시작
했다면 어떠했을까? 개발기간은 얼마나 걸리고 비용은 얼마나 나오고 팀의 역량은
어느 정도 되는지 이런 세세한 부분을 초창기부터 엄밀히 따졌다면 이후 개발해 나
가면서 발생하는 부작용은 최소한으로 줄일 수 있었을 것이다.

필자가 프로젝트 시작 부분을 강조하는 이유는 운영체제 제작과 관련이 있다. 운영
체제를 본격적으로 제작하자고 마음먹었을 때 개발을 어떻게 해나갈 것인가에 대해
전혀 고려를 하지 않았기 때문이다. 결론적인 내용이긴 하지만 다음과 같은 고려를
했어야 했다.

- 개발 스펙은 어느 정도로 정할 것인가?
- 혼자서 모든 내용을 다룰 수 있는가?
- 어느 정도 기간이면 목표에 도달할 수 있는가?
- 운영체제를 개발하기 위한 환경은 충분히 갖췄는가?

이중 제대로 답할 수 있는 것은 2번째 항목뿐이다.

   - 시대가 변해서 도서관을 찾지 않아도 인터넷에서 필요한 내용은 모두 찾
     을 수 있다.

첫 번째와 세 번째 항목에 대해서는 정확한 명세가 없었다. 그러다보니 개발을 하면
서 좋은 내용을 알아내면 프로젝트에 반영하는 식으로 진행됐다. 1차 완료라는 개념
이 없어지고 프로젝트가 끝나지 않는다는 느낌을 들게 해 필자를 초조하게 만들었
다. 그래도 책의 집필이 끝나가면서 결국 개발 스펙이 결정됐고 책의 출간일이 최종

도착지가 됐다.

어쨌든 첫 번째부터 세 번째 항목은 지금에 와서는 해결됐지만 개발 초기에 확실히 결정을 했어야 하는 부분이다. 다음에 새 프로젝트를 진행한다면 이러한 부분을 우선적으로 고려할 것이다. 프로젝트를 진행하면서 가장 문제가 된 부분은 네 번째 항목 '운영체제를 개발하기 위한 환경을 충분히 갖추었는가?'다.

이 부분에 대해서 전혀 고려를 하지 않고 시작하다 보니 개발 중간에 버그가 발생했을 때 그 버그를 찾느라 너무나 많은 시간을 허비했으며 어떤 경우 버그찾는 걸 포기할 때도 있었다. 부끄럽지만 초기 운영체제를 개발했을 때 필자의 디버깅 도구는 다음과 같았다.

- **논리적 추론**: 이 부분에서 문제가 발생했을 거야
- **로그출력**: 로그를 출력하면 해당 루틴의 변숫값들이나 상황을 어느 정도 알 수 있다.

물론 로그를 통해서 버그를 수정할 수는 있다. 하지만 프로그래머에게 있어서 최고의 무기는 브레이크 포인트를 걸고 브레이크 포인트가 히트할 때 해당 루틴을 분석하는 것이다. 이 당연한 내용을 왜 운영체제를 개발할 때는 생각을 하지 못했는지 후회스럽기도 하고 부끄럽기도 하다. 그래도 다소 늦었기는 하지만 디버깅을 편리하게 할 수 있는 방법을 모색하게 됐고 그 결과를 독자분들과 공유하려 한다. 프로젝트는 15_AdvancedDebugging.sln을 참고한다.

커널 디버깅은 원래 가능

윈도우 운영체제의 커널은 WINDBG를 사용해서 커널 디버깅이 가능하다. 또한 GCC를 통해서 컴파일된 ELF 파일 포맷은 QEMU 에뮬레이터와 GDB를 통해서 디버깅이 가능하다. 즉 우리가 일반 애플리케이션 디버깅을 하듯이 커널도 디버깅이 가능한다는 의미다. 문제는 SkyOS의 파일 포맷이 PE라는 데 있다. 어떻게 보면 윈

도우 운영체제 군에 속하기 때문에 WINDBG로 디버깅이 가능한지 살펴봤지만 되지 않았고 QEMU과 WINDBG, 비주얼 스튜디오가 연동될 수 있는 방법이 있을지 백방으로 찾아봤지만 해답을 얻을 수 없었다. 그래서 제19장에서 설명하겠지만 ELF 포맷으로 제작된 커널도 로드하고 실행할 수 있도록 구현을 했다. 최악의 경우 PE 포맷으로 커널을 제작하는 것은 포기하려 했었다. 이 부분이 중요한 이유는 단순히 버그를 잡기 위한 디버깅을 넘어서 자신이 제작한 모듈이 제대로 실행되는지 코드를 소스레벨에서 직접 실행해 가면서 확인을 해야 신뢰성을 가질 수 있기 때문이다. 단순히 코드만 보고 문제가 없다고 판단해 넘어가는 것은 의미가 없다(혹시 이 책을 읽은 분 중 비주얼 스튜디오처럼 F9를 걸어 디버깅이 가능한 방법을 알고 있거나 그에 준하는 아이디어를 가지고 있다면 꼭 필자에게 알려주기 바란다).

그래서 일단 모든 작업을 멈추고 어떻게 하면 편리하게 디버깅 환경을 구축할 수 있을까를 고민하게 됐고 필자가 내놓은 결론은 다음과 같다.

- 가상 에뮬레이션 환경 구축
- 마이크로소프트에 도움 요청
- VirtualBox를 이용한 디버깅
- 동적 라이브러리를 이용한 디버깅

이 중 두 번째 항목인 마이크로소프트사에 도움을 요청하는 것이 가장 빠르고 현실적인 방법일 수 있을 것 같다. 그럴려면 이 SkyOS가 그만큼 가치가 있어야 할 것이다.

 Tip

모듈테스트나 디버깅 때문에 너무 많은 시간을 허비한다면 최종적으로 그렇게 할 생각이다.

가상 에뮬레이션 환경 구축은 SkyOS 환경에서 개발하든 WIN32 환경에서 개발하든 동일한 코드는 공유하고 SkyOS에 종속되는 부분은 WIN32에서 가상화시키는 방법이다. 당연한 이야기지만 우리가 빌드한 커널은 가상 에뮬레이터로 실행하지 않아도 일단 비주얼 스튜디오로 실행이 된다.

[코드 18-1] 커널 시작점

```
_declspec(naked) void multiboot_entry(void)
{
#ifdef SKY_EMULATOR
        __asm
        {
                MOV EAX, 0
                PUSH EAX;
                PUSH EAX;
                CALL    kmain
        }
#else
        __asm {
                align 4

                multiboot_header:
                // 매직넘버. 비주얼 스튜디오로 실행하면 여기서 크래쉬가 발생한다.
                dd(MULTIBOOT_HEADER_MAGIC);
                ......
```

비주얼 스튜디오 속성에서 프로그램 진입점을 multiboot_entry로 지정했기 때문에 비주얼 스튜디오로 디버깅을 실행하면 위 함수는 호출이 된다. 단 위의 마지막 줄 매직 넘버값은 코드가 아니라 데이터이기 때문에 그 위치에서 크래쉬가 발생할 것이다.

이제 SKY_EMULATOR라는 전처리 매크로를 추가해서 실행해 보자. SKY_EMULATOR 전처리기 안의 어셈블리 매크로는 kmain 함수를 호출한다. kmain 함수가 인자를 두 개 가지고 있었기 때문에 스택에 인자를 넣는 PUSH 명령어를 두 개 사용했다. 이렇게 하면 정상적으로 kmain 함수가 호출된다. kmain 함수 첫 번째 라인에 브레이크 포인트를 걸고 제대로 히트가 되는지 확인해 보기 바란다.

다시 말하자면 비주얼 스튜디오로 디버깅을 걸 수 있다는 것은 우리 마음대로 프로그램을 주무를 수 있다는 것을 의미한다. 코드를 잘 리팩토링해서 커널에 종속적인 내용과 비종속적인 내용을 분리한 뒤 커널에 종속적인 부분을 적절히 에뮬레이션할 수 있다면 F9로 디버깅할 수 있는 가능성을 얻을 수 있는 것이다. 에뮬레이션에서 대체돼야 할 코드는 어셈블리 코드, GDT, IDT, 메모리 매니저 등일 수 있다. 뒤에 설명하겠지만 동적 라이브러리를 활용한 디버깅이 만족스럽지 못하다면 **에뮬레이션 → 마이크로소프트사에 도움 요청 → ELF 포맷**의 전환 순으로 디버깅 환경을 구축해 볼 생각이다.

어쨌든 금방 언급한 세 가지 방법은 최후에 시도할 방법이며 현재로서는 만족스럽지 못하지만 VirtualBox를 이용한 디버깅과 동적 라이브러리를 활용한 준선행적 디버깅 방법으로 원활한 디버깅의 가능성을 모색하고 있다.

✎ Tip

분명 비주얼 스튜디오에서 PE 포맷으로 개발한 커널을 손쉽게 디버깅하는 방법이 존재할 것이다. 이 책은 필자가 그동안 습득한 운영체제 제작 노하우를 독자분과 공유하려는 부분도 있지만 부족한 부분을 지적받고 운영체제 제작에 도움을 받기 위해서 집필한 의도도 있다.

최신 SkyOS 소스에서는 가상 에뮬레이션을 구현했다. 빌드된 결과물은 WIN32에서 동작하며 실기에서도 정상 동작한다.

VirtualBox를 이용한 디버깅

QEMU가 커널을 실행할 수 있는 것처럼 VirtualBox도 커널을 당연히 실행할 수 있다. 2018년 기준 VirtualBox는 자체 디버거를 갖춰 특정 주소에 브레이크 포인트를 걸어서 내부 상황을 조사하는 것도 가능하다. 그럼 이 VirtualBox가 제공하는 디버거를 사용해 보자. VirtualBox를 설치하는 과정은 생략한다.

- 가상 이미지 만들기

VirtualBox가 인식하는 가상 이미지를 만들자. 확장자로 vdi를 사용하며 다음 명령을 통해 img 파일을 vdi 포맷으로 변경할 수 있다.

```
VBoxManage convertfromraw --format VDI [filename].img [filename].vdi
```

VBoxManage convertfromraw –format VDI SkyOS.img SkyOS.vdi 명령을 실행해서 SkyOS.vdi를 생성하자.

> **Tip**
>
> 콘솔 창에서 VBoxManage 실행 파일을 인식할 수 없으면 VirtualBox가 설치된 경로로 이동해서 위의 커맨드를 실행한다.

VirtualBox를 실행해서 새로 만들기를 클릭한 후 가상머신을 만든다. [그림 18-1] 과 같이 진행한다.

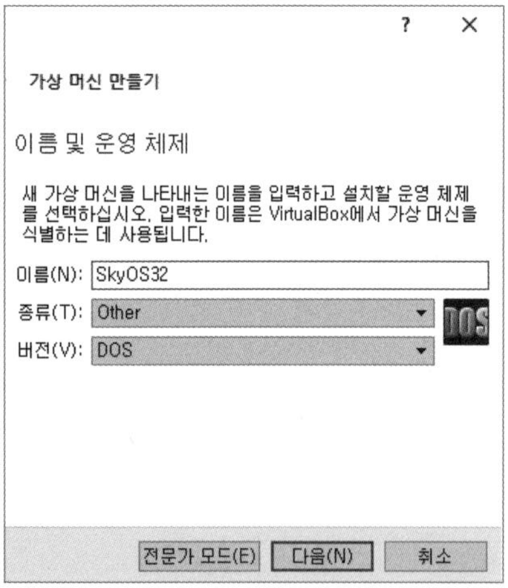

[그림 18-1] SkyOS32 가상머신 생성

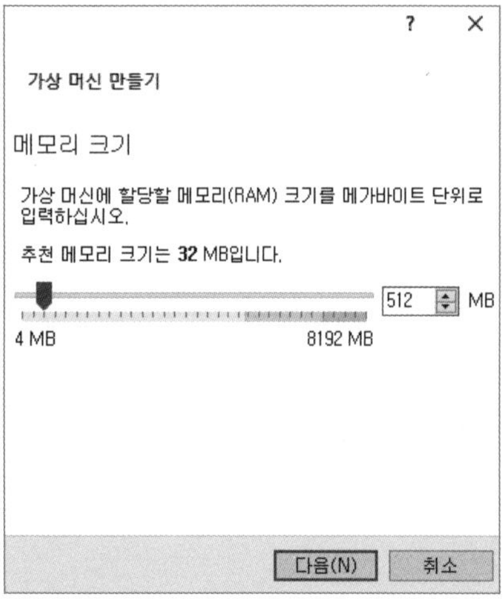

[그림 18-2] 메모리 설정

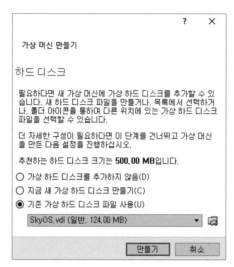

[그림 18-3] SkyOS 가상 이미지 선택

이 단계를 거치면 가상머신이 **SkyOS32**란 이름으로 생성된다. 실행해보면 커널이 정상동작할 것이다. 이제 VirtualBox에서 내부 디버거를 실행하기 위해서 바로가기 아이콘을 만들어야 한다. VirtualBox 실행 파일의 바로가기를 만든뒤 **속성 → 대상** 항목에 다음 인자를 추가한다.

```
"C:\Program Files\Oracle\VirtualBox\VirtualBox.exe" --startvm SkyOS32 --debug
```

이제 이 바로가기 아이콘을 실행하면 가상머신이 바로 실행된다.

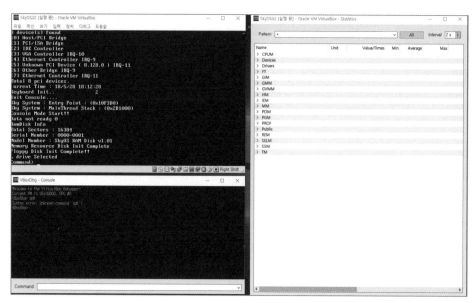

[그림 18-4] 자체 디버거가 실행된 화면

VirtualBox에서 지원하는 디버거 명령어는 [표 18-1]이다.

[표 18-1] VirtualBox 디버거 명령어 리스트

명령어	내용
stop	VM 수행을 멈추고 인스트럭션 단위로 진행을 가능하게 한다.
g	VM 수행을 재개한다.
t	VM 실행이 멈춘 상태에서 인스트럭션 단위 진행
k	콜스택 출력
da/db/dw/dd/dq	아스키/바이트/WORD/DWORD/QWORD 값 출력
u	메모리를 디스어셈블링한다.
dg	GDT 출력
di	IDT 출력
dt	TSS 출력
bl	브레이크 포인트 리스트를 출력
dp	페이지 테이블 구조를 프린트

bp	브레이크 포인트 설정
bc	브레이크 포인트 클리어

그러면 몇 가지 디버거 명령을 테스트해보자.

- u

0x100400 주소에는 GRUB 시그너처값이 있다는 걸 알고 있을 것이다. 확인해 보자.

```
VBoxDbg> u 0x100400
%0000000000100400 02 b0 ad 1b 03 00     add dh, byte [eax+000031badh]
%0000000000100406 01 00                 add dword [eax], eax
%0000000000100408 fb                    sti
%0000000000100409 4f                    dec edi
%000000000010040a 51                    push ecx
%000000000010040b e4 00                 in AL, 000h
%000000000010040d 04 10                 add AL, 010h
%000000000010040f 00 00                 add byte [eax], al
%0000000000100411 00 10                 add byte [eax], dl
%0000000000100413 00 00                 add byte [eax], al
```

[그림 18-5] 0x100400 주소의 GRUB 시그너처값

0x100400 번지에 02b0ad1b 값이 보인다. 이 값은 GRUB의 시그너처 값이다.

```
#define MULTIBOOT_HEADER_MAGIC          0x1BADB002
```

Tip

왜 값이 역순으로 나오는지 의문이 든다면 리틀 엔디언과 빅 엔디언에 대해서 검색해
보자.

- b

브레이크 포인트를 설정한다. 맵 파일을 열어서 cmdExec 함수를 찾아보자. 필자의
경우 이 함수의 주소는 0x001005c0이었다.

```
VBoxDbg> bp 0x001005c0
Set breakpoint 4 at 00000000001005c0
```

이제 커널에서 exec HELLO.EXE 커맨드를 입력한다. 이 커맨드를 실행하면 cmdExec 함수가 실행되고 브레이크 포인트에 걸리게 된다.

```
dbgf event: Unknown breakpoint 4! (raw)
eax=002b0ce5 ebx=00010000 ecx=00000465 edx=001005c0 esi=00000000 edi=00000000
eip=001005c0 esp=002b0c80 ebp=002b0de4 iopl=0 nv up ei pl nz na po nc
cs=0008 ds=0010 es=0010 fs=0010 gs=0010 ss=0018 eflags=00000206
0008:001005c0 cc int3
VBoxDbg>
```

브레이크 포인트가 0x1005c0 번지에서 걸렸다는 것을 의미한다. cc는 소프트웨어 인터럽트를 의미한다.

동적 라이브러리를 활용한 디버깅

윈도우 운영체제에서 비주얼 스튜디오로 응용 애플리케이션을 디버깅하는 것처럼 SkyOS를 디버깅할 수 있다면 정말 멋질 것이다. 제18장에서는 SkyOS 자체에서도 디버깅이 가능하도록 기능을 구축할 것이다. 이런 시스템을 구축하기 위해서는 다음과 같은 작업이 필요하다.

- 각 프로세스의 콜스택 출력
- 가독성있게 콜스택 출력

윈도우 운영체제는 운영체제 내에서 프로그램을 제작해서 디버깅을 할 수 있는 반면 SkyOS는 운영체제나 SkyOS에 동작하는 모듈도 외부에서 제작한다는 점이 다르기는 하지만 SkyOS 내부에서 발생한 문제에 대한 자세한 정보를 로그나 덤프 형식으로 남기고 이를 외부에 전달할 수 있다면 운영체제 제작에 속도를 가할 수 있을 것이다.

콜스택 출력

콜스택은 스택을 거슬러 올라가면서 스택에 저장된 함수 복귀주소를 출력하면 구할 수 있다. 함수가 실행중일 때의 스택 상황을 살펴보자.

```
void Func1(int func1Param)
{
        int func1LocalParam;
        Func2(4, 5);
}
```

우선 Func2가 호출되기 직전의 콜스택 상황은 [그림 18-6]과 같다.

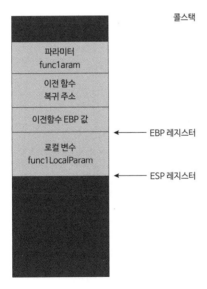

콜스택

파라미터
func1aram

이전 함수
복귀 주소

이전함수 EBP 값 ← EBP 레지스터

로컬 변수
func1LocalParam ← ESP 레지스터

[그림 18-6] Func2 함수 호출 직전의 스택 상황

이 상황에서 Func2 함수를 호출되면 콜스택은 다음과 같이 변한다.

```
void Func2(int param1, int param2)
{
          int func2LocalParam;
}
```

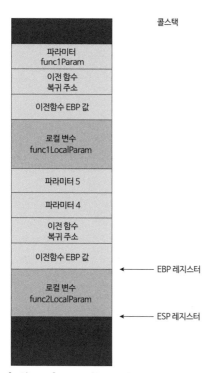

콜스택

파라미터
func1Param

이전 함수
복귀 주소

이전함수 EBP 값

로컬 변수
func1LocalParam

파라미터 5

파라미터 4

이전 함수
복귀 주소

이전함수 EBP 값 ←——— EBP 레지스터

로컬 변수
func2LocalParam

←——— ESP 레지스터

[그림 18-7] Func2 함수가 호출된 이후의 스택 상황

결국 콜스택을 출력한다는 것은 스택을 역으로 거슬러 올라가면서 이전함수 복귀
주소를 찍는 것이라 할 수 있다. 다음은 스택을 되감으면서 콜스택을 출력하는 코
드이다.

[코드 18-2] 콜스택 출력

```
void SkyDebugger::TraceStack(unsigned int maxFrames)
{
        // 스택 상황
        //  첫 번째 파라미터 maxFrames
        //  Trace 함수를 실행시킨 호출함수 복귀주소
        //  호출함수의 EBP(현재 EBP 레지스터가 이 값을 가리키고 있다)
        unsigned int* ebp = &maxFrames - 2;
        SkyConsole::Print("Stack trace:\n");
        // 현재 태스크를 얻어낸다.
        Thread* pTask = ProcessManager::GetInstance()->GetCurrentTask();

        for (unsigned int frame = 0; frame < maxFrames; ++frame)
        {
                unsigned int eip = ebp[1];
                if (eip == 0)
                // 함수 복귀주소가 0이면 콜스택 출력을 끝낸다.
                        break;
                // 직전 호출함수의 스택프레임으로 이동한다.
                ebp = reinterpret_cast<unsigned int *>(ebp[0]);
                unsigned int * arguments = &ebp[2];
                SkyConsole::Print("  0x{%x}    \n", eip);
        }


}
```

TraceStack 메소드의 첫 번째 파라미터인 maxFrames 다음에는 호출함수 복귀주소, 호출함수 EBP값이 존재한다.

```
unsigned int* ebp = &maxFrames - 2;
```

위 식에서 ebp[0]는 호출함수의 EBP값, ebp[1]은 호출된 함수의 복귀주소가 된다. ebp[1]은 복귀주소이므로 화면에 출력하고 ebp[0]는 호출함수의 스택프레임으로 이동하는 데 사용한다.

이런 식으로 스택을 거슬러 올라가면서 함수 복귀주소를 출력하면 전체 콜스택을 출력할 수 있는데 스택 출력을 언제 멈춰야 되는지 알 수 없기 때문에 최초 스택에 입력된 함수의 복귀주소값을 0으로 설정해서 함수복귀 주소가 0이면 스택출력을 멈출 수 있도록 한다. 최초에 태스크가 실행될때의 상황을 살펴보자.

[코드 18-3] 태스크가 최초 실행될 때의 코드

```
push    ebx;
push    0; // EBP
push    0x200; EFLAGS
push    0x08; CS
push    ecx; EIP
......
iretd
```

위의 코드는 태스크가 최초 실행될 때의 코드다. iretd 명령어로 코드 수행 흐름을 변경하기 전에 스택에 다섯 개의 인자가 푸쉬되는데 EFLAGS값과 코드 셀렉터, EIP는 코드 수행을 변경하기 위해 사용되며 첫 번째로 푸쉬된 EBX 값은 엔트리 함수를 위한 첫 번째 파라미터, 두 번째 값은 EBP에 해당한다.

> **✎ Tip**
>
> 확인해 보면 알겠지만 이 형태로 태스크 엔트리를 실행하면 함수복귀 주소 필드는 존재하지 않음을 확인할 수 있을 것이다.

이 두 번째 값을 0으로 설정해서 콜스택 출력의 종료를 확인한다. 콘솔모드로 실행해서 콜스택을 출력해보자. callstack 커맨드를 입력하면 콜스택이 출력된다.

[그림 18-8] 콜스택 출력 결과

복귀주소 중 0x10E720 주소가 어떤 함수 내부를 가리키는지 살펴보자. 맵 파일을 열어 해당 주소를 찾아보면 0x10E720 주소는 다음 주소 사이에 있음을 알 수 있다(출력된 콜스택 주소는 다를 수 있다. 0x10E720의 위치에 해당하는 주소로 확인해 보기 바란다).

```
0001:0000e260        ?Run@SkyGUIConsole@@QAE_NXZ 0010e660 f   SkyGUIConsole.obj
0001:0000e350        ??0?$SkyWindow@VSkyGUIConsole@@@@QAE@XZ 0010e750 f i
SkyGUISystem.obj
```

SkyGUIConsole 클래스의 Run 메소드 내부의 복귀주소임을 알 수 있다. Run 메소드의 시작 주소가 0x10E660이고 복귀주소는 0x10E720이었으므로 Run 메소드의 시작 주소로부터 옵셋은 0xC0이 된다. 사람이 읽기 좋게 포맷을 변경하면 이런 형태가 될 것이다.

```
SkyGUIConsole::Run( ) : 0xC0
```

이런 식으로 출력이 가능하려면 결국 맵 파일을 커널에서 읽어들여서 파싱이 가능해야 한다. 또한 함수 이름을 보면 알겠지만 함수 이름이 맹글링돼 있기 때문에 이를 맹글링되지 않은 이름으로 변환해야 한다.

심벌엔진

맵 파일을 읽어들여 가상주소를 사람이 읽을 수 있도록 함수 이름을 제공하는 시스템을 개발하자. 맵 파일 파싱에 대한 참조는 이전에 소개한 바 있는 맵 파일 익스플로러를 참조한다. 심벌엔진 제작은 지금까지 개발해온 여타 내용에 비해 선행적 디버깅이 필수적이다. 내용이 많을뿐만 아니라 제대로 동작하는지 로직을 검토해야 하기 때문에 WIN32에서 응용프로그램을 제작하듯 개발할 수 있어야 작업이 수월히 진행될 수 있다. 지금까지 이 책을 토대로 학습한 내용들을 모두 활용해서 심벌엔진 시스템을 구축해 보자.

준선행적 디버깅 환경 구축

제17장, '동적 라이브러리'에서는 커널에 특정 모듈을 로드해서 모듈이 제공하는 메소드를 실행할 수 있음을 확인한 바 있다. 여기서는 더 나아가 WIN32 환경을 활용해서 개발한 모듈이 SkyOS 커널에도 그대로 동작할 수 있도록 WIN32 / SkyOS 멀티플랫폼 개발 환경을 구축해서 준선행적 디버깅이 가능하도록 한다. 이런 작업을 하는 이유는 당연히 개발 생산성을 향상시키기 위함이다.

심벌엔진 제작 프로젝트는 Module/DebugEngine 폴더에서 확인할 수 있다. 솔루션을 실행하면 두 개의 프로젝트가 나오는데 DebugEngine 프로젝트는 WIN32와 SkyOS 커널이 공유하는 DLL이며 TestEngine 프로젝트는 WIN32에서 심벌엔진을 개발하기 위해 제작한 테스트 프로젝트다. WIN32로 모듈을 개발하는데 SkyOS에서도 동작할 수 있음을 보장하는 이유는 다음과 같다.

> ○ 공통으로 사용되는 부분은 공유하고 공유되지 않는 영역은 인터페이스를 제공해서 각 플랫폼의 기능을 사용할 수 있도록 한다.

각 플랫폼에 특화된 내용은 다음과 같다.

- 파일 입출력 I/O
- 메모리 할당

- 화면 출력

즉 핵심포인트는 '각 플랫폼에 종속적인 기능을 추상화'해서 모듈에 제공하는 것이다. 따라서 SkyOS와 WIN32에서 동작하는 DLL을 개발하기 위해 인터페이스를 DLL 모듈로 전달하는 방법이 필요하다.

[코드 18-4] 인터페이스 구축

```
// 입출력 관련 인터페이스
typedef struct SKY_FILE_Interface
{
        size_t (*sky_fread)(void *ptr, size_t size, size_t nmemb, FILE
        *stream);
        FILE* (*sky_fopen)(const char *filename, const char *mode);
        size_t (*sky_fwrite)(const void *ptr, size_t size, size_t nmemb, FILE
        *stream);
        int (*sky_fclose)(FILE *stream);
        int (*sky_feof)(FILE *stream);
        int (*sky_ferror)(FILE *stream);
        int (*sky_fflush)(FILE *stream);
        FILE* (*sky_freopen)(const char *filename, const char *mode, FILE
        *stream);
        int (*sky_fseek)(FILE *stream, long int offset, int whence);
        long int (*sky_ftell)(FILE *stream);
        int (*sky_fgetc)(FILE * stream);
        char* (*sky_fgets)(char *dst, int max, FILE *fp);
} SKY_FILE_Interface;

// 메모리 할당 관련 인터페이스
typedef struct SKY_ALLOC_Interface
{
        unsigned int (*sky_kmalloc)(unsigned int sz);
        void (*sky_kfree)(void* p);
} SKY_ALLOC_Interface;

// 출력 관련 인터페이스
```

```
typedef struct SKY_Print_Interface
{
        void(*sky_printf)(const char* str, ...);
} SKY_Print_Interface;

// DLL로 넘길 인터페이스 클래스
class SkyMockInterface
{
public:
        SKY_ALLOC_Interface g_allocInterface;
        SKY_FILE_Interface g_fileInterface;
        SKY_Print_Interface g_printInterface;
};
```

위의 코드는 DLL 모듈에게 파일 입출력과 메모리 할당 인터페이스 및 화면 출력 인터페이스를 제공하기 위한 구조체다. WIN32나 SkyOS 커널에서는 위의 구조체에 자신들의 파일입출력 함수와 메모리할당 함수 정보들을 채운 후 DLL 모듈에게 전달한다. DLL 모듈은 이 인터페이스를 WIN32인지 SkyOS 커널인지 알 필요없이 활용할 수 있으므로 플랫폼 독립적으로 DLL을 개발할 수 있다.

그럼 TestEngine 프로젝트에서 DebugEngine 프로젝트로 이 두 인터페이스를 넘기는 과정을 살펴보자.

[코드 18-5] TestEngine 프로젝트

```
extern SKY_FILE_Interface g_FileInterface;
extern SKY_ALLOC_Interface g_allocInterface;
extern SKY_Print_Interface g_printInterface;

typedef void (*PSetSkyMockInterface)(SKY_ALLOC_Interface, SKY_FILE_Interface,
SKY_Print_Interface);
typedef I_MapFileReader*(*PGetDebugEngineDLL)();

void* GetModuleFunction(HINSTANCE handle, const char* func_name)
```

```
{
        return (void*)GetProcAddress(handle, func_name);
}

int main()
{
        HINSTANCE dllHandle = NULL;

        // 디버그엔진 모듈을 로드한다.
        dllHandle = LoadLibrary("DebugEngine.dll");
        char* fileName = "SkyOS32.map";

        // 디버그엔진 모듈이 익스포트하는 SetSkyMockInterface 함수와 GetDebugEngineDLL
        // 함수를 얻어낸다.
        PSetSkyMockInterface SetSkyMockInterface = (PSetSkyMockInterface)
        GetModuleFunction(dllHandle, "SetSkyMockInterface");
        PGetDebugEngineDLL GetDebugEngineDLLInterface = (PGetDebugEngineDLL)
        GetModuleFunction(dllHandle, "GetDebugEngineDLL");

        if (!GetDebugEngineDLLInterface || !SetSkyMockInterface)
        {
                printf("GetDebugEngineDLL Aquired failed!\n");
                return 0;
        }

        // SetSkyMockInterface 함수를 사용해서 디버그엔진 모듈에 파일인터페이스와 입출력, 화
        // 면출력 인터페이스를 제공한다.
        SetSkyMockInterface(g_allocInterface, g_FileInterface, g_
        printInterface);

        // 디버그엔진으로부터 맵 파일리더 인터페이스를 얻어온다.
        I_MapFileReader* pMapReader = GetDebugEngineDLLInterface();


        if(pMapReader == nullptr)
        {
                printf("MapReader Creation Fail!\n");
```

```
        return 0;
    }
    // 디버그엔진에 맵 파일을 읽어들인다.
    pMapReader->readFile(fileName);

    // SkyOS 커널이 로드되는 기준 주소는 0x100000이다.
    pMapReader->setLoadAddress(0x100000);

    int lineNumber = 0;
    DWORD resultAddress = 0;
    char function[256];
    char moduleName[256];
    char fileName2[256];

    // 주소로부터 모듈이름, 함수 이름 등을 얻어낸다.
    // 라인 번호를 얻어내기 위해서는 COD 파일이 필요하다.
    int result = pMapReader->getAddressInfo(0x00100df0,
            moduleName, fileName2, lineNumber, function, resultAddress);

    return 0;
}
```

위의 코드는 디버그엔진 모듈을 불러와서 SkyOS의 맵 파일을 파싱한 뒤 가상주소로부터 오브젝트 이름과 함수 이름을 얻어낸다. DLL로부터 SetSkyMockInterface 함수를 찾아서 플랫폼에 종속적인 인터페이스를 넘기고 있다. Win32의 경우 SKY_FILE_Interface, SKY_ALLOC_Interface, SKY_Print_Interface 객체를 초기화하는 코드는 다음과 같다.

[코드 18-6] SkyWin32FileInterface.cpp

```
// 입출력 관련 WIN32 함수
size_t sky_fread(void *ptr, size_t size, size_t nmemb, FILE *stream)
{
    return fread(ptr, size, nmemb, stream);
```

```
}

FILE* sky_fopen(const char *filename, const char *mode)
{
        return fopen(filename, mode);
}
……

SKY_FILE_Interface g_FileInterface =
{
        sky_fread,
        sky_fopen,
        ……
};

// 메모리 할당 관련 WIN32 함수
unsigned int sky_kmalloc(unsigned int sz)
{
        if (sz == 0)
                return 0;

        return (unsigned int)new char[sz];
}

void sky_kfree(void* p)
{
        delete p;
}

SKY_ALLOC_Interface g_allocInterface =
{
        sky_kmalloc,
        sky_kfree,
};
// 화면 출력 관련 WIN32 함수
void sky_printf(const char* str, ...)
{
```

```
        char *p = new char[128];
        va_list ap;

        va_start(ap, str);
        (void)vsnprintf(p, 128, str, ap);
        va_end(ap);

        printf(p);
        delete p;
}

SKY_Print_Interface g_printInterface =
{
        sky_printf,
};
```

위에 사용된 fread, fopen, printf 등의 함수는 전부 WIN32에서 제공한 함수다.
이 함수들의 주소를 담은 세 개의 인터페이스를 SetSkyMockInterface 함수를 통
해서 DLL로 넘긴다. 그 이후부터 DLL은 내부적으로 파일 입출력, 메모리 할당을
SetSkyMockInterface 함수를 통해 제공된 인터페이스를 통해 실행한다. 지금까지
언급한 과정을 SkyOS 커널쪽에서도 살펴보자. 다음 코드로부터 소스를 분석해 나가
면 된다.

```
SkyDebugger::GetInstance()->LoadSymbol("DEBUG_ENGINE_DLL");
```

[코드 18-7] 심벌로드

```
// 디버그엔진 모듈을 로드한다.
bool SkyDebugger::LoadSymbol(const char* moduleName)
{
// 디버그 모듈 엔진을 찾는다.
        MODULE_HANDLE hwnd = SkyModuleManager::GetInstance()->LoadModuleFromMem
```

```
        ory(moduleName);

        if (hwnd == nullptr)
        {
                HaltSystem("Memory Module Load Fail!!");
        }
```

// 디버그 엔진 모듈로부터 SetSkyMockInterface, GetDebugEngineDLL 함수를 얻어온다.
```
        PSetSkyMockInterface SetSkyMockInterface = (PSetSkyMockInterface)
        SkyModuleManager::GetInstance()->GetModuleFunction(hwnd,
        "SetSkyMockInterface");
        PGetDebugEngineDLL GetDebugEngineDLLInterface = (PGetDebugEngineDLL)
        SkyModuleManager::GetInstance()->GetModuleFunction(hwnd,
        "GetDebugEngineDLL");
```

// 디버그 엔진에 플랫폼 종속적인 인터페이스를 넘긴다.
```
        SetSkyMockInterface(g_allocInterface, g_FileInterface,
                          g_printInterface);

        if (!GetDebugEngineDLLInterface)
        {
                HaltSystem("Memory Module Load Fail!!");
        }

        m_pMapReader = GetDebugEngineDLLInterface();

        if (m_pMapReader == nullptr)
        {
                HaltSystem("Map Reader Creation Fail!!");
        }
        ......
}
```

WIN32 코드와 크게 다르지 않으므로 별도로 설명하지 않는다. 모듈에 넘겨주는 인
터페이스 객체만 살펴보자.

```
// 파일 입출력 인터페이스
SKY_FILE_Interface g_FileInterface =
{
        fread,
        fopen,
        fwrite,
        fclose,
        ......
};

u32int sky_kmalloc(u32int sz)
{
        return kmalloc(sz);
}

void sky_kfree(void *p)
{
        kfree(p);
}


// 메모리 할당 인터페이스
static SKY_ALLOC_Interface g_allocInterface =
{
        sky_kmalloc,
        sky_kfree,
};

void sky_printf(const char* str, ...)
{
        char *p = new char[128];
        va_list ap;

        va_start(ap, str);
        (void)vsprintf(p, str, ap);
        va_end(ap);
```

```
        SkyConsole::Print(p);
        delete p;
}
// 화면 출력 인터페이스
SKY_Print_Interface g_printInterface =
{
        sky_printf,
};
```

인터페이스도 WIN32와 거의 차이가 없다. 함수 이름은 같아도 구현이 다르다는 것은 잊지 말자.

이제 WIN32와 SKYOS가 모듈에 플랫폼 종속적인 인터페이스를 넘기는 과정을 확인했으니 지금부터는 디버그엔진 DLL 내부를 살펴볼 차례다. 모듈은 다음 조건을 충족해야 한다.

- SetSkyMockInterace, GetDebugEngineDLL 함수 익스포트
- 파일입출력, 메모리할당 등의 함수를 플랫폼에서 제공한 함수로 변경할 것

이름만 제대로 설정하면 모듈의 파일입출력 관련 함수 이름을 굳이 바꿀 필요는 없지만 이는 숙제로 남겨둔다.

DebugEngine.dll

디버그엔진 모듈은 맵 파일을 읽어들여서 파싱한다. 그리고 함수 이름이나 주소를 제공하면 관련 정보를 제공하는 기능을 갖추고 있다. 모듈이 SkyOS 커널과 WIN32에서 동작하기 위해서는 이 두 플랫폼이 제공하는 인터페이스를 사용해야 한다. 다음 코드를 살펴보자.

[코드 18-9] 익스포트 함수

```
SkyMockInterface g_mockInterface;
```

```
extern "C" __declspec(dllexport) void SetSkyMockInterface(SKY_ALLOC_Interface
allocInterface, SKY_FILE_Interface fileInterface,  SKY_Print_Interface
printInterface)
{
        g_mockInterface.g_allocInterface = allocInterface;
        g_mockInterface.g_fileInterface = fileInterface;
        g_mockInterface.g_printInterface = printInterface;
}


extern "C" __declspec(dllexport) I_MapFileReader* GetDebugEngineDLL()
{
        I_MapFileReader* reader = new MapFileReader();
        return reader;
}
```

위의 두 함수는 외부로 익스포트되는 함수다. 각 플랫폼에서 사용됐으며
SetSkyMockInterface 함수가 실행되면 DLL에서 외부 인터페이스를 사용할 수 있
게 된다. GetDebugEngineDLL 함수가 호출되면 외부에서 DebugEngine을 사용할
수 있도록 I_MapFileReader 인터페이스를 구현한 객체가 반환된다.

[코드 18-10] MapFileReader 인터페이스

```
class I_MapFileReader
{
public:
        virtual int readFile(char* fileName) = 0;
        virtual void setLoadAddress(DWORD        loadAddress) = 0;
        virtual int getAddressInfo(DWORD address, char* module, char* fileName,
        int &lineNumber, char* function, DWORD &resultAddress) = 0;
};
```

외부에는 이렇게 인터페이스만 노출함으로써 커널과 모듈 간의 종속성을 없앤다. 이
제 이 I_MapFileReader 인터페이스를 상속한 MapFileReader 클래스를 살펴보자.

```
class MapFileReader : public I_MapFileReader
{
public:
        MAPFILEDLL_API MapFileReader(SKY_FILE_Interface fileInterface, char
        *fileName);
        MAPFILEDLL_API int getAddressInfo(……);
        ……

protected:
        int readDLLName(FILE *fp);
        int readTimeStamp(FILE *fp);
        int readPreferredLoadAddress(FILE *fp);
        ……
private:
        void flushSymbols(std::vector<MapFileSymbol*>    &syms);
        ……
private:
        std::string               fileName; // 맵 파일 이름
        std::vector<MapFileSection*>    sections; // 섹션
        std::vector<MapFileSymbol*>     publicSymbols; // 심벌
        std::vector<MapFileSymbol*>     staticSymbols; // 심벌
        std::vector<MapFileImport *>    imports;임포트 함수
        std::vector<MapFileExport *>    exports;익스포트 함수
        ……
}
```

위의 코드를 보면 일반 C++ 코드와 크게 다르지 않음을 알 수 있다. 주의해야 할 사항은 단 한 가지인데 함수 인자로 STL 스트링 클래스를 넘겨서는 안 되며, 이를 전부 char* 포인터 형태로 변경해야 한다는 점이다. 모듈에서 사용되는 STL은 SkyOS에서 사용되는 공통 라이브러리에서 가져온 것이고 WIN32가 사용하는 STL은 비주얼 스튜디오에서 사용되는 라이브러리다. 따라서 소스코드는 같다하더라도 구현이 다르기 때문에 정상 실행이 불가능하다. 이 점만 잘 기억하고 있다면 외부 플랫폼과 모

둘 간의 상호작용에는 큰 문제가 없을 것이다.

마지막으로 SkyOS/WIN32에서 제공한 인터페이스 구현부를 살펴본다.

[코드 18-12] 맵 파일을 파싱하는 코드

```
int MapFileReader::readFile(char* fileName)
{
        FILE       *fp;
        int                r = TRUE;

        // 맵 파일을 연다.
        fp = g_mockInterface.g_fileInterface.sky_fopen(fileName, "r");
        if (fp != NULL)
        {
                // DLL 이름을 읽는다.
                r = readDLLName(fp);
                // 생성시각을 읽는다.
                r = readTimeStamp(fp);
                // 이미지 베이스 주소를 읽는다.
                r = readPreferredLoadAddress(fp);
                // 섹션 정보를 얻는다.
                r = readSectionInformation(fp);
                // 심벌 정보를 얻는다.
                r = readPublicSymbols(fp);
                // 엔트리 주소를 얻는다.
                r = readEntryPoint(fp);
                ......
        }

        // 화면에 문자열을 출력한다.
        g_mockInterface.g_printInterface.sky_printf("success to open map file
        %s\n", fileName);

        return r;
}
```

외부 인터페이스를 사용하는 코드는 다음과 같다.

```
fp = g_mockInterface.g_fileInterface.sky_fopen(fileName, "r");
g_mockInterface.g_printInterface.sky_printf("success to open map file %s\n",
fileName);
```

fopen 함수가 'g_mockInterface.g_fileInterface.sky_fopen'로 변경됐고 printf 함수가 'g_mockInterface.g_printInterface.sky_printf'로 변경됐다. 기존 이름을 바꿀 필요 없이 별칭 등을 사용하면 되지만 앞에서 언급했듯이 이는 숙제로 남겨둔다.

실습

가상 이미지 파일을 열어 boot 폴더에 SKYOS32.EXE SKYOS32.MAP, 그리고 DebugEngine.dll 파일을 복사한 후 커널을 실행한다. grub.cfg는 다음과 같이 수정한다. 커널은 콘솔모드나 GUI 콘솔모드로 실행한다.

[코드 18-13] GRUB 설정

```
menuentry "SkyOS GUI" {
    multiboot /boot/SkyOS32.EXE
    module /boot/SkyOS32.map "SKYOS32_MAP"
    module /boot/DebugEngine.dll "DEBUG_ENGINE_DLL"
}
```

명령창에서 **callstack2**를 입력하자. 이 명령은 콜스택의 주소값들에 해당하는 함수 이름을 디버그엔진으로부터 얻은 뒤 콘솔에 출력한다.

[코드 18-14] TraceStackWithSymbol 메소드

```
void SkyDebugger::TraceStackWithSymbol(unsigned int maxFrames)
{
    ......
    for (unsigned int frame = 0; frame < maxFrames; ++frame)
```

```
    {
            ……
            // 심벌엔진으로부터 해당 주소의 함수 이름 정보 등을 얻어온다.
            bool result = m_pMapReader->getAddressInfo(eip,
                    name, fileName2, lineNumber, function, resultAddress);


            ……

    }
}
```

```
Command> callstack2
Stack trace:
  ?cmdCallStack2@@YAJPAD@Z
  ?processCommandLine@@YAJPAD@Z
  ?RunCommand@ConsoleManager@@QAE_NPAD@Z
  ?NativeConsole@@YAXXZ
  ?SystemConsoleProc@@YGKPAX@Z
```

[그림 18-9] 실행 결과

정리

커널을 위한 콘텐츠를 어떻게 하면 쉽게 제작할 수 있는지에 대한 고민에서 출발한
이번 장에서는 다음 두 요소가 핵심이라는 것을 보여줬다.

- 디버깅 환경의 구축
- DLL을 통한 기능 분리

심벌 엔진 제작을 통해 이 두 요건을 만족시켰는데 그 의의는 다음과 같다.

- WIN32 환경에서 개발한 프로젝트를 SkyOS에 그대로 적용 가능
- F9를 눌러서 모듈 디버깅 가능

당연한 이야기라 언급하지 않았지만 WIN32 프로젝트로 디버깅할 때에는 DLL 내부

에도 브레이크를 설정할 수 있다. 또한 DLL 프로젝트는 플랫폼에 종속적이지 않기 때문에 WIN32 / SKYOS 양쪽 모두에서 사용 가능하다. 단 선결조건은 양 플랫폼이 제공하는 메모리 할당 및 입출력 IO 관련 인터페이스에 문제가 없을 경우에 한한다.

디버깅엔진을 통해 콜스택을 사람이 읽을 수 있도록 가독성을 높였지만 아직 완벽하지는 않다. [그림 18-9]를 보면 알겠지만 맹글링된 이름을 원 함수 이름으로 수정되지 않았다. 이 작업은 그렇게 어렵지 않아서 조금만 수정하면 ConsoleManager::RunCommand + 0x30 형태로 변형할 수 있다. 이 외에 디버깅 엔진이 더 완벽해지기 위해서는 두 가지 사항이 요구된다.

- ConsoleManager::RunCommand + 0x30에서 0x30 같은 부분을 줄 번호로 변경
- 타 프로세스의 콜스택도 출력

이 두 가지 내용은 SkyOS에서 차후 개발해야 되는 사항이다. 첫 번째 항목은 커널 빌드 시 라인 정보를 포함하는 COD 파일을 생성해서 이 COD 파일을 파싱하면 가능해진다. 두 번째 항목은 구현하기에 따라 내용이 많아질 수 있는데 단순히 타 프로세스의 콜스택만 엿보기 위해서라면 해당 프로세스의 콜스택에 접근만 할 수 있다면 쉽게 구현할 수 있다. 만약 비주얼 스튜디오처럼 특정 프로세스의 주소에 브레이크 포인트를 거는 시스템을 만든다면 브레이크 트랩을 감지하는 인터럽트 핸들러를 구체적으로 구현해야 할 것이다. 두 가지 다 흥미로운 부분이므로 여기까지 내용을 잘 따라왔다면 독자 스스로 구현해 낼 수 있을거라 판단한다.

이제 다양한 서드파티 라이브러리를 SkyOS가 제공하는 공통 라이브러리를 사용해서 빌드가 가능하도록 포팅한 후 이 라이브러리를 DLL 형태로 제작하고 WIN32 환경에서 버그를 수정하고 테스트를 끝내면 SkyOS에서 바로 사용할 수 있음을 알게 됐다. 커널 개발에 가속도를 더할 수 있는 최강의 무기가 갖춰진 것이다.

연습문제

루아 최신 버전을 DLL 형태로 제공해서 SkyOS에서 동작하도록 구현해 보자.

19

SkyOS64

대부분의 운영체제가 64비트로 전환된 시점에서 64비트로 운영체제를 개발하는 것은 의미있는 일이다. 32비트와 64비트 운영체제는 크게 다르지 않으나 사용자 관점에서는 메모리 공간의 제약이 사라졌다는 것을 큰 장점으로 들 수 있다. SkyOS32를 64비트로 변환하기 위해서는 다음과 같은 수정을 필요로 한다.

- 인라인 어셈블리 코드 명령어

64비트 운영체제는 사용하는 레지스터부터 다르다. 64비트, 32비트 16비트 레지스터를 나열해 보면 RAX, EAX, AX순으로 표기할 수 있는데 SkyOS에서 사용했던 어셈블리 코드는 64비트 레지스터에 맞게 변경돼야 할 것이다. 중요한 점은 비주얼 스튜디오에서 64비트로 개발 시 인라인 어셈블리를 허용하지 않는다는 데 있다. 따라서 어셈블리 코드를 활용하기 위해서는 MASM을 사용해야 한다. MASM은 비주얼 스튜디오에서 자체 내장하고 있으며 32비트 커널 개발 시 64비트 크기의 변수 연산을 다루기 위해 어셈블리 코드를 컴파일하는데 활용한 적이 있다.

- GDT

보호 모드에서는 세그멘테이션 과정에서 각 세그먼트에 기준 주소, 크기를 부여함으로써 물리 메모리 접근에 제약을 가했었다. 하지만 IA-32e 모드에서는 기준 주소와 크기가 모두 무시되며 64비트 영역 전체에 접근할 수 있다.

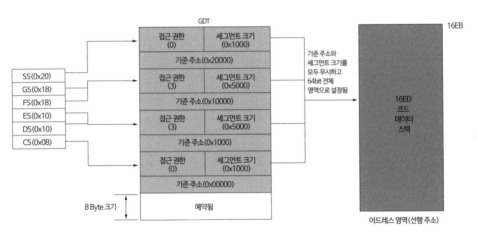

[그림 19-1] 64비트의 세그멘테이션

 Tip

> 32비트 세그멘테이션에서도 기준 주소를 0으로 설정했으니 세그멘테이션은 형식상으로만 남아 있을뿐 불필요하다라는 느낌이 든다.

- 페이징

64비트 OS는 4GB 이상의 메모리 공간에 접근하기 위해 페이지 관련 구조체가 확장됐다. 기본 개념은 보호 모드와 다르지 않다.

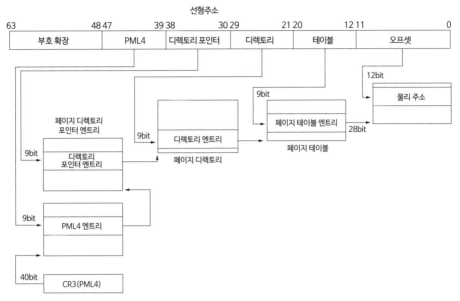

선형주소

63   48 47   39 38   30 29   21 20   12 11   0

[그림 19-2] 확장된 페이지 개념(출처: http://egloos.zum.com/miooim/v/57175)

선형주소를 보호 모드의 선형주소와 비교해 보면 PML4 필드와 디렉토리 포인터 필드가 추가된 것을 알 수 있다. CR3 레지스터가 PML4 구조체를 가리키고 있으며 선형주소의 PM4 필드를 통해 PML4 엔트리를 얻어낸다. PML4 엔트리는 페이지 디렉토리 포인터 테이블을 가리키고 있으며 선형주소의 디렉토리 포인터 필드값을 이용해서 디렉토리 포인터 엔트리를 얻어낼 수 있다. 이 디렉토리 포인터 엔트리는 페이지 디렉토리를 가리킨다. 여기서부터의 진행은 보호 모드와 똑같다.

페이지 테이블의 엔트리는 보호 모드에서는 4바이트였으나 IA-32e 모드에서는 8바이트로 확장됐다.

[그림 19-3] 확장된 페이지 테이블 엔트리

하위 4바이트는 보호 모드와 다르지 않다. 하위 4바이트만으로는 4GB만 접근할 수 있기 때문에 상위 4바이트 주소와 결합해 64비트 주소에 접근한다. EXB 필드를 통해서 코드의 실행 여부를 막아주거나 데이터 영역에서 코드가 실행되는 것을 막을 수 있다.

- 호출 규약

호출 규약도 달라져서 함수를 호출할 경우 파라미터의 일부는 레지스터에, 일부는 스택에 저장한다. 호출 규약이 하나뿐이라는 것은 반길만한 일이다.

이외에도 SKYOS를 64비트로 전환하기 위해서는 여러 요소가 고려돼야 하겠지만 SkyOS에서 작성된 코드는 대부분이 플랫폼 독립적으로 구현됐으므로 위에서 언급한 부분만 재구현해주면 64비트에서도 SkyOS가 동작할 수 있다. 필자가 생각하는 64비트 전환 관련 난관 중 하나는 페이징이다. 단순한 페이징은 쉽게 할 수 있지만 각 프로세스에 주소 공간을 독립적으로 제공하는 시스템을 제공하는 것은 시간이 걸릴 것으로 생각한다.

그럼 지금부터는 64비트로 부팅하는 커널을 실제로 작성해 본다. 프로젝트는 Chapter/16_SkyOSLoader.sln, Module/SkyOS64/SkyOS64.sln을 실행해서 참고한다.

- SkyOSLoader: 32비트 부트 로더
- SkyOS64: 64비트 커널

먼저 커널을 실행해서 결과를 확인해 보자. grub.cfg는 다음과 같이 수정한다.

[코드 19-1] GRUB 설정
```
menuentry "SkyOS Loader" {
    multiboot /boot/SkyOSLoader.EXE
    module /boot/SkyOS64.sys "SKYOS64_SYS"
}
```

그리고 boot 폴더에는 SkyOSLoader.EXE 파일과 SkyOS64.SYS 파일을 복사한다.

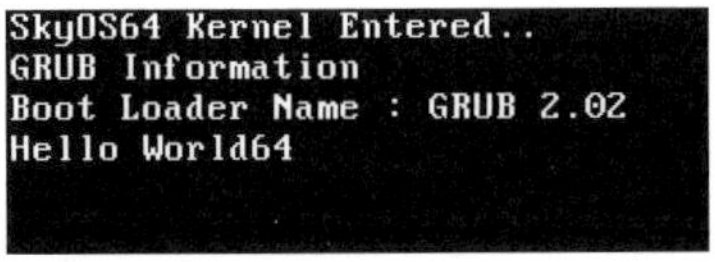

SkyOS64 Kernel Entered..
GRUB Information
Boot Loader Name : GRUB 2.02
Hello World64

[그림 19-4] 실행 결과

32비트 부트 로더

커널이 64비트 모드로 전환되기 위해서는 16비트 → 32비트 → 64비트 모드의 순서를 거쳐야 한다. 우리는 GRUB을 통해 32비트 보호 모드로 전환했으므로 32비트에서 64비트로 전환하는 방법에 대해서만 연구하면 된다. 여기서는 32비트 커널이 64비트 커널을 로드한 후 64비트 커널에서 "Hello World64!" 문자열을 출력하는 것으로 마무리한다. [그림 19-5]는 64비트로 전환되는 과정을 간단히 요약한 것이다.

GRUB
32BIT Boot Loader
Compatibility Mode
SkyOS64

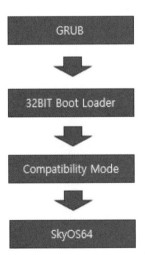

[그림 19-5] 64비트 전환 과정

GRUB이 32비트 커널을 로드하면 32비트 커널은 64비트로 전환하기 위한 준비 작

업을 한다. 64비트로 전환이 가능하다면 64비트에 맞는 페이징 시스템을 설정한 뒤 호환 모드로 전환한다.

[코드19-2] 보호 모드 부트로더

```
void kmain(unsigned long magic, unsigned long addr)
{
        SkyConsole::Initialize();
        SkyConsole::Print("32Bit Kernel Entered..\n");
// 64비트로 전환 가능한지 체크
        if (Is64BitSwitchPossible() == false)
        {
                SkyConsole::Print("Impossible 64bit Mode\n");
                for (;;);
        }


// 64비트 커널이 메모리에 로드됐는지 체크
        char* szKernelName = "SKYOS64_SYS";
        multiboot_info_t* mb_info = (multiboot_info_t*)addr;

        Module* pModule = FindModule(mb_info, szKernelName);

        if (pModule == nullptr)
        {
                SkyConsole::Print(" %s Kernel Found Fail!!\n", szKernelName);
                for (;;);
        }

// 커널의 이미지 베이스 주소와 커널 엔트리를 찾는다.
        uint32_t kernelEntry = 0;
        uint32_t imageBase = 0;
        kernelEntry = FindKernel64Entry(szKernelName,
            (char*)pModule->ModuleStart, imageBase);

        if ( kernelEntry == 0 || imageBase == 0)
        {
                SkyConsole::Print("Invalid Kernel64 Address!!\n");
```

```
            for (;;);
    }


// 커널 이미지 베이스와 로드된 모듈주소와는 공간이 어느 정도 비어 있다고 가정한다.
// 커널64의 이미지베이스 로드 주소는 0x200000이다.
        int pml4EntryAddress = 0x160000;


// 64커널 이미지 베이스 주소에 커널을 카피한다.
        memcpy((void*)imageBase, (void*)pModule->ModuleStart,
            ((int)pModule->ModuleEnd - (int)pModule->ModuleStart));


// 64비트 모드를 위한 페이징 시스템을 구축한다.
        InitializePageTables(pml4EntryAddress);
// 페이징을 활성화하고 호환모드에 진입한다.
        kSwitchAndExecute64bitKernel(pml4EntryAddress, kernelEntry, addr);
}
```

커널에서 커널 이미지 베이스와 커널 엔트리 주소를 찾는 코드를 살펴보자.

[코드 19-3] Find64KerneyEntry 함수

```
uint32_t FindKernel64Entry(const char* szFileName, char* buf, uint32_t&
imageBase)
{
// 유효한 PE 포맷인가
        if (!ValidatePEImage(buf)) {
                SkyConsole::Print("Invalid PE Format!! %s\n", szFileName);
                return 0;
        }
        IMAGE_DOS_HEADER* dosHeader = 0;
        IMAGE_NT_HEADERS64* ntHeaders = 0;
        dosHeader = (IMAGE_DOS_HEADER*)buf;
// NT_HEADER 구조체를 얻어낸다.
        ntHeaders = (IMAGE_NT_HEADERS64*)(dosHeader->e_lfanew + (uint32_t)buf);
        SkyConsole::Print("sizeofcode 0x%x\n", ntHeaders->OptionalHeader.
        Magic);
```

```
// NT_HEADER 구조체로부터 커널 엔트리와 이미지 베이스를 얻어낸다.
      uint32_t entryPoint = (uint32_t)ntHeaders->OptionalHeader.
      AddressOfEntryPoint + ntHeaders->OptionalHeader.ImageBase;
      imageBase = ntHeaders->OptionalHeader.ImageBase;
      return  entryPoint;
}
```

커널 이미지 베이스 주소는 0x200000으로 설정돼 있으며 커널 엔트리는 0x200400 값을 가진다. 이 값을 이용해서 64비트 커널을 0x200000 위치에 카피한다. 만약 특정 위치에 커널을 재배치하고 싶으면 재배치 섹션을 수정하면 된다. 재배치에 대해서는 제17장에서 언급한 적이 있다.

커널을 0x200000 위치로 복사한 후 호환모드로 전환하기 위해 페이징 시스템을 구축한다. CR3 레지스터가 가리키는 위치는 0x160000으로 설정했는데 GRUB에서 로드하는 모듈이 많다면 이 값은 재조정해야 한다. 0X160000 위치에는 PML4 테이블이 존재하며 PML4 테이블의 엔트리는 페이지 디렉토리 포인터 테이블을 가리킨다. 페이지 디렉토리 포인터 테이블의 엔트리는 페이지 디렉토리를 가리킨다. 더 자세한 내용은 InitializePageTables 함수를 살펴보자.

페이징 시스템을 구축했지만 아직 페이징은 활성화되지 않은 상태다. 이제 SwitchAndExecute64bitKernel 함수를 실행해서 호환모드로 진입한 뒤 64비트 모드로 진입한다. SwitchAndExecute64bitKernel 함수는 어셈블리 코드로 구성됐으며 NASM 어셈블러로 컴파일된다(64비트 모드: IA-32e 모드, Long 모드라고 불린다).

[코드 19-4] SwitchAndExecute64bitKernel 함수(어셈블리 코드)

```
[BITS 32]

global _SwitchAndExecute64bitKernel

SECTION .data        ; 텍스트 섹션이 돼야 하지만 편법으로 데이터섹션에 위치시킨다.
                     ; 텍스트 섹션으로 설정할 경우 어셈블리 오브젝트가 프로그램 앞단에 배치되는
```

걸 막을 방법이 없기 때문이다.

```
; IA-32e 모드로 전환하고 64비트 커널을 수행
;   PARAM: INT pmt4EntryAddress, INT kernelAddress, void* grubInfo
_kSwitchAndExecute64bitKernel:
        push ebp
        mov ebp, esp
        mov ebx, dword [ ebp + 8 ]   ; 파라미터 1(pmt4EntryAddress)
        mov edx, dword [ ebp + 12 ]  ; 파라미터 2(kernelAddress)
        mov [kernelAddress], edx
        // 64비트용 GDT로 변경
        lgdt [GDTR]
        ……

        jmp 0x08:jmp_64k  ; CS 세그먼트 셀렉터를 IA-32e 모드용 코드 세그먼트 디스크립터로 전환
        jmp_64k: ;이하 다음 코드는 32비트로 컴파일됐지만 실제로는 64비트 코드다.
        mov     ecx, [ ebp + 16 ];
        dd(0);
        mov     eax, [kernelAddress];
        dd(0);
        jmp     eax;


kernelAddress:
        dd 0


; 여기는 실행되지 않음
jmp $
; 64비트용 GDT 구조체
; 8byte 정렬
align 8, db 0
; GDTR의 끝을 8byte로 정렬하기 위해 추가
        dw 0x0000
; GDTR 자료구조 정의
GDTR:
        dw GDTEND - GDT - 1          ; 다음에 위치하는 GDT 테이블의 전체 크기
        dd ( GDT )   ; 다음에 위치하는 GDT 테이블의 시작 어드레스
```

```
; GDT 테이블 정의
GDT:
    ; 널(NULL) 디스크립터, 반드시 0으로 초기화해야 함
    NULLDescriptor:
        dw 0x0000
        dw 0x0000
        db 0x00
        db 0x00
        db 0x00
        db 0x00

    ; IA-32e 모드 커널용 코드 세그먼트 디스크립터
    IA_32eCODEDESCRIPTOR:
        dw 0xFFFF         ; Limit [15:0]
        dw 0x0000         ; Base [15:0]
        db 0x00           ; Base [23:16]
        db 0x9A           ; P=1, DPL=0, Code Segment, Execute/Read
        db 0xAF           ; G=1, D=0, L=1, Limit[19:16]
        db 0x00           ; Base [31:24]

    ; IA-32e 모드 커널용 데이터 세그먼트 디스크립터
    IA_32eDATADESCRIPTOR:
        dw 0xFFFF         ; Limit [15:0]
        dw 0x0000         ; Base [15:0]
        db 0x00           ; Base [23:16]
        db 0x92           ; P=1, DPL=0, Data Segment, Read/Write
        db 0xAF           ; G=1, D=0, L=1, Limit[19:16]
        db 0x00           ; Base [31:24]


GDTEND:
```

이 함수는 64비트용 GDT를 셋업한 뒤 jmp 0x08:jmp_64k 명령을 통해 64비트 체계로 전환한다. 따라서 원칙적으로는 jmp_64k 레이블 이후로는 코드를 64비트로 해석하기 때문에 실행되지 않으나 약간의 트릭을 사용해서 코드가 64비트에서도 동작하게 했다. 바로 64비트 커널 엔트리인 kernelAddress가 가리키는 주소로 점프해도

되지만 이럴 경우 GRUB 정보 구조체를 넘길 수 없기 때문에 약간의 트릭을 썼다.

[코드 19-5] 32비트로 컴파일됐지만 64비트 기계어

```
jmp_64k:
        mov     ecx, [ ebp + 16 ];
        dd(0);
        mov     eax, [kernelAddress];
        dd(0);
        jmp     eax;
```

dd(0) 매크로를 통해 4바이트를 0으로 설정했는데 이에 따라 64비트 모드에서는
다음과 같이 해석된다.

```
mov rcx, [ebp + 16]
mov rax, [kernelAddress];
jmp rax
```

비주얼 스튜디오 64비트 컴파일러는 함수의 파라미터가 다섯개 미만이면 파라미터
를 스택에 저장하지 않고 레지스터에 저장하는 코드를 생성한다. 파라미터가 저장되
는 순서는 다음과 같다.

```
RCX, RDX, R8, R9
```

따라서 함수 파라미터가 하나라면 RCX에 값을 넣어야 한다. 64비트 커널에 점프하
기 전에 RCX에 넣은 값은 GRUB 정보 구조체 포인터 값이다.

64비트 커널

이제 제어권은 64비트 커널로 넘어갔으므로 64비트 커널을 살펴보자. Module/
SkyOS64 폴더에서 프로젝트를 확인할 수 있다. 프로젝트를 실행해서 **속성 → 링커 →
고급** 항목을 살펴보자. 진입점이 main64 함수고 진입주소가 0x00200000임을 알 수
있다. 진입점은 0x00200000 이상이라면 아무값이나 지정할 수 있다.

[코드 19-6] main64 함수(entry64.asm)

```
[BITS 64] ;64비트 코드

SECTION .text
extern kmain64 ; C++ 커널 엔트리 포인트
global main64 ; PE포맷 엔트리 포인트

main64:
; IA-32e 모드 커널 데이터 세그먼트 디스크립터 설정
; 32비트에서 64비트로 점프하면서 커널 세그먼트 디스크립터는 0X08로 설정된 상태
        mov ax, 0x10
        mov ds, ax
        mov es, ax
        mov fs, ax
        mov gs, ax

        ; 스택 설정 0x500000~0x600000
        mov ss, ax
        mov rsp, 0x600000
        mov rbp, 0x600000

        call kmain64

        jmp $
```

커널 데이터 세그먼트를 초기화하고 스택을 설정한 후에 C++ 커널 엔트리인

kmain64를 호출한다. rcx에서는 여전히 GRUB 정보에 대한 포인터 값이 담겨 있으며 kmain64 함수는 한 개의 파라미터를 가진다.

[코드 19-7] kmain64 함수

```
void kmain64(int addr)
{
        InitializeConstructors();

        multiboot_info* pBootInfo = (multiboot_info*)addr;

        SkyConsole::Initialize();
        SkyConsole::Print("SkyOS64 Kernel Entered..\n");


        SkyConsole::Print("GRUB Information\n");
        SkyConsole::Print("Boot Loader Name : %s\n",
                        pBootInfo->boot_loader_name);

        SkyConsole::Print("Hello World64!!\n");

        for (;;);
}
```

콘솔 화면에 문자열을 찍기 위해 콘솔시스템을 초기화하고 GRUB 정보가 제대로 전달됐는지 확인하기 위해 GRUB 버전을 출력한다.

여기서 눈여겨 볼 점은 InitializeConstructors 함수다. 이 함수는 이전에 몇 번 언급했었는데 드디어 이 함수가 여기서 위력을 발휘한다. GRUB의 제약 때문에 글로벌 객체, 정적 객체를 선언할 수 없었던 32비트 커널과는 달리 64비트 커널의 엔트리 주소는 가상주소 공간 어디에 위치하더라도 문제가 되지 않기 때문에 마음껏 글로벌 객체나 정적 객체를 선언해도 문제가 되지 않는 것이다. 시험삼아 샘플 클래스를 작성한 뒤 전역객체로 선언했을 때 초기화가 제대로 수행되고 메인함수를 정상적으로 호출하는지 확인해 보자(InitializeConstrucors 함수 내부의 흐름에 대한 자세한 사항은 『윈도우 실행 파일 구조와 원리로 배우는 리버스 엔지니어링 2권 디버거편』(한빛미디어, 2017)을 참고하기 바란다).

ELF 포맷

32비트 부트로더로 돌아와서 커널 로더 코드를 좀 더 살펴보자. 이 부트로더는 PE64 포맷으로 제작된 커널이나 ELF 포맷으로 제작된 커널도 실행 가능하게 구현했다. ELF 파일의 엔트리 포인트를 찾는 내용은 elf.h / elf.cpp 파일에서 확인할 수 있으니 참조하기 바란다.

비주얼 스튜디오 2017 및 상위버전은 리눅스 시스템에서 동작하는 ELF 포맷 실행 파일의 빌드도 가능하다. 가상 우분투 환경 등을 이용해서 ELF 포맷의 커널을 생성한 뒤 SKYOS 부트 로더와 연계해서 호출이 가능하도록 구현하는 것은 독자의 몫으로 남겨둔다.

 Tip

VirtualBox를 이용해서 우분투를 실행하고 비주얼 스튜디오에서 리눅스 프로젝트를 생성한 후 원격 빌드를 하면 편하게 리눅스용 실행 파일을 개발할 수 있다. 또한 Windows 10의 경우 가상 우분투 환경을 지원하기 때문에 가상머신이 불편하다면 Windows 10을 활용해서 리눅스 실행 파일을 생성하는 것을 추천한다.

주의사항

64비트로 커널을 제작할 때는 다음 사항에 주의하자.

[표 19-1] 자료형의 크기

자료형	32비트	64비트
short	16bit	16bit
long	32bit	64bit
int	32bit	32bit
long long	64bit	64bit
포인터	32bit	64bit
long double	12bytes	16bytes
size_t와 ssize_t	32bit	64bit

자료형의 크기는 32비트 모드나 64비트 모드로 컴파일될 때 그 크기가 달라짐에 유의한다. 일반적으로는 64비트로 프로그래밍할 때 자료형의 크기는 신경쓰지 않아도 된다. 하지만 32비트에 특화된 자료형이나 코드를 64비트에서 활용할 때에는 문제가 될 수가 있다. 그 예로 32비트 모드로 컴파일된 GRUB이 넘겨준 정보 구조체를 들 수 있다. 이 구조체의 크기는 74바이트인데 64비트로 컴파일하면 98바이트가 된다. 따라서 64비트 커널에서 그냥 GRUB 구조체를 사용하면 문제가 발생한다. 이러한 문제를 막기 위해 포인터로 선언된 변수는 intptr_t 타입으로 변경했으며 long 타입은 int로 변경하고 나서야 32비트에서의 구조체 크기와 똑같은 크기를 얻을 수 있었다.

정리

제19장을 통해서 SkyOS의 64비트 버전 제작 가능성을 타진해 봤다. 여러 가지면에서 의미있는 작업이었다고 볼 수 있는데 내용을 다시 정리해보자.

- 32비트 부트로더 덕분에 GRUB 사용에 따른 제약이 사라졌다(글로벌, 정적 객체).
- PE 포맷이든 ELF 포맷이든 특별한 수정없이 코드 실행을 할 수 있다.
- ELF 포맷으로 커널을 제작하면 GDB를 활용할 수 있으며 선행적 디버깅이 가능해진다.
- 커널 가상화의 가능성을 높였다.

이중에서 필자에게 도전 의욕을 불러일으키는 항목은 네 번째 항목이다. 앞에서 언급한 바 있지만 우리가 제작한 커널은 비주얼 스튜디오로 바로 실행이 가능하다. 64비트 커널의 진입점을 main64에서 kmain64로 변경하고 프로그램을 실행하면 일반적인 애플리케이션을 제작하듯이 프로그래밍하고 디버깅할 수 있으며, 설계만 잘해서 하드웨어 종속적인 부분과 순수 프로그래밍 영역을 완전히 분리하고 하드웨어 종속적인 부분을 적절히 가상화 처리해 주면 커널을 일반 프로그램 개발하듯 제작할 수가 있는 것이다. 물론 앞에서 DLL을 통해서 모듈 형식으로 개발할 때에도 선행적 디버깅이 가능했다. 하지만 몇 가지 작업이 필요하며 커널 자체는 디버깅할 수 없다는 점을 감안하면 커널 가상화는 충분히 의미있는 작업이라 생각한다.

또한 가상 에뮬레이션외에 ELF 포맷으로 커널을 제작하는 것도 선행적 디버깅을 가능하게 해준다. 온라인 게임 서버 프레임워크인 CGSF를 개발할 때 비주얼 스튜디오에서 윈도우/리눅스 크로스 컴파일이 가능하게 개발한 적이 있었는데 이게 가능해지면 개발은 윈도우에서 진행하고 디버깅은 GDB를 통해서 가능할 것이다. 비주얼 스튜디오가 리눅스 개발을 지원하게 된 만큼 운영체제 제작도 조금 더 유연하게 개발할 수 있는 계기가 된 것 같다. 다만 리눅스로 개발할 경우에는 같은 X86 아키텍처에서 개발하더라도 몇 가지를 고려해야 한다. 예를 들어 함수 호출을 들 수 있다.

64비트에서는 함수 호출 시 인자가 적으면 레지스터를 직접 이용하는데 파라미터가 하나인 경우 비주얼 스튜디오 컴파일러는 RCX 레지스터를 이용한다. 한편 GCC에서는 RDI를 사용한다.

이런 몇 가지 사항만 잘 기억해 두고 개발한다면 PE 포맷이든 ELF 포맷이든 상관 없이 커널을 개발할 수 있다. 그리고 이런 작업을 하려는 이유는 커널을 **일반 애플리케이션 개발하듯 제작**하기 위해서임을 꼭 기억하기 바란다.

20

Final

제20장은 책의 출간 직전에 추가됐다. 원고를 넘긴 시점과 책을 출간하는 날짜 사이에는 상당한 시간이 흘렀고 그동안 SkyOS는 계속 소스코드를 개선하고 기능이 추가됐다. 필자 입장에서는 최신 내용을 조금이라도 독자분들께 더 전달하고자 제20장을 마련했으니 즐겁게 읽어주면 감사하겠다. 최신 SkyOS 소스는 17_Final.sln 솔루션을 실행해서 확인할 수 있으며 여기서는 코드에 대한 자세한 설명은 하지 않고 핵심적인 내용만 설명하겠다. 비록 대략적인 설명이라 하더라도 지금까지 SkyOS 내용을 제대로 소화해 냈다면 금방 내용을 이해할거라 믿어 의심치 않는다.

개발사항

앞에서 독자분께 도전과제로 남겨 두었던 부분을 대부분 SkyOS에 구현했으며 새로운 기능이 추가됐다. 또한 앞에서 언급한 여러 가지 제약사항들을 해결해서 소스코드에 반영했다. 먼저 SkyOS의 전체 이미지를 살펴보겠다.

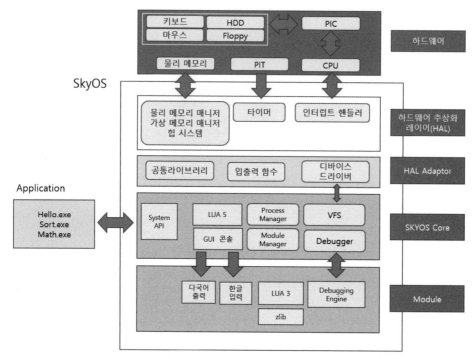

[그림 20-1] SkyOS 전체 레이아웃

핵심적인 사항을 간추려서 나타냈으며 모듈 부분이 강화됐음을 알 수 있다. LUA 5
는 Lua 5.41 버전이며 원래는 모듈 영역에 포함돼야 하지만 루아를 사용하기 위해서
는 수많은 함수가 외부로 노출될 필요가 있기 때문에 일단은 커널 코어 영역에 라이
브러리 형태로 포함시켰다. 모듈 영역에 존재하는 각각의 컴포넌트들에 대해 설명하
겠다.

- **한글 입력**: GUI 콘솔모드에서 한글입력을 가능하게 해준다. MINT64 운영체
  제의 한글입력 체계 적용
- **다국어 출력**: GUI 콘솔모드에서 다국어를 출력할 수 있게 해준다. 한국어, 영
  어, 일본어, 중국어 전통체 지원

530

- LUA 3: 서드파티에서 소개했던 루아3 라이브러리를 DLL 모듈로 분리
- zlib: 서드파티에서 소개했던 easyzlib 라이브러리를 DLL 모듈로 분리

또한 커널은 1차 커널 로더를 통해서 로드되게 수정됐다. 1차 커널 로더는 Module/
SkyOSLauncher 폴더에서 확인할 수 있다. 1차 커널 로더를 활용하면 상황에 따라
32비트 커널, 64비트 커널을 로드할 수 있다.

[코드 20-1] _ GRUB.CFG

```
menuentry "SkyOS32" {
    multiboot /boot/SkyOSLauncher.EXE SKYOS32_EXE
    module /boot/SkyOS32.EXE "SKYOS32_EXE"
    ......
    module /boot/SkyOS32.map "SKYOS32_MAP"
    ......
    boot
}

menuentry "SkyOS64" {
    multiboot /boot/SkyOSLauncher.EXE
    module /boot/SkyOS64.sys "SKYOS64_SYS"
    boot
}
```

위의 GRUB 파일처럼 1차 커널 로더로 SkyOSLauncher.EXE를 설정하고 인자로
SKYOS32_EXE를 설정하면 32비트 커널로 OS가 실행된다. 두 번째 메뉴 엔트리처
럼 커맨드 인자를 넣지 않으면 64비트 커널을 실행하도록 1차 커널 로더가 구현돼
있다.

이 1차 커널 로더 덕분에 실제 커널인 SKYOS32.EXE와 SKYOS64.SYS의 엔트리 포
인트는 어떤 함수를 지정해도 상관이 없으며 이미지 베이스 주소도 임의로 지정 가
능하다. 또한 이로 인해 글로벌 객체나 정적 객체를 코드 아무데나 선언해도 문제가
없게 됐다. 한 가지 불편한 점은 커널의 그래픽 모드를 바꿀 경우에는 커널 로더도

재빌드해야 한다는 것이다. 이 부분은 조금만 연구하면 커널로더를 재빌드하지 않아도 될 것으로 생각한다.

1차 커널 로더 덕분에 커널은 multiboot_entry 함수를 사용하지 않고 kmain 함수가 사용된다. 그리고 커널 이미지 베이스 주소는 0x800000(8MB) 영역에 선언했다. 만약 1차 부트 로더를 거치지 않고 이전처럼 작업하고 싶다면 **링커 → 속성 → 고급**으로 들어가서 엔트리 함수를 multiboot_entry 함수로 변경하고 이미지 베이스 주소를 0x100000으로 변경하면 된다. GRUB 설정 파일에서 메뉴 엔트리를 하나 더 만들면 좋을 것이다.

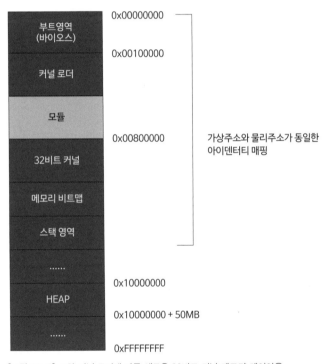

[그림 20-2] 1차 커널 로더에 따른 새로운 32비트 커널 메모리 레이아웃

커널 로더는 커널 파일을 분석해서 커널의 이미지 베이스 주소를 구하기 때문에 커널이 로드된 0x8000000 번지를 고정할 필요없이 선호하는 주소로 바꿔도 아무런 문제가 되지 않는다. 다만 실제 물리주소 범위 이내에는 포함돼야 할 것이고 모듈이

로드된 마지막 위치 이후의 주소값으로 선언돼야 할 것이다. 필요에 따라 모듈 영역의 파일들은 계속 추가가 될 것이고 상황에 따라서는 0x800000번지 넘어서까지 추가될 수 있기 때문에 커널이 로드되려는 위치가 모듈 영역과 겹치는지를 확인하는 예외처리를 구현하면 더욱더 좋을 것이다. 커널 로더에서 이 처리를 구현해 주면 되며 이 부분은 도전과제로 남기겠다.

[그림 20-2]에서 하나 더 확인할 사항은 스택 영역까지는 가상주소와 물리주소가 동일한 아이덴터티 페이지 매핑을 해야 한다는 점이다. 이전에는 아이덴터티 페이지 테이블 엔트리 생성수를 강제로 설정했지만 이제는 전체 영역의 크기에 따라 유동적으로 값을 설정하도록 변경됐다. 가상 메모리 매니저의 초기화 부분을 살펴보기 바란다.

다양한 모듈 추가와 커널 로드 변경 방식외에도 여러 가지 사항이 수정되고 추가됐다. 이 부분에 대해서는 실제 커널을 실행하면서 확인해 보겠다.

GUI 콘솔 실습

GUI 콘솔모드로 커널을 실행해 보자.

[그림 20-3] GUI 콘솔 시작 화면

4개 국어 문자가 제대로 출력되는 걸 확인할 수 있다. 커맨드창은 드라이브명이 나오도록 수정했다. L 드라이브는 메모리 리소스 디스크이며 메모리 리소스 디스크 방식을 이용하면 에뮬레이션이든 USB든 문제 없이 파일을 읽을 수 있으므로 추후

USB를 사용해서 실기에서도 동작을 확인해 보기 바란다.

- 커맨드

커맨드는 다음과 같은 명령어가 추가됐다.

  - cd: 드라이브 변경
  - dir: 파일 리스트 출력, 메모리 리소스 디스크만 구현
  - jpeg: sample.jpg 파일을 화면에 출력함

- 한글 입력

GUI 콘솔모드에서는 한글 입력이 가능하다. 왼쪽 **ALT**를 통해 한글/영문 전환이 가능하며 Module/HangulInput 폴더에 모듈이 구현돼 있다.

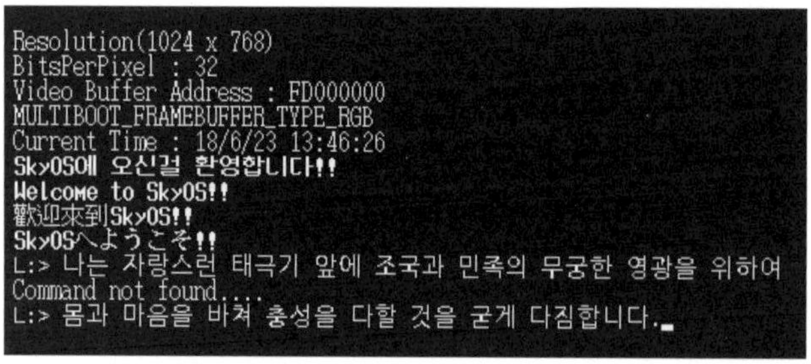

[그림 20-4] 한글 입력 화면

- 루아 5.41 루아팅커

GUI 콘솔에서 확인할 수 있는 또다른 모듈로 루아 5.41 버전이 있다. 보통 루아는 루아 라이브러리 그 자체만 가지고 사용하지는 않고 래퍼를 많이 사용하는데 루아 관련 유명한 래퍼로 루아팅커라는 라이브러리가 존재한다. SkyOS에서 모두 사용가능하도록 포팅됐으며 lua5 명령을 통해 루아파일을 실행할 수 있다. 샘플 파일에는 sample1.lua – sample6.lua 총 6개가 준비돼 있으며 파일은 가상이미지 파일 내의 data/lua5 폴더를 확인하기 바란다.

```
L:> lua5 sample6.lua
* lua_resume() call
ThreadTest
TestFunc
# TestFunc
* lua_resume() call
# TestFunc2(L,* lua_resume() call
TestFunc
g_test::TestFunc()
# TestClass::TestFunc
* lua_resume() call
# TestClass::TestFunc2(L,* lua_resume() call
g_test::TestFunc()
ThreadTest
L:> _
```

[그림 20-5] 루아팅커 sample6.lua 파일 실행

sample6.lua 스크립트는 루아 모듈을 이용해서 코루틴을 사용하는 방법을 보여준다.

 용어정리 **코루틴**

협동루틴으로 번역된다. 코루틴을 사용하면 불필요한 연산의 낭비를 줄일 수 있으며 중지, 재개란 개념이 적용되기 때문에 코드 가독성도 높아진다.

```
L:> lua5 sample1.lua
cpp_func(350,1200) = 1550
luafunc(3,4) = 7
L:> _
```

[그림 20-6] 루아팅커 sample1.lua 파일 실행

sample1.lua 파일은 루아 파일에서 C++에서 등록한 함수를 이용하거나 그 역인 C++에서 루아 파일에 존재하는 함수를 호출하는 방법을 보여준다.

```lua
-- C++에서 등록한 함수를 호출한다.
result = cpp_func(350, 1200)

print("cpp_func(350,1200) = "..result)

-- 일반적인 lua 함수를 선언한다.
function luafunc(arg1, arg2)
        return arg1 + arg2
end
```

위의 코드에서 사용한 cpp_func 함수는 C++에서 등록한 함수다.

```cpp
int cpp_func(int arg1, int arg2)
{
        return arg1 + arg2;
}
```

이 함수를 루아 모듈에 등록하고 실행하는 코드는 다음과 같다.

```cpp
void TestLua51(lua_State* L)
{
        luatinker::def(L, "cpp_func", cpp_func); // cpp_func 함수 등록
        luatinker::dofile(L, "sample1.lua");
        int result = luatinker::call<int>(L, "luafunc", 3, 4); // luafunc 함수 실행
        printf("luafunc(3,4) = %d\n", result);
}
```

536

루아5 모듈은 module/lua5에서 확인할 수 있으며 이 모듈은 다른 모듈과는 달리 WIN32에서는 DLL 형태로 개발하고 SKYOS에는 정적 라이브러리로 링킹된다. 디버깅을 위해서 WIN32 환경으로 개발할 경우에는 루아 프로젝트를 DLL 프로젝트로 변경하고 SKYOS에 적용할 경우에만 라이브러리 프로젝트로 변경해서 SKYOS에 링킹한다.

- 콜스택

콜스택 출력의 경우 타프로세스의 콜스택도 출력 가능하게 수정했으며 맹글링된 네이밍을 원래대로 복원해서 출력할 수 있도록 수정했다.

```
L:> process
 ID : Process Name
  101 GUISystem
  102 ProcessRemover
  103 GUIWatchDog
L:> callstack 101
Stack trace:
  SkyDebugger::TraceStackWithProcessId + 0x61,  SkyDebugger.obj
  cmdCallStack + 0x40,  commands.obj
  processCommandLine + 0x1C9,  ConsoleManager.obj
  ConsoleManager::RunCommand + 0x45,  ConsoleManager.obj
  SkyGUIConsole::Run + 0x1C7,  SkyGUIConsole.obj
  ?$SkyWindow::Run + 0x17,  SkyGUISystem.obj
  SkyGUISystem::Run + 0x20,  SkyGUISystem.obj
  SystemGUIProc + 0x96,  KernelProcedure.obj
L:> callstack 103
Stack trace:
  WatchDogLoop + 0xB7,  KernelProcedure.obj
  GUIWatchDogProc + 0x18,  KernelProcedure.obj
L:>
```

[그림 20-7] 콜스택 출력

아직까지 미완성된 부분은 함수 라인 번호를 출력하는 부분이다. 현재로써는 이 문제를 해결하기 위해서 두 가지 방법을 제시할 수 있다.

- COD 파일을 생성해서 라인 번호를 얻어냄
- PDB2MAP 프로그램을 사용해서 맵 파일 생성

PDB2MAP 프로그램은 버그슬레이어 유틸리티 제작으로도 유명한 존 로빈스씨의 저서에서 소개된 유틸리티로 이 프로그램을 활용하면 PDB로부터 라인 번호 정보까지 있는 맵 파일을 생성할 수 있다. 다만 여기서 생성되는 맵 파일이 표준 파일은 아니므로 이 파일을 파싱하기 위한 라이브러리를 개발해야 할 것이다(『DEBUGGING APPLICATIONS .NET WINDOWS』(정보문화사, 2004)).

SVGA 라이브러리

GUI 모드 중 하나인 SVGA 라이브러리의 경우 마우스나 키보드 입력을 받지 못했었는데 지금은 기본 입력을 받을 수 있도록 처리됐다. GUI 관련 큰 그림이 완성되면 새롭게 수정할 예정이다.

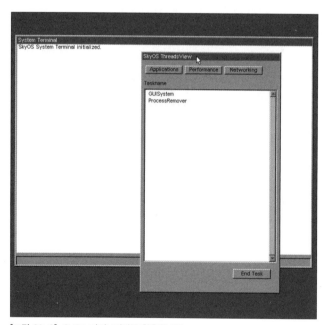

[그림 20-8] SVGA 라이브러리를 활용한 GUI

[그림 20-8]은 터미널과 프로세스 리스트를 보여주는 창을 띄운 화면이다.

```
......
// StartSampleGui( );
create_terminal(m_pWinThread);
create_threadsview_win(m_pWinThread);
......
```

터미널과 프로세스 리스트 뷰 생성 코드를 주석처리하고 StartSampleGui 메소드를
주석해제한 후 코드를 실행하면 이전에 살펴본 각종 컴포넌트가 출력된다. 마우스
및 키보드 입력을 받으니 확인해 보기 바란다.

모듈 개발하기

제20장의 내용에서 주목할 부분은 동적 라이브러리 모듈을 손쉽게 SkyOS에 반영할
수 있다는 것이었다. 루아 5.41 버전을 새로운 플랫폼에 포팅하는 작업은 결코 쉬운
일이 아니었지만 결국 SkyOS에 반영할 수 있었는데 이것이 가능했던 이유는 동적 라
이브러리 개발을 진행하면서 준선행적 디버깅이 가능했기 때문이다. 아직 인터페이
스가 제대로 확립되지 않았지만 지금 설명하는 모듈 제작법을 통해 여러 좋은 모듈을
개발해 보기 바란다. 우선 모듈 생성을 위한 프로젝트 구성방법을 살펴보겠다.

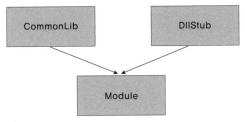

[그림 20-9] 동적 라이브러리 개발을 위한 프로젝트 환경 설정

우리가 제작하려는 DLL 프로젝트는 CommonLib 프로젝트와 DllStub 프로젝트를 참조해야 한다. 프로젝트 종속성에 이 두 가지 프로젝트를 추가한다. 모듈을 생성해 보는 가장 빠른 방법으로는 module/zlib 프로젝트를 복사해서 이름을 변경한 후 만들어 보는 것이다. 익숙해지면 백지 상태에서 모듈 개발 환경을 설정할 수 있을 것이다.

DllStub 프로젝트는 WIN32/SKYOS32에서 제공하는 입출력 함수들에 대한 인터페이스를 제공한다. 이 DLLStub 프로젝트 덕분에 우리가 생성하는 모듈은 플랫폼 독립적일 수 있으며 WIN32, SKYOS 두 플랫폼에서 동시에 사용할 수 있다. DllStub 프로젝트를 정교하게 개발하면 할수록 우리가 개발하거나 또는 가져오려는 오픈소스의 수정은 줄어들게 된다. 그 예로 디버그엔진 모듈의 코드를 살펴보겠다.

```
fp = g_mockInterface.g_fileInterface.sky_fopen(fileName, "r");
```

이 코드는 현재 다음과 같이 수정해도 문제 없이 컴파일된다.

```
fp = fopen(fileName, "r");
```

이 모듈 개발 방식을 사용해서 SkyOS에서 동작가능하도록 작업한 모듈은 다음과 같다.

- zlib 1.28 버전
- libpng
- libjpeg

커널에는 작업을 하지 않았지만 WIN32로 모듈이 동작하는 것을 확인할 수 있으니 참고하기 바란다.

마지막으로 DllStub 프로젝트에서 메모리 할당 관련 함수로 추가된 realloc 함수를 살펴보겠다. 필자가 운영체제 제작이라는 긴 여정을 경험하면서 당혹해 했던 함수로 지금보면 아무것도 아닐 수 있지만 어쨌든 중요한 함수 중 하나다. 모듈에서 realloc 함수를 호출할 때 WIN32에서는 realloc 함수가 호출되고 SKYOS에서는 krealloc 함수가 호출된다.

[코드 20-6] krealloc 함수

```
// 메모리 크기를 재조정한다.
void* krealloc(void * ptr, size_t size)
{
        void *_new;
        if (!ptr) { // 기존 포인터가 널이면 size 크기의 새 버퍼를 생성하고 리턴한다.
                _new = (void *)kmalloc(size);
                if (!_new) { goto error; }
        }
        else {
                if (malloc_size(ptr) < size)
                // 기존에 할당된 크기가 새롭게 요청된 크기보다 작으면
                { // 새로운 버퍼를 메모리에 할당한 뒤 기존 버퍼의 내용을 새 버퍼에 복사하고 리턴
                        _new = (void *)kmalloc(size);
                        if (!_new)
                        {
                                goto error;
                        }
                        memcpy(_new, ptr, malloc_size(ptr));
                        kfree(ptr);
                }
                else // 새롭게 요청된 할당 크기가 기존의 크기보다 작다면
                { // 기존 포인터를 리턴
                        _new = ptr;
                }
        }
        return _new;
error:
```

```
        return NULL;
}
```

---

realloc 함수를 구현하는 것이 쉽지는 않았다. 커널 코드에서 위의 함수를 검색해서 어떻게 세부적으로 구현했는지 꼭 확인해 보기 바란다. malloc_size 함수를 확인하면 기존 포인터가 가리키는 버퍼의 크기를 구하는 방법을 알 수 있을 것이다.

남은 과제

여기서 언급하는 주제는 앞으로 해결해야 할 사항이긴 한데 당장은 급하지 않은 사항이라 차일피일 미루고 있었던 내용들이다. 또는 해결을 하려고 여러 번 시도를 했지만 잘되지 않았던 부분이기도 하다.

- 콜스택 오버플로우

콜스택이 오버플로우가 돼 버퍼언더런이 발생할 경우 이를 감지하는 방법이 필요하다. 스택 바로 다음 페이지의 속성에 '페이지가 물리 메모리에 존재하지 않는다'는 속성을 더해서 오버플로우를 감지하도록 한다. 아직 이 부분을 구현하지 않아서 스택 풀을 관리하는 구조가 미완성인채로 남아있다.

- RTTI

typeid 등의 명령어가 동작하도록 컴파일에는 성공했으나 시험결과 객체의 정보를 얻어낼 수는 없었다.

- 스택에 매우 큰 변수 할당

예를 들어 스택에 int a[500000]; 변수를 선언하면 스택 크기를 초과해 버리기 때문에 문제가 되며 컴파일을 하면 _chkstk 함수의 구현을 요구한다. _chkstk 함수는 로컬변수를 위한 충분한 공간이 있다는 것을 보장하는 함수다. 따라서 이 함수의 세부 구현 방법을 알아낼 필요가 있다. 기본적인 생각으로는 chkstk 함수가 호출되면 변수에 대한 공간을 힙 영역에 생성하고 변수가 쓰인 함수가 종료될 때 힙 영역을 해제하면 해결 가능할 것으로 판단한다.

부록

PE 파일

PE 파일은 윈도우 운영체제에서 프로세스로 인식할 수 있는 실행 파일 포맷이다. PE 파일의 구조를 알고 있으면 좋은 이유는 다음과 같다.

- GRUB이 아닌 자체 부트로더로 PE파일을 로딩하려는 경우
- 라이브러리 모듈로써 DLL 파일을 활용하고자 할 경우
- 시스템 프로그래머로서의 첫걸음
- 윈도우 시스템에 대한 이해
- 후킹의 기초

필자의 경우 게임 한글화에 관심이 많다. 그런데 한글화에 필수적인 요소가 시스템 API 후킹이었고 이를 위한 첫걸음이 PE 파일 구조를 파악하는 것이었다. 알아두면

여러모로 도움이 되니 SkyOS의 PE 엔트리 포인트를 찾는 과정을 통해서 PE 포맷을 이해해 보자.

PE는 Portable Executable의 준말로 마이크로소프트사가 만들어낸 바이너리 실행 파일 포맷이다. 예를 들어 윈도우상에서 실행되는 EXE 파일이나 동적으로 로드되는 모듈인 DLL 파일 등이 PE 포맷을 따른다. 이런 PE 파일은 Visual C++ 등을 이용해서 소스를 빌드하면 생성된다. SkyOS 운영체제에서 실행될 응용프로그램 파일은 모두 이 PE 형식으로 생성되기 때문에 바이너리 내부의 엔트리 포인트 위치를 알기 위해서는 PE 포맷의 구조를 이해할 필요가 있다. 물론 리눅스용 컴파일러로 바이너리를 생성했다면 ELF 형식의 바이너리를 생성하게 될 것이며 그 경우에는 ELF 포맷의 구조를 이해할 필요가 있을 것이다. [그림 A-1]은 PE 포맷의 레이아웃을 나타낸다.

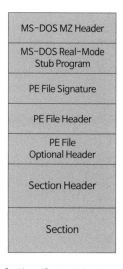

[그림 A-1] PE 파일 포맷

Section 영역에는 코드와 글로벌, 정적 데이터, 디버그 정보들이 들어 있으며 Section Header 정보를 통해서 각각의 위치를 파악해 낼 수 있다. PE 파일의 엔트리 포인트는 Optional Header에 위치한다.

그럼 PE 파일의 진입점인 엔트리 포인트는 어디에서 정의하는 것일까? 프로젝트에서 속성을 선택하고 Link → Advanced를 선택한 뒤 오른쪽 패널에서 Entry Point(진입점) 항목과 Base Address(기준 주소) 항목에 주목하자. 기준 주소는 PE 파일의 가상 시작 주소를 나타낸다. 즉 PE 이미지의 시작 주소는 기준 주소에 설정된 값이다. 따라서 기준 주소가 0x100000이고 파일 오프셋이 0x1000인 위치의 가상주소는 0x101000이 된다. 진입점은 프로그램의 시작점으로 [그림 A-2]에서는 그 시작점이 multiboot_entry다. 따라서 우리가 PE 포맷으로 생성한 커널의 엔트리 포인트는 multiboot_entry 함수가 된다. 아직 이 시점에서는 multiboot_entry 함수의 정확한 주소는 알 수 없다.

진입점	multiboot_entry
진입점 없음	아니요
체크섬 설정	아니요
기준 주소	0x00100000
임의 기준 주소	아니요(/DYNAMICBASE:NO)
고정 기준 주소	

[그림 A-2] Visual Studio Project의 속성 중 링커 → Advanced 항목

이 시작점, Entry Point를 찾기 위해 먼저 MS-DOS Header 구조체부터 살펴보도록 하자.

[코드 A-1] IMAGE_DOS_HEADER 구조체

```
typedef struct _IMAGE_DOS_HEADER {  // DOS .EXE header
USHORT e_magic;          // Magic number (Should be MZ)
USHORT e_cblp;           // Bytes on last page of file
USHORT e_cp;             // Pages in file
USHORT e_crlc;           // Relocations
......
USHORT e_oemid;          // OEM identifier (for e_oeminfo)
```

```
USHORT e_oeminfo;          // OEM information; e_oemid specific
USHORT e_res2[10];         // Reserved words
LONG   e_lfanew;           // File address of new exe header
} IMAGE_DOS_HEADER, *PIMAGE_DOS_HEADER;
```

이 MS-DOS Header 구조체는 MS-DOS 시절 사용된 실행 파일 포맷과의 호환을 위해 남겨진 레거시 헤더다. 윈도우용으로 컴파일된 PE 파일을 MS-DOS에서 실행하면 '이 프로그램은 도스상에서 실행될 수 없습니다'라는 문구가 나오는데 이런 문구가 MS-DOS 상에서도 출력될 수 있는 이유는 옛 PE 포맷 구조와 호환되기 때문이다.

이 구조체의 여러 필드들은 나름대로 의미가 있지만 우리에게 필요한 필드는 단 하나다.

```
LONG   e_lfanew;           // File address of new exe header
```

바로 e_lfanew란 필드로 이 값은 확장 헤더의 PE 파일 시그너처를 가리킨다. PE 파일 시그너처는 4바이트 크기이며 그 다음에는 PE 파일 헤더 구조체가 나온다.

[코드 A-2] PE 파일 헤더 구조체

```
typedef struct _IMAGE_FILE_HEADER {
USHORT  Machine;
USHORT  NumberOfSections;
ULONG   TimeDateStamp;
ULONG   PointerToSymbolTable;
ULONG   NumberOfSymbols;
USHORT  SizeOfOptionalHeader;
USHORT  Characteristics;
} IMAGE_FILE_HEADER, *PIMAGE_FILE_HEADER;
```

PE 파일 헤더 구조체의 크기는 24바이트다. 이 구조체 다음에 PE FILE Optional Header 구조체가 나온다. 그럼 이 PE FILE Optional Header 구조체를 살펴보자.

```
struct _IMAGE_OPTIONAL_HEADER {
USHORT  Magic;
UCHAR   MajorLinkerVersion;
UCHAR   MinorLinkerVersion;
ULONG   SizeOfCode;
ULONG   SizeOfInitializedData;
ULONG   SizeOfUninitializedData;
ULONG   AddressOfEntryPoint;
ULONG   BaseOfCode;
ULONG   BaseOfData;
........
IMAGE_DATA_DIRECTORY DataDirectory[IMAGE_NUMBEROF_DIRECTORY_ENTRIES];
} IMAGE_OPTIONAL_HEADER, *PIMAGE_OPTIONAL_HEADER;
```

구조체에서 굵은 글씨로 강조된 부분에 주목하자. **AddressOfEntryPoint** 필드의 값이 바로 Entry Point를 나타내는 옵셋이다. 즉 이 필드는 커널 시작점인 multiboot_entry 함수를 가리키고 있다. 따라서 커널 시작점을 찾기 위해서는 AddressOfEntryPoint의 필드 값을 구하면 된다. 대략적인 흐름을 알았으니 AddressOfEntryPoint 필드의 값을 얻는 과정을 정리해 보자.

- PE 바이너리는(SkyOS의 경우) 0x100000 주소에 로드되며 MS-DOS 헤더의 e_lfanew 필드는 60바이트 떨어진 곳에 있다. => 0x100000 + 60의 위치에서 4바이트를 읽어와 PE 시그너처의 주소를 얻어낸 뒤 PE 시그너처가 맞는지 확인한다.
- PE 시그너처 주소 시작점에서 PE Optional Header까지의 옵셋은 SIZEOF(PE 시그너처의 크기) + SIZEOF(IMAGE_FILE_HEADER) = 4 + 20 = 24바이트다. PE 시그너처 주소 시작점에서 24바이트를 더해서 PE Optional Header 구조체 시작점까지 찾아간다.

- AddressOfEntryPoint는 PE Optional Header에서 16바이트 떨어진 곳에 있다.

위의 로직대로 진행하면 커널의 시작 엔트리를 찾을 수 있다. 윈도우 프로그램이 실행될 때 로더는 이런 원리로 각 프로그램의 엔트리를 찾는다. SkyOS의 경우 커널 엔트리 포인트값을 저장한 AddressOfEntryPoint의 주소는

커널이 로드된 주소 + [e_lfanew 위치에 저장된 옵셋] + 24 + 16

이 주소에 저장된 값이 PE의 엔트리 포인트다. 제17장, '동적 라이브러리'나 제19장, 'SkyOS64'에서는 PE 파일을 분석한 후 진입점을 찾는 로직이 있으니 참고하기 바란다.

PE 포맷은 매우 복잡한 구조를 가지기 때문에 구조를 쉽게 파악하려면 정적 분석을 위한 툴을 활용하는 것이 좋다. 대표적인 PE 파일 분석툴로 PEiD를 들 수 있다.

- **바이너리 분석 툴**: PEiD

PEid 유틸리티는 PE 포맷 정보를 파악하는 데 크게 도움을 주는 유틸리티다. [그림 A-3]은 SkyOS 커널을 PEiD로 열어본 화면이다.

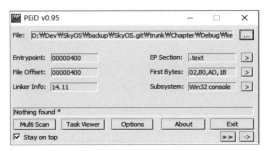

[그림 A-3] PEiD 실행 화면

Linker Info에 14.11로 표기돼 있는데 Visual Studio 2017로 컴파일됐음을 의미한다. 엔트리 포인트 옵셋은 0x400이다.

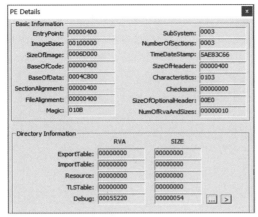

[그림 A-4] PE 정보 세부 화면

이미지 베이스 주소는 0x100000이며 엔트리의 시작 주소는 0X100400이다. 섹션과 파일은 1024바이트(0x400)로 정렬됐으며 섹션의 수는 세 개다.

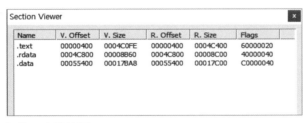

[그림 A-5] 섹션 종류

- .text: 코드 영역
- .rdata: 재배치 주소와 관련이 있다.
- .data: 정적 데이터나 글로벌 변수 같은 값들이 저장되는 영역이다.

커널의 코드도 디스어셈블러를 통해서 값들을 확인할 수 있다.

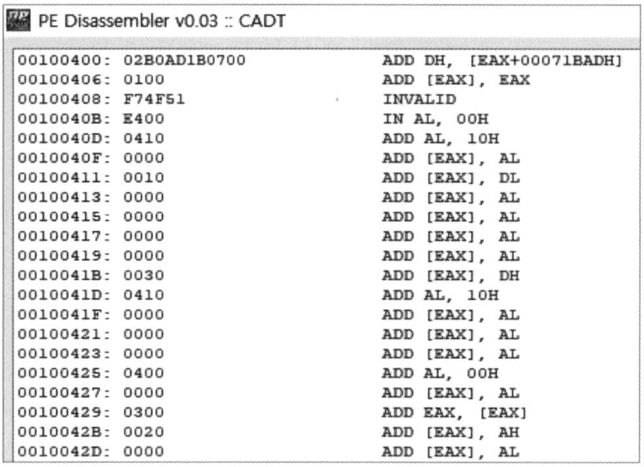

```
PE Disassembler v0.03 :: CADT

00100400: 02B0AD1B0700        ADD DH, [EAX+00071BADH]
00100406: 0100               ADD [EAX], EAX
00100408: F74F51             INVALID
0010040B: E400               IN AL, 00H
0010040D: 0410               ADD AL, 10H
0010040F: 0000               ADD [EAX], AL
00100411: 0010               ADD [EAX], DL
00100413: 0000               ADD [EAX], AL
00100415: 0000               ADD [EAX], AL
00100417: 0000               ADD [EAX], AL
00100419: 0000               ADD [EAX], AL
0010041B: 0030               ADD [EAX], DH
0010041D: 0410               ADD AL, 10H
0010041F: 0000               ADD [EAX], AL
00100421: 0000               ADD [EAX], AL
00100423: 0000               ADD [EAX], AL
00100425: 0400               ADD AL, 00H
00100427: 0000               ADD [EAX], AL
00100429: 0300               ADD EAX, [EAX]
0010042B: 0020               ADD [EAX], AH
0010042D: 0000               ADD [EAX], AL
```

[그림 A-6] SkyOS를 디스어셈블링한 화면

첫 번째 줄의 0x100400번지에 02B0AD1B0700이 보이는데 이 값은 GRUB에서 정의한 헤더값이다. 데이터의 나열이지만 코드로 정의됐기 때문에 전혀 의도하지 않은 어셈블리 명령어가 오른쪽에 나온 것을 확인할 수 있다.

덤프 테스트 모듈

운영체제 제작 시 가장 어려운 부분 중 하나는 디버깅이다. 디버깅 툴이 부족하기 때문에 버그가 발생했을 때 이를 찾기가 일반 프로그래밍을 할 때보다 몇 배 힘들기 때문이다. 그래서 이 책은 개발 생산성을 향상시키기 위해 디버깅 관련 주제를 많이 다뤘다. 디버깅을 위해서는 다음 항목을 갖춰야 한다.

- 디버깅 툴의 확보
- 선행적 디버깅 가능
- 포스트 모템 디버깅 가능

또한 어떤 상황에서 프로그램 버그가 발생하는지를 예측할 수 있다면 디버깅 능력 향상에 큰 도움이 되리라 생각한다. 책 전반에 걸쳐 WIN32 시스템을 소개했는데 여기서는 WIN32의 덤프시스템을 대략적으로 설명한다. 이를 통해 버그 상황에 대한 이해도를 높이고 정교한 디버깅 시스템을 운영체제에 탑재할 수 있는 기틀을 마련한다.

DumpTest Module

Reference/EHModule 폴더의 소스코드는 윈도우 운영체제에서 발생할 수 있는 버그 유형에 대해 대처하기 위해 만든 모듈이다. C++로 코딩을 했을 때 발생할 수 있는 버그 유형을 정리했으며 이러한 버그로 인해 프로그램이 종료되면 디버깅을 신속히 진행해서 버그를 잡아야 하는데 안타깝게도 일부 버그는 덤프를 남기지 않아 쉽게 버그를 잡을 수 없다. EHModule은 이러한 버그가 발생할 때 어떠한 경우에라도 덤프를 남길 수 있도록 예전에 필자가 만들어본 예외처리 핸들러 모듈이다.

예시에서 다루고 있는 예외는 다음과 같다.

- 순수가상함수 호출
- 힙 손상
- Out of Memory
- 일반 에러
- 스택 오버플로우

MFC 버전으로도 확인해 볼 수 있으니 확인하기 바란다. 코드는 32비트에서 정상 동작한다.

[코드 A-3] 예외 핸들러 모듈의 설치

```
CEHModuleManager ModuleManger;
if(FALSE == ModuleManger.Install(DL_MY_HANDLER_STACKOVERFLOW, EH_MINIDUMP))
        printf("예외 핸들러 설치 실패\n");
}
```

코드 초반부에 위와 같이 선언을 하면 우리가 선언한 예외핸들러가 동작한다. 윈도우 운영체제는 SEH^{Structured Exception Handling}를 지원하기 때문에 예외가 발생하면 우리가 정의한 커스텀 예외 핸들러로 예외를 보고할 수 있다. 등록 가능한 덤프 모듈은 [표 A-1]과 같다.

[표 A-1] 덤프 모듈 리스트

덤프 모듈	내용
EH_MINIDUMP	미니덤프 클래스
EH_BUGTRAP	버그트랩
EH_BREAKPAD	구글 브레이크 패드
EH_USER_DEFINED	로그 및 닥터 왓슨

이 중에 브레이크패드는 빌드 복잡성 때문에 제거했다. 필자의 깃허브에 브레이크패드를 포함한 EHModule이 등록돼 있으므로 관심있는 분은 살펴보기 바란다.

[그림 A-7] EHModule의 실행 화면(MFC)

비주얼 스튜디오로 디버깅하면 에러 발생 시 디버거에 통보를 하니 실행 파일로 프로그램을 실행하자. 일반 에러나 힙 손상, 순수 가상함수 호출 등은 이전에 살펴본적이 있으므로 여기서는 스택 오버 플로우와 C 런타임 라이브러리 에러, 그리고 메모리 부족 상황 시의 에러를 살펴본다.

- 스택 오버플로우

스택 오버플로우를 쉽게 일으키는 방법은 함수를 재귀적으로 호출하는 것이다. 덤프 테스트에서 스택 오버 플로우 버튼을 클릭하면 프로그램이 종료되고 덤프파일이 생성된다.

MiniDump_201856184810.dmp

위와 같은 형식으로 덤프파일이 생성되는데 이 파일을 실행해 보자. 그럼 비주얼 스튜디오가 실행될 것이고 오버플로우를 발생시킨 코드를 가리킬 것이다.

```
28     ┌ int CExtensionClass::ProcessStackOverFlow( )
29     │  { ✖
30     │       DWORD dwTickCount = GetTickCount( );
31     │
32     │       this->ProcessStackOverFlow( );
33     │
34     │       int iLocalExtensionVar = ( int )dwTickCount;
35     │
36     │       return iLocalExtensionVar;
37     └  }
```

[그림 A-8] 스택 오버 플로우 감지

호출 스택
이름
DumpTestMFC.exe!CExtensionClass::ProcessStackOverFlow() 줄 34
DumpTestMFC.exe!CExtensionClass::ProcessStackOverFlow() 줄 34
DumpTestMFC.exe!CExtensionClass::ProcessStackOverFlow() 줄 34
DumpTestMFC.exe!CExtensionClass::ProcessStackOverFlow() 줄 34
DumpTestMFC.exe!CExtensionClass::ProcessStackOverFlow() 줄 34
DumpTestMFC.exe!CExtensionClass::ProcessStackOverFlow() 줄 34
DumpTestMFC.exe!CExtensionClass::ProcessStackOverFlow() 줄 34

[그림 A-9] 스택 오버플로우 시 콜스택 상황

this → ProcessStackOverFlow() 코드에 의해 함수가 재귀적으로 실행된다. 때문에 스택은 계속 채워지게 되고 결국 스택 오버플로우가 발생한다. 스택 오버 플로우가 발생하면 기존 메모리를 덮어쓰기 때문에 어떤 이상 현상이 발생할지 알 수가 없다. 윈도우 운영체제는 스택 가드를 두었기 때문에 이 공간을 침범하면 스택에 문제가 발생했음을 인지하고 해당 프로그램에 통보한다.

Tip

스택 오버플로우가 발생한 상황에서 예외를 처리하기 위해 변수를 선언하거나 함수를 호출하면 문제가 발생할 가능성이 있다. 더 이상 사용할 스택이 없는데 스택을 사용하려고 시도하기 때문이다. 그래서 오버플로우 예외 발생 시 예외처리를 하기 위해서는 매우 주의를 기울여야 한다. 스택 오버플로우 예외 시에는 문제가 발생한 스레드에서 예외를 처리하지 않고 별도의 스레드를 생성해서 예외를 핸들링한다.

[코드 A-4] 별도의 스레드 생성을 통한 예외처리

```
if (EXCEPTION_STACK_OVERFLOW == pException->ExceptionRecord-
>ExceptionCode)
{
        MinidumpInfo info;
        info.threadId = ::GetCurrentThreadId();
        info.pException = pException;
// 스레드를 생성한 후 별도의 스레드인 CreateMiniDump 프로시저가 덤프를 남기도록 함
        HANDLE hThread = (HANDLE)_beginthreadex(0, NULL, CreateMiniDump,
        &info, 0, NULL);
// 예외처리가 끝날 때까지 대기
        WaitForSingleObject(hThread, INFINITE);
        CloseHandle(hThread);
        }
```

예전에 확인해 본 바로는 이론적으로는 오버플로우가 발생한 상태에서 스택에 뭔가가 할당되면 문제가 발생할 것으로 추정했지만 실제 약간의 변수는 스택에 할당해도 문제가 발생하지는 않았다. 그래서 위의 코드에서 MinidumpInfo라는 구조체를 스택에 할당하지만 문제를 일으키지는 않는다.

- 메모리 부족

이 테스트는 콘솔 프로그램으로 실행을 하자. 메모리 부족을 일으키는 코드는 다음과 같다.

[코드 A-5] 메모리 사용을 무한정 증가시키는 코드

```
while(1)
{
        CExtensionClass* pExtensionClass = new CExtensionClass();
}
```

콘솔 프로그램이 종료되면 로그 파일을 남긴다.

[코드 A-6] 로그 내용

```
OccurTime 2018/5/6 19:10:29
Out Of Memory. Thread ID : 6036
……
ehmodule\ehutil.cpp (52): New_OutOfMemory_Handler
vctools\crt\vcstartup\src\heap\new_scalar.cpp (24): operator new
ehmodule\samplemoduletest\extensionclass.cpp (54): CExtensionClass::
ProcessOutofMemory
ehmodule\samplemoduletest\dumptestconsole.cpp (85): wmain
vctools\crt\vcstartup\src\startup\exe_common.inl (90): invoke_main
vctools\crt\vcstartup\src\startup\exe_common.inl (283): __scrt_common_main_seh
vctools\crt\vcstartup\src\startup\exe_common.inl (326): __scrt_common_main
vctools\crt\vcstartup\src\startup\exe_wmain.cpp (17): wmainCRTStartup
```

메모리를 증가시킨 메소드 이름을 정확하게 보여줄 뿐 아니라 이 예외를 처리하기 위해 등록한 New_OutOfMemory_Handler 핸들러를 확인할 수 있다. 또한 메모리를 증가시키는 메소드가 호출될 때의 콜스택 상황을 정확히 보여주고 있는데 콜스택을 출력하기 위해서 스택워커라는 모듈을 사용했다. 문제가 발생했을 때 콜스택을 보여주는 것은 디버깅을 하는 데 크나큰 도움이 된다.

- C 런타임 에러

런타임 함수는 strcpy, strcmp 함수 등이 대표적이라 할 수 있는데 이런 함수들을 잘못 사용하면 프로그램 오동작을 가져올 수 있다. C 런타임 에러를 윈도우 시스템에서는 체크할 수 있으며 커스텀 핸들러에서 예외를 처리할 수 있게끔 도와준다.

[코드 A-7] 런타임 에러 캐치

```
int MyReportHook(int reportType, char *message, int *returnValue)
{
        printf("런타임 에러 발생\n");
        return 0;
}

_CrtSetReportHook(MyReportHook);
```

런타임 에러를 감지하기 위해 콘솔 프로젝트에서는 먼저 런타임 에러 핸들러 함수를 선언하고 C 런타임 시스템에 등록한다.

[코드 A-8] 런타임 에러 코드

```
///////////////////////////////////////////////////////////////////
//CRT Error
///////////////////////////////////////////////////////////////////
        TCHAR szData[100000] = L"SampleChatStringDataNoEndSpace!!";
        TCHAR szTargetBuffer[10] = {0,};
        _tcsncpy_s(szTargetBuffer, szData, 10);
```

위 코드를 실행하면 커스텀 핸들러가 실행된다. 커스텀 핸들러에 스택과 에러 메시지를 출력하는 기능을 추가해서 디버깅을 할 수 없는 상황에서도 에러를 수집해서 문제를 고칠 수 있도록 해야 한다.

오버플로우, 메모리 부족, 런타임 에러 같은 예외를 처리하기 위해 WIN32는 정교한 메커니즘을 제공하고 있다. 이런 예외를 다룰 수 있는 시스템을 SkyOS에 모두 구현해 보면 좋겠지만 현실적으로 무리다. 현재로써는 언급한 예외들이 발생하지 않게 코드를 견고히 하는 것이 차선책이라 여기며 도전적인 개발자라면 이런 예외 핸들러를 직접 구현해 보길 권한다. 예를 들면 스택 오버 플로우가 발생하는 것을 감지하기 위해서 스택 가드를 설정, 스택 가드에 침범할 때 우리가 설정한 예외 핸들러에서 예외를 처리하는 것은 구현 가능할지도 모르겠다. 앞에서 여러 예외를 다룰 수 있는 기반을 마련했는데 이번에 언급한 문제들도 다룰 수 있다면 디버깅 시스템은 더욱더 견고해질 것이다. 이를 구현할 수 없다 하더라도 문제가 발생했을 때 어떤 문제 때문에 발생했는지를 파악할 수 있다면 디버깅이 좀 더 편해질 것이다. 그런 의미에서 부록에서 다룬 예외들에 대해서는 반드시 알아두는 편이 좋다.

프로젝트의 규모가 크고 후반부로 갈수록 속도가 느려지는 현상이 발생하는 데 여러 가지 이유가 존재하겠지만 운영체제 제작의 경우에는 디버깅 시스템의 부재가 큰 몫을 차지한다고 본다. 프로젝트가 진척됨에 따라 버그도 복합적인 요인으로 발생하는 데 디버깅 시스템이 제대로 구축돼 있지 않다면 버그 수정에 많은 시간을 할애할 수밖에 없기 때문이다. 디버깅 시스템의 구축이 중요하다는 것은 여러 번 강조해도 지나침이 없다.

주소 재배치

WIN32 시스템에서 실행 파일이 로더에 의해 메모리에 적재될 때 기준 주소가 바뀌는 경우는 거의 없다. 하지만 프로세스가 DLL을 동적으로 로드하는 경우를 생각해 보자. DLL 모듈은 여러 개가 로드될 수 있고 로드되는 기준 주소는 동일한 경우가 많으므로 주소 충돌이 일어날 수 있다. 일반적으로 WIN32 시스템에서 모듈이 로드되는 위치는 다음과 같다.

- EXE: 0X00400000
- DLL: 0X10000000

DLL이 0x10000000 번지에 로드되려고 하는데 이미 다른 DLL이 해당 주소에 로드됐다면 이 주소에 모듈을 적재할 수 없다. 따라서 사용되지 않은 주소를 찾아서 로드해야 하며 새롭게 설정된 기준 주소에 맞게 재배치 섹션에 등록된 변수의 절대주소값을 수정해야 한다. 모듈의 기본 주소 위치는 링커속성에서 변경할 수 있음을 확인한 바 있다.

기준 주소에 로드되지 못할 때 로더가 모듈을 로드하는 방식은 다음과 같다.

- 레지스터 + 옵셋 값

레지스터에 모듈 로드 주소를 저장해서 사용한다. 이 방식의 단점은 하나의 레지스터를 포기해야 한다는 데 있다.

- 절대주소를 수정하는 방식

WIN32 운영체제가 이 방식을 채택하고 있으며 로더가 모듈을 메모리에 적재시키면서 모듈 내 절대주소만 수정하기 때문에 로딩 시에 약간의 오버헤드가 존재하지만 모듈의 실행속도에는 영향을 미치지 않는다.

모듈이 기준 주소에 로드되지 못하더라도 명령어 자체는 문제가 되지 않는다. 또한 상대주소, 옵셋값도 문제가 되지 않는다. 문제가 되는 것은 오로지 절대주소뿐이다. 이 절대주소를 수정하기 위해 재배치 섹션 정보가 필요하다. 두 번째 방식은 이 재배치 섹션 정보를 활용해서 절대주소를 수정한다.

재배치 섹션의 정보는 dumpbin이라는 유틸을 통해 쉽게 확인할 수 있다. 구글 드라이브에 업로드해 두었으니 받아서 확인하자.

```
dumpbin /RELOCATIONS sampledll.dll
```

위와 같이 실행하면 sampledll.dll 파일의 재배치 섹션 정보를 보여준다.

```
Dump of file sampleDll.dll

File Type: DLL

BASE RELOCATIONS #7
    1000 RVA,      68 SizeOfBlock
     55F  HIGHLOW            10006820
     56C  HIGHLOW            10006840
     5CF  HIGHLOW            10009140
     62E  HIGHLOW            1000A12C
     6A9  HIGHLOW            1000A130
     701  HIGHLOW            10004A5E
     711  HIGHLOW            10004A64
     722  HIGHLOW            10009150
     735  HIGHLOW            10009150
     998  HIGHLOW            100019EC
     9EC  HIGHLOW            100019AE
     9F0  HIGHLOW            1000199C
     9F4  HIGHLOW            100019CD
     9F8  HIGHLOW            100019D7
     A26  HIGHLOW            10007D40
     A2B  HIGHLOW            10003780
     A3D  HIGHLOW            1000901C
```

[그림 A-10] 재배치 정보

주소 0x10000000을 기준으로 절대주소를 보여주고 있는 걸 알 수 있다. 만약 이 기준 주소에 로드되지 못하고 0x0f000000가 기준 주소로 채택됐다고 가정하자.

그렇다면 0x10006820 주소는 다음과 같이 변경될 것이다.

0x0f006820

즉 10006820의 값을 변경한 것처럼 모든 값을 변경하면 주소 재배치가 완료된다고 볼 수 있다. 실제로 DLL이 0x10000000에 로드되지 못하고 0xf000000에 로드됐다고 가정하자. 그리고 0xf006820번지에서 크래쉬가 발생했다고 가정하자. 이 주소는 맵 파일이나 PDB에 저장돼 있는 0x10006820 값과 다르므로 정확한 위치가 아니다. 따라서 PDB나 MAP 파일로부터 정확한 데이터를 얻기 위해 0xf006820 주소가 선호되는 베이스 주소에 로드됐을 때의 주소값으로 복원하는 계산식이 필요하다. 계산식은 다음과 같다.

정확한 주소 = 크래쉬가 발생한 주소 - (수정된 베이스 주소 - 선호되는 베이스 주소)
0x10006820 = 0x0f00680 - (0x0f000000 - 0x10000000)

WIN32 디버깅 시스템은 모두 이 작업을 자동적으로 해주기 때문에 개발자 입장에서는 디버깅 시 이런 과정을 몰라도 상관 없이 버그를 찾을 수 있다. Reference/DllRelocation 폴더에서 주소 재배치 관련 샘플이 있으니 체크하자. 크래쉬 발생 시 모듈이 정상주소에 로드되지 않았다 하더라도 제대로 문제의 위치를 찾아가는 것을 확인할 수 있다.

- SkyOS 차후 과제

SkyOS에서 꼭 구현하고 싶었던 것 중 하나가 DLL을 로드하고 동적으로 익스포트된 함수를 얻어 호출하는 것이었다. 또한 커널 DLL을 여러 개 구현해서 DLL을 통해서 서비스를 호출하는 기능을 제작하고 싶었다. 이렇게 구현하면 기능 단위로 코드를 관리할 수 있어서 모듈간 커플링이 적어지기 때문에 코드 관리의 장점이 있다. 여기서 필요한 기능이 주소 재배치의 기능이었고 현재는 구현된 상태지만 시스템에 적극적으로 활용된 상태는 아니다. 차후 유저 애플리케이션 개발을 위한 API를 제작할 때 윈도우 운영체제처럼 kernel32.dll, user32.dll과 같은 시스템 함수 래퍼를 제공하려는 계획을 가지고 있다.

동기화

파일 IO가 발생하거나 스레드간 경합이 일어날 때 동기화 처리는 필수적이다. SkyOS를 멀티코어 구조로 변경하려면 동기화 관련 기본 지식이 필요하므로 간단히 WIN32 기준으로 동기화에 대한 개념을 소개한다.

스레드와 동기화 객체

프로세스는 단일 스레드로 유지하기보다는 멀티 스레드로 구현하는 경우가 많으며 스레드간 자원 경합이 빈번하기 때문에 단일 객체를 동시에 접근하는 경우가 많다. 이 경우 동기화를 위해 프로세스 자원 중의 하나인 크리티컬 섹션을 많이 사용한다.

특정 스레드가 해당 동기화 객체에 접근해서 독점 권한을 얻으면, 이후부터는 이 특정 스레드가 동기화 객체를 소유하게 된다. 그래서 이후 다른 스레드가 이 동기화 객체에 접근하면 소유권을 먼저 획득한 스레드가 권한을 해제하기 전까지 대기하게 된다. 야외 행사장에 있는 사람들을 스레드라 생각하고 간이 화장실을 공유객체라 생각해서 위의 내용을 구체적으로 살펴보자.

길동씨가 화장실이 급해 간이화장실로 갔다. 그런데 화장실은 이미 누군가 사용하고 있어서 들어간 사람의 사용이 끝날 때까지 길동씨는 대기하고 있어야 한다. 시간이 5분 지난 후 이제는 길동씨와 처지가 비슷한 말동씨가 간이 화장실로 왔다. 말동씨는 길동씨가 일을 다 본 후에야 간이 화장실을 사용할 수 있을 것이다.

몇 마디 되지 않지만 이 구문에서 모든 동기화 관련 내용이 들어가 있음을 알 수 있다. 누가 화장실을 쓰고 있을 경우 다른 사람은 쓰지 못하는 상황을 상호배제^{Mutual Exclusion}라 하며 말 그대로 이 상황에서는 한 스레드만이 해당 영역에 대한 작업을 수행하는 것을 보장해 준다. 또한 동기화의 중요한 요소 중 하나인 Free-Starvation 조건을 만족한다. 만약 말동씨가 아주 성격 나쁜 사람이라서 길동씨를 제치고 순서를 새치기한다면, 그리고 뒤를 이어 오는 사람들이 자꾸 길동씨보다 앞쪽으로 새치기한다면 길동씨는 영원히 간이 화장실에서 일(?)을 볼 수 없을 것이다. 하지만 프로그래밍 상황하에서는 대기열 순번 개념을 이용해서 이런 상황을 막을 수 있다. 은행에서 순번표를 뽑았을 때 일의 처리는 순번표 순서대로 하듯이 말이다. 따라서 특정 스레드가 일을 못하는 굶주림 현상은 막는 것이 가능하다.

이런 동기화 객체에 대한 스레드의 순서적 처리 또는 동기화 객체 관련 처리는 소프트웨어적으로 구현이 가능하나 비용이 꽤 크다. 동기화를 위해 하드웨어 차원에서도 크게 지원을 하고 있다.

결국 프로그래머 입장에서는 동기화 객체 관련해서 신경써야 할 부분은 현재 화장실 안에 있는 아무개씨의 행동이라고 할 수 있다. 아무개씨가 화장실 안에 잠들었을 경우, 비정상적인 상황이긴 해도 이런 상황이 발생한다면 대기하고 있는 길동씨나 말동씨는 간이화장실을 이용할 수 없게 된다. 현실에서는 다른 화장실을 찾아보려고 노력하겠지만 스레드는 그런 행동을 할 수 없다. 또는 아무개씨가 화장실을 이용하고 나왔는데 문을 세게 닫는 바람에 화장실 문이 내부에서 잠겨 버렸다면 화장실안에 아무도 없음에도 길동씨와 말동씨는 화장실을 사용할 수 없는 상황이 발생한다. 앞의 상황은 프로그래밍 실무에서도 자주 발생하는 문제이므로 주의를 요한다.

멀티 스레드를 사용하는 이유

은행 창구가 하나라면 간단한 일을 보려고 온 사람도 앞 사람의 일이 끝날 때까지 기다려야 한다. 또한 세면대에서 손만 씻으면 되는데 앞 사람이 세수하고 양치질하는 등 혼자서 독점적으로 세면대를 사용한다면 10초만 사용하면 되는데도 한참을 기다려야 할 것이다. 또한 이런 은행이나 세면대가 항상 붐비는 것도 아니고 특정 상황, 시간대에서만 붐비는 경우가 많기에 이 특정 상황에서의 일처리가 빠르다면 능률이 높아질 것이다. 이런 관점에서 온라인 게임 서버의 경우에는 수많은 패킷에 응답하기 위해 멀티 스레드 구조를 적극 사용한다.

그리고 현재 CPU의 클럭 속도의 증가는 정체됐기 때문에 프로세서 개수를 늘려서 속도를 향상시키는 추세로 바뀌고 있는데 단일 스레드로는 프로세서 하나의 한 코어만 사용하므로 속도의 효율을 얻지 못한다. 물론 멀티 프로세서 프로그래밍을 하기 위해서는 새로운 개념을 많이 익혀야 하나 그 전에 멀티스레드 프로그래밍에 익숙해질 필요가 있다.

Tip

CPU 제조사인 인텔에서는 계속해서 최신 멀티코어 프로세서를 발표하고 있다. 또한 병렬 프로그래밍을 위해 다양한 툴을 제공하고 있다. 또한 OpenMP를 활용한 병렬 프로그래밍 작성 방법과 인텔 패러렐 스튜디오를 사용해 병렬화를 어디서부터 시작을 해야 하는지, 병렬화를 하면서 스레드 에러는 없는지, 병렬화 최적화는 잘 됐는지 등의 세미나를 자주 열고 있으니 관심있으신 분은 살펴보기 바란다.

동기화의 필요성은 충분히 설명했다고 보고 지금부터는 윈도우 운영체제에서 지원하는 동기화 객체의 종류와 SkyOS에서의 동기화 지원 및 향후 개선해야 할 사항에 대해 살펴보겠다.

동기화 객체 종류

윈도우에서는 상황에 따른 다양한 동기화 객체를 제공하고 있다. [표 4-2]에서 동기화 객체를 간략히 살펴보자.

[표 A-2] 동기화 객체의 내용

동기화 객체	내용	비고
크리티컬 섹션	임계 영역으로 번역된다. 스레드가 이 공유자원을 획득하면 이후부터 코드 실행의 독점을 보장받는다.	프로세스 내 스레드간 동기화를 위해 필요하므로 크리티컬 섹션의 획득을 위해 커널에 요청하지 않는다. 즉 유저모드단에서 동기화할 때 사용된다.
뮤텍스	크리티컬 섹션Critical Section이 스레드간 동기화를 수행한다면 뮤텍스Mutex는 프로세스간 공유자원을 다룬다. 일단 한 프로세스가 뮤텍스를 획득하면 이 뮤텍스를 해제할 때까지는 상호배제가 보장된다.	프로세스간 공유하는 자원에 접근하므로 뮤텍스 객체의 획득을 위해서 커널에 요청을 한다.
세마포어	뮤텍스처럼 프로세스간 공유객체를 다룰 수 있으나 상호배제적이지는 않다. 참조 카운트를 설정할 수 있어서 그 수만큼 프로세스가 세마포어를 획득할 수 있다.	
Interlocked 계열의 함수	함수 자체에서 스레드 세이프를 보장한다. 이 함수가 실행되면 컨텍스트 스위칭이 발생하지 않기 때문에 다른 스레드의 간섭을 받지 않는다.	Atomic Operation 또는 단위 연산으로 번역된다.

	스핀락^{spinlock}은 임계 구역^{critical section}에 진입이 불가능할 때 진입이 가능할 때까지 루프를 돌면서 재시도하는 방식으로 구현된 락을 가리킨다. 스핀락이라는 이름은 락을 획득할 때까지 해당 스레드가 빙빙 돌고 있다^{spinning}는 것을 의미한다. 스핀락은 바쁜 대기의 한 종류다.	멀티 코어에는 효율적이지만 싱글 코어에는 비효율적이다.
스핀락	스핀락은 운영체제의 스케줄링 지원을 받지 않기 때문에, 해당 스레드에 대한 문맥 교환이 일어나지 않는다. 따라서 스핀락은 임계 구역에 짧은 시간 안에 진입할 수 있는 경우에 문맥 교환을 제거할 수 있어 효율적이다. 하지만 만약 스핀락이 오랜 시간을 소요한다면 다른 스레드를 실행하지 못하고 대기하게 되며, 이 경우 비효율적인 결과를 가져온다.	무한히 루프를 도는 방식도 있지만 락 획득 시도 수를 설정해서 그만큼 시도했는데도 락을 얻는 것이 불가능하면 해당 락을 포기하는 구현방식도 존재한다.

Recursive Lock

한 스레드가 공유객체에 대한 소유권을 얻었는데 또다시 같은 공유객체에 대한 소유권을 얻으려고 하는 경우가 있다. 이런 경우는 재귀적으로 락을 얻으려고 하는 상황인데 공유객체의 종류에 따라 이를 허용하는 경우도 있으며 허용하지 않는 경우도 있다. 다음 소스코드를 살펴보자. 다음 소스코드를 빌드하기 위해서는 부스트 라이브러리가 필요하다.

[코드 A-9] 일반적인 잠금의 획득과 해제

```
#include <boost/thread/mutex.hpp>

int main()
{
        boost::mutex smapleLock;
        smapleLock.lock();
        smapleLock.unlock();

    return 0;
}
```

이 경우는 끝까지 코드가 수행된다. 하지만 다음 코드는 두 번째 락을 얻으려는 시도에서 멈추게 된다.

[코드 A-10] 재진입이 불가능한 공유객체

```
int main()
{
        boost::mutex smapleLock;
        smapleLock.lock();
        smapleLock.lock();
        smapleLock.unlock();
        smapleLock.unlock();

    return 0;
}
```

이 경우 부스트에서 제공한 뮤텍스 객체가 재진입이 불가능한 객체이기 때문에 동일한 객체라 하더라도 일단 소유권을 얻었으면 해제가 되기 전까지 누군가 이 공유객체에 접근한다면 멈추게 된다. 이 문제를 해결하기 위해서는 공유객체를 주의깊게 사용해서 동일한 락 객체의 재진입이 되지 않도록 설계를 하거나 재진입 가능한 공유객체를 사용하면 된다. 부스트에서는 재진입이 가능한 공유객체를 제공하고 있다.

[코드 A-11] 재진입 가능한 공유객체를 사용한 문제 해결

```
#include <boost/thread/recursive_mutex.hpp>

int main()
{
        boost::recursive_mutex smapleLock;
        smapleLock.lock();
        smapleLock.lock();
        smapleLock.unlock();
        smapleLock.unlock();
```

```
    return 0;
}
```

위 코드를 컴파일해서 실행하면 코드 끝까지 정상적으로 실행된다. 재진입을 허용하는 reculsive_mutex를 사용했기 때문이다.

SkyOS에서의 동기화

SkyOS는 싱글코어에서 동작하기 때문에 멀티스레드 프로그래밍에 대해서 이해도가 있다면 SkyOS의 동기화 방식도 쉽게 이해할 수 있다. SkyOS에서 동기화에 사용되는 함수는 단 두 개다.

- kEnterCriticalSection
- kLeaveCriticalSection

싱글 코어라 하더라도 동기화가 되지 않는다면 데이터 무결성에 문제가 발생할 수 있다. 두 스레드가 리스트 자료구조에 동시에 접근한다고 가정해 보자.

[그림 A-11] 샘플 리스트 자료구조

첫 번째 스레드는 Element3 요소를 삭제하고 두 번째 스레드는 Element4를 찾는 검색을 수행하려 한다. 이런 상황에서 두 번째 스레드가 Element 2 요소를 조회했는데 Element 4가 아니기 때문에 다음 요소를 검색한다.

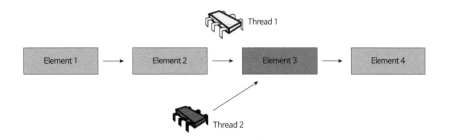

[그림 A-12] 두 번째 스레드가 Element 3을 가리키고 있는 상황

두 번째 스레드가 Element 3을 가리키게 된 상황에서 컨텍스트 스위칭이 일어나고 첫 번째 스레드가 Element 3을 삭제해 버린다.

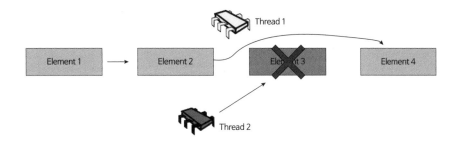

[그림 A-13] 첫 번째 스레드가 Element 3을 삭제한 상황

이렇게 Element 3이 삭제된 상황에서 다시 컨텍스트 스위칭이 발생해 Thread 2가 제어권을 얻었다고 하자. 이제 Element 3은 유효한 값이 아니기 때문에 어떤 문제가 발생할지 예측할 수 없다.

 Tip

운좋게 Element 4 요소에 접근할 수도 있다. Element 3이 삭제됐다 하더라도 요소값에 아무런 변화가 없다면 말이다.

위의 상황에서 알 수 있듯이 싱글 코어든 멀티 코어든 간에 동기화는 필요하다는 걸 알 수 있다. 다만 멀티코어를 활용한다면 성능 향상을 위해 동기화 객체가 다수 필요하겠지만 싱글코어라면 그럴 필요 없다. 오직 하나의 동기화 객체만 있으면 충분하다. 왜냐하면 특정 태스크가 수행되는 동안에는 다른 태스크는 수행되지 않기 때문이다.

> **Tip**
>
> SkyOS를 멀티코어 구조로 변경하려면 스레드가 동시에 실행된다는 걸 가정해서 동기화 객체를 다수 생성해야 한다.

싱글코어에서도 동기화가 필요함을 알게 됐으니 앞에서 언급한 두 동기화 함수를 구체적으로 살펴보자.

[코드 A-12] kEnterCriticalSection, kLeaveCriticalSection

```
#define kEnterCriticalSection()  __asm    PUSHFD    __asm CLI
#define kLeaveCriticalSection()  __asm    POPFD
```

어셈명령어 CLI와 STI는 각각 인터럽트를 중지하고 재개한다는 걸 기억하고 있을 것이다. 이 명령어를 실행하면 플래그 레지스터에 설정 여부가 기록된다. 단순하게 생각하면 인터럽트를 금지하고 싶을 때 CLI 명령어를 사용하고 재개하고 싶을 때는 STI를 사용하면 된다. 그런데 위의 어셈소스에서는 STI 명령어는 보이지 않고 플래그 레지스터의 값을 스택에 집어넣고 빼내는 코드가 추가됐다. 이렇게 해야 하는 이유는 동기화 객체의 재귀적 호출과 관련이 있다. 다음 코드를 보자.

[코드 A-13] 문제가 있는 코드

```
__asm
{
        cli
        Code A  // 동기화 필요
        cli
        Code B  // 동기화 필요
        sti
        Code C // 동기화 필요
        sti
        Code D // 동기화 불필요
}
```

Code D의 경우는 코드 의도상 동기화가 불필요하지만 A, B, C 코드에는 동기화를 기대하고 있다. 그런데 코드 C는 sti 명령어 때문에 실행 중에 컨텍스트 스위칭이 발생할 수 있다. 따라서 의도하지 않는 코드 동작이 발생한다. 이 코드를 다음과 같이 수정해 보자.

[코드 A-14] 수정된 코드

```
__asm
{
        PUSHFD // 1
        CLI
        Code A  // 동기화 필요
        PUSHFD // 2
        CLI
        Code B  // 동기화 필요
        POPFD // 3
        Code C // 동기화 필요
        POPFD // 4
        Code D // 동기화 불필요
}
```

Code A와 Code B는 의도대로 동기화가 된다. Code C가 실행되기 전에 POPFD를 실행해서 플래그 레지스터값을 복원하는데 이 레지스터값에는 CLI가 설정돼 있다. 따라서 Code C 실행 시 인터럽트가 발생하지 않으므로 의도대로 실행된다. Code C 실행 후 POPFD 명령어를 통해서 1에서 스택에 저장했던 값을 플래그 레지스터에 복원한다. 이 플래그 레지스터값에는 인터럽트를 금지하거나 인터럽트를 재개중이라는 비트가 설정됐을 수 있다.

결국 kEnterCriticalSection과 kLeaveCriticalSection 매크로는 일종의 재진입 가능한 락을 구현했다고 볼 수 있다. 이 두 메소드를 동기화가 필요한 부분에 배치하면 동기화 관련 문제를 해결할 수 있다. 또한 SkyOS를 멀티코어, 멀티 프로세서를 활용해서 동작하기 위해 수정한다고 한다면 제일 먼저 수정돼야 할 매크로이기도 하다.

데드락

각 태스크가 각각 다른 공유 객체의 소유권을 가지고 있는 상태에서 상대방이 소유하고 있는 공유 객체의 소유권이 필요할 때 발생한다. 교착 상태라고도 하며 이 상태에서는 코드가 더 이상 실행되기 어렵다.

데드락이 발생할 때 대응할 수 있는 방법은 데드락이 발생했을 때 이를 재빨리 감지해 내는 것이다. 데드락 감지를 위한 툴이나 소스는 인터넷에 잘 정리돼 있다.

참고도서

병렬 프로그래밍에 관심이 생긴다면 다음 서적을 추천한다.

> 『멀티 프로세서 프로그래밍』(한빛미디어, 2009)

병렬화 프로그래밍이 왜 어려운지 설명하고 있으며 다양한 잠금 방법에 대해 기술하고 있다. 그리고 동기화 전략에 대해서도 자세히 설명하고 있다. 난이도가 있으나 병렬화 프로그래밍에 관심이 있다면 반드시 정독해야 될 책이다.

어셈블러

비주얼 스튜디오는 자체적으로 MASM 어셈블러를 내장하고 있으며 NASM 어셈블러도 사용 가능하다. '64비트 커널 제작'에서 NASM 어셈블러를 사용했으며 공통 라이브러리에서는 어셈블리 코드를 빌드하기 위해 MASM을 사용하고 있다.

Module/SkyOS64 폴더로 이동해서 프로젝트를 실행한 후 entry64.asm의 속성을 살펴보자. **사용자 지정 빌드 도구 → 일반** 항목을 보면 [그림 A-14]와 같다.

∨ 플랫폼(P):	x64
명령줄	**nasmw -f win64 entry64.asm**
설명	Performing Custom Build Tools
출력	**entry64.obj**

[그림 A-14] NASM 어셈블러의 활용

entry64.asm 어셈블리 코드를 빌드하기 위해 명령줄에 [그림 A-14]처럼 넣어주면 **entry64.obj**가 생성되고 링킹타임 때 오브젝트가 연결된다. 주의할 점은 NASM으로 빌드된 오브젝트는 파일 앞단에 온다는 것이다. 편법이긴 하지만 코드 작성 시 섹션 속성을 데이터로 설정하면 오브젝트가 선두에 오는 문제를 해결할 수 있다.

일반적으로 asm 확장자를 가진 파일은 디폴트로 MASM이 빌드하도록 설정되며 이렇게 생성된 오브젝트 파일은 링킹타임 때 파일 뒤쪽에 배치된다.

NASM, MASM 둘 중 하나만 사용하면 되겠지만 둘 간의 문법 차이도 제법 있으며 NASM에서는 가능한 구문이 MASM에서는 안되는 경우가 있기 때문에 두 어셈블러를 같이 사용하는 것이 좋다. NASM은 다음 링크에서 다운받을 수 있다.

---

https://www.nasm.us/

스크래치로부터 커널 부팅

플로피 디스크를 활용해서 SkyOS 커널을 부팅하는 방법을 살펴보자. 프로젝트는 Module/ HelloWorld_Scratch 폴더를 참고한다. 폴더 내부 구성은 다음과 같다.

- BootLoader 폴더: 부트섹터와 커널로더 코드
- Kernel.sln: 커널

가상이미지 파일은 WinImage를 통해 플로피 디스크 이미지를 생성해서 사용한다.

부트섹터의 크기는 512바이트에 불과해서 보호 모드 전환이나 페이징 기능을 담기에는 크기가 부족하므로 커널로더를 별도로 제작해서 커널을 로드한다. 또한 FAT12 파일시스템 읽기를 구현했기 때문에 커널 파일을 디스크에 단순히 복사해도 문제 없이 반영된다. 만약 파일시스템을 구현하지 않았다면 커널을 디스크에 복사할 때 매번 RawWrite 같은 프로그램으로 섹터에 데이터를 기록하고 커널을 읽기 위해 섹터 위치와 크기를 알고 있어야 했을 것이다.

BootLoader 폴더에는 Stage1, Stage2 폴더 2개가 존재한다. 각각 부트섹터, 커널로더를 의미하며 폴더 내부에 존재하는 build.bat 파일을 실행해서 바이너리를 생성할 수 있다. NASM이 설치돼 있어야 빌드 가능하며 필자는 C:\NASM 폴더에 설치했다. 다른 곳에 설치했다면 배치 파일을 수정하기 바란다.

디스크에 부트섹터 쓰기

부트섹터 바이너리인 boot1.bin 파일은 WinImage를 통해서 부트섹터에 기록할 수 있다.

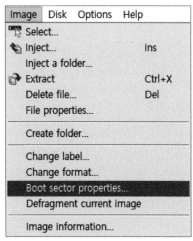

[그림 A-15] 디스크에 부트섹터 쓰기

Boot sector properties		×
		OK
Oem string:	My.OS	Cancel
Serial Number:	a0a1a2a3	Open...
Boot text:		Save...

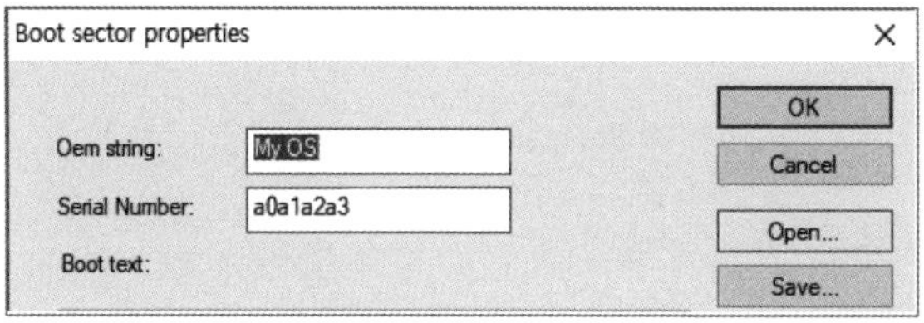

[그림 A-16] 디스크에 부트섹터 쓰기

위의 그림처럼 Open 버튼을 클릭해서 boot1.bin 파일을 선택하면 부트섹터에 boot1.bin 내용이 기록된다. 마지막으로 커널로더인 KRNLDR.SYS 파일과 커널인 KERNEL.EXE를 가상 디스크에 복사한 뒤 커널을 실행하면 "Hello World"라는 문자열이 콘솔에 출력될 것이다.

커널은 SkyOS에서 사용한 구조와 똑같다. 다만 멀티부트 엔트리 구조체를 엔트리 포인트로 사용할 수 없고 별도의 엔트리를 지정해야 한다. 여기서는 kernel_entry 함수가 엔트리 포인트다.

```
extern void kmain(unsigned long magic, unsigned long addr);

// 커널로더에 의해 호출되는 커널 엔트리
// GRUB이 multiboot_entry => kmain순으로 호출한다면
// 여기서는 kernel_entry => kmain순으로 호출된다.
// GRUB의 부팅과 호환성을 맞추기 위해 어셈블리 코드에서도 multiboot_info 구조체 정보를 넘긴다.
// 하지만 정보는 대부분 채워져 있지 않다.
void __cdecl  kernel_entry(multiboot_info* bootinfo)
{
        // 보호 모드를 위해 레지스터 초기화
        _asm
        {
                cli
                mov ax, 10h
                mov ds, ax
                mov es, ax
                mov fs, ax
                mov gs, ax
        }

        // dx 레지스터에는 커널의 크기가 담겨 있다.
        // 다른 값으로 씌워지기 전에 값을 얻어낸다.
        _asm    mov     word ptr[g_kernelSize], dx
        InitializeConstructors();
        kmain(MULTIBOOT_HEADER_MAGIC, (unsigned long)bootinfo);
        Exit();

        _asm
        {
                cli
                hlt
        }
}
```

데이터 세그먼트 셀렉터를 0x10으로 초기화하고 부트로더로부터 얻은 커널 크기와 bootinfo 파라미터를 kmain 함수에 넘겨서 실행한다. 이 kmain 함수는 SkyOS에서 사용했던 kmain 함수와 동일하다.

kmain 함수 호출 이후에는 부트섹터를 통한 커널로딩과 GRUB을 사용한 부팅이 동일한 루틴을 타게 된다. 부트섹터를 사용해서 커널을 실행하면 정확하게 엔트리 포인트를 계산해서 kernel_entry 함수를 호출하므로 글로벌 객체를 아무데나 선언해도 문제가 되지 않는다.

어떤 방법이 더 편할지는 독자의 판단에 맡기겠으나 한번만 구축해 두면 부팅 부분은 건드릴 필요가 없으므로 별차이는 없다고 할 수 있겠다. 만약 처음부터 끝까지 자신이 제어를 하고 싶다면 부트섹터를 통한 커널 로딩이 대안이 될 수 있을 것이다. 부트로더와 커널로더의 어셈블리 코드에 관해서는 별도로 설명하지 않는다.

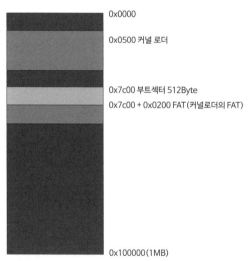

[그림 A-17] 부트섹터의 역할

[그림 A-17]은 1차 부트로더(부트섹터)가 2차 부트로더(커널 로더)를 호출하기 직전의 상황을 나타낸 것이다. 1차 부트로더는 0x7c00에 로드된 후 실행된다. FAT 시스템을 이용해서 krnldr.sys 파일을 찾아 0x0500 위치에 로드한 후 0x0500으로 점프

해서 자신의 역할을 종료한다.

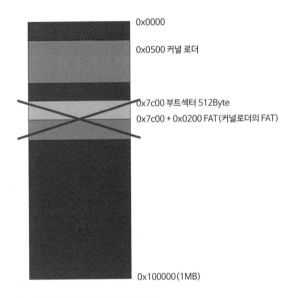

0x0000

0x0500 커널 로더

0x7c00 부트섹터 512Byte
0x7c00 + 0x0200 FAT (커널로더의 FAT)

0x100000 (1MB)

[그림 A-18] 불필요한 1차 부트로더

2차 부트로더로 제어가 이양되면 1차 부트로더가 사용했던 영역은 불필요하므로 이 영역에 데이터를 덮어써도 아무런 문제가 되지 않는다.

로드된 2차 부트로더는 A20라인을 활성화해서 1MB 영역까지 메모리 접근을 가능하게 한다. 그리고 커널인 kernel.sys를 메모리에 로드한다. 이후 GDT를 구축하고 보호 모드로 전환한 뒤 커널을 다시 1MB 위치에 복사하고 kernel.sys의 커널 엔트리인 kernel_entry 함수로 점프해서 자신의 역할을 완료한다.

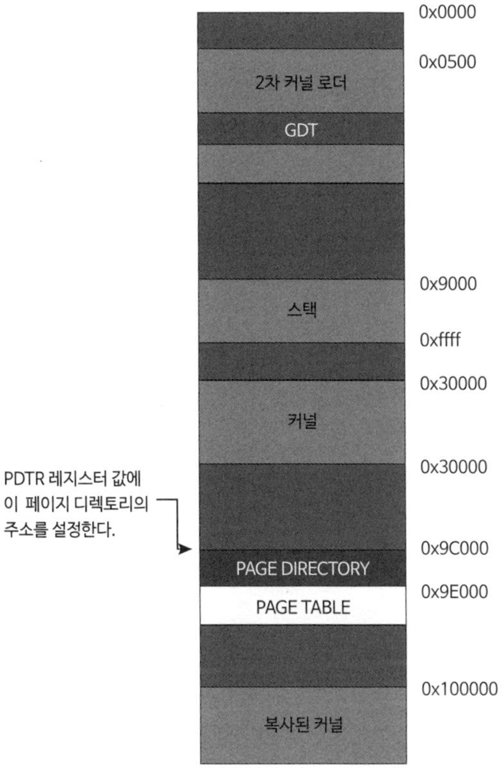
0x0000
0x0500
2차 커널 로더
GDT
0x9000
스택
0xffff
0x30000
커널
0x30000
PDTR 레지스터 값에
이 페이지 디렉토리의
주소를 설정한다.
0x9C000
PAGE DIRECTORY
0x9E000
PAGE TABLE
0x100000
복사된 커널

[그림 A-19] 2차 부트 로더 실행 시 메모리 레이아웃
(부트로더 코드 출처 : http://www.brokenthorn.com)

USB에 GRUB 2.02 설치

SkyOS에 사용된 가상 하드 디스크 이미지는 USB 실기에 GRUB 2.02 버전을 설치한 후 이 USB의 이미지를 덤프한 것이다. 여기서는 윈도우 환경에서 USB 실기에 GRUB 2.02 버전을 설치하는 방법을 설명한다.

- OS 개발 전용 USB 실기를 준비한다. 저용량일수록 좋다. NTFS 포맷도 상관없지만 호환을 위해 FAT32 포맷을 권장한다.
- https://www.aioboot.com/out/grub2-source로부터 프로그램을 다운

받는다. 여기서 다운받지 못한 경우 구글 드라이브에서 다운받는다.

○ 다운받은 프로그램의 압축을 푼다. 관리자 권한으로 콘솔 창을 실행한 뒤 압축을 푼 폴더로 이동한다.

○ USB 경로를 확인한다. 검색 창에서 diskmgmt.msc를 실행하거나 디스크 관리 프로그램을 찾아서 실행한다.

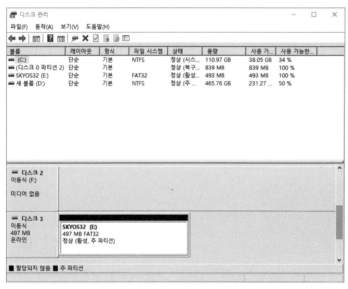

[그림 A-20] 디스크관리 프로그램 실행

[그림 A-20]에서 USB 드라이브는 E: 이며 디스크 3으로 인식되고 있다. 이제 이 정보를 바탕으로 콘솔 창에서 다음과 같이 다음 명령을 순서대로 입력한다.

```
grub-install.exe --boot-directory=E:\ --target=i386-pc //./PHYSICALDRIVE3
grub-install.exe --boot-directory=E:\ --efi-directory=E: --removable
--target=x86_64-efi
grub-install.exe --boot-directory=E:\ --efi-directory=E: --removable
--target=i386-efi
```

위 명령은 유저 컴퓨터에서 인식된 USB 드라이브 경로에 맞게 수정해야 한다. 또한 디스크 관리 프로그램에서 보였던 디스크 번호로 반드시 수정해야 한다(필자의 컴퓨터에서는 디스크 3으로 인식됐다).

세 개의 명령을 실행하고 나면 다음과 같은 결과가 나와야 한다.

```
D:\grub-2.02 >grub-install.exe --boot-directory=E:\ --target=i386-pc //./
PHYSICALDRIVE3
Installing for i386-pc platform.
Installation finished. No error reported.
D:\grub-2.02 >grub-install.exe --boot-directory=E:\ --efi-directory=E:
--removable --target=x86_64-efi
Installing for x86_64-efi platform.
Installation finished. No error reported.
D:\grub-2.02>grub-install.exe --boot-directory=E:\ --efi-directory=E:
--removable --target=i386-efi
Installing for i386-efi platform.
Installation finished. No error reported.
```

설치가 완료되면 USB 디스크로 이동한다. EFI 폴더와 GRUB 폴더가 있는데 GRUB 폴더에 grub.cfg 파일을 복사하고 루트 폴더에 boot 폴더를 만든 뒤 SKYOS 커널 관련 파일을 복사한다. 여기까지 하면 USB로 SKYOS를 부팅할 준비가 완료된 것이다. 컴퓨터 시작 시 USB 부팅을 하면 SKYOS로 부팅할 수 있다.

USB 실기로 부팅할 때 IDE 하드 디스크나 플로피 디스크가 존재하지 않는 경우 ConstructFileSystem 메소드내 IDE 하드 디스크와 플로피 디스크 초기화 부분을 주석 처리한다.

USB Image Tool을 사용하면 USB로부터 가상 이미지를 덤프할 수 있다. 이 가상 이미지는 QEMU 등의 가상 에뮬레이터로 실행하면 하드 디스크로 인식된다.

윈도우 운영체제에서 비주얼 스튜디오로 커널을 개발하는 것은 일종의 도전이었다. 필자가 리눅스 시스템에 익숙치 못했던 이유도 있지만 그걸 떠나서 운영체제를 개발할 때 사전작업의 번거로움 등이 윈도우 플랫폼에서의 운영체제 제작에 불을 붙인 것 같다. 한편으로 이 책은 2년 일찍 나올 수 있었는데 필자의 잘못된(?) 선택으로 모바일 게임을 2년 정도 개발하느라 다소 늦게 출간됐다. 2년 동안 리눅스 서버를 구축하면서 리눅스도 익숙해지면 그렇게 불편하지는 않구나란 것과 괜찮은 IDE가 다수 존재한다는 것을 알게 됐다.

Visual Studio Code나 Clion, NetBean 등이 그것이다. 또한 비주얼 스튜디오에서도 리눅스 시스템에 원격으로 연결해서 소스코드 빌드가 가능하고 윈도우10 환경에서 우분투 같은 시스템을 가상 에뮬레이터를 통하지 않고 활용할 수 있는 시대가 오고 있는 걸 보면 운영체제 제작에 굳이 플랫폼이 중요하지 않다는 생각이 들기도 했다. 아마도 필자가 윈도우 플랫폼에서 운영체제를 개발하려고 했던 이유는 필자에게 너무나도 친숙한 환경이었기 때문일 것이다.

그렇다 하더라도 개인적으로는 윈도우 시스템에서 운영체제 제작의 가능성을 확인한 것은 매우 뜻깊은 일이었다. 앞에서 SkyOS의 특징을 언급했지만 다시 요약을 해볼까 한다.

- 비주얼 스튜디오 2017 단 하나의 도구로 커널 바이너리 제작
- C++ 구문을 응용프로그램 제작할 때처럼 활용 가능
- 디버깅을 위해 WIN32 툴의 활용 가능성(WINDBG 등)
- STL 활용 및 try / catch의 활용

- 디자인 패턴의 활용
- GRUB의 활용
- 페이징을 통한 프로세스간 독립적인 가상주소 제공
- 힙 생성을 통한 new, delete 연산자 구현
- 리얼모드 완전 배제
- 선행적 디버깅 가능성

믿을지 모르겠지만 필자가 SkyOS 개발을 하면서 가장 시간을 많이 투자한 분야 중 하나가 GRUB 관련 내용이었다. 리눅스에서 잘된다는 기능이 FAT32로 포맷된 USB 나 플로피 디스크에 GRUB을 설치하면 의도대로 동작하지 않았기 때문이다. GUI 전환 문제도 그 중 하나였으며 GRUB을 통해서 그래픽 모드로 전환했을 때의 기쁨은 이루말할 수 없다.

원래 이 책을 기획했을 때의 가제는 'C++로 운영체제 제작하기 – new 연산자 구현 하기'였다. 현대 아키텍처의 핵심인 페이징 기능을 구현하고 힙을 활용해서 new 연 산자를 사용하는 과정을 보여주는 운영체제 서적이 존재하지 않았기 때문에 여기까 지만 이론이나 실습을 구현해도 충분하다고 판단했다.

하지만 만들어 가는 과정에서 필자가 잘 알지 못하는 새로운 부분이 등장하고 많은 내용을 알려드리고 싶다는 생각에 집필 기간이 좀 더 길어진 것 같다. 필자가 온라인 게임 서버 개발자 출신이라서 디버깅이라는 주제에 관심이 많은데 이 책은 그·영향 을 많이 받았다고 생각한다. 또한 게임 개발에 관심이 많다 보니 운영체제에도 GUI 가 있어야 그럴 듯하지 않겠느냐는 판단하에 부랴부랴 몇 가지 샘플을 넣었다. 그리 고 GUI 기능을 추가하면서 필자가 추구했던 목표를 달성하게 됐다. GUI편을 읽었다 면 알겠지만 이 GUI와 커널코드와의 커플링은 매우 적다. 이것은 샘플 GUI를 걷어 내고 새로운 GUI를 구현하는 것이 매우 쉽다는 것을 의미한다. SkyOS라는 이름에 맞게 이 오픈소스를 운영체제 제작 시작을 의미하는 캔버스라고 여겨주기 바란다. OS를 응용 프로그래밍 개발하듯 작성하는 재미를 만끽하게 될 것이다.

SkyOS는 꽤 실험적이고 순수 프로그래밍에 큰 의미를 두었기 때문에 하드웨어 종속적인 부분에 대해서는 크게 신경을 쓰지 않았다. 32비트 싱글코어 개발 환경이라는 것이 그것을 증명한다. 결론적으로 말하면 64비트 멀티코어로의 전환에 대한 계획은 가지고 있다. 필자가 이 부분에 대해 계획은 가지고 있지만 바로 작업에 들어가지 않는 이유는 위 주제에 대한 내용 외에도 구현해야 할 내용이 많기 때문이다. 앞으로 다뤄야 할 주제는 다음과 같다.

- DLL 로딩을 통한 프로세스간 공유
- 커널 프로세스, 유저 프로세스 메모리 레이아웃 변경
- 명확한 유저 프로세스 제작(TSS를 활용)
- Memory Mapped File 구현(프로세스간 통신)
- USB 드라이버 구현
- IDE 하드 디스크 쓰기 기능 추가, 파일처리 관련 트랜잭션
- SkyOS에서 동작하는 디버거 구현
- TCP / IP 구현
- 다양한 스케줄러 등록
- WIN32 API와 유사한 API 구축
- 페이지 교체 정책
- 최적화 및 버그 수정

위와 같이 운영체제 관련 다양한 주제가 많기 때문에 이러한 주제를 소화하고 난 뒤 위의 주제들이 SkyOS에 반영되고 오픈소스 활동을 통해 버그 등이 수정되고 안정화되면 SkyOS64 버전을 개발하려고 한다. 이 모든 것은 SkyOS 프로젝트의 활성화 여부에 달린 것 같다. 최종적으로 SkyOS는 32비트, 64비트 두 모드를 지원하게 될 것이다.

멀티코어 프로그래밍은 병렬 프로그래밍, 더 나아가서는 멀티프로세서 프로그래밍으로 부를 수 있는데 어려운 주제기는 하지만 단일 코어의 성능에 한계가 있는 만큼 멀티코어를 통해 최적의 속도를 낼 수 있다는 면에서 재미있는 주제. 양자 컴퓨터가 나오면 기존 하드웨어 체계가 무너질지도 모르겠지만 아직까지는 시기상조라 여

겨진다.

GUI 관련해서는 큰 청사진을 가지고 있다. 원래 운영체제를 개발할 당시에는 생각하지 못한 것인데 이번에 GUI를 넣는 작업을 진행한 것과 기존 라이브러리를 포팅하기 쉽도록 표준화하는 과정에서 아이디어가 떠올랐다. 그것은 SDL 인터페이스를 제공하자다. 필자가 취미로 하고 있는 작업 중 하나가 PC용으로 개발된 소스를 안드로이드로 포팅하는 것이다. SDL로 개발된 코드는 크로스 플랫폼 프로그래밍을 가능하게 해줘서 어떤 플랫폼이라도 쉽게 이식이 가능하다. 그래서 필자는 SkyOS에 GUI 인터페이스를 SDL이 제공해 주는 인터페이스로 꾸미려고 한다. 이 과정에서 사운드는 힘들겠지만 그래픽만이라면 VESA 모드를 활용해서 유사하게 시뮬레이션할 수 있을 것이라 생각한다.

[코드] SDL HelloWorld

```
int SDL_main(int argc, char *argv[])
{
// SDL 초기화
    if (SDL_Init(SDL_INIT_EVERYTHING) != 0){
        std::cout << "SDL_Init Error: " << SDL_GetError() << std::endl;
        return 0;
    }
    // 윈도우와 렌더러를 생성
    SDL_Window *pWindow;
    SDL_Renderer *pRenderer;
    #ifndef WIN32
    if (SDL_CreateWindowAndRenderer(0, 0, SDL_WINDOW_FULLSCREEN, &pWindow,
    &pRenderer) < 0)
    #else
    if (SDL_CreateWindowAndRenderer(640, 480, 0, &pWindow, &pRenderer) < 0)
    #endif
    {
        std::cout << "SDL_CreateWindowAndRenderer Error: " << SDL_
        GetError() << std::endl;
        return 0;
```

```
        }
// 비트맵 이미지를 로드
        SDL_Surface *pHellowBMP = SDL_LoadBMP("hello.bmp");
        if (pHellowBMP == 0)
        {
                SDL_DestroyRenderer(pRenderer);
                SDL_DestroyWindow(pWindow);
                std::cout << "SDL_LoadBMP Error: " << SDL_GetError() <<
                std::endl;
                return 0;
        }
// 비트맵 이미지로부터 텍스처를 생성
        SDL_Texture *pTexture = SDL_CreateTextureFromSurface(pRenderer,
        pHellowBMP);
        SDL_FreeSurface(pHellowBMP);
        if (pTexture == 0)
        {
                SDL_DestroyRenderer(pRenderer);
                SDL_DestroyWindow(pWindow);
                std::cout << "SDL_CreateTextureFromSurface Error: " << SDL_
                GetError() << std::endl;
                return 0;
        }

        bool running = true;
// 루프를 돌며 화면을 그린다.
        while (running)
        {
                // 이벤트를 가져온다.
                SDL_Event event;
                while (SDL_PollEvent(&event))
                {       // 키보드 이벤트가 발생했다면
                        if (event.type == SDL_KEYDOWN)
                        {       // ESC를 눌렀다면 프로그램 종료
                                if (event.key.keysym.sym == SDLK_ESCAPE)
                                {
                                        running = false;
```

```
                                }
                        } // QUIT 메시지가 들어왔다면 프로그램 종료
                        else if (event.type == SDL_QUIT)
                        {
                                running = false;
                        }
                }
// 렌더러를 클리어하고 Hello World 텍스처를 렌더러에 복사한다.
                SDL_RenderClear(pRenderer);
                SDL_RenderCopy(pRenderer, pTexture, NULL, NULL);
// 렌더러의 내용을 화면에 뿌린다.
                SDL_RenderPresent(pRenderer);
        }
// 텍스처, 렌더러, 윈도우 객체를 제거하고 SDL을 종료한다.
        SDL_DestroyTexture(pTexture);
        SDL_DestroyRenderer(pRenderer);
        SDL_DestroyWindow(pWindow);
        SDL_Quit();

        return 0;
}
```

위의 샘플 코드는 Hello World라는 이미지를 출력하는 코드인데 이 표준을 SkyOS 에서 구현해 낼 수 있다면 수많은 SDL 소스코드들을 SkyOS로 쉽게 포팅할 수 있을 지 모르겠다. 이런 이유로 GUI 작업을 우선순위에서 배제한 측면도 있다.

어떻게 될지는 모르겠지만 필자가 SDL과 유사한 GUI 인터페이스를 개발하게 된다 면 그 첫 번째 포팅작업으로 페르시아 왕자1을 생각하고 있다. 페르시아 왕자1은 외 국 프로그래머들이 도스 게임 바이너리를 디컴파일링해서 C 소스코드를 만들어 냈 으며 SDL을 사용해서 크로스 플랫폼 프로그래밍이 가능하다. 필자는 해당 소스를 토대로 페르시아 왕자1의 안드로이드 버전을 제작했다.

https://github.com/NagyD/SDLPoP

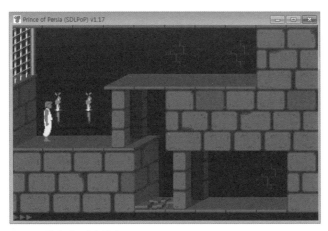

SDL로 구현된 페르시아 왕자1

물론 SDL을 통한 GUI 시스템이 구현돼서 SkyOS에서 페르시아 왕자를 실행한다 하더라도 초기에는 초당 프레임 수가 현저히 떨어질 거라 생각한다. 분명 최적화 작업에 많은 시간을 투자해야 할 것으로 판단하고 있다.

앞에서 언급한 내용을 모두 구현하고 싶지만 내적 동기가 없다면 개발이 힘들 것이다. 예전에 온라인 게임 서버 프레임워크인 CGSF라는 C++ 서버 프레임워크를 오픈소스로 공유한 적이 있었다. 개발자가 편하게 서버를 개발할 수 있도록 도와주자라는 취지외에 CGSF에 존재하는 버그나 개선사항에 대해 훌륭한 개발자들과 의견 공유를 위해서 오픈소스로 공유하고 책을 집필하기도 했지만 활발한 교류는 발생하지 않았다. 하물며 운영체제 제작이란 주제는 프로그래밍 분야 중에서도 아주 좁은 분야기 때문에 관심있어 하는 분들이 얼마나 존재할 지 모르겠다. 만약 필자의 예상을 넘어 SkyOS에 관심을 가져주는 분이 많다면 책의 개정판이 나와서 내용이 더 보강되거나 또는 제2권이 집필될지도 모르겠다. 또는 SkyOS64 버전이 제작될지도 모를 일이다.

그래서 일단은 책의 출간 후 독자분들의 피드백을 들으면서 부족한 내용을 보강하고 내부 오류를 수정할 계획을 가지고 있다. 동시에 앞에서 언급한 커널 구조를 개선하면서 WIN32와 유사한 시스템을 완성하려 한다. 다만 이 책이 교육용 교재로 활용된다면 파트별 이론을 강화하는 방향으로 진행할지도 모르겠다.

마지막으로 이 책의 내용을 완전히 자신의 것으로 만든 개발자분들이 자신만의 운영체제를 윈도우 환경에서 계속 제작해 나가는데 도움이 되는 프로젝트를 소개한다.

https://github.com/pdpdds/OSIntegration

위의 깃허브 프로젝트는 한국에서 운영체제 제작을 위해 출간된 서적의 소스나 그외 괜찮은 OS 소스를 비주얼 스튜디오 2017에서 빌드 가능하도록 포팅한 것이다. 단 빌드는 가능하지만 여러 가지 이유로 대부분 정상적으로 실행이 되지 않는다. 커널은 GRUB과 커널 런처를 통해 실행 가능하다. 관심있는 분은 커널을 빌드해서 오류를 수정해 보길 바란다.

이 책에서 소개한 SkyOS는 형상 유지를 위해 책 집필이 완료된 후 건드리지 않고 있으며 별도의 저장소를 만들어서 개발 및 리팩토링을 진행하고 있다.

https://github.com/pdpdds/SkyOS2.0

현재 해당 프로젝트는 가상 에뮬레이션 구현을 어느 정도 구현했다. 그래서 전처리 매크로에 SKY_EMULATOR를 넣어서 빌드하면 WIN32 환경에서 커널의 개발이 가능하다. 그외 여러 가지 부분에서 코드가 리팩토링됐으며 기능이 추가됐다. 리팩토링된 부분이나 추가된 기능의 내용이 방대하긴 하지만 별도의 설명이 없다 하더라도 이 책의 내용을 소화해 낸 분이라면 자력으로 파악할 수 있을 것으로 판단한다.

이 책의 내용을 비롯해서 앞의 두 프로젝트에 대해 궁금한 사항이 있다면 깃허브에 글을 남기거나 필자의 메일로 문의하기 바란다.

어쨌든 부족한 이책을 끝까지 읽으시고 후기까지 읽어주신 모든 개발자분께 감사드리며 이 책이 운영체제를 개발해 보려는 분들께 조금이나마 도움이 됐기를 바란다.

| 레퍼런스 |

1. 참고도서

- 운영체제 제작
  - 64비트 멀티코어 OS 원리와 구조 / 한빛미디어 / 2011.07.23 / 한승훈
  - OS 구조와 원리 – OS 개발 30일 프로젝트 / 한빛미디어 / 2007 / 카와이 히데미
  - 개발자를 위한 나만의 운영체제 만들기 / 정보문화사 / 2007 / 노재현
  - OS 제작의 정석 / 가남사 / 2001 / 오재준
- 윈도우 시스템 프로그래밍
  - Windows 구조와 원리 : OS를 관통하는 프로그래밍의 원리 / 한빛미디어 / 2006 / 정덕영
  - Windows 시스템 실행 파일의 구조와 원리 / 한빛미디어 / 2005 / 이호동
  - 실전 윈도우 디버깅 / 에이콘출판사 / 2008 / Mario Hewardt, Daniel Pravat Microsoft Debugging Application .Net And Windows / 정보문화사 / 2004 / 존 로빈스
  - 윈도우 실행 파일 구조와 원리로 배우는 리버스 엔지니어링 2권 디버거편 / 한빛미디어 / 2017 / 이호동
  - API로 배우는 WINDOWS 구조와 원리 / 한빛미디어 / 2004 / 야스무로 히로카즈

2. 참고 OS

- http://www.brokenthorn.com
- ACE OS
- MINT64
- Haribote OS
- Chobits
- Bellona2

3. 기타 유용한 링크

깃허브 참조

| 찾아보기 |

에이콘출판의 기틀을 마련하신 故 정완재 선생님 (1935-2004)

C++로 나만의 운영체제 만들기

비주얼 스튜디오를 활용한 커널 개발

초판 인쇄 | 2018년 9월 28일
1쇄 발행 | 2020년 6월 12일

지은이 | 박 주 항

펴낸이 | 권 성 준
편집장 | 황 영 주
편   집 | 이 지 은
디자인 | 박 주 란

에이콘출판주식회사
서울특별시 양천구 국회대로 287 (목동)
전화 02-2653-7600, 팩스 02-2653-0433
www.acornpub.co.kr / editor@acornpub.co.kr

Copyright ⓒ 에이콘출판주식회사, 2018, Printed in Korea.
ISBN 979-11-6175-205-1
ISBN 978-89-6077-566-4 (세트)
http://www.acornpub.co.kr/book/cplus-os-development

이 도서의 국립중앙도서관 출판시도서목록(CIP)은 서지정보유통지원시스템 홈페이지(http://seoji.nl.go.kr)와
국가자료공동목록시스템(http://www.nl.go.kr/kolisnet)에서 이용하실 수 있습니다.(CIP제어번호: CIP2018030213)

책값은 뒤표지에 있습니다.